U0929428

武汉大学党内法规研究中心党内法规研究丛书

中国共产党
党内法规制度建设

年度报告（2016）

武汉大学党内法规研究中心　编著
本书主编　祝　捷　伍华军
副 主 编　莫广明

人 民 出 版 社

序　言

党的十九大指出，伟大斗争，伟大工程，伟大事业，伟大梦想，紧密联系、相互贯通、相互作用，其中起决定性作用的是党的建设新的伟大工程。党的十八大以来的五年，是党和国家发展进程中极不平凡的五年，以习近平同志为核心的党中央把管党治党作为治国理政的先手棋，把全面从严治党纳入“四个全面”战略布局，提出了一系列新理念新思想新战略，作出了一系列重大的决策部署，科学回答了“怎么管好党、治好党”这一时代课题。党内法规制度建设是全面从严治党的重要环节。习近平总书记强调，加强党内法规制度建设是全面从严治党的长远之策、根本之策。我们党要履行好执政兴国的重大历史使命、赢得许多具有新的历史特点的伟大斗争胜利、实现党和国家的长治久安，必须坚持依法治国与制度治党、依规治党统筹推进、一体建设。

党的十九大深刻分析了我们党在中国特色社会主义新时代面临的执政环境、执政风险和执政考验，指出我们党面临的执政环境是复杂的，影响党的先进性、弱化党的纯洁性的因素也是复杂的，党内存在的思想不纯、组织不纯、作风不纯等突出问题尚未得到根本解决。当前我们党面对着国内、国际的复杂形势，面对着世情、国情、党情的深刻变化，在中国特色社会主义新时代，加强党内法规制度建设具有深远的历史意义。加强党内法规制度建设是全面从严治党、依规治党的必然要求，是建设中国特色社会主义法治体系的重要内容，是推进国家治理体系和治理能力现代化的重要保障，事关党长期执政和国家长治久安。我们党所面临的“四大考验”和“四种危险”，要求我们党必须以改革创新精神全面推进党的建设新的伟大工程，要求我们通过加强党内法规制度建设推进全面从严治党。在执政治国过程中，要求通过党内法规制度建设为党执政治国、执政兴国,推进社会主义法治建设提供制度保障。在引领社会治理方面,要求通过党内法规制度建设实现良规善治,以带动国家和社会治理制度的变革。

党内法规制度建设是中国共产党推进党的建设制度改革的重要组成部分。党内法规制度建设为马克思主义政党探索党的建设规律、探索社会主义法治建设规律和探索运用法治思维、法治方式长期执政和稳固执政规律积累了经验,也为世界各国执政党探索走出"历史周期率"贡献了中国智慧和中国方案。

完善的党内法规制度是新形势下实现全面从严治党、推进依法治国、推进国家治理体系和治理能力现代化的重要制度保障。2013 年 11 月,党中央颁布的《中央党内法规制定工作五年规划纲要(2013—2017 年)》提出要在建党 100 周年时全面建成内容科学、程序严密、配套完备、运行有效的党内法规制度体系的目标。党的十八届四中全会提出,要"加强党内法规制度建设",强调形成"配套完善的党内法规制度体系"。2016 年 12 月,《中共中央关于加强党内法规制度建设的意见》明确提出,到建党 100 周年时,形成比较完善的党内法规制度体系、高效的党内法规制度实施体系、有力的党内法规制度建设保障体系。在刚刚召开的党的十九大上,党内法规制度建设再次成为全面从严治党和深化党的制度建设改革的重要组成部分。党的十九大报告指出,增强依法执政本领,加快形成覆盖党的领导和党的建设各方面的党内法规制度体系。这为党内法规制度建设规划了蓝图,指明了方向。

以习近平同志为核心的党中央将党内法规制度建设作为全面依法治国和全面从严治党的重要组成部分。党的建设制度改革深入推进,党内法规制度体系不断完善,编制了首个中央党内法规制定工作五年规划纲要,建立中央党内法规工作联席会议制度,出台了一大批标志性、关键性、引领性的党内法规,党内法规制度体系的框架基本形成,为全面从严治党提供重要的制度保障。

从党内法规制度建设的发展历程上看,2016 年是承前启后、继往开来的重要的一年。一年来,党内法规制度建设取得了一系列新的重大进展,制定了包括《关于新形势下党内政治生活的若干准则》《中国共产党党内监督条例》《中国共产党问责条例》《中国共产党工作机关条例(试行)》《党政主要负责人履行推进法治建设第一责任人职责规定》《县以上党和国家机关党员领导干部民主生活会若干规定》在内的一大批有着基础主干性的党内法规，为党的组织法规制度建设、领导法规制度建设、自身建设法规制度建设和监督保障法规制度建设提供了良好基础。党的十八届六中全会是党的历史上首次以中央全会形式来专题研究全面从严治党问题的会议。12月13日，《中共中央关于加强党内法规制度建设的意见》发布实施，这是党中央第一次专门制定出台文件对加强党内法规制度建设进行顶层设计、作出全面部署；12月24日至25日，党中央召开了党的历史上第一次全国党内法规工作会议，习近平总书记会前专门作出重要指示，强调要以改革创新精神加快补齐党建方面的法规制度短板，力争到建党100周年时形成比较完善的党内法规制度体系。这些事件具有重大的现实意义和深远的历史意义，标志着新形势下党内法规制度建设完成了顶层设计和战略布局，标志着党内法规制度建设进入了新的推进阶段。可以说，2016年是党内法规制度建设的关键之年。

总结经验是进行制度建设最为基本的领导方法，也是马克思主义中国化的基本环节，是我们党发扬优点、克服缺点，从胜利走向胜利的重要保证。习近平总书记指出："我们党抓党的建设，很重要的一条经验就是要不断总结我们党长期以来形成的历史经验和成功做法，并结合新的形势任务和实践要求加以创新。"因此，基于2016年党内法规制度建设的丰富实践以及在党内法规制度建设过程中的重要地位和作用，认真总结经验，以助益于党内法规制度建设，成为编写《中国共产党党内法规制度建设年度报告（2016）》一书的重要逻辑起点。

《中国共产党党内法规制度建设年度报告（2016）》一书主要是以全面从严治党背景下2016年的党内法规制度建设情况为写作对象。通过写作，以期能全面、系统、客观地反映出2016年党内法规制度建设的总体情况，既是对过去经验的梳理总结，同时又为进一步加强党内法规制度建设提供基础性学术研究资料。

在具体内容上，本书主体内容涵盖党内法规制度建设的基本理论、建设背景、制度规范、社会效果、案例评析、保障措施以及学术动态等诸多方面内容，力图从多角度展现2016年党内法规制度建设的基本状况。在篇章结构上，本书采取“总—分”式的结构形式,总论即总报告主要是对党内法规制度建设的基本理论进行分析,包括党内法规制度建设的基本理论定位、总体思路和原则、目标和内容以及实施的特点、要求等内容。分论部分主要包括背景篇、规范篇、效果篇、案例篇、保障篇、评估篇和理论篇七个部分,其内容具体如下:

背景篇,本篇主要从全面从严治党的问题意识入手,对党内法规制度建设的宏观背景进行阐述,梳理回顾了2016年以前的党内法规制度建设的背景概况,并以党的十八届六中全会与全国党内法规工作会议为重点,描绘了2016年党内法规制度建设的现实背景。

规范篇,本篇主要就2016年党内法规制度建设中党内法规制定情况作出总结梳理,介绍了2016年以前以及2016年这一年党内法规制度制定的总体情况,并从组织法规制度、领导法规制度、自身建设法规制度、监督保障法规制度等方面重点介绍2016年党内法规制度建设在制度规范层面的成果。

效果篇,本篇主要对2016年党内法规实施的总体特点作出归纳,并选取党内法规制度实施的高频热点、违反党内法规查处的总体情况以及党内法规制度实施的媒体评价三个角度,力求生动展现2016年党内法规制度实施的法规效果和社会效果。

案例篇,本篇选取党内法规制度实施的典型案例进行分析,通过典型案例以达到以案说法、解读党内法规制度实施状况的目的。主要选取了理想信念丧失典型案例、“四风”典型案例、问责典型案例、破坏党内政治生活典型案例四大类。每一类案例按照相关党规、典型案例、典型意义的角度进行了分析研究。

保障篇,本篇主要对保证党内法规制度建设的保障措施进行总结分析,围绕党内法规制度建设过程中领导责任的落实、体制机制的完善、队伍建设的加强和工作保障的强化等方面,梳理2016年党内法规制度建设过程中保障措施取得的进展和成效。

评估篇,本篇重在实践基础上的对党内法规制度建设评估的理论分析,围绕党内法规制度建设的评估问题展开研究。主要从党内法制度建设评估的基本理论入手,并从主体、对象、流程三个角度分析党内法规制度建设评估的结构要素,从而为党内法规制度评估体系的构建和完善提供坚实的实践和理论基础。

理论篇,本篇主要盘点党内法规制度建设过程中理论研究的主要成果,主要分为以习近平总书记党内法规制度建设战略思想为学习和阐释的对象、以党内法规为研究对象的理论成果、以党内监督为研究对象的理论成果三个方面。通过对理论研究成果的梳理以及总结评述,分析学界对党内法规制度建设研究的基本特点、基本面向以及基本趋势等。

总体而言,本书的编写旨在反映2016年党内法规制度建设的总体概况。在中国特色社会主义新时代,我们党要进行伟大斗争、建设伟大工程、推进伟大事业、实现伟大梦想,必然继续加强党内法规制度建设。2016年在党内法规制度建设历史过程中具有承前启后的重要作用,对2016年党内法规制度建设进行全面、系统、客观的梳理总结,必然有利于党内法规制度建设,有利于全面从严治党向纵深发展。

成绩鼓舞人心,经验弥足珍贵。党的十九大报告对党内法规制度建设提出了新的要求,指明了新的方向。回顾成绩、总结经验,以党的十九大精神为指导,党内法规制度建设必将迎来更加光明的前景。

目　　录

总报告　党内法规制度建设的基础理论

党的十九大指出，伟大斗争，伟大工程，伟大事业，伟大梦想，紧密联系、相互贯通、相互作用，其中起决定性作用的是党的建设新的伟大工程。党的十八大以来的五年，是党和国家发展进程中极不平凡的五年，以习近平同志为核心的党中央高度重视党内法规制度建设，创造性地提出了坚持依法治国与制度治党、依规治党统筹推进、一体建设，采取了一系列有力的举措推进党内法规制度建设。同时，党内法规制度建设也被摆到了一个前所未有的高度，其不但关乎党的执政能力和领导水平，也关乎国家治理体系和治理能力的现代化，是实现中华民族伟大复兴的中国梦的有力制度保障。

2016 年 12 月 24 日至 25 日，全国党内法规工作会议在北京召开，这是我们党历史上第一次召开如此高规格的党内法规工作会议，该次会议的主要任务是深入学习贯彻党的十八届六中全会精神，学习贯彻党中央关于加强党内法规制度建设的意见，统一思想认识、明确任务要求，并研究部署下一步党内法规工作。党中央高度重视该次会议，习近平总书记专门作出重要指示，充分肯定了党的十八大以来党内法规制度建设取得的重要进展和主要成效，深刻阐明了新形势下加强党内法规制度建设的重要意义，就做好新形势下党内法规工作提出了明确的要求，具有很强的思想性、指导性和针对性，为推进党内法规制度建设提供了重要遵循。习近平总书记强调，加强党内法规制度建设是全面从严治党的长远之策、根本之策，要以改革创新精神加快补齐党建方面的法规制度短板，力争到建党 100 周年时形成比较完善的党内法规制度体系。无论是习近平总书记对党内法规制度建设作出的重要指示还是全国党内法规工作会议的召开，都有着重要的历史意义和现实意义，反映了党内法规制度建设的顶层设计和重大战略布局,标志着党内法规制度建设进入一个全新的阶段。

一、党内法规制度建设的基本理论定位

2016年12月13日,《中共中央关于加强党内法规制度建设的意见》(以下简称《党内法规制度建设意见》)发布实施,《党内法规制度建设意见》明确指出,治国必先治党,治党务必从严,从严必依法度。加强党内法规制度建设,是全面从严治党、依规治党的必然要求,是建设中国特色社会主义法治体系的重要内容,是推进国家治理体系和治理能力现代化的重要保障,事关党长期执政和国家长治久安。实际上,《党内法规制度建设意见》在着眼于党长期执政和国家长治久安的基础上,从全面从严治党、依规治党,法治体系建设以及治理体系和治理能力建设三个方面对党内法规制度建设作出了基本的理论定位,道出了党内法规制度建设在当今中国政治、社会发展过程中的重要地位和作用。可以说,《党内法规制度建设意见》的出台及相关规定,充分地反映出了2016年我们党对党内法规制度建设重要性的认识达到了一个新高度,既是对过去党内法规制度建设的一个高度总结,同时也为未来党内法规制度建设指明了方向。

(一)全面从严治党、依规治党的必然要求

早在2012年11月,习近平总书记在党的十八届一中全会上的讲话中指出:“新形势下,我们党的自身建设面临一系列新情况新问题新挑战,落实党要管党、从严治党的任务比以往任何时候都更为繁重、更为紧迫。我们必须以更大的决心和勇气抓好党的自身建设,确保党在世界形势深刻变化的历史进程中始终走在时代前列,在应对国内外各种风险和考验的历史进程中始终成为全国人民的主心骨,在发展中国特色社会主义的历史进程中始终成为坚强的领导核心。”①2014年10月,习近平总书记在党的群众路线教育实践活动总

---

① 习近平:《全面贯彻落实党的十八大精神要突出抓好六个方面工作》,《求是》2013年第1期。

结大会上提出了“全面推进从严治党”的战略部署，强调当前“我们党所面临的执政考验、改革开放考验、市场经济考验、外部环境考验是长期的、复杂的、严峻的，精神懈怠危险、能力不足危险、脱离群众危险、消极腐败危险更加尖锐地摆在全党面前”，他指出，我们党要长期保持执政地位和领导地位，就必须要增强忧患意识，加强党的建设，“历史使命越光荣，奋斗目标越宏伟，执政环境越复杂，我们就越要增强忧患意识，越要从严治党，做到‘为之于未有，治之于未乱’”①。

1.“四大考验”和“四种危险”

当前，在改革开放接近40年的时间里，我们党领导中国特色社会主义事业取得了举世瞩目的成就，我国在经济、政治、文化、社会等领域取得了长足的发展，人民生活水平得到了极大提高。在取得成绩的同时，我们亦必须看到，在我国进行改革开放的进程中，国内外环境也发生了深刻的变化，社会在发展过程中也积累了大量亟须解决的问题。在执政考验上，我们党在长期执政过程中，一些党员领导干部的人生观、世界观、价值观出现了问题，理念信念出现了动摇甚至崩塌，形式主义、官僚主义、享乐主义和奢靡之风问题突出。此外，一些潜规则侵入党内并逐渐流行起来，诸如在思想政治上，“一些人信奉‘马列主义对人，自由主义对己’，‘两个嘴巴说话，两张面孔做人’”；在组织生活中，“一些人信奉‘自我批评摆情况，相互批评提希望’，‘你不批评我，我不批评你；你若批评我，我必批评你’”；在执行政策中，“一些人信奉‘遇到黄灯跑过去，遇到红灯绕过去’，‘不求百姓拍手，只求领导点头’”；在干部任用中，“一些人信奉‘不跑不送、降职使用，只跑不送、原地不动，又跑又送、提拔重用’”；在人际关系交往中，“一些人信奉‘章子不如条子，条子不如面子’，‘有关系走遍天下，没关系寸步难行’”②；等等。上述种种问题严重地损害了党同人民群众的血肉联系，严重损害了党的形象和公信力，严重地侵蚀着党的执政基础。党的十六届四中全会深刻指出：“无产阶级政党夺取政权不容易，执掌好政权尤其是长期执掌好政权更不容易。党的执政地位不是与生俱来的，也

---

① 习近平：《在党的群众路线教育实践活动总结大会上的讲话》，《人民日报》2014年10月9日。

② 习近平：《作风建设要立破并举、扶正祛邪》，2014年5月9日。

不是一劳永逸的。”①党的执政考验,即是在上述复杂的执政环境以及变化的执政基础之中,不断加强和改进党的自身建设,克服党自身存在的各种问题,破解党在执政过程中所面临的危险,进一步巩固党的执政基础,提高党的执政能力。

改革开放的考验,主要指“改革开放既是革我们自己的命,又是我们党进行的伟大革命,还是决定中国命运的关键性抉择”②,可以说,改革开放对我们党而言是一个探索性的课题。1992 年,邓小平同志在南方谈话中指出:“不坚持社会主义,不改革开放,不发展经济,不改善人民生活,只能是死路一条。”③当前,我国发展进入新阶段,改革进入攻坚期和深水区,改革发展过程中面临着一系列突出矛盾和挑战,“发展中不平衡、不协调、不可持续问题依然突出,科技创新能力不强,产业结构不合理,发展方式依然粗放,城乡区域发展差距和居民收入分配差距依然较大,社会矛盾明显增多,教育、就业、社会保障、医疗、住房、生态环境、食品药品安全、安全生产、社会治安、执法司法等关系群众切身利益的问题较多……”④,等等。对于如何通过深化改革来解决上述一系列问题,是全党面临的重大挑战,检验着我们党的执政能力。我们党唯有以强烈的历史使命感,敢于啃改革中的硬骨头,敢于涉险滩,以更大的决心和能力冲破思想观念的束缚、突破利益固化的藩篱,才能不断推进改革开放的深入和发展。

市场经济考验,在传统的国家“统治”方式中,更多强调的是政府对市场经济社会的单向管理,政府在很大程度上介入到经济社会管理的方方面面中去,这就造成了政府与市场的边界不清,政府、市场、社会的角色定位不明确,使得权力与市场相结合,腐败逐渐滋生蔓延,破坏了社会主义市场经济体系。党的十八届三中全会明确指出,经济体制改革“核心是处理好政府和市场的

---

① 《中共中央关于加强党的执政能力建设的决定》,2004 年 9 月 19 日。

② 韩庆祥、王海滨:《“伟大斗争”的基本内涵及新形式、新特点》,《马克思主义研究》2014 年第 11 期。

③ 《邓小平文选》第三卷,人民出版社 1993 年版,第 370 页。

④ 习近平:《关于〈中共中央关于全面深化改革若干重大问题的决定〉的说明》,《人民日报》2013 年 11 月 16 日。

关系，使市场在资源配置中起决定性作用和更好发挥政府作用”，“市场决定资源配置是市场经济的一般规律，健全社会主义市场经济体制必须遵循这条规律”①。因此，处理好政府、市场乃至社会三者之间的关系，成为党提高执政能力面临的重要考验。此外，随着社会主义市场经济的不断发展，又伴随着意识形态以及政治安全等方面的冲击。习近平总书记曾指出：“在全面对外开放的条件下做宣传思想工作，一项重要任务是引导人们更加全面客观地认识当代中国、看待外部世界。”“宣传思想工作就是要巩固马克思主义在意识形态领域的指导地位，巩固全党全国人民团结奋斗的共同思想基础。”②在对国家安全的论述中，习近平总书记指出，要“以人民安全为宗旨，以政治安全为根本，以经济安全为基础，以军事、文化、社会安全为保障，以促进国际安全为依托”③。

此外，在外部环境考验上，随着世界形势的不断发展变化，发展亦变得更加多元，传统社会也逐渐向着现代化发展，在现代化过程当中，经济、政治、文化的竞争以及意识形态的斗争日益激烈，“从心理的层面讲，现代化涉及价值观念、态度和期望方面的根本性转变”，“现代化是一个多层面的进程，它涉及人类思想和行为所有领域里的变革”④。在当今世界，西方国家在经过政治革命、科技革命以及宗教革命之后，已经率先步入了现代化的进程。而还有许多国家特别是亚非拉等第三世界国家，在经过20世纪五六十年代的民族独立高潮之后，也逐步向着现代化国家不断发展前进。在现代化这个过程中，“所有集团——新的和旧的、传统的和现代的——在它们与其他组织发生关系时都意识到自身是作为组织存在的，意识到各自的利益和要求”⑤。现代化国家与后起国家的利益较量，后起国家在现代化进程之中存在的贫穷、暴力、腐化等各种问题，使得政治秩序在各国家、地区之间显得异常激烈动荡，一些国家政

① 《中共中央关于全面深化改革若干重大问题的决定》，2013年11月12日。

② 《习近平谈治国理政》，外文出版社2014年版，第153—155页。

③ 《习近平谈治国理政》，外文出版社2014年版，第200—201页。

④ ［美］塞缪尔·P.亨廷顿：《变化社会中的政治秩序》，王冠华等译，上海人民出版社2008年版，第25页。

⑤ ［美］塞缪尔·P.亨廷顿：《变化社会中的政治秩序》，王冠华等译，上海人民出版社2008年版，第29页。

党更替频繁,社会动乱,政治关系紧张激烈。而政治之间的某种紧张关系又往往会导致严重的政治危机乃至民主的崩溃。① 当前,尽管我国在改革开放后经济社会发展取得了巨大成就,但我国仍然是发展中国家,在追求和平崛起的道路中,国际上不乏一些唱衰、分化、分裂中国的声音和行径。面对着这样一个政治秩序充满着各种变数的世界,我们党如何把握世界发展大势,正确应对、处理国内外安全风险,增强中国特色社会主义的道路自信、理论自信、制度自信和文化自信,最终实现中华民族的伟大复兴,是我们党能否完成历史使命的伟大考验。

我们党面临着上述"四大考验",意味着我们党要积极应对领导中国特色社会主义事业进程中的各种问题,意味着我们党要有足以通过上述考验的执政能力和执政基础。但是,从党自身而言,现在存在着精神懈怠、能力不足、脱离群众以及消极腐败的危险。这"四种危险"同样意味着其已经影响到我们党的执政安全。因此,"四种危险"促使我们党必须进行"具有许多新的历史特点的伟大斗争"②,必须要通过落实党要管党、全面从严治党的任务,方能解决我们党在领导执政过程中存在的局限和问题。

2. 制度治党

治国必先治党,治党务必从严,从严必依法度。从逻辑关系上而言,我们党面临着上述"四大考验"和"四种危险",这要求我们要进行针对新形势、新特点的"伟大斗争",要坚持严字当头,把严的要求贯彻到管党治党的全过程。唯有如此,我们党才能不断克服自身所存在的"危险",才能更好地应对国内外各种环境的严峻"考验"。而对于"严"的具体含义,习近平总书记曾指出:"'严'就是真管真严、敢管敢严、长管长严。"③要做到严字所体现的应有含义,就必然要依靠制度来实现,只有通过制度才能把严的要求以长效机制的形式实现。此外,我们党是有着极大规模党员和党组织的政党,根据中央组织部

① 包刚升:《民主崩溃的政治学》,《复旦学报》(社会科学版)2015年第5期。

② 习近平:《胸怀大局把握大势着眼大事努力把宣传思想工作做得更好》,《人民日报》2013年8月21日。

③ 习近平:《在第十八届中央纪律检查委员会第六次全体会议上的讲话》,2016年1月12日。

的统计显示，截至2016年12月31日，中国共产党党员总数为8944.7万名，中国共产党现有基层组织451.8万个，其中基层党委22.0万个，总支部27.7万个，支部402.1万个。[①] 不难看出，这样一个有着极大规模的政党，其掌握着国家政治、经济、文化、军事的核心权力，其领导干部同时又是国家权力的行使者，因而必须要以严格的制度来规范党组织和党员的行为。

事实上，自我们党成立之日起，即是一个有着严密组织性和纪律性的政党，强调铁的纪律，严于治党也一直是马克思主义政党建设的基本主张。马克思在1859年致恩格斯的一封信中就曾明确指出："我们现在必须绝对保持党的纪律，否则将一事无成。"[②]列宁在继承马克思恩格斯建党学说的基础上，提出了"党的纪律是铁的纪律"的论断。1920年3月，列宁在俄共(布)第九次代表大会工作报告中指出，我们"现在的任务是要把无产阶级所能集中的一切力量，……都投到恢复被破坏了的生产这一任务上去。这里需要有铁一般的纪律，铁一般的组织"[③]。严明纪律作为我们党一贯以来的优良传统，毛泽东同志强调"加强纪律性，革命无不胜"，并在《论人民民主专政》一文中将"有纪律"作为中国共产党四项基本特征之一明确提出来。[④] 邓小平同志指出："我们这么大的一个国家，怎样才能团结起来、组织起来呢？一靠理想，二靠纪律。"[⑤]当前，在新的历史条件下，我们党要团结带领人民决胜全面建成小康社会，夺取新时代中国特色社会主义伟大胜利，同样要靠铁的纪律作为保证。正如习近平总书记所指出的那样，"党面临的形势越复杂、肩负的任务越艰巨，就越要加强纪律建设，越要维护党的团结统一，确保全党统一意志、统一行动、步调一致向前"[⑥]。此外，要保证党的团结统一，除了靠共同的理想信念，靠严密的组织体系，靠全党同志的高度自觉外，还需要"靠严明的纪律和规矩"[⑦]。

---

① 中共中央组织部：《2016年中国共产党党内统计公报》，2016年6月30日，见http://news.12371.cn/2016/06/30/ARTI1467253408964468.html。

② 《马克思恩格斯全集》第29卷，人民出版社1972年版，第413页。

③ 《列宁选集》第4卷，人民出版社2012年版，第121页。

④ 《毛泽东选集》第四卷，人民出版社1991年版，第1480页。

⑤ 《邓小平文选》第三卷，人民出版社1993年版，第111页。

⑥ 中共中央文献研究室编：《十八大以来重要文献选编》(上)，中央文献出版社2014年版，第131页。

⑦ 习近平：《在第十八届中央纪律检查委员会第五次全体会议上的讲话》，2015年1月13日。

在这里,习近平总书记对党的规矩从定义和范围上进行了论述,认为“我们党的规矩是党的各级组织和全体党员必须遵守的行为规范和规则”,其具体内容包括:“其一,党章是全党必须遵循的总章程,也是总规矩。其二,党的纪律是刚性约束,政治纪律更是全党在政治方向、政治立场、政治言论、政治行动方面必须遵守的刚性约束。其三,国家法律是党员、干部必须遵守的规矩,法律是党领导人民制定的,全党必须模范执行。其四,党在长期实践中形成的优良传统和工作惯例。”①

根据《中国共产党党内法规制定条例》(以下简称《党内法规制定条例》)第二条的相关规定,党内法规是调整党组织工作、活动和党员行为的党内规章制度的总称。《党内法规制定条例》对党内法规的名称也作出了相应要求,其主要包括党章、准则、条例、规则、规定、办法和细则七种类型。党内法规制度建设实质上也主要是围绕上述七种类型党内法规展开。然而,必须指出的是,一些没有列入到上述党内法规名称的纪律或规矩,其也应纳入党内法规制度建设的范畴。由于党内法规的强政治属性和高道德性要求,一些高位阶的党内法规诸如党章、准则等,在内容上“是一个思想性、政治性、综合性很强的文件”,其既要总结党长期以来形成的经验和基本规范,又要阐明基本的原则和立场,“有很多问题需要讲讲道理”②。这些党内法规的“道理”本身即要求党组织和党员遵守党的规矩。例如,《关于新形势下党内政治生活的若干准则》(以下简称《党内政治生活准则》)即明确要求“全党特别是高级干部必须严格遵守党的政治纪律和政治规矩”。因此,遵守政治规矩本身就是党内法规规定的义务。从这个意义上说,党内法规制度建设的具体内容,其范围不仅仅包括了以规定名称命名的党内法规,同时也包括了党的其他没有载入上述党内法规的规矩之中。

总体而言,当前党面对着国内、国际的复杂形势,面对着世情、国情、党情的深刻变化,这要求我们以改革创新精神全面推进党的建设新的伟大工程,全

① 习近平:《在第十八届中央纪律检查委员会第五次全体会议上的讲话》,2015 年 1 月 13 日。

② 习近平:《关于〈关于新形势下党内政治生活的若干准则〉和〈中国共产党党内监督条例〉的说明》,2016 年 11 月 2 日。

面提高党的建设科学化水平。治国必先治党，治党务必从严，从严必依法度，只有加强党内法规制度建设，让“全体党员时刻意识到党规党纪就是悬在自己头上的‘达摩克利斯之剑’”，如此方能使我们党在新形势下时刻保持着先进性和纯洁性，保持着共产党人的政治本色，以应对“四大考验”和“四种危险”，带领党和国家的事业不断向前发展。

（二）建设中国特色社会主义法治体系的必然要求

曾在很长一段时间内，学界对党内法规的提法存在着较大的争议，其中一个重大争议的焦点便在于党内法规是否具备法之属性，其具体表现则在于对党内法规名称的使用上。有学者指出，“由于‘党内法规’这一提法不能准确地将党的规章制度与国家法律相区别”，故建议“用‘党的纪律’代替‘党内法规’的提法”①。有学者则从马克思主义基本原理出发论证，认为党内法规“不仅源于马克思主义基本原理，而且符合中国共产党党情；不仅具备法的基本特征，而且符合语义要求”②。也有学者认为，“党内法规之‘法’与国家法律之‘法’既有共同之处，更有不同的内涵和特征。其共同点就在于都强调了‘制度’的作用，强调了实现制度管事、制度管权和制度管人的目标和理念”③。学者们对于党内法规概念的争论，反映了党内法规的制度定位在思想和理论上还处于比较混乱的状态。同时，也反映出了党内法规制度在整个社会的制度体系之中有着愈发不容忽视的地位。

党的十八大以来，以习近平同志为核心的党中央着眼于“四个全面”战略布局的整体设计，身体力行、率先垂范，坚定推进全面从严治党，为开创党和国家事业新局面提供了重要的保证。2014 年 10 月 8 日，习近平总书记在党的群众路线教育实践活动总结大会上对“全面从严治党”作出了重大的战略部署，强调：“各级各部门党委（党组）必须树立正确政绩观，坚持从巩固党的执政地位的大局看问题，把抓好党建作为最大的政绩，如果我们党弱了、散了、垮

---

① 王俊华：《对“党内法规”提法的再思考》，《上海党史与党建》2008 年第 7 期。

② 操申斌：《“党内法规”概念证成与辨析》，《当代世界与社会主义》2008 年第 3 期。

③ 潘泽林：《中国共产党党内法规及其体系构建问题研究》，《南昌大学学报》（人文社会科学版）2007 年第 1 期。

了,其他政绩又有什么意义呢?"①全面从严治党在"四个全面"战略布局中有着关键的作用,其处于一个关系全局、决定根本的重要位置,是推进全面建成小康社会、全面深化改革、全面依法治国的根本保障。

2014 年 10 月 23 日,党的十八届四中全会胜利召开,全会为贯彻落实党的十八大作出的战略部署,加快建设社会主义法治国家,作出了全面推进依法治国若干重大问题的决定。会议指出,全面推进依法治国,总目标是建设中国特色社会主义法治体系,建设社会主义法治国家。全会指出,"形成完善的党内法规体系"是中国特色社会主义法治体系的重要组成部分。因此,党内法规在制度内涵以及定位上,已经不限于政党内部的行为规范,而是从国家法治体系的构成上有了全新的意义。

不难看出,党内法规制度建设无论是在理论上还是实践上,其制度理念以及制度定位是一个不断发展变化的过程。一方面,在理论上,党的十八届四中全会为党内法规概念本身的争议画下了休止符,使社会对党内法规有了一个明确的、全新的认识。另一方面,随着我国政治文明建设的不断发展,执政党治国理政也进入一个全新的阶段,其在新形势下对党内法规制度建设也有着新的要求。总体而言,中国特色社会主义法治体系建设对党内法规制度建设的要求主要体现在以下两个方面。

1. 中国共产党治国理政的必然要求

"办好中国的事情,关键在党。"党要履行好治国理政、执政兴国的重大使命,就必须坚持依法执政。从政治学的基本理论来看,政党作为现代政治的特有的组织,其功能在于组织参与、综合不同利益、充当社会势力和政府之间的桥梁,在履行这些功能时,政党必然反映政治的逻辑而非效率的逻辑。② 然而,当执政党通过一定的形式行使国家政权后,则需将政党代表阶级的意志上升为国家意志,这就使执政党与国家机器产生了各种关系,从宪法政治维度而

---

① 习近平:《在党的群众路线教育实践活动总结大会上的讲话》,《人民日报》2014 年 10 月 9 日。

② [美]塞缪尔 · P.亨廷顿:《变化社会中的政治秩序》,王冠华等译,上海人民出版社 2008 年版,第 70 页。

言,其实质就是“产生了执政党与宪法和法律的关系”①。因此,从一定意义上说,政党的执政本身是法律的结果,而且它受法律规制的环节,在本质上并不是政党行为,而是国家和政府行为。②

在我国的政治实践中,坚持中国共产党的领导是四项基本原则之一。我国的中国共产党领导的多党合作制度和政治协商以及我国宪法文本中关于党的领导的规范,决定了党在中国的领导地位。习近平总书记指出,在中国,东西南北中,党政军民学,党是领导一切的。同时,党的执政地位是经过长期的革命实践和斗争,是来自历史的选择、人民的选择,“从人民民主政权建立过程看,还应该说中国共产党的执政地位是人民选择出来的,是符合民主政治的一般原则的”③。就本质上而言,领导和执政作为党在国家政治生活中的基本活动方式,二者有着根本的区别,“领导的本质是影响,领导与是否运用国家公权力没有必然的联系,不具有强制性”,而“执政的本质是对国家公共权力的掌握和运用,执政与国家公共权力具有必然的内在联系,具有强制性”④。但是,无论是领导还是执政,现代政治文明都要求政党依据宪法和法律进行活动,党的领导和执政活动需在宪法和法律范围内活动,这一点实际上也已为宪法和党章所确认和规定。⑤

党的十八届四中全会指出,依法执政,既要求党依据宪法和法律治国理政,也要求党依据党内法规管党治党。因此,在概念的界定范围上,尽管领导和执政分属不同的概念,但从一定意义上说,依法执政实则也涵盖了党的领导活动的范畴,即“管党治党”。而对于依法执政的基本内涵,则包含了两个方面的主要内容,即党依据宪法和法律治国理政与党依据党内法规管党治党。对于依法执政中的“法”实际上也包含了宪法和法律以及党内法规两大方面的内容,因此,要形成同党治国理政相适应的法规保障制度,既要在宪法统率

---

① 周叶中:《宪政中国研究》(上),武汉大学出版社 2006 年版,第 17 页。

② 周叶中、李炳辉:《“依法执政”考辩》,《法学杂志》2013 年第 7 期。

③ 谢春涛:《中国共产党执政地位从哪里来?》,《求是》2014 年第 15 期。

④ 张明军:《领导与执政:依法治国需要厘清的两个概念》,《政治学研究》2015 年第 5 期。

⑤ 《党章》在其总纲中规定:“党必须在宪法和法律范围内活动。”《宪法》在序言中明确规定:“全国各族人民,一切国家机关和武装力量、各政党和各社会团体、各企业事业组织,都必须以宪法为根本的活动准则,并且负有维护宪法尊严、保证宪法实施的职责。”

下形成“完备的法律规范体系”,同时也要在党章的统率下形成“完善的党内法规体系”。总体而言,党内法规制度建设不仅仅是加强党的建设的重要内容,同时也是中国特色社会主义法治体系建设的基本要求,坚持和改善党的领导、巩固党的执政地位,不但是党内法规制度建设的重要逻辑起点,同时也是推进法治体系建设的重要基点。

2. 推进社会主义法治建设的重要保障

早在改革开放之初,邓小平同志即对党内法规与国家法律的相互关系进行了深刻的阐述,其指出,“国要有国法,党要有党规党法。党章是最根本的党规党法。没有党规党法,国法就很难保障”①。邓小平同志对党内法规与国家法律关系的论述,指出了国家法治建设过程中,党内法规所具有的独特的地位和作用。国家法治建设无疑需要依靠宪法和法律来进行。但是,基于党在我国政治生活中的特殊地位,仅仅依靠国家法律并不足以保证法治建设的顺利进行。我国的政治实践特别是十八大以来党的反腐败斗争实践已经证明,一批腐败分子违法乱纪、信念崩塌,一些党组织和党员、干部不严格执行党章,漠视政治纪律、无视组织原则,上述种种问题,都与管党治党宽松软有密切关系。上述状况致使一批领导干部特别是高级领导干部不断退守法律底线,滑向违法边缘直至破坏国家的法律秩序。党员领导干部的违法乱纪,不但严重破坏了党内良好的政治生态,同时也对国家法治建设造成严重破坏。

习近平总书记指出:“我们党要履行好执政兴国的重大历史使命、赢得具有许多新的历史特点的伟大斗争胜利、实现党和国家的长治久安,必须坚持依法治国与制度治党、依规治党统筹推进、一体建设。”习近平总书记的论述不但是从建设法治中国的战略高度得出的一个重大判断,同时也是推进中国法治建设必须遵守的一个基本原则。党的十八届四中全会强调,“努力形成国家法律法规和党内法规相辅相成、相互促进、相互保障的格局”。这实际上是从中国特色社会主义法治建设的顶层设计上,勾画了党内法规与国家法律一体建设的基本格局,明确了二者在推进社会主义法治建设过程中的重要意义和作用。

我们党是一个有着高道德要求的党,这是由党的性质所决定的。中国共

① 《邓小平文选》第二卷,人民出版社1994年版,第147页。

产党不但是工人阶级的先锋队，同时也是中国人民和中华民族的先锋队，中国共产党的先锋队性质决定了全体党员在坚定理想信念、践行党的宗旨上有着高标准与严要求。由于在我国的政治环境中，执政党与国家、社会之间的关系并不十分明晰，中国共产党并不严格属于社会范畴，就其地位和权力来看，中国共产党与国家的联系，远比与社会的联系要密切得多，中国共产党不仅领导着国家，而且不断地改变着国家的形态。① 在这种情况下，广大党员和领导干部必须要保证其先锋队的性质，保持党的先进性和纯洁性，唯有如此方能切实保障国家法治建设的顺利进行。就国家法律而言，其主要作用在于依靠制度统筹社会力量、平衡社会利益、调节社会关系、规范社会行为、维护社会的公平正义，总的来说，国家法律的重大功能之一在于维护社会最为基本的秩序。而对于党的建设诸如提升党的生机活力、实现党的宗旨、规范党内关系等，实为国家法律所不能及。而这些有关党的建设的诸多内容，却是党内法规所能调整之基本范围，能对维护党内正常的秩序有着至关重要的作用，为推进社会主义法治建设提供了重要保障。

（三）推进国家治理体系和治理能力现代化的必然要求

现代法治是一种治国方略上的政治理念，是以规则来规范社会生活的规则之治，也是通过良法来实现自由开放秩序的社会治理。② 在现代国家的社会治理中，一种重要的形式便是要形成一套适合于经济社会发展的治理规则体系。现代治理理论兴起于20世纪后期，彼时大西洋福特主义和福利国家危机、全球化带来了种种不可治理以及新地方主义的兴起，强烈地冲击了传统的国家管理方式。1989年世界银行在概括当时非洲的情形时，首次使用了“治理危机”一词。③ 治理理论在兴起之初，便对国家的管理方式产生了巨大影响，并迅速确立了自身的核心信条和基本原理。治理理论对公共行政学的影响主要表现在：政府在公共行政中的核心地位被动摇，政府之外的治理主体参

---

① 周叶中、李炳辉：《“依法执政”考辩》，《法学杂志》2013年第7期。

② 叶传星：《当代中国法治理念——建构和谐社会为背景的考察》，中国政法大学出版社2012年版，第254页。

③ 易承志：《治理理论的层次分析》，《行政论坛》2009年第6期。

与到公共事务中成为一种常态。① 在传统的国家管理方式中,更多强调的是政府对社会的单向管理,政府主要通过其行政权力发号施令、运用权威来实现对社会的管理。可以说,政府是全方位介入到国家的经济社会事务中。治理理论的兴起打破了传统国家的管理范式,国家的管理抑或治理过程中引入了多元主体,政府对社会事务的介入不再是全方位的了。

尽管上述治理理论并未明确提及政党之因素,但是,从一个国家治理的宏观视角来看,其实质反映了社会的治理并非是单向的治理,而是有着一个复合的规则体系构成。从一定意义上讲,我国要实现治理体系和治理能力现代化的目标,在很大程度上就是要不断完善上述社会治理的复合规则体系。党内法规作为调整党组织工作、活动和党员行为的行为规范,在整个社会的治理规则体系中无疑有着极为重要的地位。同时,党内法规区别于一般社会组织内部的行为规范,也区别于一般的乡规民约、道德、家规以及其他种类繁多的社会规范,它是国家法治体系的重要组成部分。党内法规与国家法律一道,形成了国家治理体系中"一车两轮"式的复合型治理规则体系。

习近平总书记指出,必须适应国家现代化总进程,提高党科学执政、民主执政、依法执政水平,提高国家机构履职能力,提高人民群众依法管理国家事务、经济文化事务、自身事务的能力,实现党、国家、社会各项事务治理制度化、规范化、程序化,不断提高运用中国特色社会主义制度有效治理国家的能力。习近平总书记的论述指出了党内法规制度建设在国家治理体系和治理能力现代化进程中意义和作用。推进国家治理体系和治理能力现代化,要始终在党的领导下进行,党内法规制度建设在整个社会治理的规则体系中有着重要的引领和保障作用。

第一,党内法规是党内关系调整的基本行为规范。如前所述,中国共产党是一个有着极大规模的执政党,有着庞大数量的党组织和党员,如何理顺党内的基本权力结构关系、明确党内监督的主体和职责、规范党内监督执纪问责的基本规则和程序以及处理其他一切纷繁复杂的党务关系,这都需要通过党内法规制度建设来将党内各种关系纳入党内法规调整的制度轨道。只有通过制

① 王诗宗:《治理理论与公共行政学范式进步》,《中国社会科学》2010年第4期。

度调整,才能使党内关系的调整程序化和规范化,才能让党内法规对党内关系的调整成为推进国家治理体系和治理能力现代化的重要内容。

第二,健全党的领导体制机制需要依靠于党内法规制度。党的领导是中国特色社会主义最本质的特征,是社会主义法治的根本保证。推进国家治理体系和治理能力现代化的关键是改革和完善党的领导体制。一方面,加强党内法规制度建设可以逐步构建完善党领导依法治国的制度性框架,使党领导依法治国各项工作“有法可依”“有章可循”,更具有“规范性”基础;另一方面,党内法规制度建设有利于将党内制度和工作机制与国家法律法规相衔接,这不仅稳固了党依法执政和依法治国的制度基础,同时也能使党的领导制度和组织制度更加成熟、更加定型,在此基础上不断提高党的执政能力和执政水平。

第三,党内法规制度建设能引领和保证国家治理变革的顺利进行。推进国家治理体系和治理能力现代化,需要在党的领导下有序推进我国的政治、经济、社会、文化、法律等各项基本制度。而党如何组织领导上述各项治理制度的变革,无疑需要党内法规提供最为基本的行为遵循以及制度保障。此外,良规善治能引领良法善治,一如党风改进带动政风、行风、民风转变。党内法规制度创新也会有力带动相关国家和社会治理制度的变革。例如中央八项规定的出台实施,使全党的作风建设产生了制度性的变革,对整个国家和社会的治理无疑有着重要的引领和示范作用。

二、党内法规制度建设的总体思路与要求

党的十九大指出,增强依法执政本领,加快形成覆盖党的领导和党的建设各方面的党内法规制度体系,加强和改善对国家政权机关的领导。毫无疑问,党内法规制度建设在当今中国政治、社会发展中具有相当重要的地位和意义。如何推进党内法规制度建设,是一项摆在我们党面前的重要、紧迫的任务。习近平总书记在许多重要会议、重要场合就党内法规制度建设作出了一系列重要的论述和指示,为加强党内法规制度建设指明了方向、提供了重要遵循。党中央印发的《党内法规制度建设意见》很好地贯彻了习近平总书记的重要指

示精神,是对新形势下党内法规制度建设的顶层设计,既为党内法规制度建设提供了重要的思路,又对党内法规制度建设提出了基本要求。

(一)党内法规制度建设的总体思路

习近平总书记指出,加强党内法规制度建设"必须坚持依法治国与制度治党、依规治党统筹推进、一体建设"。习近平总书记的论述为党内法规制度建设提供了最为根本的思路。党内法规和国家法律作为调整社会关系的重要规则,其建设必须置于整个社会治理规则体系之中。就党内法规而言,其制度建设又要遵循着以其制度定位和制度特质为基础的建设思路。

1. 一条主线:加强党的长期执政能力建设、先进性和纯洁性建设

党的十九大报告指出,坚持和加强党的全面领导,坚持党要管党、全面从严治党,以加强党的长期执政能力建设、先进性和纯洁性建设为主线。[①] 这充分体现了党在总结历史经验的基础上对现实实践所提出的基本要求。党的十九大确定长期执政能力建设、先进性和纯洁性建设作为主线,可以说是对党在新形势下所面临的"四大考验"和"四种危险"所作出的明确回应,是基于国内外环境的深刻变化、党肩负的历史使命和建设任务所提出的明确要求。总的来说,党的长期执政能力建设、先进性建设和纯洁性建设面临着世情、国情和党情的深刻变化。

在革命战争年代,我们党就提出了中国共产党是中国工人阶级的先锋队,同时又是中国人民和中华民族的先锋队。1935 年 12 月,瓦窑堡会议决议指出:"中国共产党是无产阶级的先锋队……同时中国共产党又是全民族的先锋队。"[②]党的十六大党章将党的性质描述为:"中国共产党是中国工人阶级的先锋队,同时是中国人民和中华民族的先锋队,是中国特色社会主义领导的核心。"[③]党的先锋队性质使我们党在革命、建设、改革过程中始终能保持领导核心地位,是我们党不断取得一个又一个胜利的重要保证。党的先锋队性质要

---

① 习近平:《决胜全面建成小康社会　夺取新时代中国特色社会主义伟大胜利》,2017 年 10 月 18 日。

② 《中共中央文件选集》(1934—1935),中共中央党校出版社 1991 年版,第 620 页。

③ 《中国共产党章程》,2002 年 11 月 14 日。

求党始终要加强先进性建设，要全面推进党的政治制度、思想建设、组织建设、作风建设、纪律建设，把制度建设贯穿其中，使党始终发挥先锋模范作用，始终发挥领导核心作用。而党的纯洁性建设，其要义是确保党的整个肌体包括党员队伍、干部队伍以至每一名党员个体的纯洁、纯正、无私、可靠，符合党的纪律要求和党员标准，达到整体纯洁和个体纯洁的统一。①

在新形势下，我们要牢牢把握加强党的长期执政能力建设、先进性建设和纯洁性建设这一条主线。先进性和纯洁性是马克思主义政党的本质属性，中国共产党作为执政党，先进性和纯洁性建设是执政能力建设的前提和基础。同时，执政能力建设直接关乎党领导中国特色社会主义事业是否能顺利进行。当前，加强党内法规制度建设作为党的建设的重要内容，其无论在指导思想还是在具体实践中，必须牢牢把握加强党长期执政能力建设、先进性建设和纯洁性建设这一条主线，只有始终围绕这一条主线，才能从根本上把握党内法规制度建设主旨，才能确保党内法规制度建设的正确方向。

2. 立柱架梁：积极推进党内法规制定工作，加快构建党内法规制度体系

习近平总书记指出："有纪可依是严明纪律的前提，党的纪律规定要根据形势和党的建设不断完善，确保配套、务实管用，防止脱离实际、内容模糊不清、滞后于实践。"②在当前党内法规制度建设实践中，一个极为重要的内容就是要积极推进党内法规的制定工作，加快构建党内法规制度体系。习近平总书记明确指出："要完善党内法规制定体制机制……构建以党章为根本、若干配套党内法规为支撑的党内法规制度体系。"③

党的十八大以来，以习近平同志为核心的党中央加快党内法规制度建设，出台或修订了 90 部党内法规，超过了现有中央党内法规总数的 40%，一系列具有标志性、关键性、引领性的党内法规陆续出台，呈现"板块式"前进的良好态势。党内法规不仅在数量上实现了跨越式发展，而且在质量上得到了极大提高。可以说，党内法规制度建设取得了辉煌的成就。但是，也必须看到，同党内法规制度建设需要相比、同党的建设需要相比，目前党内法规制定还存在

① 齐卫平主编：《兴党之责》，上海人民出版社 2015 年版，第 140 页。

② 习近平：《在党的群众路线教育实践活动总结大会上的讲话》，2014 年 10 月 8 日。

③ 习近平：《加快建设社会主义法治国家》，《求是》2015 年第 1 期。

着一定差距,党内法规制度建设还存在短板,一些领域的党内法规制度还存在失之于散、碎片化等问题。《中央党内法规制定工作五年规划纲要(2013—2017年)》(以下简称《党内法规五年规划纲要》)指出,到“建党100周年时全面建成内容科学、程序严密、配套完备、运行有效的党内法规制度体系”。总的来说,党内法规制度建设要加快对党内法规制定顶层设计,立柱架梁,要“形成既有原则、又有规则,既有框架、又有底线,既有目标、又有要求,既有传承、又有发展的党内法规体系,实现对党内生活的全规范、全覆盖,为全面从严治党提供规范依据”①。

随着党内法规制度建设的不断发展,为服务党的建设的总体布局,《党内法规制度建设意见》指出,要完善以“1+4”为基本框架的党内法规制度体系,即在党章之下分为党的组织法规制度、党的领导法规制度、党的自身建设法规制度、党的监督保障法规制度4大板块。这为党内法规制度建设指明了方向,其要在上述“1+4”党内法规基本制度体系内,在已有党内法规的基础上,还要不断制定完善党的组织法规制度、党的领导法规制度、党的自身建设法规制度、党的监督保障法规制度等内容。同时,要健全部门和地方党内法规制度,对中央党内法规制度明确要求有配套的,要及时制定具体、细化的,有针对性和操作性的法规制度。唯有如此,才能在党内法规制度建设过程中真正做到有规可依、有纪可依。

3. 科学规范:提高加强党内法规制度建设的科学化水平

习近平总书记指出:“制度不在多,而在于精,在于务实管用,突出针对性和指导性。如果空洞乏力,起不到应有作用,再多的制度也会流于形式。”②党内法规制度建设必须要着眼于制度的科学规范,要狠抓制度质量这个关键,保证每项党内法规制度都立得住、行得通、管得了。具体而言,在党内法规制度建设过程中保证制度的科学规范,提高党内法规制度的质量,实践中就必须把握以下方面。

其一,坚持党内法规制度建设的正确方向。党的十八届六中全会指出:

---

① 祝捷:《党内法规建设为全面从严治党“立柱架梁”》,2017年1月18日,见http://news.xinhuanet.com/politics/2017-01/18/c_129452040.htm。

② 习近平:《在党的群众路线教育实践活动总结大会上的讲话》,2014年10月8日。

"全党同志要紧密团结在以习近平同志为核心的党中央周围……牢固树立政治意识、大局意识、核心意识、看齐意识。"①党内法规制度建设必须坚持正确的政治方向,贯彻党的理论、路线、方针和政策,确保党内法规制度建设能准确反映我们党的意志,符合中央的基本精神。就地方党内法规制度建设而言,一方面要根据地方的实际情况,在符合中央精神的基本前提下,按照各自职权对党内法规制度建设进行积极探索,对实践中出现的新问题、新情况要勇于先行先试,为党内法规制度建设积累丰富的实践经验;另一方面,地方党内法规制度建设又要从大局出发,维护党内法规体系的内在统一,不能随意变通中央党内法规,在党内法规制度建设中不能搞部门主义、地方主义。

其二,坚持党内法规制度建设内容的科学性。在具体内容上,党内法规制度建设要坚持科学、民主。党内法规制度建设要进行广泛深入的调查研究。《党内法规五年规划纲要》指出,党内法规制定过程中要"遵循党的制度建设规律,妥善处理好数量和质量、前瞻性和现实性等关系"。在实践中,党内法规制度建设要把握好于法周延、于事有效、务实管用、简便易行的原则,要坚持问题导向并突出党内法规制度建设的针对性,增强党内法规制度建设可行性、可操作性。

其三,坚持党内法规制度建设中的程序规范性。党内法规体系是中国特色社会主义法治体系的重要内容,要以现代法治理念作为指导,注重现代法治建设过程中的程序规范。就党内法规制度建设而言,需要严格党内法规制度制定权限、审批程序以及前置审核程序等。另外,在党内法规的具体内容设计上,亦应坚持程序的规范性,摒弃"重实体、轻程序"的思想观念,应以实体和程序并重的思路来对党内法规进行具体制度设计。

4. 总结经验:坚持把中央要求、群众期盼、实践需要和新鲜经验结合起来

20 世纪 60 年代中期,毛泽东同志在接见民主人士李宗仁、程思远时曾形象而幽默地说道:"我是靠总结经验吃饭的。"②可以说,总结经验是进行制度建设的最为基本的领导方法,也是马克思主义中国化的基本环节,是我们党发扬优点、克服缺点,从胜利走向胜利的重要保证。习近平总书记指出:"我们

---

① 《中国共产党第十八届中央委员会第六次全体会议公报》,2016 年 10 月 27 日。

② 黄允升:《毛泽东开辟中国革命道路的理论创新》,中央文献出版社 2006 年版,第 186 页。

党抓党的建设,很重要的一条经验就是要不断总结我们党长期以来形成的历史经验和成功做法,并结合新的形势任务和实践要求加以创新。”①

在党内法规制度建设过程中,加强对实践经验的总结是一条基本的思路。党内法规制度建设要坚持问题导向,坚持党内法规制度的务实管用、于事有效。这就势必会在制度与实践之间不断发生碰撞。面对着新时期全面从严治党出现的各式各样的问题,一些行之有效的制度得以不断发展完善,反之,那些不合时宜、滞后的党内法规制度则必然遭到淘汰。在这个过程中,必须加强经验的总结,对那些经过实践证明的务实管用的有效做法不断提炼,直至上升至制度层面,以制度的形式予以固化。

实际上,在党内法规制度制定过程中,一个基本的思路就是通过探索实践,将成熟的经验上升为制度规定,并以党内法规的制度形式固定下来,而对于还不能上升为制度的,则继续进行探索。习近平总书记在论述制定《关于新形势下党内政治生活的若干准则》和《中国共产党党内监督条例》的重要意义时曾指出,有必要对“近年来特别是党的十八大以来从严治党的理论和实践进行总结,看哪些经过实践检验是好的,必须长期坚持;哪些可以进一步完善并上升为制度规定,以党内法规的形式固化下来;哪些需要结合新的情况继续深化”②。因此,总体而言,党内法规制度建设没有现成的模式、道路可供参考,实践中,其必须要把中央的要求、群众的期盼以及实践的需要同新鲜经验结合起来,唯有如此,党内法规制度建设才会不断获得发展完善。

(二)党内法规制度建设的总体要求

如前所述,党内法规制度建设要遵循基本的思路,以保证其在实践中能有着明确的目标以及掌握正确的方法。除此之外,党内法规制度建设还要有一些基本的要求,这些要求保证党内法规制度建设在实践中始终能朝着正确的方向发展前进。

---

① 习近平:《关于〈关于新形势下党内政治生活的若干准则〉和〈中国共产党党内监督条例〉的说明》,2016年11月2日。

② 习近平:《关于〈关于新形势下党内政治生活的若干准则〉和〈中国共产党党内监督条例〉的说明》,2016年11月2日。

1. 坚持宪法为上、党章为本

党内法规制度体系是中国特色社会主义法治体系的重要组成部分，宪法是治国安邦的总章程，规定国家的政治、经济、文化、法律、社会等各项基本制度。毫无疑问，党内法规制度建设要以宪法为遵循，要接受社会主义法治理论和法治精神的规范和约束，保证党内法规制度建设符合宪法和法律的精神和要求，保证社会主义法制的内在有机统一。只有坚持宪法为上，党内法规制度建设才能确保朝着中国特色社会主义法治的方向前进。

按照马克思主义的经典理论，无产阶级政党与资产阶级政党的本质区别，集中体现在政党的阶级基础不同，政党的指导思想不同，政党的奋斗目标和实现目标的方式、道路不同，而无产阶级政党的章程，则充分反映了这些思想。① 列宁则指出，无产阶级党章是“党组织形式和规范的总决议”，是“一致通过的组织规则”②。就中国共产党党章而言，其规定了党的性质、目的与宗旨，确立了党的指导思想、基本路线、方针、政策等内容。毫无疑问，党章是党组织统一、行动统一的保证，是我们党意志的集中反映，体现了我们党的政治诉求，是我们党这一政治组织存在目的、意图的综合体现。党内法规作为政党内部重要的制度，其必须要反映和体现政党的基本性质，换言之，党内法规应该是反映政党基本性质的党章的直接或者间接的反映，进言之，党内法规制度建设必然要以党章为根本。

习近平总书记指出，“建立健全党内法规制度体系，要以党章为根本依据”③，“党章是全党必须遵循的总章程，也是总规矩”④。党内法规制度建设要按照党章确定的基本原则、要求和任务来推进，要注意体现党章的基本精神。此外，党内法规制度建设也要符合国家法律法规，符合社会主义法治的基本原则与精神，通过理顺党内法规制度与国家法律制度内在关系，才能提升党内法规制度的整体效应。

---

① 王仁琴、凌传茂：《党章学研究》，党建读物出版社2000年版，第55页。

② 《列宁全集》第8卷，人民出版社1959年版，第40页。

③ 习近平：《认真学习党章，严格遵守党章》，《人民日报》2012年11月20日。

④ 习近平：《坚持思想建党和制度治党，严明政治纪律和政治规矩、加强纪律建设》，《党建》2015年第2期。

2. 坚持思想建党和制度治党紧密结合

马克思主义政党的一个鲜明特征是注重理论武装,统一思想,步调一致。早在革命时期,毛泽东同志即把党的思想理论建设放在党的建设的首要位置,其在井冈山时即指出:"无产阶级思想领导的问题,是一个非常重要的问题。"①可以说,思想建党贯穿着我们党的建设的整个过程。制度治党随着革命、建设、改革的不断深入而愈发得到重视,党的十八届三中全会强调要加强社会主义民主和法制,强调党纪与国法的关系。随着社会的不断发展,世情、国情、党情的不断变化,制度建设愈显紧迫。习近平总书记指出:"我们这么大一个政党,靠什么来管好自己的队伍?靠什么来战胜风险挑战?除了正确理论和路线方针政策外,必须靠严明规范和纪律。"②

党的十八大以来,党内法规制度建设进入了一个全新的阶段,党内法规制度建设取得了丰硕的成果,管党治党失之于宽松软的情况逐步得到好转。但不可否认的是,当前还有部分党员领导干部轻视思想政治工作,其本身在理想信念上也存在着不同程度的动摇甚至滑坡的现象。事实上,相较于国家法律,党内法规制度本身也是一个高道德标准的反映,就是将一部分党的思想建设的内容予以制度化、规范化。但是,中国共产党的先锋队性质要求广大党员要有着更坚定、更崇高的理想信念,这部分内容是党内法规制度建设所不能及的,其必须要通过思想建设来予以实现。

从党的十八大以来一大批落马的党员领导干部来看,除了制度因素外,究其根本,就是这些党员、干部信仰迷茫、精神迷失。习近平总书记指出,"坚定理想信念,坚守共产党人精神追求,始终是共产党人安身立命的根本……理想信念就是共产党人精神上的'钙',没有理想信念,理论信念不坚定,精神上就会'缺钙',就会得'软骨病'"③。在当前全面从严治党的新形势下,务必要坚持思想建党和制度治党相结合,思想建设和制度建设双管齐下,这既是对我们党优良党建传统的继承和发扬,同时也是新时期党的建设不断取得发展胜利

① 《毛泽东选集》第一卷,人民出版社 1991 年版,第 77 页。

② 习近平:《在参加河南省兰考县委常委班子专题民主生活会时的讲话》,2014 年 5 月 9 日。

③ 习近平:《紧紧围绕坚持和发展中国特色社会主义学习宣传贯彻党的十八大精神》,2012 年 11 月 17 日。

的基本要求。

3. 坚持从管党治党、治国理政的实践出发

党内法规制度建设坚持从管党治党、治国理政的实际出发，实质上就是要求党内法规制度建设要始终坚持问题导向，要针对新时期管党治党、治国理政出现的新情况、新问题来进行。

王岐山同志在论及我们党自身存在的问题时曾深刻指出："党的观念淡漠、组织涣散、纪律松弛，党的领导弱化、管党治党不严、责任担当缺失，对党的最大威胁莫过于此。如果任其发展下去，就会削弱党的执政能力、动摇党的执政基础。"①为此，党内法规制度建设要着眼我们党自身存在的突出问题。例如，中央八项规定狠抓党的作风建设；《党内监督条例》明确落实各监督主体的监督职责；《纪律处分条例》针对新形势下破坏党内正常秩序的行为明确了各种惩处措施；监督执纪的四种新形态，使党内监督执纪问责从事后逐渐向事前、事中转移，体现了新时期监督执纪工作防微杜渐、抓早抓小的特点……上述种种，实质上体现出了党内法规制度建设有着强烈的问题导向的特点，其直面管党治党中的要害，这从侧面也反映出了党内法规制度"务实管用"的基本要求。

就治国理政而言，我们党作为执政党，依法执政是现代政治文明的基本要求。我们党领导着中国特色社会主义事业，在国家生活中处于领导地位。但是，党在国家社会生活中的领导地位"并不意味着无产阶级政党可以取代社会主义国家政权机关"，"党领导着国家，但党不等于国家，它不能直接实现国家的职能"②。曾在很长一段时间内，党政之间的关系一直是政治体制改革的重要内容。2017 年两会期间，王岐山同志参加北京代表团审议时指出："在党的领导下，只有党政分工、没有党政分开，对此必须旗帜鲜明、理直气壮。"③对此，在党治国理政层面上，党内法规制度建设在很大程度上要切合于在党的领

---

① 王岐山：《坚持高标准守住底线推进全面从严治党制度创新》，《人民日报》2015 年 10 月 23 日。

② 周叶中：《代议制度比较研究》（修订版），商务印书馆 2014 年版，第 201 页。

③ 张荣臣：《准确把握"党政分工"概念》，2017 年 4 月 10 日，见 http://theory.people.com.cn/n1/2017/0410/c40531-29198863.html。

导下实现“党政分工”,要以建立健全党领导依法治国制度和工作机制为目标导向,为党发挥总揽全局、协调各方领导核心作用提供有力的制度保证。

4. 坚持党内法规制定和实施并重

党内法规制度的运行机制包含了制定和实施两个基本层面,其性质和内涵实际上与国家法律有着共同之处。古希腊哲学家亚里士多德认为法治包含两层含义,即已成立的法律获得普遍服从,而大家所服从的法律又应该本身是制定得良好的法律①,这对党内法规而言亦是如此。所谓良规善治,良规是善治的前提,善治是维护政党内部关系正常有序的要求。如果在党内法规制度建设过程中,无良规,则制度建设无从谈起;或有良规,但是得不到党组织和广大党员普遍服从遵守,那么依然无法实现政党的“善治”,党内法规制度建设理所当然地要求党内法规制定和实施并重。

就党内法规制定而言,要坚持党内法规的“立改废”并举。一方面,要对现有党内法规制度进行全面清理。我们党在革命、建设和改革过程中,制定了大量党内法规,其中一些党内法规已经不符合时代要求,滞后于社会的发展,因此,必须要加强对党内法规的清理工作。此外,相较于国家法律,党内法规还具有较强的政治属性,党内法规制度也在一定程度上反映着政党的政策导向。基于政策本身所具有的灵活性的特点,因而党内法规亦需因势而变。这在具体制度机制即要求党内法规要不断完善即时清理机制、适时展开专项清理等。另一方面,党内法规制定要针对制度短板,抓紧制定和修订一批重要党内法规,不断完善党内法规“1+4”制度框架体系内的各方面重要的法规,以适应党管党治党、治国理政之需要。

就党内法规的实施而言,一个重要方面内容即在于增强党内法规制度的执行力。习近平总书记指出:“要增强制度执行力,制度执行到人到事,做到用制度管权管事管人。”②党内法规制度执行的一个重要的特点在于其能依靠党建的手段和方式加以进行,这也是党内法规制度实施较之于国家法律的一大优势所在。在党内法规制度执行过程中,要求坚持以上率下,要从各级领导

① [古希腊]亚里士多德:《政治学》,吴寿彭译,商务印书馆1965年版,第199页。

② 习近平:《在党的群众路线教育实践活动总结大会上的讲话》,2014年10月8日。

机关和党员领导干部做起，以身作则，严格要求。中央八项规定所产生的巨大的“溢出效应”①，对坚持制度执行过程中的以上率下起到了极为重要的作用。有学者指出：“党规之所以会出现溢出效应，虽然也有少数属于无心插柳柳成荫，但更多地属于党规制定者的巧妙安排或者执行者用力而为使然。”②此外，增强党内法规制度的执行力，还需要通过加强学习教育，增强全体党员特别是领导干部的思想素质；要进一步强化监督检查，以促进党内法规制度实施的顺利进行。

三、党内法规制度建设的总体目标和内容

党的十八大以来，以习近平同志为核心的党中央着眼“四个全面”战略布局，对全面从严治党作出了一系列重要的战略部署，为新时期加强党的建设指明了方向。习近平总书记指出，加强党内法规制度建设是全面从严治党的长远之策、根本之策。因此，从宏观角度看，党内法规制度建设的目标切合于全面从严治党的目标，党内法规制度建设与全面从严治党展现出了目标同向性的特点。在内容方面，党内法规制度建设主要包含了确保正确的政治方向、完善党内法规制度体系以及加强党内法规制度建设的保障工作等方面内容。

（一）党内法规制度建设的总体目标

如前所述，党内法规制度建设的目标与全面从严治党的目标有着同向性的特点。就长远而言，党内法规制度建设要从大局出发，着眼党的建设和中国特色社会主义法治建设的总体布局，要始终围绕巩固党的执政基础、提高党的执政能力为目的。就短期来看，党内法规制度建设要服务于“两个一百年”的奋斗目标，力争到建党100周年时形成比较完善的党内法规制度体系。

---

① 党内法规的“溢出效应”指的是党内法规的效力超出了对其所应调整的主体、事项、时间、空间等范围，对非调整对象的党组织、党员，或是对非党组织、非党员产生了影响甚至一定程度上的约束力。

② 宋功德：《党规之治》，法律出版社2015年版，第112页。

1. 党内法规制度建设的总目标

第一,履行好党执政兴国的重大使命。从政治学的角度分析,政党是由一定阶级、阶层或集团中的中坚分子组成的,并为实现其反映政治、经济利益的政治纲领、政治主张而奋斗的政治组织。① 历史地看,近代中国的两大历史任务向来是很明确的,即需要争取民族独立和民族解放,进而实现国家的繁荣富强和人民共同富裕。我们党自成立时起,就担负着领导中国革命、实现民族独立和人民解放的历史使命。中华人民共和国的成立,中国共产党领导中国人民完成了第一个历史任务,而今正带领着中国人民进行社会主义现代化建设,不断实现国家的繁荣富强和人民的共同富裕。习近平总书记指出:“人民对美好生活的向往,就是我们的奋斗目标。”②中国共产党作为执政党,是一党执政、长期执政,“我们党要履行好执政兴国的重大历史使命”③。因此,党内法规制度建设的总目标,必然直指党执政兴国的重大历史使命。

第二,赢得具有许多新的历史特点的伟大斗争胜利。随着改革开放进入攻坚期和深水区,我们党在履行执政兴国的历史使命过程中,国内外环境发生了深刻的变化。在党的十八大报告中,我们党第一次提出了“必须准备进行具有许多新的历史特点的伟大斗争”的重要论断④。习近平总书记更是在众多场合,反复强调“进行具有许多新的历史特点的伟大斗争”⑤。这充分说明了以习近平同志为核心的党中央面临的严峻形势与艰巨任务。为此,其必然要加强和改进党的建设。党内法规制度建设作为加强和改进党的建设的重要制度形式,其目标应把进行“伟大斗争”的“铁”打好,要“赢得具有许多新的历史特点的伟大斗争胜利”。

---

① 周叶中:《代议制度比较研究》(修订版),商务印书馆2014年版,第188页。

② 《习近平谈治国理政》,外文出版社2014年版,第4页。

③ 罗宇凡:《就加强党内法规制度建设习近平作出重要指示刘云山出席全国党内法规工作会议并讲话》,《人民日报》(海外版)2016年12月26日。

④ 胡锦涛:《坚定不移沿着中国特色社会主义道路前进　为全面建成小康社会而奋斗》,2012年11月8日。

⑤ 例如,习近平总书记在主持中央政治局第一次全体学习时强调:“我们必须准备进行具有许多新的历史特点的伟大斗争”;在2013年中央召开的全国宣传思想工作会议上,再一次强调了“我们正在进行具有许多新的历史特点的伟大斗争”;在2016年对全国党内法规工作会议的指示中,指出要“赢得具有许多新的历史特点的伟大斗争胜利”。

第三,实现党和国家的长治久安。就国家治理而言,制度存在的根本目的在于维系社会最基本的正常秩序。社会伦理体系得以建立,乃是源于有组织的群体希望创造社会生活的起码条件的强烈愿望。① 而"规范本身是一种客观社会要求和人们主观意识相统一的结果"②。因此,社会上制度规范得以存在的根本,乃是其能约束社会群体的过分行为,能为消除社会的分裂力量起到重要的调整作用,增加社会共处的可能性。因此,从这个意义上说,无论是党内法规抑或是国家法律,作为调整社会关系的制度本身,其所追求的目标均应是保证社会不同领域的基本秩序。党内法规与国家法律是社会治理规则体系的重要组成部分,同时也是中国特色社会主义法治体系的重要组成部分,其理所当然应以维系社会的基本正常秩序为目标,实现党和国家的长治久安。

2. 巩固党的执政地位,提高党的执政能力

如前所述,党内法规制度建设要"牢牢把握加强党的长期执政能力建设、先进性和纯洁性建设这条主线",党内法规制度建设要放在巩固党的执政地位,提高党的执政能力的大局去思考。党的十六届四中全会指出,加强执政能力建设,"是关系中国社会主义事业兴衰成败、关系中华民族前途命运、关系党的生死存亡和国家长治久安的重大战略课题";加强党的执政能力建设,"要着重从思想和作风、体制和机制、方式和方法、素质和本领等方面加强和改进"③。

事实上,从实践过程看,党内法规制度建设一直是以巩固党的执政地位、提高党的执政能力为目标进行的。曾在很长一段时间内,党内法规制度建设主要是围绕着党章及其相关党内法规、党员、党的组织制度、党的组织、党的干部、党的纪律、党的纪律检查机关以及其他党内法规来进行的。不难看出,上述诸多领域的党内法规基本上涵盖了党执政能力建设的基本要求。随着实践的不断发展,上述诸多领域的党内法规亦愈发不能反映党内法规制度建设的现状,有关党的领导和党的工作、思想建设、作风建设、机关工作等党内法规并

① [美]E.博登海默:《法理学:法律哲学与法律方法》,邓正来译,中国政法大学出版社1998年版,第391页。

② 罗国杰主编:《伦理学》,人民出版社2014年版,第180页。

③ 《中共中央关于加强党的执政能力建设的决定》,2004年9月19日。

不能完全纳入其中。由此,按照党的建设总体布局,将党内法规制度体系重新分为党章及其相关法规制度、党的领导和党的工作、思想建设、组织建设、作风建设、反腐倡廉建设、党的机关工作七大类。2016 年党中央印发《党内法规制度建设意见》,将党内法规再次划分为"1+4"的基本制度体系。

在上述党内法规制度体系的变化发展中,党内法规制度的各种分类的目的也是为更好地进行党内法规制度建设工作,服务于党的建设的总体布局。其在体系上的变化发展,体现出了在新形势下,党内法规制度建设的变化发展和完善。就制度建设内容而言,其始终是围绕着党执政能力建设的基本面向,指向于巩固党执政地位、提供执政能力之目标。

3. 形成比较完善的党内法规制度体系

如果说履行好党执政兴国的重大历史使命、赢得具有许多新的历史特点的伟大斗争的胜利、实现党和国家的长治久安是从宏观角度分析党内法规制度建设的目标;那么,巩固党的执政地位、提高党的执政能力则是从中观角度出发对党内法规制度建设的目标加以分析。然而,就具体的党内法规制度建设目标而言,党内法规制度建设要形成比较完善的制度体系,为全面从严治党提供有力的制度保障。

2013 年 11 月,《党内法规五年规划纲要》出台,明确指出了要形成涵盖党的建设和党的工作主要领域、适应管党治党需要的党内法规制度体系框架,"为到建党 100 周年时全面建成内容科学、程序严密、配套完备、运行有效的党内法规制度体系打下坚实基础"。这是对党内法规制度建设提出了较为具体的的要求,从时间和内容上指出了党内法规制度建设的明确目标。党的十八届四中全会将"完善的党内法规体系"纳入中国特色社会主义法治体系建设的系统工程之中,这进一步明确了党内法规制度建设过程中"完善党内法规制度体系"的目标。

2016 年 12 月,《党内法规制度建设意见》出台,对党内法规制度建设的总体目标进行了进一步的总结概括,即到建党 100 周年时,形成比较完善的党内法规制度体系、高效的党内法规制度实施体系、有力的党内法规制度建设保障体系,党依据党内法规管党治党的能力和水平显著提高。《党内法规制度建设意见》从制定、实施以及保障的角度对党内法规制度建设的目标进行了概括，有着极强的针对性和可操作性，对党内法规制度建设有着重要的实践意义。

（二）党内法规制度建设的基本内容

党内法规制度建设的基本内容蕴含于党内法规制度建设的总体目标之中，在党内法规制度建设总体目标的指引下，党内法规制度建设的内容具体可分为完善党内法规制度体系、加强党内法规制度的贯彻实施以及形成有力的党内法规制度建设保障体系等三个方面。

1. 完善党内法规制度体系

总体而言，党内法规制度体系是以党章为根本，以民主集中制为核心，以准则、条例等中央党内法规为主干，由各领域各层级党内法规制度组成的有机统一整体。在具体模块划分上，即是在党章之下分为党的组织法规制度、党的领导法规制度、党的自身建设法规制度、党的监督保障法规制度 4 个模块。完善党内法规制度体系，需要在已有党内法规制度的基础上，补齐补足党内法规制度的短板，集中解决党内法规制度建设中存在的问题。具体而言，完善党内法规制度体系主要从以下四个方面进行。

第一，完善党的组织法规制度。党的组织法规制度主要指全面规范党的各级各类组织的产生和职责的党内法规，具体包括规范党的中央组织工作，规范地方、基层组织工作等方面的法规制度。当前要研究制定党的中央委员会工作条例、党的纪律检查委员会工作条例以及健全党的基层组织工作等方面的法规制度，为进一步夯实管党治党、治国理政提供重要的制度基础。

第二，完善党的领导法规制度。党的领导法规制度主要指加强和改进党对各方面工作领导的党内法规制度，是党发挥总揽全局、协调各方领导核心作用的制度保证。完善党的领导法规制度，要加强研究制定党的宣传工作、群团工作、人才工作、政法工作、外事工作等方面的条例。同时要进一步研究制定有关党对军队领导的法规制度。

第三，完善党的自身建设法规制度。党的自身建设法规制度在党内法规制度体系中占有极为重要的地位，是增强党创造力、凝聚力、战斗力的制度基础,其内容涉及党的政治建设、思想建设、组织建设、作风建设、纪律建设等诸多方面内容。当前要进一步研究制定有关党思想建设的法规及其配套制度,同时要完善作风建设、纪律建设等方面的法规制度。

第四,完善党的监督保障法规制度。党的监督保障法规制度主要指保障党内法规顺利实施的党内法规制度。其内容涉及对党组织工作、活动和党员行为的监督、考核、奖惩、保障等方面。当前要完善上述涉及党内法规监督保障等内容的法规制度,要进一步巩固和完善已有的党内监督保障法规。

2. 加强党内法规制度的贯彻实施

如前文所述,党内法规制度建设的一个重要要求便是制定和实施并重。习近平总书记在党的群众路线教育实践活动工作会议上指出"制度一经形成,就要严格遵守,坚持制度面前人人平等、制度执行没有例外,坚决维护制度的严肃性和权威性,坚决纠正有令不行、有禁不止的各种行为"①,并在多个场合强调制度实施的重要性。"有了好的制度如果不抓落实,只是写在纸上、贴在墙上、锁在抽屉里,制度就会成为稻草人、纸老虎。"②

在加强党内法规制度的贯彻实施过程中,其首要任务即在于提高党内法规制度的执行力。首先,要做到以上率下,加强党内法规制度执行的责任制,保证制度执行的层层落实。要强调领导干部对党内法规执行的责任意识、担当意识,将党内法规制度执行任务落实至各领导干部的具体分管领域。

其次,加强学习教育工作。制度执行的一个核心因素在于人,制度能在实践中得到准确执行、适用、遵守,在于人民对制度本身的认可和理解。因此,要加大党内法规的宣传解读力度,让党内法规制度成为党员领导干部的必修课程,以增强其对党内法规制度的基本认识和理解,提高党内法规制度的执行力。

最后,要强化监督检查,确保党内法规制度得到具体落实。党内法规制度实施情况要定期或不定期进行监督检查,以期全面、准确地掌握党内法规制度实施的实际情况。此外,要通过一定的制度机制形式,如问责、通报、实施情况

① 习近平:《在党的群众路线教育实践活动工作会议上的讲话》,2013 年 6 月 18 日。

② 习近平:《在听取兰考县和河南省党的群众路线教育实践活动情况汇报时的讲话》,2014 年 8 月 27 日。

公开等，来对党内法规制度执行不力的情形进行处理。

3. 形成有力的党内法规制度建设保障体系

党内法规制度保障体系是为保证党内法规制度建设重要的外部因素。具体而言，形成有力的党内法规制度的保障体系，主要包括以下四方面内容。

第一，落实领导责任。党内法规制度建设工作要在党中央统一领导下进行。党的纪律委员会是监督执纪问责的专责机关，根据党章第四十六条规定，“党的各级纪律检查委员会是党内监督专责机关的主要任务是：维护党的章程和其他党内法规，检查党的路线、方针、政策和决议的执行情况，协助党的委员会推进全面从严治党、加强党风建设和组织协调反腐败工作”。党的各级纪律检查委员会要切实履行好监督执纪问责的各项工作。中央各部门和地方各级党委要对党内法规制度建设工作进行统筹规划，与党建的其他工作、法治建设工作共同部署，一并落实。

第二，完善相应体制机制。各级党委要统筹部署党内法规制度建设的各项工作，着眼构建在党委统一领导下的，各工作部门统筹协调、各方面共同参与的工作格局，并加强对党内法规工作机构的建设，为党内法规制度建设提供有力的组织保障。

第三，加强人才队伍建设。党内法规制度建设要具备自身的人才队伍，为党内法规专门工作、理论研究等提供坚实的人才基础。区别于国家法律人才队伍的建设，党内法规在人才队伍建设方面要把思想政治建设摆在首位，要努力打造一支忠诚、担当而又能吃苦、有着高素质的党内法规专门工作队伍。

第四，加强工作保障。党内法规制度建设中有关工作保障的内容主要包括健全党内法规的考核评价机制、激励机制等，将党内法规制度建设工作作为领导班子和领导干部的绩效予以评价考核。同时，要充分发挥现代科学技术的作用，利用好各种媒体平台，提高党内法规制度建设的科学化水平。

四、党内法规制度运行实施的基本特点

《孟子·离娄上》曰：“徒善不足以为政，徒法不足以自行。”就一个国家之治国理政而言，单有为政之善意、治国之法令而不去实行，是达不到治国理政

的效果的。培根亦曾言道:“有制度不执行,比没有制度的危害还要大。”党的十八大以来,党中央所出台或修订的一批重要党内法规,为全面从严治党提供了重要的制度保障。在之后党内法规制度建设过程中,在有规可依的基础上,注重党内法规的实施是重中之重。习近平总书记指出:“法规制度的生命力在于执行。‘盖天下之事,不难于立法,而难于法治必行。’现在,我们有法规制度不够健全、不够完善的问题,但更值得注意的是已有法规制度并没有得到严格执行。”①可以说,制度的实施始终是制度建设中极为重要的内容,党内法规亦然。对党内法规制度的运行实施,尽管上文已多有阐述,但仍不足以明晰党内法规制度实施过程中的相关现象和问题,党内法规制度的实施乃至其整个制度建设,应从党内法规的基本性质出发,如此才能较好地分析、解释党内法规制度建设所出现的现象和问题。

从根本上说,党内法规作为一套制度体系,其所具有的法之属性使其实施有着法实施的特点,要遵循法的实施的一般原则和原理。但是,单纯从法实施的角度分析,是难以真正解释党内法规实施过程中的现象和问题的,实践中对整个党内法规制度建设也会带来不利的影响。对党内法规制度的运行实施,要破除一般主观思维上特定价值和习惯的影响,要从根植于党内法规实施的客观运行机理出发,要基于党内法规的特定属性,融合党建与法治的思维来予以分析,如此才能真实反映党内法规实施的内涵和本来面貌,利于党内法规制度建设的顺利进行。

(一)党内法规的内在属性

党内法规作为调整党组织工作、活动和党员行为的制度规范,无论是从法理抑或法要素去考量其必然有着法之属性,其制度实施抑或制度建设会有着与法律制度实施或制度建设的一些基本特征。同时,党内法规又是一个政党内部的行为规范,其区别于一般的乡规民约、道德、家规以及其他种类繁多的社会规范,集中地反映了政党内部的政治意志,体现了政党的政治诉求,因此,党内法规与生俱来就有着鲜明的政治属性。基于党内法规的法属性和政治属

---

① 习近平:《在十八届中央政治局第二十四次集体学习时的讲话》,2015 年 6 月 26 日。

性，党内法规制度的运行实施有着法实施的特点，遵循法实施的基本原则与要求，同时，其又有着符合党建思维的、与党的建设相一致的方式与方法。

1. 党内法规的法属性

党内法规的法属性并不仅仅是基于主观逻辑推理的结果，其更多地是存在于党内法规客观实践的运行机理之中，对党内法规法属性的分析要摆脱传统“国家法中心主义”的影响，要从广义的“法”的角度来加以分析。

根据分析法学的经典观点，“所有‘法’或‘规则’都是命令”①。实在法本质的特征在于其强制性或命令性，法律被认为是主权者的一种命令，是由国家制定或认可的以命令—服从为基本模式并以国家强制力保证实施。在马克思主义的国家观中，国家的出现是社会内部矛盾运动发展的结果，是随着生产发展，私有制的出现，阶级的形成而产生的，国家是阶级矛盾不可调和的产物。而国家与法权是社会内部发展起来的双胞胎，法律作为统治阶级的工具，也是阶级不可调和的产物。② 在传统“法”的观念中，法的运行包括了两大特征，一是由国家制定或认可；二是由国家强制力保证实施。传统“法”的这两大特征二者缺一，便不可称之为“法”，这就是所谓的“国家法中心主义”。然而，随着社会治理的兴起，国家呈现出一种主体多样性、利益多元化的开放包容格局，“国家法中心主义”再难以适用社会治理的要求，为此有学者提出与国家制定的“硬法”相对的“软法”概念，即“软法是指由共同体成员协商一致同意制定的，由成员的自我约束来保证实施的行为规范”③。基于“软法”的概念，有学者通过温和地修正“法”的定义，即提出“法是体现公共意志的、由国家制定或认可、依靠公共强制力或自律机制保证实施的规范体系”这一定义④，力图摆脱“国家法中心主义”的影响，从而使“法”的概念有了更大的包容性和内涵范围。中国共产党作为一个政治组织，党内法规制度的实施并不以国家的强制力为后盾，而是主要依靠政党的自我约束。从这个意义上说，党内法规具备着“软法”之属性。不过，需要指出的是，尽管党内法规具备“软法”属性，但是在

① ［英］约翰·奥斯丁，《法理学的范围》，刘星译，北京大学出版社 2013 年版，第 20 页。

② 宋世杰主编：《法理学》，中南工业大学出版社 1997 年版，第 19 页。

③ 罗豪才主编：《软法的理论与实践》，北京大学出版社 2010 年版，第 18 页。

④ 罗豪才、宋功德：《软法亦法：公共治理呼唤软法之治》，法律出版社 2009 年版，第 202 页。

制度效力上,党内法规有别于其他社会共同体成员所制定的规范,是必须一体遵循、不得例外的硬要求,是不容违反、不得突破的刚性约束,因而又属于“坚硬的软法”。①

此外,从分析实证角度出发,党内法规有着基本的法之要素,其在逻辑结构上符合法的一般构成。具体而言,党内法规具备概念、规则和原则三大要素,在规则要素中,其又包含着适用假定、行为模式以及法规后果等要素。这就使得党内法规具备了清晰、严密的逻辑结构。党内法规的实施也因此不依赖于政党或个人或监督执纪机关的主观臆断,而是必须按照相应的规则、原则等来适用党内法规。党的十八届四中全会后,“完善的党内法规体系”更是纳入至中国特色社会主义法治体系范畴,这意味着党内法规必然要接受社会主义法治理论和法治精神的规范和约束,党内法规的实施要以法治思维和法治方式来推动实施。

2. 党内法规的政治属性

政党作为一种政治组织,其制度规范集中反映了政党的政治意志,天然便具有强烈的政治属性。中国共产党是以马克思主义建党原则建立起来的有着严密组织和严明纪律的政党,有着实现共产主义的最高政治理想。党内法规制度集中反映了上述政党的政治意志和政治诉求。同时,党内法规作为执政党的制度规范,基于其在从严治党以及依法执政过程中的地位和作用,使得党内法规的政治属性更为明显。

从性质上而言,政党的本质属性源于其内在规定性和外在规定性两个方面,内在规定性主要反映政党所具有的独立的意识形态、价值指向、组织体系、运作规范及实践活动,其意义在于标识政党特有的政治性质;外在规定性是指政党的形式、存在并发挥特定的政治历史范畴、社会经济基础和社会阶级基础,其价值在于养成政党性质的发展水平。② 政党的本质属性决定了无论是从静态构成或者是政党自身的发展状态而言,其特有的政治性质是分析、考察政党现象的必然因素。

① 宋功德:《党规之治》,法律出版社 2015 年版,第 64 页。

② 王韶兴:《第一国际的共产主义活动与社会主义政党政治逻辑》,《中国社会科学》2015 年第 11 期。

党的十八届四中全会指出，“党章是最根本的党内法规，全党必须一体严格执行”。党章是政党组织存在目的、意图的综合体现。党内法规制度体系是以党章为根本的制度体系，党内法规是政党组织目的、意图以及政治诉求等直接或间接的反映，因此，毫无疑问，党内法规制度天然便具备政治属性，并且这种政治属性也将伴随党内法规制度运行实施的整个过程。

在推进党的建设的进程中，党内法规作为政党制度的重要表现形式，其角色定位使其充分反映政党本质属性的外在规定性。党内法规的制度运行实施实际上也是养成政治性质发展水平的价值表现，党内法规因此具备了反映这种价值的独特的政治属性。首先，党内法规制度是党的建设的重要内容，其一重要目的也在于巩固党的执政地位、提高党的执政能力。因此，党内法规的运行实施必然以此作为重要的价值依归。其次，从依法执政角度而言，政党作为现代政治的特有组织，其功能在于组织参与、综合不同利益、充当社会势力和政府之间的桥梁，在履行这些功能时，政党必然反映政治的逻辑而非效率的逻辑。① 执政党在执政过程中，其所反映的政治逻辑可理解为执政党引导社会发展的过程，即“政党作为现代政治制度的实际‘操作者’”，其“在制度的操作和自身的政治活动中，不仅能通过权力和制度，而且还能通过思想意识和各种社会组织来引导社会发展”②。党内法规在执政党依法执政过程中，其运行实施就必然会体现和反映这种政治逻辑，党内法规也因此具有独特的政治属性。

（二）党内法规制度的运行实施的特点

法属性和政治属性是党内法规所具有的两个最为基本的属性，是党内法规在性质上的一体两面，反映了党内法规在性质上的基本构成。党内法规制度的运行实施必然要以其双重属性为基础，抛开法属性或者抛开政治属性来研究党内法规，必然会使其丧失本来应有的面貌，也难以解释党内法规制度运行实施过程中所出现的现象和问题。

以中央八项规定的运行实施为例，中央八项规定的出台和实施对中国产

---

① ［美］塞缪尔·P.亨廷顿：《变化社会中的政治秩序》，王冠华等译，上海人民出版社 2008 年版，第 70 页。

② 高兆明：《政治正义：中国问题意识》，人民出版社 2014 年版，第 321 页。

生了巨大的影响,自其出台之始,便在国内引起了激烈的反响,并由此催生了一个特有的名词——“中央八项规定精神”,党的领导干部乃至全党必须严格遵守之。单从法实施角度分析,八项规定的规范对象主要为中央政治局的全体成员,对除此之外的其他成员并未作出明确规定。但在实践中,八项规定的影响力远远超过了其作为党内法规所应具有的规范效力,产生了制度的“溢出效应”。溢出部分虽然与该党规之间不存在制度上的直接因果关系,但与该党规的制定出台存在事实上的因果关系。[①] 此时,八项规定的实施便产生对特定规范对象之外的其他对象严格遵守的影响力。实际上,基于党内法规的双重属性,八项规定的出台本身就肩负着规范和政治的双重使命。从规范使命而言,这是党作风建设的制度化和规范化;从政治使命而言,“执政党的党风关系党的形象,关系人心向背,关系党和国家的生死存亡”[②]。“我们抓中央八项规定贯彻落实,看起来是小事,但体现的是一种精神。中央八项规定都抓不好、坚持不下去,还搞什么十八项规定、二十八项规定?抓‘四风’首先要把中央八项规定抓好,抓党的建设要从‘四风’抓起……这样才能取信于民,取信于全党。”[③]因此,全党对严格遵守“中央八项规定精神”是基于党建思维抓作风建设,是通过中央政治局领导同志带头弘扬党的优良传统作风,改进工作作风,以期起到率先垂范、以上率下的作用。

概而言之,中央八项规定的出台和实施实际上是党内法规法属性和政治属性在实践中的典型体现。中央八项规定以及全党务必遵守之“中央八项规定精神”反映了党内法规制度的运行实施要在规范和政治之间进行充分考量,这是党内法规制度运行实施最基本的特点。党内法规制度运行实施偏废其任何一方面的属性,均会使其丧失本来之面貌,这也必然会影响到党内法规制度建设的整体进程。

---

① 宋功德:《浅析党规影响力》,《秘书工作》2016 年第 4 期。

② 《习近平谈治国理政》,外文出版社 2014 年版,第 366 页。

③ 习近平:《在参加河北省委常委班子专题民主生活会时的讲话》,2013 年 9 月 23—25 日。

第一部分　背景篇

办好中国的事情，关键在党，关键在党要管党、从严治党。党的十九大报告强调，伟大的事业必须有坚强的党来领导。党的十八大以来，针对党内现实存在的突出问题，以习近平同志为核心的党中央始终保持强烈的问题意识和忧患意识，把全面从严治党纳入“四个全面”战略布局，坚持以问题为导向，着重发挥党内法规在管党治党方面的制度功能，集中整饬党风，严厉惩治腐败，净化党内政治生态，扎实推进全面从严治党，取得了一系列标志性成果，党风、政风、民风焕然一新，顺应了党心、民心。

2016 年，在全面从严治党过程中是承前启后、继往开来的重要一年，在党内法规制度建设史上更是具有里程碑式意义的一年。特别是召开的党的十八届六中全会的召开，首次以“全面从严治党”为主题，并审议通过了《关于新形势下党内政治生活的若干准则》《中国共产党党内监督条例》这两部重要党内法规，标志着全面从严治党和依规治党进入了新的里程。

一、全面从严治党的问题意识

人类认识世界、改造世界的过程，其实就是不断发现问题、解决问题的过程，问题意识贯穿于人类求生存、谋发展的历史始终。问题既是一场危机，同时更是一种机遇。历史证明，中国共产党在革命战争、社会主义建设、改革开放过程中，对中国的现实境况始终有着强烈的问题意识，将不同时代下出现的问题都视为自我发展的机遇来予以解决，从而能够保持一直走在时代前列、引领中国进步。正如 2016 年 5 月习近平总书记在哲学社会科学工作座谈会上所指出:“坚持问题导向是马克思主义的鲜明特点。”

强烈的问题意识是中国共产党人发现问题的窍门所在,鲜明的问题导向是中国共产党人解决问题的制胜关键。党的十八大以来,以习近平同志为核心的党中央深谙党内存在的突出问题,坚持以问题为导向,坚持思想建党和制度治党相结合,推进全面从严治党。然而,实践是不断发展的,当全面从严治党向纵深推进、加速推进,党内存在的突出问题同时也会呈现变化和差异。为力求全面从严治党向纵深推进和党内法规制度建设踏上更高台阶,对于中国共产党人来说,坚持以问题为导向,要始终保持强烈的问题意识,随实践中问题的发展而及时更新认识。

(一)全面从严治党的问题意识来源:“历史周期率”

改革开放以来,中国共产党带领全国各族人民成功开辟了中国特色社会主义道路,中国在短短三十多年里便摆脱贫困一跃成为世界第二大经济体,取得了一系列令世人瞩目的成就。取得辉煌的同时,中国共产党的自身建设面临着新情况新问题新挑战,党内贪污腐败蔓延趋势越来越严重,对党而言,党要管党、从严治党的任务比历史上任何时期都要更为繁重、更为紧迫。2013年6月28日,习近平总书记在全国组织工作会议上强调:“如果管党不力、治党不严,人民群众反映强烈的党内突出问题得不到解决,那我们党迟早会失去执政资格,不可避免被历史淘汰。这决不是危言耸听。”①在强烈的问题意识和忧患意识下,实施全面从严治党战略正是以习近平同志为核心的党中央自党的十八大以来对执政“历史周期率”的积极回应。

1.“历史周期率”

所谓“历史周期率”,是指历史上政权兴衰、朝代更替而呈现出的周期性现象,最早来源于历史上毛泽东与黄炎培在延安的“窑洞对”。

据黄炎培撰写的《延安归来》记载,1945年7月,知名民主人士黄炎培等六人来到了地处西北的陕甘宁边区,在毛泽东同志所住的窑洞中,毛泽东问及黄炎培在延安参观几日的感受如何,深谙中国历史的黄炎培回答说:“我生六

① 《十八大以来重要文献选编》(上),中央文献出版社2014年版,第349—350页。

十多年，耳闻的不说，所亲眼看到的，真所谓'其兴也勃焉'，'其亡也忽焉'。一人，一家，一团体，一地方，乃至一国，不少单位都没有跳出这周期率的支配力。大凡初时聚精会神，没有一事不用心，没有一人不卖力，也许那时艰难困苦，只有从万死中觅取一生。继而环境渐渐好转了，精神也就渐渐放下了。有的因为历史长久，自然地惰性发作，由少数演为多数，到风气养成，虽有大力，无法扭转，并且无法补救。……一部历史'政怠宦成'的也有，'人亡政息'的也有，'求荣取辱'的也有。总之没有能跳出这周期率。"

作为一位经历前清、北洋、民国时期政权几经更替的老人，黄炎培深谙"其兴也勃焉，其亡也忽焉"的"历史周期率"，此时提出"历史周期率"，意在提醒中国共产党人，在执政以后希望能够永葆革命之初的蓬勃朝气、昂扬锐气和浩然正气，能够永葆党的先进性和纯洁性，"找出一条新路，来跳出这周期率的支配"。

"历史周期率"不是中国历史所特有的现象，在世界范围内客观广泛存在。第二次世纪大战后，苏联、东欧以及其他社会主义国家蓬勃发展，取得了巨大成就，但在 20 世纪 80 年代末，东欧各社会主义国家执政的共产党纷纷倒台，连苏联也于 1991 年解体。还有墨西哥革命制度党、日本自由民主党、印度国民大会党、印度尼西亚专业集团等长期执政的政党，它们均经历了历史兴衰过程，终没有跳出"历史周期率"。"中国历史上因为统治集团严重腐败导致人亡政息的例子比比皆是，当今世界上由于执政党腐化堕落、严重脱离群众导致失去政权的例子也不胜枚举啊！"①

"历史周期率"是对历史上大量治乱兴衰经验教训的总结，同时也是对肩负历史使命的中国共产党人提出的一个鲜明课题。毛泽东同志在当时对"新路"的回答就是民主，"只有让人民来监督政府，政府才不敢松懈。只有人人起来负责，才不会人亡政息"。实践证明，民心是最大的政治。中国共产党执政以后，必须要强化与人民群众的紧密联系，自觉接受人民群众的监督，在人民群众的监督下永葆党的先进性和纯洁性，这是当时毛泽东同志对跳出"历

① 习近平：《在第十八届中央纪律检查委员会第二次全体会议上的讲话》，2013 年 1 月 22 日。

史周期率”的精彩回答。时隔六十多年,2012 年 12 月,刚上任不久的习近平总书记在与民主党派领导人会谈时重提“历史周期率”,指出党内腐败已威胁到我们党的执政地位。这充分体现了共产党人强烈的问题意识和忧患意识,“只要我们始终坚持党的性质和宗旨,不变色,不变质,就一定能够跳出这个历史周期率”①。全面从严治党战略的提出正是以习近平同志为核心的党中央对当今中国共产党跳出“历史周期率”的科学回答。

2.“历史周期率”的挑战:“四大考验”和“四种危险”

对于一个有着 8900 多万党员和 450 多万党组织、在 13 亿多人口的大国长期执政的大党,中国共产党肩负着团结和带领全国人民全面建成小康社会、推进社会主义现代化、实现中华民族伟大复兴的历史使命。“新形势下,我们党面临着许多严峻挑战,党内存在着许多亟待解决的问题。尤其是一些党员干部中发生的贪污腐败、脱离群众、形式主义、官僚主义等问题,必须下大气力解决。”②物必先腐,而后虫生,对于新时期下的中国共产党而言,来自“历史周期率”的挑战有很多,主要是“四大考验”和“四种危险”,党中央推进全面从严治党,就是要有效应对“四大考验”和“四种危险”,以跳出执政的“历史周期率”。

党的十八大召开不久,习近平总书记深刻指出:“特别是新形势下加强和改进党的建设面临‘四大考验’、‘四种危险’,落实党要管党、从严治党的任务比以往任何时候都更为繁重更为紧迫。”③此后,习近平总书记多次在重大场合中反复强调当前党所面临的“四大考验”和“四种危险”客观存在,甚至上升到关系党和国家生死存亡的高度来认识,“要深刻认识党面临的执政考验、改革开放考验、市场经济考验、外部环境考验的长期性和复杂性,深刻认识党面临的精神懈怠危险、能力不足危险、脱离群众危险、消极腐败危险的尖锐性和严峻性,深刻认识增强自我净化、自我完善、自我革新、自我提高能力的重要性

---

① 习近平:《在十八届中央政治局第五次集体学习时的讲话》,2013 年 4 月 19 日。

② 习近平:《人民对美好生活的向往,就是我们的奋斗目标》,《十八大以来重要文献选编》(上),中央文献出版社 2014 年版,第 70 页。

③ 习近平:《紧紧围绕坚持和发展中国特色社会主义学习宣传贯彻党的十八大精神》,《十八大以来重要文献选编》(上),中央文献出版社 2014 年版,第 80 页。

和紧迫性，坚持底线思维，做到居安思危”①。中国共产党建设正面临着“四大考验”和“四种危险”，这是新形势下以习近平同志为核心的党中央对党情、国情、社情的深刻准确把握和重大科学判断，体现着共产党人强烈的忧党、忧国、忧民的忧患意识。

从很大程度上来说，“四大考验”是针对中国共产党的领导水平和执政水平而提出的，“四种危险”是就中国共产党的拒腐防变和抵御风险能力来谈的，这八个方面高度概括了中国共产党建设的关键问题，同时也是中国共产党跳出“历史周期率”必须面对的主要挑战。

(1)“四大考验”

从执政角度来说，中国是一个地域辽阔、人口众多、国情复杂的大国，中国共产党若要在中国实现长期执政、稳定执政，必须尽快完成革命党向执政党的角色转变。新形势下中国共产党的执政能力和执政水平还有待进一步提升，立党为公、执政为民，全心全意为人民服务的宗旨需要进一步强化，党内腐败等不良风气极大损害了人民群众对党的信任，随着“五位一体”总体布局统筹推进和“四个全面”战略布局的协调推进，如何实现国家治理体系和治理能力现代化，实现中华民族伟大复兴，这是对中国共产党执政的考验。

就改革开放来说，30 多年的改革开放，中国取得了显著成就，综合国力明显提升，人民生活大为改善，但是取得成就的同时，在改革深化发展过程中所暴露出的问题亦愈加突出：改革中对利益结构的调整，会导致部分人受益和部分人利益受损，阶层之间、城乡之间、区域之间的贫富差距拉大；经济建设的侧重往往忽视了生态环境的保护；同时政府在公共服务保障方面供给不足，比如社保、医疗、教育、住房等离人民群众的满意仍有较大距离。如今改革可谓进入瓶颈期，随着改革的深入推进，会触及越来越多的既得利益集团的利益，涉及很多领域制度结构的调整，改革的阻力增大，如何推进全面深化改革，这是中国共产党必须面对的改革开放考验。

市场经济方面，尽管社会主义市场经济的建立极大促进了我国社会经济的发展，但当前社会主义市场经济体制还不够完善，不同程度地暴露出一些问

---

① 习近平：《在十八届中央政治局第十六次集体学习时的讲话》，2014 年 6 月 30 日。

题,比如:市场经济下出现了一定程度的道德建设“滑坡”,价值观和文化观多元化,在经济利益的追求中容易忽视社会责任和道德要求,这也是当前大力加强社会主义核心价值观构建之原因所在;不完善的市场经济某种程度上为权力寻租等腐败问题提供了温床;一定程度上社会贫富差距进一步拉大,社会资源越来越集中在少部分群体的手中等。因此,如何进一步完善市场经济体制,深化市场经济体制改革,减少市场经济的不良影响和危害,让市场经济惠及更多的人民群众,这是新形势下留待中国共产党解决的市场经济考验。

外部环境方面,当前中国所面对的外部环境相当复杂多变,可谓正处于20年发展战略机遇期的关键时期。随着中国综合国力的提升,“中国威胁论”在国际社会中不时提起,霸权主义和强权政治依然存在,我国面临的来自外界敌对势力、民族分裂势力和领土争端的挑战始终未减,政治、经济、文化、外交、军事等领域出现的挑战不断,我国国家安全形势总体相当严峻。面对这么多外部环境的问题,如何把握机遇、有效应对,切实维护好我国的国家主权、安全和发展利益,这是对中国共产党的外部环境考验。

办好中国的事情,关键在党。执政考验、改革开放考验、市场经济考验、外部环境考验是严峻的、复杂的,对中国共产党的领导水平和执政水平提出了很高要求,处理得好则党兴国强民安,反之则会出现严重的执政危机,因此,这决定了中国共产党必须将“四大考验”作为一项重大任务长期性地来抓,科学有效应对。

(2)“四种危险”

党的先进性和纯洁性一直是贯穿中国共产党队伍自身建设的主线,新形势下党内存在着精神懈怠的危险、能力不足的危险、脱离群众的危险、消极腐败的危险,损害了党一直以来树立的先进性、纯洁性形象。

坚定理想信念,坚守共产党人精神追求,始终是共产党人安身立命的根本。习近平总书记曾形象地将理想信念比喻为共产党人精神上的“钙”,如果理想信念不坚定,就会精神上“缺钙”,可能导致政治上变质、经济上贪婪、道德上堕落、生活上腐败。① 当前在党员干部队伍中,信仰缺失问题相当严重,

① 参见《习近平总书记系列重要讲话读本(2016年版)》,学习出版社、人民出版社2016年版,第107页。

对共产主义心存怀疑，是非观念淡薄、原则性不强、正义感退化，崇洋媚外、缺失“四个自信”，政治上“两面人”等。这些精神懈怠的危险不容忽视，必须加强党员的政治思想教育。

当今的中国和世界发展变化很快，随着新情况新问题新事物的出现，广大党员干部必须与时俱进，及时更新观念，增强能力本领。“要认识好、解决好这些问题，唯一的途径就是增强我们自己的本领。”①但当前部分党员干部长期忙于工作应酬，对待学习心浮气躁、浅尝辄止、不求甚解，导致不愿学、不想学、不能安心学的情况相当普遍。不好学自然难以进步，领导干部和党员能力的不足，直接影响的是党的执政能力和水平，尤其是当前全面推进依法治国的过程中，法治思维和依法执政的能力对于党员领导干部来说十分重要。很大程度上，党员干部的能力不足在人民群众看来就是先进性的缺乏。

密切联系群众是中国共产党长期执政的关键，脱离群众是中国共产党最大的危险。党的十八大召开之前，党内作风问题突出，部分党员干部搞特权、搞特殊化、下基层架子很大，生活铺张浪费、豪华奢侈、贪图享受，公仆意识淡薄、严重脱离群众等，形式主义、官僚主义、享乐主义和奢靡之风盛行，这“四风”问题是群众深恶痛绝、反映最强烈的问题，也是损害党群干群关系的重要根源。

腐败是社会的毒瘤，新时期党员领导干部理应加强自身党性修养，提高本领能力以应对不断出现的新挑战。但部分党员领导干部放松了对自我的严格要求，假公济私、滥用职权、贪污贿赂、买官卖官、腐化堕落、失职渎职，利用手中的权力进行权力寻租，为身边亲朋好友谋取私利等，党内这些消极腐败的现象严重背离了党的先进性和纯洁性要求。为政清廉才能取信于民，消极腐败则会严重损害党群关系，不断侵蚀党的执政根基。

“四大考验”“四种危险”是新形势下中国共产党面临的最大危险和挑战，能否有效应对“四大考验”“四种危险”将关系到中国共产党能否顺利跳出“历史周期率”。坚持以问题为导向，中国共产党必须以法治思维和法治方式从严治党，推进全面从严治党的任务显得比以往任何时期都更为紧迫。

---

① 《习近平总书记系列重要讲话读本（2016 年版）》，学习出版社、人民出版社 2016 年版，第 294 页。

(二)全面从严治党问题意识的深入

全面从严治党是中国共产党为跳出“历史周期率”所采取的必然举措,而保持强烈的问题意识,坚持以问题为导向,是党中央全面从严治党取得显著成效的保证。自党的十八大以来,经过努力,我们党全面从严治党取得了一系列标志性成果,成效显著,顺应了党心、民心。尽管“四大考验”“四种危险”还会在一定时期内长期存在,依然是中国共产党所面临的最大挑战,但随着全面从严治党的继续推进,党内突出问题的存在领域和形式在不断发展和改变。为巩固近年来全面从严治党所奠定的良好基础,2016 年作为全面从严治党的一个新阶段,党中央必须继往开来,保持强烈的问题意识,与时俱进,坚持以问题为导向,切中管党治党问题的关键,科学部署 2017 年全面从严治党工作,以取得更优异的成绩。

1. 党的十八大以来全面从严治党成效显著

党的十八大以来,以习近平同志为核心的党中央以问题为导向,坚持思想建党和制度治党相结合,抓住高级领导干部这个“关键少数”,推进全面从严治党,取得了显著成效,党内政治风气明显好转,很多党内突出问题得到了一定程度的遏制和解决,党内法规在管党、治吏、管权中的制度规范功能得到加强,全面从严治党获得了人民群众热烈拥护和支持。2015 年,国家统计局问卷调查结果显示,91.5%的群众对党风廉政建设和反腐败工作成效表示很满意或比较满意。①

(1)“四风”问题得到一定遏制

“作风建设要从领导干部做起,领导干部首先要从中央领导做起。”②党的十八大召开不久,以习近平同志为核心的党中央领导集体身体力行,率先垂范,严抓党的作风建设,以“四风”问题为突破口,开始了全面从严治党。2012 年 12 月 4 日,中共中央政治局审议通过了《关于改进工作作风、密切联系群众的八项规定》,通过严抓中央八项规定的落实,在全党范围内形成了一种强硬的约束力。有数据统计,截至 2015 年 12 月 3 日,三年来,全国已累计查处违

① 习近平:《在第十八届中央纪律检查委员会第六次全体会议上的讲话》,2016 年 1 月 12 日。

② 习近平:《在中央军委扩大会议上的讲话》,2012 年 12 月 26 日。

反中央八项规定精神问题104934起，138867人受到处理，其中55289人受到党纪政纪处分。[①] 从2013年到2014年，全党开展了以“为民、务实、清廉”为主要内容的党的群众路线教育实践活动，着力解决形式主义、官僚主义、享乐主义和奢靡之风这“四风”问题。2015年，在县处级干部中开展“严以修身、严以用权、严以律己，谋事要实、创业要实、做人要实”为主要内容的“三严三实”专题教育，是群众路线教育实践活动的进一步延伸。通过在党内开展学习教育活动，加强党员领导干部思想建设，党内作风突出问题一定程度上得到了遏制，党内正气在上升，党风有好转，带动了政风民风的改善。加强党的作风建设，推进全面从严治党，可以说党中央抓住了问题的重点，顺应了党心、民心。但客观而言，“作风问题具有顽固性和反复性，克服不良作风也不可能一蹴而就”[②]，脱离群众的危险依然还在，贯彻群众路线没有休止符，作风建设永远在路上。

(2)反腐败斗争成绩显著

治国必先治党，治党务必从严，党的十八大以来党中央对腐败分子始终保持高压打击态势，发挥巡视利剑作用，坚持无禁区、全覆盖、零容忍，严抓“打虎”“拍蝇”“猎狐”反腐工作，依法依规惩处了一大批贪污腐败违纪违法分子，其中包括了苏荣、徐才厚、周永康、令计划等副国级官员，深得党心民心。据数据显示，截至2015年12月15日，党的十八大以来落马的省部级以上官员超过120个，全国31个省区市“打虎”全覆盖；截至10月31日，全国公安机关共从63个国家和地区抓获各类外逃人员627个，涉案金额千万元以上的162个，逃往境外超过10年的32个。[③] 反腐败斗争取得如此丰硕的成果，彰显了以习近平同志为核心的党中央坚持以零容忍态度惩治腐败的决心、信心，“不敢腐的震慑作用充分发挥，不能腐、不想腐的效应初步显现，反腐败斗争压倒性态势正在形成”[④]。在看

① 《八项规定出台三年查处问题逾十万起》，2015年12月3日，见http://news.xinhuanet.com/politics/2015-12/03/c_1117348310.htm。

② 习近平：《在党的群众路线教育实践活动第一批总结暨第二批部署会议上的讲话》，2014年1月20日。

③ 《2015中国反腐八大亮点》，2015年12月15日，见http://news.xinhuanet.com/legal/2015-12/15/c_1117470052.htm。

④ 《习近平总书记系列重要讲话读本(2016年版)》，学习出版社、人民出版社2016年版，第122页。

到反腐败斗争取得显著成绩的同时,党中央也充分意识到反腐败斗争还有很长的路要走,必须还要从“治标为主”向“标本兼治”转变,“滋生腐败的土壤依然存在,反腐败形势依然严峻复杂”①。

(3)党内法规制度建设明显加强

中国共产党的历史经验证明,制度问题更带有根本性、全局性、稳定性、长期性,全面从严治党,必须要有坚强的制度作保证,要坚持思想建党和制度治党相结合。党的十八大以来,党中央明显加快党内法规制度建设步伐。2013年11月,《中央党内法规制定工作五年规划纲要(2013—2017年)》发布,第一次提出了“到建党100周年时全面建成内容科学、程序严密、配套完备、运行有效的党内法规制度体系”的建设目标,加大了对党内法规制度建设的顶层设计和统筹推进。党的十八届四中全会审议通过了《中共中央关于全面推进依法治国若干重大问题的决定》(以下简称《全面依法治国若干决定》),将党内法规体系正式纳入为中国特色社会主义法治体系的重要组成部分,“党内法规既是管党治党的重要依据,也是建设社会主义法治国家的有力保障”,“依法执政,既要求党依据宪法法律治国理政,也要求党依据党内法规管党治党”。《廉洁自律准则》以对党员领导干部准则形式提出了明确的规范要求,修订的《巡视工作条例》②将巡视工作中好的做法以制度方式确定下来,推动巡视工作走向机制化、常态化,修订了《中国共产党党内法规制定条例》《中国共产党纪律处分条例》《党政领导干部选拔任用工作条例》等重要党内法规,全方位不断扎紧制度笼子,逐渐向依规治党、管权、治吏过渡。通过对中华人民共和国成立以来的1178件党内法规进行清理,党中央于2013年和2014年分两批作出处理决定,有691件被废止和宣布失效,487件继续有效,其中42件将作出修改③,顺利完成了中央党内法规和规范性文件集中清理工作,党内法规立改废工作得到切实加强。

---

① 习近平:《在第十八届中央纪律检查委员会第三次全体会议上的讲话》,2014年1月14日。

② 此处是指2015年8月3日中共中央颁布实施的《中国共产党巡视工作条例》,后于2017年7月1日已进行部分修改。

③ 《中共中央废止和宣布失效691件党内法规》,2014年11月17日,见http://www.chinanews.com/gn/2014/11-17/6785534.shtml。

2. 新阶段下全面从严治党的问题意识

中国共产党推进全面从严治党，党内政治风气出现好转，深得党心、民心，但“四大考验”和“四种危险”仍将长期存在，依然是中国共产党跳出执政“历史周期率”所要应对的关键问题。但同时，“四大考验”“四种危险”的具体形态、当前党内突出问题的重心和表现形式等也会随着全面从严治党的深入而不断发展变化，尤其是随着全面从严治党向纵深推进，党内最关键、最隐蔽、处理最棘手的问题将逐渐暴露。2016 年是全面从严治党承前启后的关键一年，也是党内法规制度建设提速推进的重要一年，在新阶段下，为推进全面从严治党和党内法规制度建设取得更大成就，就必须继续保持中国共产党人强烈的问题意识，与时俱进地准确抓住党内最突出、最关键的问题。

（1）党内政治生活“四性”不足

所谓党内政治生活的“四性”是指政治性、时代性、原则性、战斗性，“四性”不足是新阶段下党内政治生活的比较突出的问题。中国共产党作为马克思主义政党，必须要严肃认真开展党内政治生活。政治性不足导致了部分党员干部不能坚定正确的政治方向，党的信念涣散，缺乏政治意识、大局意识、核心意识、看齐意识，不能坚决维护党中央的权威，山头主义盛行，组织涣散，严重损害了党的团结统一；时代性不足体现在党内政治生活缺乏时代活力，形式主义、官僚主义、文山会海等现象依旧存在，无法有效回应和解决党内出现的新问题；原则性不足表现在党组织和党员干部无法坚持党的思想原则、政治原则、组织原则、工作原则，不同程度地破坏党的政治规矩，有的部门单位“集体塌方”“集体沦陷”的腐败问题正是党内政治生活原则性不足的严重后果；战斗性不足主要是部分党员干部在党内政治生活中是非不分，真理与错误的界限不明确，无法贯彻落实党的民主集中制原则，不敢、不愿开展批评与自我批评，导致党内政治正能量不断流失，风气污染严重。党内政治生活“四性”不足的问题，很大程度上说也是党员领导干部的“四性”不足问题，是党的先进性不足的体现。因此，党的十八届六中全会审议通过了《党内政治生活准则》，体现了鲜明的问题导向特征。

(2)党员干部严格自律不够

中央八项规定发布以来,在党内反腐打击高压态势和巡视制度常态化下,党员干部自律性显著加强,在“四风”问题上有所收敛。但与党的先进性、纯洁性要求相比,新阶段下一些党员干部在加强严格自律上明显还不够,纪律松弛、作风涣散,一些深层次的问题没有得到根本解决,老问题反弹回潮可能存在,新情况新问题不断出现。“一些党员、干部对全面从严治党认识上不到位、思想上不适应、行动上不自觉”①,有的认为全面从严治党缺乏“人性化”,管得太严;有的认为反“四风”问题和反腐败斗争只是“一个阶段”,欺上瞒下,心存侥幸;有的纵容家属幕后收钱敛财,以权谋私,家风败坏;有的面对利益集团的诱惑和“围猎”,定力不足;有的特权思想根深蒂固,党内纪律、规矩意识淡薄,滥用权力现象一定程度存在等。党员干部加强严格自律是一项自觉性、长期性、艰巨性的工作,新阶段下如何增强党员干部的政治定力、纪律定力、道德定力、抵腐定力,做到不放纵、不越轨、不逾矩,需要党中央继续发挥思想建党和制度治党齐抓共管的作用,一以贯之,步步深入。

(3)基层全面从严治党有待加强

全面从严治党,基础在全面,加强对基层党组织的从严管治是全面从严治党的应有之义。但党的十八大以来,党中央推进全面从严治党工作,主要着重中央和省部级党组织层面,截至 2016 年 1 月,“中央巡视组开展 8 轮巡视,完成对 31 个省区市和新疆生产建设兵团、中管国有重要骨干企业、中管金融单位党组织的全面扫描”②;着重抓住领导干部尤其是高级领导干部这个“关键少数”,以上带下;开展党的群众路线教育实践活动和“三严三实”专题教育,其对象也是针对县处级以上领导干部等。尽管党的基层干部队伍主流是好的,但一直以来全面从严治党未能延伸至基层,一些地方基层“苍蝇”客观存在,“有的搞雁过拔毛,挖空心思虚报冒领、克扣甚至侵占惠农专项资金、扶贫资金;有的在救济、补助上搞优亲厚友、吃拿卡要;有的高高在上,漠视群众疾苦,形式主义、官僚主义严重;有的执法不公,甚至成为家族势力、黑恶势力的

---

① 习近平:《在党的十八届六中全会第二次全体会议上的讲话》,2016 年 10 月 27 日。

② 习近平:《在第十八届中央纪律检查委员会第六次全体会议上的讲话》,2016 年 1 月 12 日。

代言人，横行乡里、欺压百姓”①，基层不正之风和腐败问题很大程度上具有易发多发、量大面广特点。基层“苍蝇”虽没有“老虎”那样危害严重，但问题亦不容小觑，“微腐败”会直接影响人民群众对全面从严治党的感受以及信心。随着全面从严治党继续推进，党内“老虎”数量减少，基层“苍蝇”问题将会成为新阶段下全面从严治党的重点工作，为让正风反腐给基层群众带来更多的获得感，就必须坚定不移推进全面从严治党向基层延伸。

(4)依规治党能力有待提升

治国必先治党，治党务必从严，从严必依法度，党中央高度重视党内法规制度建设，就是希望用法治思维和法治方式实现管党治党，推进全面从严治党走上依规治党的制度化轨道。尽管党内法规制度建设已经取得了较为明显的成果，但离全面从严治党的目标来说，做到有规可依、有规必依、执规必严、违规必究，可以说中国共产党的依规治党能力还有待进一步提升。根据《五年规划纲要》的规划部署，新阶段下党内法规的制定任务相当紧迫，党的组织法规制度、党的领导法规制度、党的自身建设法规制度和党的监督保障法规制度中有相当数量的基础性重要党内法规仍待出台，“四梁八柱”性质的党内法规缺项、短板问题突出；全面从严治党与依规治党有待进一步紧密结合，将全面从严治党中的好经验做法以党内法规及时确立下来，通过依规治党来实现全面从严治党，这尤其体现在党风廉政建设和反腐败斗争上面，如何进一步强化党内监督和发挥巡视利剑作用，构建不敢腐、不能腐、不想腐的反腐机制，全方位打造权力的笼子，有待进一步的党内实践探索；在党内法规执行方面，管党治党宽松软问题突出，有规不依、执规不严、违规不究这些老大难问题一定程度依然存在，如何消灭“稻草人”、堵住“天窗”“后门”和避免“破窗效应”发生，发挥党内法规的刚性约束力，仍是一项难题；部分党员干部仍对党内法规的认识不足，法治意识、纪律意识淡薄，依法治国和依规治党能力欠缺。

问题是时代的声音，新形势下将全面从严治党纳入“四个全面”战略布

---

① 习近平：《在第十八届中央纪律检查委员会第六次全体会议上的讲话》，2016 年 1 月 12 日。

局,是中国共产党对跳出执政“历史周期率”的科学回答和必然选择。实践证明,全面从严治党是伟大正确的,中国共产党的反腐败斗争增强了人民群众对党的信任和支持,人民群众给予了高度评价。2016 年,全面从严治党和党内法规制度建设进入了新的阶段,“四大考验”和“四种危险”依然存在,党内的突出问题复杂多样,全面从严治党只有进行时,没有完成时。在新的阶段下,中国共产党人必须继续保持强烈的问题意识,坚持以问题为导向,继往开来,推动全面从严治党和党内法规制度建设迈向新的里程。

二、十八大以来党内法规制度建设概况(2012—2015)

在谈到党的建设历史经验和教训时,邓小平同志曾总结说:“制度问题更带有根本性、全局性、稳定性和长期性”,“制度好可以使坏人无法任意横行,制度不好可以使好人无法充分做好事,甚至会走向反面”①。因此,在管党治党过程中,必须要加强党的制度建设,尤其是党内法规制度建设,将党内法规制度建设贯穿于党的政治建设、思想建设、组织建设、作风建设和纪律建设之中。党的十九大报告再次强调,增强依法执政本领,加快形成覆盖党的领导和党的建设各方面的党内法规制度体系。全面从严治党形势下,中国共产党面临的执政考验、改革开放考验、市场经济考验、外部环境考验是长期的、复杂的,党内存在着精神懈怠危险、能力不足危险、脱离群众危险、消极腐败危险,是尖锐的、严峻的,如何提高党的执政能力和执政水平,如何提高党的拒腐防变和抵御风险能力,是中国共产党最终能否顺利跳出执政“历史周期率”的关键。

自党的十一届三中全会召开以来,党中央在加强党的建设中一直便重视党的制度建设,出台了一些重要党内法规,党内法规制度建设获得了一定的发展,比如说 1990 年 7 月中共中央制定《中国共产党党内法规制定程序暂行条例》,第一次明确规定了“党内法规”的概念,即“党内法规是党的中央组织、中央各部门、中央军委总政治部和各省、自治区、直辖市党委制定的用以规范党

① 《邓小平文选》第二卷,人民出版社 1994 年版,第 333 页。

组织的工作、活动和党员的行为的党内各类规章制度的总称"。经验证明,党内法规制度建设的发展进程与党中央的推进力度紧密相关,党中央对党内法规制度建设高度重视的时期,出台的党内法规数量明显增多。党的十八大以来,以习近平同志为核心的党中央保持强烈的问题意识、忧患意识,以问题为导向,坚持思想建党和制度治党相结合,以法治思维和法治方式管党治党,着力推动党内法规制度建设取得长足发展。在全面从严治党新形势下,党内法规在管党治党上的制度功能愈加彰显,地位更加突出,党中央通过发布《五年规划纲要》《全面依法治国若干决定》等重要文件对党内法规制度建设进行顶层设计、科学谋划、重点部署、精准指导,党内法规制度建设取得了显著成效,为 2016 年党内法规制度建设迈入新的里程奠定了坚实基础。

(一)《五年规划纲要》发布

继 2012 年公开发布《中国共产党党内法规制定条例》和《中国共产党党内法规和规范性文件备案规定》两部重要党内法规和 2013 年 8 月发布《中共中央关于废止和宣布失效一批党内法规和规范性文件的决定》后,中共中央再次加大党内法规制度建设步伐,于 2013 年 11 月 27 日发布《五年规划纲要》,第一次对中央党内法规制定工作进行顶层设计、科学规划,着力推动党内法规制度建设步入快车道,党内法规制定工作进入制度化、规范化、程序化。

1.《五年规划纲要》内容解读

《五年规划纲要》对党内法规制度建设进行了顶层设计、科学安排,制定出未来五年内中央党内法规制定工作的时间表。《五年规划纲要》明确提出了党内法规制定工作的指导思想、工作目标、基本要求、主要任务及落实要求,以全面从严治党为主轴,全方位、立体式地加快构建党内法规制度体系,把权力关进制度的笼子里。《五年规划纲要》全文体现了以下特点。

(1)目标明确、要求清晰

所谓规划,其实质是确立阶段性目标和要求,形成一份详尽的任务清单去予以指导工作,规划的目标越明确,要求越清晰,则越有助于工作的推进开展。

在以往的党内法规制定工作中,党内法规多是以应急性方式制定出台,导致了党内法规缺乏顶层设计,“碎片化”问题突出。《五年规划纲要》正是在现有党内法规全面清理的基础上,明确提出了“经过5年努力,基本形成涵盖党的建设和党的工作主要领域、适应管党治党需要的党内法规制度体系框架”的建设目标。该目标进一步体现在党内生活更加规范化、程序化,党内民主制度体系更加完善,权力运行受到更加有效的制约和监督,党执政的制度基础更加巩固四个方面,在党内法规制定工作中具体落实到基础主干党内法规更加健全、实践急需的党内法规及时出台、配套党内法规更加完备、各项党内法规之间协调统一等方面,从而“为到建党100周年时全面建成内容科学、程序严密、配套完备、运行有效的党内法规制度体系打下坚实基础”。

为做好中央党内法规制定工作,《五年规划纲要》进一步提出了六点基本要求:其一,遵循围绕中心、服务大局的要求,从制度上确保党的理论和路线方针政策的贯彻落实,充分发挥党内法规在促进全局工作中的重要作用;其二,遵循宪法为上、党章为本的要求,保证党内法规体现宪法和法律的精神及要求,保证党内法规制度体系与中国特色社会主义法律体系内在统一,同时按照党章确定的基本原则、要求和任务,推进党内法规制定工作;其三,遵循整体推进、突出重点的要求,着眼于构建系统完备的党内法规制度体系,立体式、全方位推进党内法规制定工作,按照急用先立原则,抓住核心、关键、亟须制定的党内法规项目,集中力量推进;其四,遵循发扬民主、科学制定的要求,确保党内法规适应党的建设和党的工作需要,体现广大党员、干部的意愿,经得起实践和历史检验;其五,遵循改革创新、与时俱进的要求,在总结吸取正反两方面历史经验的基础上,注重把实践中的成功经验和规律性认识上升为党内法规,及时修改同实践要求不相适应的党内法规;其六,遵循严谨规范、有效管用的要求,按照于法周延、于事简便的原则,提高党内法规制定水平,使其具有针对性、指导性和可操作性。

此次《五年规划纲要》确立未来五年中央党内法规制定工作的目标,深入把握了党内法规制度建设的一般规律,通过明确工作目标,并将目标分解为多层次的子目标任务,勾勒出了未来五年党内法规制定工作的路线图,有助于后期工作的开展和具体落实,实现有点可抓、整体推进。《五年规划纲要》提出的六点基本要求集中回答了中央党内法规制定工作中存在的困惑，统一了党内法规制定思想和标准。其中，“围绕中心、服务大局”揭示了党内法规的性质特征，“宪法为上、党章为本”确立了党内法规的制定依据，“整体推进、突出重点”提出了党内法规制度建设的工作方式，“发扬民主、科学制定”明确了党内法规的民主科学要素，“改革创新、与时俱进”强调了党内法规制定经验的运用把握，“严谨规范、有效管用”突出了党内法规制定效果要点。总的来说，《五年规划纲要》从顶层设计的高度，对党内法规制度建设进行统筹规划，目标明确，要求清晰，为今后五年中央党内法规的制定工作提供了正确的方向指导。

（2）整体推进、突出重点

“整体推进、突出重点”是《五年规划纲要》明确的一项基本要求，体现了马克思主义辩证思维方式，整体推进是党内法规制定工作规划的应有之义，突出重点则是在全面规划的基础上为了回应当下党内法规制定的应急性问题，《五年规划纲要》在统筹推进中央党内法规制定工作中，始终贯穿着“整体推进、突出重点”的基本要求。

在“整体推进”方面，《五年规划纲要》将党内法规划分为六类，分别为党的领导和党的工作方面、党的思想建设方面、党的组织建设方面、党的作风建设方面、党的反腐倡廉建设方面、党的民主集中制建设方面，较为全面、客观反映了党内法规的全貌。《五年规划纲要》以六类党内法规为主线，进一步对每一类别下的党内法规建设进行规划安排：

其一，在完善党的领导和党的工作方面的党内法规中，主要包括了地方党委工作制度、党组工作制度、党领导国家法治建设的党内法规、意识形态工作方面的党内法规、统一战线工作方面的党内法规、群众工作方面的党内法规、外事工作方面的党内法规、军队政治工作方面的党内法规八个具体方面内容，以进一步改进党的领导方式和执政方式。

其二，在完善党的思想建设方面的党内法规中，主要包括了党员干部理论学习制度、党员党性教育和分析制度和党员干部道德建设制度三个具体方面内容，为做好理论创新和理论武装工作提供制度保障。

其三，在完善党的组织建设方面的党内法规中，主要包括了干部宏观管理制度、干部选拔任用方面的党内法规、领导干部考核评价制度、党政领导干部职务任期制度、党政领导干部问责制度、党的基层组织工作制度、党员队伍建设方面的党内法规、党管人才方面的党内法规八个具体方面内容,着力提高组织工作制度化水平。

其四,在完善党的作风建设方面的党内法规中,主要包括了党员干部特别是领导干部直接联系群众制度、党政机关厉行节约反对浪费方面的党内法规、领导干部待遇方面的党内法规、作风建设监督惩戒制度四个具体方面内容,为推动作风转变提供强大动力。

其五,在完善党的反腐倡廉建设方面的党内法规中,主要包括了权力运行制约和监督体系、预防腐败的党内法规、查办腐败案件的党内法规、纪律处分制度和党员申诉制度、处理检举、控告的制度、纪检监察体制机制六个具体方面内容,切实做到把权力关进制度的笼子里。

其六,在完善党的民主集中制建设方面的党内法规中,主要包括了党员权利保障制度、党的代表大会制度、党内选举制度、党委议事决策制度、党员领导干部民主生活会制度、党内基层民主制度、政治纪律规定、党委督促检查工作制度八个具体方面内容,以加快构建党内民主制度体系。

《五年规划纲要》第一次对党内法规进行系统性的划分,六大类党内法规基本涵盖了管党治党的各个领域,初步建立了党内法规体系,全面规划、整体推进,扎紧了党内法规制度笼子。

在"突出重点"方面,《五年规划纲要》从两个层面进行突出强调,一方面是从总体上对实践急需的党内法规进行列举,包括了保障党员权利、发展党内民主、改革用人制度、加强基层组织、推进作风转变、规范权力行使、严明党的纪律、强化党内监督等重点立规领域;另一方面在各个党内法规领域全面规划的基础上,《五年规划纲要》还明确强调了23部实践急需的党内法规,以"抓紧制定""抓紧修订""制定""修订""修改""修改完善""研究制定""适时修订"等不同表述,对这些党内法规制定工作进行不同程度的强调,体现了党内法规制定工作严格区分了轻重缓急,以有步骤、分阶段的科学方式稳步落实党内法规重点制定项目。

《五年规划纲要》确定的党内法规重点制定项目

用词表述	党内法规名称
“抓紧制定”(1部)	《中国共产党党组工作条例》
“抓紧修订”(2部)	《中国共产党地方委员会工作条例(试行)》 《关于县以上党和国家机关党员领导干部民主生活会的若干规定》
“制定”(1部)	《中国共产党统一战线工作条例》
“修订”(1部)	《干部教育培训工作条例(试行)》
“修改”(4部)	《中共中央关于加强对国家立法工作领导的若干意见》 《中国共产党党内监督条例(试行)》 《中国共产党巡视工作条例(试行)》 《中国共产党纪律处分条例》
“修改完善”(8部)	《中国人民解放军政治工作条例》 《中国共产党军队委员会工作条例》 《中国共产党军队支部工作条例》 《党政领导干部选拔任用工作条例》 《中国共产党农村基层组织工作条例》 《中国共产党党员权利保障条例》 《中国共产党地方组织选举工作条例》 《中国共产党基层组织选举工作暂行条例》
“研究制定”(4部)	《中国共产党纪律检查机关案件办理工作条例》 《中国共产党纪律检查机关处理党员申诉工作规定》 《中国共产党党务公开条例》 《党委督促检查工作规定》
“适时修订”(2部)	《党政领导干部职务任期暂行规定》 《关于实行党政领导干部问责的暂行规定》

(3)科学指导、注重落实

《五年规划纲要》从顶层设计高度,对未来五年的党内法规制度建设进行了全面规划,突出了科学指导作用。党中央在发布《五年规划纲要》之前,已对1978年以来制定的党内法规进行了全面清理,掌握了党内法规制度建设全貌和存在问题。长期以来,党内法规总是以应急方式制定出台,虽然一定程度上回应了实践突出问题,但随着党内法规数量的日益增多,党内法规制度的系统性和整体性不足问题逐渐显露,一些突出问题无规可依,部分党内法规交叉重复、相互冲突、质量不高,党内法规制定工作碎片化问题阻滞了党内法规制度功能的进一步发挥。全面从严治党新形势下,习近平总书记多次强调要加快党内法规制度建设,把权力关进制度的笼子里,因此,党内法规制定工作必须要直面长期存在的碎片化问题,提高党内法规的整体规划,增强制定的质量。《五年规划纲要》明确了中央党内法规制定工作的指导思想、工作目标和基本要求,既要整体推进党内法规制度建设,也要突出重点,有步骤地扎实推进党内法规制度建设;同时既要尽快建立健全基础主干党内法规,也要重视党内法规制度的配套建设,使党内法规的匹配性、操作性、实用性得到提升,增强党内法规制度的体系性。《五年规划纲要》对党内法规制度建设的科学指导正是立基于以问题为导向的规划思路,直面现实问题,回应形势任务要求,充分把握党内法规制度建设的经验规律,具有显著的科学性和实用性。

制度的生命力在于实施。《五年规划纲要》在对未来五年中央党内法规制定工作进行统筹规划、科学指导的同时,还规定了较为具体的《五年规划纲要》落实要求,一方面强调要提高党内法规制定质量、加大党内法规宣传力度和健全党内法规执行机制,另一方面要注重抓好组织实施,比如加强组织领导、充分发挥党内法规工作机构的作用、强化督查指导等。《五年规划纲要》通过对中央党内法规制定工作的落实提出明确具体的要求,为党内法规制度建设能够有效落实、稳步推进提供了保障,有助于党内法规五年规划工作目标的全面实现。

2.《五年规划纲要》标志十八大以来党内法规制度建设取得了新进展

《五年规划纲要》是中国共产党历史上第一次对党内法规制定工作进行顶层设计、科学规划,从上述"目标明确、要求清晰,整体推进、突出重点,科学指导、注重落实"的内容特征来看,《五年规划纲要》可以说是全面从严治党新形势下党中央推进党的建设制度改革的重要举措,标志着十八大以来党内法规制度建设取得了新进展。

一定程度上,政党内部规章制度的完备程度,可以视为其发展成熟与否的重要标志之一。全面依法治国背景下,中国共产党正处于如何进一步提升执政党执政能力的过程中,体现在管党治党方面则是应更多地依靠制度治党、依规治党。党的十八届三中全会公报提出,全面深化改革的目标是"完善和发展中国特色社会主义制度,推进国家治理体系和治理能力现代化",可以说,加强党内法规制度建设,是回应和落实全面深化改革目标的重要举措。以往中国共产党制定党内法规没有明确的总体规划,一直处于应急式、碎片化阶段，党内法规制度建设体系化程度相对不高。《五年规划纲要》的制定实施，从党的建设六大领域入手进行建规立制，加大了对党内法规制定工作顶层设计、科学规划的力度，使党内法规制定工作从单一性向整体性、从应急性向有序性、从碎片化向顶层设计转变①，初步构建了涵盖党的建设各个领域的党内法规体系，有助于推进党的建设制度化、规范化、程序化，提高党科学执政、民主执政、依法执政水平，推进中国共产党的建设发展不断走向成熟。

（二）《全面依法治国若干决定》发布

2014 年 10 月，以“全面推进依法治国”为主题的党的十八届四中全会在北京召开，对全面推进依法治国的重大问题进行了专门研究，同时审议通过了《全面依法治国若干决定》。《全面依法治国若干决定》提出了“建设中国特色社会主义法治体系，建设社会主义法治国家”的总目标，全新阐释了中国特色社会主义法治体系的组成，第一次将党内法规体系纳入到中国特色社会主义法治体系之中，在全面推进依法治国的六项重大任务中，专门研究了“加强和改进党对全面推进依法治国的领导”任务。可以说，《全面依法治国若干决定》的发布实施，是继《五年规划纲要》以后党中央推进党内法规制度建设的又一重大创举，将党内法规制度建设提升到一个历史新高度。

1.《全面依法治国若干决定》对党内法规制度建设的重大部署

《全面依法治国若干决定》以“全面推进依法治国”为主题，全文多处涉及了关于党内法规的重大表述，表明新形势下党中央对党内法规制度建设形成了新认识、新判断、新部署。

（1）党内法规体系是中国特色社会主义法治体系的重要组成部分

《全面依法治国若干决定》在阐述中国特色社会主义法治体系时，第一次增加了“形成完善的党内法规体系”表述，表明党中央形成了“党内法规体系是中国特色社会主义法治体系的重要组成部分”的新认识。

尽管“党内法规”一词是由毛泽东同志在 1938 年召开的党的六届六中全

---

① 梁妍慧：《推进党的建设制度化、规范化、程序化的战略工程——〈中央党内法规制定工作五年规划纲要〉的特点及重大意义》，《中共贵州省委党校学报》2014 年第 3 期。

会上首次提出的,十一届三中全会以来,在党的历届领导人重视下,党内法规制度建设也获得了一定程度的发展,但人们对党内法规性质的认定、党内法规与国家法律的关系等重大理论问题一直颇有争议,“党内法规是否具有法的属性”这一问题一直没有形成共识。可以说,《全面依法治国若干决定》为人们长久以来对党内法规的认识困惑起到了指明方向、定分止争的作用,奠定了党内法规在中国特色社会主义法治建设中的地位。

党内法规体系是中国特色社会主义法治体系的重要组成部分,这是中国共产党人实事求是、与时俱进、解放思想、理论创新的又一体现。《全面依法治国若干决定》在原则中强调要“坚持从中国实际出发”,立基于中国的实际国情和党领导法治建设的成功经验,“推进法治理论创新,发展符合中国实际、具有中国特色、体现社会发展规律的社会主义法治理论”。治国必先治党,治党务必从严,从严必依法度,毫无疑问,党内法规具有鲜明的中国特色,是法治方式在管党治党上的灵活运用。党内法规与国家法律都是人民意志的反映,具有内在本质的一致性,将党内法规体系纳入到中国特色社会主义法治体系,是全面推进依法治国的有力保障,是“把权力关进制度的笼子里”的必然要求。

(2)依法执政,既要求党依据宪法法律治国理政,也要求党依据党内法规管党治党

1997 年党的十五大正式确定了依法治国为党领导人民治理国家的基本方略,其目的是为了实现社会主义民主的制度化、规范化、程序化,使制度和法律不因领导人的改变而改变,不因领导人看法和注意力的改变而改变。而要实施依法治国,关键在于中国共产党首先要做到依法执政。可以说,依法执政是建设社会主义法治国家的必然前提和应有之义。在过去人们对依法执政的认识是中国共产党要按照国家法律进行治国理政,全体党员干部都要模范遵守宪法和法律。《全面依法治国若干决定》提出“依法执政,既要求党依据宪法法律治国理政,也要求党依据党内法规管党治党”,进一步丰富了依法执政的要求,第一次将遵循党内法规提升到党依法执政的高度。

《全面依法治国若干决定》对依法执政提出的两个要求,是对中国共产党过去执政历史经验的深刻总结。从过去依法治国和依法执政的内在要求来

看，各级党组织都应该在宪法和法律的范围内活动，全体党员干部都应该模范遵守宪法和法律，保障宪法和法律实施，但实践证明，这种单纯用法律对中国共产党进行外部约束的方式并不能有效提升各级党组织和领导干部依法执政的能力。全面从严治党实施之前，的确存在党的纪律涣散、党员理想信念松弛、"四风"问题突出、腐败问题严重等问题，管党治党一直处于宽松软状态，反映在各级党组织和领导干部身上则是法治意识淡薄，有法不依、执法不严、违法不究，以言代法、以权压法、徇私枉法等现象时有存在，淡化了法律对各级党组织和领导干部的外部约束作用。解决中国的问题，关键在党，做到党依法执政，关键在于党要管党，从严治党。党内法规是党员干部在党内必须遵循的高标准、更加严格的"法"，在管党治党方面能起到不同于外部法律约束的刚性约束作用。在全面从严治党的新形势下，《全面依法治国若干决定》将"依据党内法规管党治党"上升为依法执政的要求，可以说是深刻把握了中国共产党的执政规律，找到了解决党内不遵守法律、不依法办事问题的关键，通过党内法规构建中国共产党依法执政的内部约束机制，有助于增强党自我净化、自我完善、自我革新、自我提高能力，实现党内纪律严明、作风优良、政治清明，进而以内部约束带动外部约束的有效运行，提升各级党组织和领导干部的法治意识，带头依法办事、自觉遵纪守法，最终实现党的依法执政。

(3)党内法规既是管党治党的重要依据，也是建设社会主义法治国家的有力保障

邓小平同志曾说："没有党规党法，国法就很难保障。"《全面依法治国若干决定》指出，"党内法规既是管党治党的重要依据，也是建设社会主义法治国家的有力保障"，这是继将党内法规体系纳入中国特色社会主义法治体系后对党内法规功能进行的进一步重大判定，表明了党内法规对建设社会主义法治国家具有促进保障作用，奠定了新形势下党内法规制度建设在全面推进依法治国中的重要地位，对厘清党内法规和国家法律的关系有重要意义。

"党内法规既是管党治党的重要依据，也是建设社会主义法治国家的有力保障。"这种判定从根本上来说是决定于党领导社会主义法治建设的实践。实践证明，党的领导是社会主义法治最根本的保证，推进我国社会主义法治建设，就必须要把坚持党的领导贯彻到依法治国全过程和各方面。而我国宪法

法律对中国共产党如何行使执政领导权没有做具体的规定,只是明确了中国共产党必须“在宪法和法律范围内活动”。党内法规作为国家法律的有力补充,包括了对党的自身建设事务的规定和对党的执政领导事务的规定,关于党如何行使执政领导权正是通过党内法规来进一步明确规定的,因此,党内法规不仅让党的自身建设有规可循,也为党的执政领导权行使提供了制度遵循,为党领导社会主义法治建设提供制度保障。

党内法规除了直接为党领导社会主义法治建设提供制度保障以外,还通过管党治党方式间接保障社会主义法治建设。从党内法规的特征来说,党内法规具有明显的规范属性和较强的党内约束力,与国家法律相比更具有高标准性和严格性,这要求必须把党规党纪挺在法律的前面,党的各级组织和广大党员干部在遵守党内法规的同时,自然地达到了遵守国家法律的要求,形成了遵纪守法的法治观念和规则意识。从另一个层面来说,在管党治党过程中,党内法规通过对违反行为进行严肃处理,起到了对苗头性、倾向性问题抓早抓小的作用,避免了小错酿成大错、违规走向违法,从依法治国、依法执政、依法行政的实施主体方面为社会主义法治建设提供了有力保障。

(4)加强党内法规制度建设,形成配套完备的党内法规制度体系

为全面推进依法治国,《全面依法治国若干决定》提出,要加强党内法规制度建设,形成配套完备的党内法规制度体系,这是继《五年规划纲要》发布以后又一次以中央重要文件的形式对党内法规制度建设提出了要求。

从《全面依法治国若干决定》可以看出,加强党内法规制度建设,形成配套完备的党内法规制度体系,这是全面推进依法治国的必然要求,是把党要管党、从严治党落到实处的重要举措。党的十八大以来,党中央高度重视党的作风建设和纪律建设,在全面从严治党上积累了一系列成熟经验和做法,党内法规通过将这些经验做法上升为制度规定,从而加强了党的制度建设,把权力关进制度的笼子里,这是面对全面从严治党新形势的必然举措。但加强党内法规制度建设,并不只是一味地制定出台党内法规,以党内法规的数量来评判党内法规的制度建设状况。加强党内法规制度建设,在注重数量的同时,更多地是要提升党内法规的质量,形成配套完备的党内法规制度体系,通过配套完备来发挥党内法规的制度合力,提高党内法规的执行力,进而扎紧、扎实党内法

规的制度笼子。

在全面推进依法治国背景下,《全面依法治国若干决定》对形成配套完备的党内法规制度体系提出了更具体的要求。中国共产党将“党内法规体系”纳入到中国特色社会主义法治体系当中,是着眼于“大法治”的全局高度部署的。因此,对于党内法规制度建设而言,形成配套完备的党内法规制度体系,包含了两个方面内容:一方面是加大党内法规体系的内部建设,要维护党章权威,坚持党章在党内法规体系中的统领地位,“完善党内法规制定体制机制,加大党内法规备案审查和解释力度”,进而减少党内法规体系内部协调不一、矛盾冲突现象;另一方面是加大党内法规体系的外部建设,随着党内法规制度建设的加强,党内法规与国家法律之间关系问题越来越突出,为充分发挥国家法律和党内法规在治国理政和管党治党领域中的制度功能,必须要“注重党内法规同国家法律的衔接和协调”,健全党领导依法治国的制度和工作机制,完善党委依法决策机制,处理好依法治国和依规治党之间关系等,促进党内法规与国家法律互联互动,实现党内法规与国家法律之间相互协调、相互促进、相互保障。

2.《全面依法治国若干决定》标志党内法规制度建设进入了一个新阶段

此次《全面依法治国若干决定》创新性地将党内法规体系纳入中国特色社会主义法治体系当中,在全面从严治党的基础上,从全面推进依法治国的角度对党内法规制度建设提出了新认识、新要求、新部署,标志着党内法规制度建设进入了一个新阶段。

在过去,加强党内法规制度建设更多地是从全面从严治党角度进行认识和强调,党内法规是党的制度重要组成,是独立于外部国家法律体系的党内制度,党内法规贯彻落实党的理论和路线方针政策,坚持高标准性和严格性,加强党内法规制度建设,目的是为了将管党治党落到实处。这种对党内法规的认识尽管把握了党内法规制度建设的重要特征,但仅仅从全面从严治党的角度去认识党内法规可能会具有一定的局限性。从党内法规与国家法律的特点来说,两者具有价值取向一致性、规范对象相融性、功能发挥互补性、文化倡导层级性、制度建设衔接性的关系①,将党内法规与国家法律分离开来认识党内

① 参见付子堂:《法治体系内的党内法规探析》,《中共中央党校学报》2015 年第 3 期。

法规,一方面容易造成党内法规与国家法律的紧张冲突,另一方面不能发挥两者相辅相成、相互促进、相互保障的制度合力。《全面依法治国若干决定》立基于构建中国特色社会主义法治体系,结合我国实际国情,创新性地将党内法规体系纳入到中国特色社会主义法治体系,突破了社会主义法治体系便是国家法律体系的传统观念,同时将党内法规的研究视野从单纯的全面从严治党扩大到全面依法治国范围中,推动党内法规制度建设进入了一个新阶段。在全面推进依法治国视野下,党内法规体系和国家法律体系的作用领域得到明确的区分,党内法规不仅仅要加强自身内部体系建设,还要注重与国家法律的外部衔接和协调,形成配套完备的党内法规体系,成为中国共产党依法执政的重要遵循。在中国特色社会主义法治体系框架下,党内法规体系和国家法律体系相辅相成、相互促进、相互保障,有助于实现全面推进依法治国和全面从严治党的双重战略目标。

(三)2016年以前党内法规制度建设情况

党的十八大以来,在以习近平同志为核心的党中央坚强领导和科学部署下,党内法规制度建设成绩斐然,初步构建了以党的领导和党的工作、党的思想建设、党的组织建设、党的作风建设、党的反腐倡廉建设、党的民主集中制建设为基础的党内法规制度体系。总的来说,无论是党内法规体系的完善,还是党内法规制定质量的提升,抑或是党内法规执行效果的凸显,与过去相比无疑取得了明显成效,适应了全面从严治党新形势的需要。

1. 党内法规制度体系不断完善

党的十八大召开以前,党中央每年会根据管党治党需要而制定发布一些党内法规,但这个时期党内法规制定数量有限,并且处于应急式、碎片化式的制定阶段,党内法规没有形成完备体系。虽然说数量只是反映党内法规制度建设的一个方面,但数量是形成党内法规制度体系的基础,从制定中央八项规定开始,党内法规制定力度不断加大,每年出台的党内法规数量较以往明显增多,尤其自《五年规划纲要》实施后,党内法规制度建设加快发展,党内法规制度笼子越扎越紧。总的来说,党的十八大以来党内法规制度体系不断完善,进一步体现在如下方面。

(1)党内法规立改废释工作并举

在党内法规制度建设过程中,党中央坚持立改废释工作并举。2013年11月27日党中央发布《五年规划纲要》,对党内法规制定工作进行顶层设计、科学规划、统筹推进,按照《五年规划纲要》规划,制定和修订了一系列标志性的党内法规,比如2015年就被称为是党的十八大以来中央党内法规出台数量最多的一年,共制定、修改出台了20部中央党内法规①。2012年6月,中共中央办公厅印发《关于开展党内法规和规范性文件清理工作的意见》,第一次启动对中华人民共和国成立以来中央制定的党内法规和规范性文件的集中清理工作,于2013年和2014年分两批作出处理决定,在梳理出的1178件党内法规中,废止322件,宣布失效369件,"两者共占58.7%",继续有效的487件,其中42件需适时进行修改②,有效解决了党内法规制度中长期存在的不适应、不协调、不衔接、不一致问题,为形成完善的党内法规制度体系奠定了基础。此外,为了更好地理解和执行党内法规,党中央在发布党内法规的同时,加大了党内法规宣传阐释工作力度,以多种方式进行解释阐述,比如说以召开记者会的方式进行阐述,在发布《党政领导干部选拔任用工作条例》《干部教育培训工作条例》《中国共产党巡视工作条例》等党内法规时,相关部门负责人分别就党内法规的出台背景及考虑、具体内容及特点等进行了详细的解答;或者以发布文件的形式进行强调,2015年10月18日,中共中央发布了《廉洁自律准则》和《纪律处分条例》两部重要党内法规,随后又印发了《关于认真学习贯彻〈中国共产党廉洁自律准则〉和〈中国共产党纪律处分条例〉的通知》,对这两部党内法规的重要意义进行了强调说明;抑或是以召开学习会议方式进行解释说明,2015年8月《巡视工作条例》发布后,中央巡视工作领导小组在8月17日召开学习贯彻《巡视工作条例》电视电话会议,王岐山同志出席并作重要讲话。

(2)重点领域党内法规及时出台

按照《五年规划纲要》的规划,为贯彻党的十八届三中全会、四中全会精

① 参见中央办公厅法规局:《深入学习贯彻十八届五中全会精神,努力开创党内法规工作新局面——党内法规制度建设研讨培训会情况综述》,《秘书工作》2016年1月。

② 《中共中央废止和宣布失效691件党内法规》,2014年11月17日,见 http://www.chinanews.com/gn/2014/11-17/6785534.shtml。

神,在全面推进党内法规制度建设的同时,党中央加强重点领域党内法规的制定工作,及时出台了一批实践急需的党内法规。针对发展党员工作中出现的新情况新问题,2014 年 6 月 10 日党中央出台了《中国共产党发展党员工作细则》,提出了从严治党新形势下发展党员工作要求,进一步规范发展党员工作流程,强调了各级党组织在发展党员工作中的领导责任和工作纪律,严格保证新发展党员质量。为适应全面从严治党新形势,加强党的纪律建设,2015 年 10 月 18 日,中共中央印发了《廉洁自律准则》和《纪律处分条例》,其中《廉洁自律准则》紧扣廉洁自律主题,重申党的理想信念宗旨、优良传统作风,坚持正面倡导、重在立德,为党员领导干部树立了看得见、摸得着的高标准;《纪律处分条例》把党章对纪律的要求进一步细化为政治纪律、组织纪律、廉洁纪律、群众纪律、工作纪律、生活纪律,从而开列负面清单,明确了党组织和党员不可触碰的底线。为加强党内监督,规范巡视工作,2015 年 8 月 3 日,党中央印发了《巡视工作条例》,对巡视工作机构和人员、巡视范围和内容、工作方式和权限、工作程序、巡视纪律和责任作了详细的规定,为落实全面从严治党、依规依纪管党建设党提供了有力制度保障。为解决干部选拔任用过程中出现的新情况新问题,2014 年 1 月修订出台了《党政领导干部选拔任用工作条例》,以制度方式从源头上进行预防和治理选人用人不正之风,在好干部标准、党管干部原则、民主推荐、干部考察、干部选拔任用的重要方式、破格提拔问题等方面作出明确规定,体现了从严治党、从严管理干部的要求。在完善统一战线工作方面,2015 年 4 月 30 日审议通过的《中国共产党统一战线工作条例(试行)》是中国共产党关于统战工作的第一部党内法规,其中对统战工作的组织领导与职责、民主党派和无党派人士工作、党外知识分子工作、民族工作、宗教工作、非公有制经济领域统一战线工作、港澳台海外统一战线工作、党外代表人士队伍建设等方面进行了明确的规定,为统战工作的开展提供了制度遵循。此外,在党的工作中,2015 年分别出台了《中国共产党党组工作条例(试行)》和《中国共产党地方委员会工作条例》,规范和完善了党组工作制度和地方党委工作制度;在党的思想建设方面,2015 年 10 月 18 日修订出台了《干部教育培训工作条例》,对新形势下加强和改进干部教育培训,提高干部素质和能力作出了更具体、更有针对性的制度安排;制定的《推进领导干部能上能下若干规定（试行）》，重点解决了实践中领导干部能上不能下的问题。

（3）党内法规体系性增强

2012年颁布的《中国共产党党内法规制定条例》规定，“党章是最根本的党内法规，是制定其他党内法规的基础和依据”，确立了党章在党内立规中的根本地位；《五年规划纲要》同样强调了党内法规制定工作中要遵循“宪法为上、党章为本”的基本要求。因此，梳理十八大以来出台的党内法规，我们可以发现，党内法规一改过去碎片化、应急式的制定模式，开始注重顶层设计和体系建设，主要体现在以党章为制定依据的党内法规内部协调统一，以及以宪法为制定遵循的党内法规体系和国家法律体系之间的协调衔接。在党内法规体系内部建设方面，一方面通过党内法规集中清理工作，解决了长期存在的不适应、不协调、不衔接、不一致问题，另一方面通过在制定修订党内法规中严格落实“以党章为依据”的立规原则，按照党章、准则、条例、规则（规定、办法、细则）形成不同的效力位阶，对党内法规进行协调统一，比如说《党内法规制定条例》第一条规定“……根据《中国共产党章程》，制定本条例”。而《中国共产党党内法规和规范性文件备案规定》第一条规定“……根据《中国共产党党内法规制定条例》，制定本规定”。在党内法规体系外部协调方面，一方面党内法规要以上位党内法规和国家法律为制定依据，比如《推进领导干部能上能下若干规定（试行）》第一条规定“……根据《党政领导干部选拔任用工作条例》等党内法规和《中华人民共和国公务员法》等有关法律法规，制定本规定”，《干部教育培训工作条例》第一条规定“……依据《中国共产党章程》、《中华人民共和国公务员法》和其他有关法律法规，制定本条例”。另一方面，党内法规在内容的规定上要与国家法律保持协调，比如修订以后的《纪律处分条例》删除了70余条与刑法、治安管理处罚法等法律法规重复不协调的内容，真正做到纪法分开。①

2. 党内法规制定质量明显提升

与过去相比，党的十八大以来党内法规制度建设一个最显著的变化便是

---

① 参见石伟：《党内法规中的“刑法”——新修订版〈中国共产党纪律处分条例〉解读》，《马克思主义与现实》2016年第4期。

党内法规制定质量的提升,出台的党内法规有效回应了党内突出实践问题,适应了全面从严治党新形势,可以说,这些高质量的党内法规是中国共产党人强烈问题意识和鲜明问题导向下的制度产物,反映了中国共产党依法执政的能力和水平在不断提升。具体而言,党内法规制定质量明显提升,主要体现在党内法规的科学性增强、民主性增强、可操作性增强。

(1)党内法规科学性增强

中国共产党出台的每一部党内法规都是一定时期党内实践的产物,随着党内法规制度建设的推进,党内法规的科学性不断增强,对实践问题的把握更加精准。党的十八大召开不久,面对管党治党宽松软的严峻形势,尤其党内"四风"问题严重、党内腐败不断蔓延的情况,党中央以作风建设为切入口,2012 年 12 月发布了《十八届中央政治局关于改进工作作风、密切联系群众的八项规定》,开始严抓党的作风建设,并处理了一批违反规定的党员领导干部,起到了正风肃纪的作用。后来根据实践中群众反映强烈的作风问题,党中央继续出台了《党政机关厉行节约反对浪费条例》(2013 年 11 月 18 日)、《党政机关国内公务接待管理规定》(2013 年 12 月 1 日)、《中央和国家机关会议费管理办法》(2013 年 9 月 13 日)、《中央和国家机关差旅费管理办法》(2013 年 12 月 11 日)等党内法规,不断完善党的作风制度建设。在中央八项规定实施下,党的作风建设取得了显著的成效,但这只是全面从严治党的开始,党中央由作风建设继续向加强党的其他方面建设推进,尤其是党的反腐倡廉建设。为有效遏制党内腐败蔓延趋势,构建不敢腐、不能腐、不想腐的反腐败机制,党中央一方面针对腐败容易滋生的领域建章立制,划定党内法规红线,比如《违规发放津贴补贴行为处分规定》(2013 年 6 月 13 日)、《党政领导干部选拔任用工作条例》(2014 年 1 月 14 日)、《领导干部干预司法活动、插手具体案件处理的记录、通报和责任追究规定》(2015 年 3 月 30 日)、《中国共产党廉洁自律准则》(2015 年 10 月 18 日)等;另一方面加强党的纪律处分和责任追究,使党内法规真正成为党员领导干部的刚性约束,比如 2015 年修订了《纪律处分条例》和《巡视工作条例》两部重要党内法规,结合了新形势下党内出现的新情况新问题,以及十八大以来管党治党好的经验做法,增强了党内法规的问题针对性。总的来说,党内法规科学性的增强来源于中国共产党人坚持以问题为导向、坚持思想建党和制度治党相结合的经验做法，增强党内法规的科学性，不仅是为了实现全面从严治党下的治标，更为了实现治本，形成配套完备的党内法规体系。

（2）党内法规民主性增强

党内法规是全体党员意志的集中反映，增强党内法规的民主性，是党内法规制度建设的内在要求，同时也是党内法规科学性的保证。《党内法规制定条例》规定，在编制党内法规制定工作规划之前，应广泛征求有权制定主体的意见；在起草党内法规时，应充分了解各级党组织和广大党员的意见和建议；党内法规草案形成后，应当结合具体情况广泛征求党内外意见。① 党的十八大以来，党内法规制度建设十分突出民主性要求，党中央在制定党内法规过程中坚持民主集中制原则，广泛征集党员群众的意见，可以说集中了全党的智慧。比如说在《纪律处分条例》的修订过程中，为了最广泛地征集修订意见，2015 年王岐山同志分别于 5 月、7 月、9 月赴浙江、陕西、福建进行调研，调研期间召集了各省区的党委书记、纪委书记召开座谈会，研究了《纪律处分条例》的修订问题；此外，王岐山同志分别主持召开了部分中央部委、中央国家机关部委党组主要负责人、部分专家学者以及基层党组织和党员座谈会，就《纪律处分条例》的修订工作征集意见。有人统计，在这次《纪律处分条例》的修订中，“王岐山至少找了 26 名副省部级以上官员开会座谈，其中一些官员还找了不止一次”，最后经过中央纪委常委会 4 次审议修订稿，《纪律处分条例》终于获得审议通过。② 民主要求的落实是提升党内法规质量的保证，党的十八大以来党中央高度重视党内法规制度建设，不仅仅是注重党内法规的发布和数量，更强调了党内法规的制定过程和质量，通过广泛地征集党员对党内法规的制定意见，强化了党员在参与党内事务中的主人翁意识，保障了党员民主权利，维护了党的团结统一。

（3）党内法规可操作性增强

党内法规作为各级党组织工作、活动和全体党员行为的准则，具有“法”

---

① 参见《中国共产党党内法规制定条例》第九条、第十六条、第十九条。

② 赵婧姝：《王岐山忙一年修订“条例”26 位部级高官帮忙》，2015 年 10 月 13 日，见 http://www.youth.cn/preview/news.youth.cn/sz/201510/t20151013_7201399.html。

的规范属性,这要求党内法规必须是可以被有效执行的规范,即党内法规必须具备较强的可操作性。与过去党内法规规定有时过于原则抽象、部分不具备可执行性不同,党的十八大以来,党中央制定党内法规更加注重党内法规在管党治党中的引领、规范和保障作用,党内法规可操作性有一定程度的增强。拿《巡视工作条例》①来说,关于巡视监督的情况规定,修订前规定得比较抽象,比如贯彻执行党的路线方针政策和决议、决定情况、执行民主集中制情况、执行党风廉政建设责任制和自身廉政勤政情况、开展作风建设情况、选拔任用干部情况②,这类原则性规定在实践中会出现时有难以贯彻落实、执行程度畸轻畸重的情况;而修订以后的规定具有明显的问题针对性,比如"对违反政治纪律和政治规矩,存在违背党的路线方针政策的言行,有令不行、有禁不止,阳奉阴违,拉帮结派等问题;违反廉洁纪律,以权谋私、贪污贿赂、腐化堕落等问题;违反组织纪律,违规用人、拉票贿选、买官卖官,以及独断专行、软弱涣散、严重不团结等问题;违反群众纪律、工作纪律、生活纪律,搞形式主义、官僚主义、享乐主义和奢靡之风等问题"。通过对实践中突出问题进行明确列举式规定,比如作风问题主要是形式主义、官僚主义、享乐主义、奢靡之风,这为全体党员划出了不可跨越的详细红线,同时也为执纪人员提供了统一的执纪标准,有助于发挥党内法规在全面从严治党过程中的引领、规范和保障作用。

3. 党内法规实施效果愈加明显

法律的生命力在于实施,党内法规的生命力同样在于实施。党的十八大以来,党中央加大推进党内法规制度建设的力度,在顶层设计党内法规制定工作的同时,注重党内法规的贯彻实施,真正发挥党内法规在全面从严治党中的制度功能。在党中央的正确部署下,党内法规实施效果愈加明显,党内法规观念深入人心,党内法规实施保障进一步增强,管党治党作用更加彰显,可以说,党的十八大以来,党内法规的制度生命力得到了很大的提升。

(1)党内法规观念深入人心

在过去,党内法规尽管在党内实践中广泛存在,但长期以来党内法规权威

① 值得注意的是,此处是指条例的第一次修改,不是2017年7月1日发布的第二次修改。

② 参见《中国共产党巡视工作条例(试行)》第十二条规定。

不足、地位偏低,“许多党员、干部对党规一无所知,造成了制度浪费”①。党的十八大以来,在党中央对党内法规制度建设的高度重视和有力推动下,党内法规在理论界和实务界引起了较为广泛的关注。在中国知网以“党内法规”为关键词进行期刊论文搜索,2012 年的前几年都是 200 篇以内,而 2013 年为 237 篇,2014 年 526 篇,2015 年为 923 篇,期刊论文成倍的增长可以表明党内法规在学术界的重视程度与日俱增。此外,在党中央“制度治党”“依规治党”的强调下,党内法规一定程度上克服了传统不足和短板,党内法规的观念深入人心,具体来说有:依法治国的推进下,法治思维和法治观念提升,党内法规在管党治党上的制度功能得以突出;加大了党内法规公开力度,能公开的就不定密,能解密的就及时公开,比如说 2013 年 5 月 27 日,党中央同时公开了《党内法规制定条例》(2012 年 5 月 26 日通过)和《中国共产党党内法规和规范性文件备案规定》(2012 年 6 月 4 日通过)两部重要党内法规,这有助于人们的尊规、学规、守规、用规;在宣传解释方面,为促进党内法规更有效实施,党中央保持发布重要党内法规同时及时召开记者会做法,或者以其他形式加大党内法规宣传力度,比如《纪律处分条例》从颁布到正式施行中间便留了足足两个多月时间,其目的正是为了让各级党组织和全体党员去深入学习、宣传、教育和掌握。随着党内法规制度建设的推进,党内法规从党内少部分群体开始走向全体党员乃至党外群众,从局限在党内制度建设开始向党外探索,并与国家法律体系建立协调衔接、互补保障机制发展,党内法规研究从党内法规认识、党法关系研究向更多的党内法规基础理论、党内法规实践具体问题研究转变。可以说,与过去相比,党内法规观念更加深入人心,社会知晓度和认同感显著提升,依规治党是全面从严治党下的大势所趋。

(2)党内法规实施保障增强

徒法不足以自行,党内法规制度建设不仅要加强实施,还要加强保障。党的十八大以来,党内法规实施保障进一步增强,实施保障机制不断完善。2011 年中央办公厅法规局正式成立,专门负责党内法规工作,随后,地方按照机构人员和职责相适应的要求,相应地建立起党内法规工作机构,“多数地级市党

---

① 参见宋功德:《党规之治》,法律出版社 2015 年版,第 6—8 页。

委办公厅(室)设立了法规工作机构,部分县级党委也设立或者明确了负责法规工作的机构。同时,有关省区市还通过督查调研、召开会议、开展培训、备案通报、及时发布提醒事项等,加快推进本地区法规工作机构实体化、人员专业化、建设规范化"①。此外,地方在党内法规实施过程中积极探索相关机制,比如说浙江、湖北等省建立发文立项审批制度,对以省委、省委办公厅或"两办"名义发文的要严格审批;北京、浙江、安徽、广东等省对党内法规和规范性文件严格开展前置审核;北京、浙江、安徽、广东、海南等省市建立省(市)委与人大、政府、政协法规机构工作联动机制,加强党内法规相关工作的协作联动。②还有,在加强党内法规宣传工作方面,中央对外联络部和中央网信办等部门,充分调动微博、微信、新闻客户端等网络资源,及时宣传解读新出台的党内法规,做好全面从严治党做法和经验的外宣工作。

(3)党内法规管党治党作用彰显

党的十八大以来,党中央坚持思想建党和制度治党相结合,将党内法规的制度笼子越扎越紧,党内法规在管党治党中发挥了重要作用,尤其是在党的作风建设和反腐倡廉建设方面。自中央八项规定发布以后,党中央严抓党规党纪执行力,严肃查处了一大批违规违纪分子。截至 2015 年 12 月 3 日,三年来,全国已累计查处违反中央八项规定精神问题 104934 起,138867 人受到处理,其中 55289 人受到党纪政纪处分。③ 一定程度上,党内作风的改善带动了民风的改善,厉行节约、反对浪费的风气在社会中广泛形成。此外,在党的作风建设基础上,党中央加强党的反腐倡廉建设,充分运用中央巡视和党内监督工作制度,处理了一大批涉及腐败的大案要案,彰显了党规党纪的刚性约束,表明了党中央反腐败斗争的决心和信心;同时,为了构建不敢腐、不能腐、不想腐的反腐机制,党中央及时结合新形势抓紧反腐倡廉制度建设,出台了《廉洁自律准则》《纪律处分条例》《巡视工作条例》等重要党内法规,进一步提升了

① 中央办公厅法规局:《深入学习贯彻十八届五中全会精神,努力开创党内法规工作新局面——党内法规制度建设研讨培训会情况综述》,《秘书工作》2016 年 1 月。

② 参见中央办公厅法规局:《深入学习贯彻十八届五中全会精神,努力开创党内法规工作新局面——党内法规制度建设研讨培训会情况综述》,《秘书工作》2016 年 1 月。

③ 《八项规定出台三年查处问题逾十万起》,2015 年 12 月 3 日,见 http://news.xinhuanet.com/politics/2015-12/03/c_1117348310.htm。

中国共产党依法执政、依规治党的能力和水平。党内法规的有效实施，促进了党内政治风气的明显改善，顺应了党心、民心，2015 年有统计显示，91.5%的群众对党风廉政建设和反腐败工作成效表示很满意或比较满意①。因此，与过去相比，在全面从严治党新形势下，党内法规不管是制度建设还是实施效果上，都取得了明显的进步。

（四）新形势下 2016 年党内法规制度建设的挑战

在党内法规制度建设取得较快发展和明显成绩的同时，随着党内法规制度建设的深入推进，我们应该看到，党内法规制度建设还存在一些短板和不足，离《五年规划纲要》设定的工作目标还有一定差距，这预示着党内法规制度建设依然挑战重重、任务艰巨。

1. 党内法规制度建设尚存一些不足

党内法规制度建设是一项系统性工程，不可能一蹴而就，对照《五年规划纲要》的规划目标，当前党内法规制度建设尚存一些不足。具体来说包括以下方面。

（1）党内法规体系建设有待进一步加强

按照《五年规划纲要》的规划，经过 5 年建设，涵盖党的建设和党的工作主要领域、适应管党治党需要的党内法规制度体系框架要基本形成。如今 5 年已过大半，党内法规体系建设依然还有待进一步加强。首先要加快推进重点领域的党内法规出台，补齐党内法规制度短板，比如说党的组织法规制度、党的领导法规制度、党的自身建设法规制度和党的监督保障制度等基础性党内法规，《五年规划纲要》明确列举的党内法规制定工作要加快完成，善于把实践经验做法及时上升为党内法规制度，进一步扎紧党内法规制度笼子。其次，要加强党内法规体系的协调，对不协调的党内法规及时进行纠正，一方面是加强党内法规内部之间的协调，解决不同党内法规规定的重复、不一致、冲突等问题，另一方面是加强党内法规体系与国家法律的外部协调和衔接，要严

---

① 习近平：《在第十八届中央纪律检查委员会第六次全体会议上的讲话》，2016 年 1 月 12 日。

格遵循宪法法律和党章为立规依据，善于发挥社会主义法治体系的合力。最后，党内法规要注重实体规定和程序规定协调并重发展，这是法治方式管党治党的内在要求，但目前党内法规制度建设存在“重实体轻程序”现象，程序性规定相当不足。

(2)党内法规质量有待进一步提高

党的十八大以来，党内法规质量有了明显的提升，但如果要真正有效地发挥党内法规在全面从严治党上的制度功能，党内法规质量仍有待进一步提高。首先，要同步推进党内法规立改废释工作。立改废释工作是党内法规质量的保证，需同步推进。虽然 2014 年完成了中央党内法规集中清理工作，但毕竟这是总体上的清理，在目前生效的党内法规中还需要进一步开展精细化清理工作，对不适应新形势、不协调的规定进行及时的修正，同时还要加大对重要原则性规定的解释力度，保证党内法规能够切实得到执行。其次，要进一步提升党内法规的可操作性，尤其是科学性和规范性，要充分建立在深入调研和民主讨论的基础上，同时要进一步提升立规技术，让党内法规更容易被广大党员所学习、掌握、运用。最后，进一步加强党内法规人才队伍建设，这是保证党内法规质量的人才基础，而当前党内法规理论研究不够深入，涉及党内法规基础理论和具体实践问题的研究成果不多，很大程度上跟人才队伍建设不足有关，随着党内法规制度建设的推进，人才队伍建设必须要跟进。

(3)党内法规执行力有待进一步强化

全面从严治党新形势下，党内法规的执行力有了明显的改善，但是对于一个有着 8900 多万党员的大党来说，如何将党内法规意识深入到每一位党员的内心，使党内法规成为每一位党员的刚性约束，依然是一项重大课题。因此，必须要进一步强化党内法规执行力，首先要坚决对违纪违规分子进行严肃处理，发现一起处理一起，坚决消灭“稻草人”，堵住“天窗”“后门”，避免“破窗效应”发生，增强党内法规的制度刚性。其次，加大党内法规的公开力度，让更多的党内法规走入人们的视线，党内法规不仅仅是用于自己遵守的，同时也是用于党员之间相互监督的制度依据，加大党内法规公开力度是落实党内监督的应有之义。最后加强党内法规的宣传教育工作，一方面是对新出台的党内法规进行广泛的宣传教育，促进人们的学习、遵守和运用，方便党内法规的贯彻实施,另一方面要对违规违纪案例进行及时的通报宣传,亮出党内法规的红线、底线,从而对一些心存侥幸的投机分子形成震慑。

2. 2016 年党内法规制度建设重点工作

2015 年 12 月 3 日至 4 日,中央办公厅法规局在北京举办了党内法规制度建设研讨培训会,包括中纪委、中组部等 13 个中央党内法规工作联席会议成员单位政策法规工作机构和全国人大常委会法工委、国务院法制办有关司局,以及北京、浙江等 8 个省区市党委办公厅在内的 40 多位相关负责党内法规工作的同志参加。会议总结了 2015 年党内法规制度建设的做法和经验,分析了党内法规制度建设面临的新形势和新任务,围绕贯彻党的十八届五中全会精神、加强党内法规制度建设进行了深入研讨交流,并谋划 2016 年党内法规制度建设的工作思路和重点。① 根据会议部署,2016 年党内法规制度建设着力抓好以下几项重点工作。

(1)加快推进《五年规划纲要》实施进程

2016 年党内法规制度建设可以说进入了《五年规划纲要》实施的攻坚期,各党内法规建设单位要严格按照《五年规划纲要》提出的目标任务,加快推进《五年规划纲要》实施进程,确保如期完成各项制定任务。要严格落实责任,加强党内法规制定项目的研究部署;以问题为导向,坚持科学民主立规;完善党内法规起草工作机制,提高党内法规制定质量;要加大党内法规宣传和执行力度,确保党内法规真正适应全面从严治党的形势需要,发挥制度治党管党的功能。

(2)精心做好文件审核工作

2016 年要精心做好文件审核工作,中央相关部门要抓紧研究提出发文项目建议,共同做好 2016 年中央发文计划工作;要严格控制发文数量,特别是精简配套类、分工方案类文件数量;要建立健全中央文件和党内法规的前置审核机制,进一步规范报文工作,规范报送发文请示和联合发文报审程序。通过优质高效地做好文件审核工作,切实提高文件质量。

① 参见中央办公厅法规局:《深入学习贯彻十八届五中全会精神,努力开创党内法规工作新局面——党内法规制度建设研讨培训会情况综述》,《秘书工作》2016 年 1 月。

(3)认真抓好备案审查环节

在既有备案工作做法的经验基础上,继续认真做好党内法规和规范性文件的备案审查工作,进一步扩大备案工作的覆盖面,在纵向上将备案工作向基层延伸,横向上将党组制定的工作规则等规范性文件纳入备案范围;要进一步健全备案审查衔接联动机制,发挥备案工作的作用,形成备案工作的合力。

党的十八大以来,以习近平同志为核心的党中央高度重视党内法规制度建设,顶层设计、全面规划、重点部署、精心指导,推动党内法规制度建设取得了重要进展,为日后的党内法规制度建设奠定了良好基础。《五年规划纲要》实施已过中期,2016 年作为《五年规划纲要》实施十分关键的一年,为确保各项目标任务能够如期完成,必须要加快推进党内法规制度建设进程,继往开来,推动党内法规制度建设进入新的里程。

三、党的十八届六中全会与全国党内法规工作会议

党的十八大以来,全面从严治党是党中央抓党的建设最鲜明的主题。2016 年是承前启后、继往开来的一年,党中央抓紧推进《五年规划纲要》实施,出台了《中国共产党问责条例》《关于新形势下党内政治生活的若干准则》《中国共产党党内监督条例》等一批重要党内法规,加快形成完善的党内法规体系,将制度的笼子越扎越紧。同时,2016 年是党内法规制度建设史上具有里程碑式意义的一年,2016 年党内法规制度建设发生了两件具有重要意义的大事,其一是党中央第一次召开了以“全面从严治党”为主题的党的十八届六中全会,对党的十八大以来形成的管党治党历史经验进行深刻总结,并以中央全会审议方式通过了两部重要党内法规,标志着全面从严治党由治标迈向标本兼治;其二是党中央批准召开全国党内法规工作会议,主要任务是深入学习贯彻党的十八届六中全会和《党内法规制度建设意见》重要精神,对接下来的全面从严治党和党内法规制度建设工作进行全面部署,而这样高规格的会议在党的历史上尚属首次,标志着党内法规制度建设走上了历史新高度,预示着管党治党新实践的开始。

（一）党的十八届六中全会重要精神研读

2016年是中国共产党成立95周年、红军长征胜利80周年的历史节点，10月24日至27日，党的十八届六中全会在北京召开，以习近平同志为核心的党中央以制定《党内政治生活若干准则》、修订《党内监督条例》为重点专题研究全面从严治党。在党内法规制度建设方面，这两部党内法规可以说是推进制度治党和依规治党的又一重要举措，同时“加之两部法规在多方面具有重要突破，可以说是制度治党与依规治党的重要里程碑”①。深入学习全会通过的这两部党内法规，对把握党的十八届六中全会精神、看清全面从严治党新形势和做好党内法规制度建设工作具有重大意义。

1. 正确认识全会通过的两部党内法规

（1）内容上属于基础性党内法规

从内容上说，全会通过的《党内政治生活若干准则》《党内监督条例》属于基础性党内法规。该两部党内法规加强和规范新形势下的党内政治生活和党内监督，是党管党治党、从严治党的重要环节。新形势下党内很多问题的发生究其根源在于党内政治生活没有进行严格的规范，“做好各方面工作，必须有一个良好政治生态”②。以党内政治生态为管党治党的重要抓手是党中央的战略判断，是全面从严治党的基础工作。党的执政领导地位，决定着党内监督在国家监督、社会监督等方面是基础的、第一性，体现党的自我净化、自我完善、自我革新、自我提高能力。加强党内监督既是管党治党的重要环节，同时也是此次党内政治生态治理的制度保障。《党内政治生活若干准则》《党内监督条例》同时颁布，一方面健全了党内法规体系，补充了新形势下党内政治生活和党内监督的基础性规范，另一方面，为党内政治生态治理注入了催化剂，是加强和规范党内政治生态一正一反的保障性规范。

（2）效力上属于骨架性党内法规

从位阶效力上说，该两部党内法规分别属于党内法规体系中的准则和条例，位阶高、效力强，构成党内法规体系中的重要骨架。在党内法规体系中，党

---

① 周叶中：《管党治党的重要里程碑》，《光明日报》2016年11月2日。

② 习近平：《关于〈关于新形势下党内政治生活的若干准则〉和〈中国共产党党内监督条例〉的说明》，《人民日报》2016年11月3日。

内法规的名称有着严格的规定,根据位阶层次分别为:党章、准则、条例、规则(规定、办法、细则),不同位阶的党内法规规范效力不同。《党内政治生活若干准则》和《党内监督条例》在规定内容的效力上,强于其他低位阶的党内法规,在内容规定冲突时优先适用,同时,作为低位阶党内立规的重要渊源,在低位阶党内立规中发挥着立规指导作用,是一种"四梁八柱"性质的党内法规,由此保证了党内法规体系的一体性。另外,《党内政治生活若干准则》是一部思想性、政治性、综合性很强的党内法规,仅次于党章,是对全党政治生活、组织生活和全体党员行为作出的基本规定,内容广泛,考虑到在严肃党内政治生活中的很多原则、立场需要阐述道理,由此导致其内容、语言风格、规范形式不同于单方面事务规定的条例、规则等,党中央因事制宜,以准则的形式出台党内政治生活规范,同时以条例的形式出台党内监督规范,一方面足以显现党中央对加强和规范党内政治生活、加强党内监督的高度重视,另一方面也体现党中央对党内法规针对性、适应性的深谋远虑。

(3)继承和创新中的党内法规

在此次全会通过《党内政治生活若干准则》之前,1980 年 2 月党的十一届五中全会通过了《关于党内政治生活的若干准则》(以下简称 1980 年《党内政治生活若干准则》),即《党内政治生活若干准则》发布之前已经存在相同事项规定的党内法规。不同于传统的"立新废旧",在处理新旧党内法规问题上,此次党中央的态度是"立新不废旧"。在《党内政治生活若干准则》中客观评价了 1980 年《党内政治生活若干准则》的积极作用和历史价值,明确强调了"其主要原则和规定今天依然适用,要继续坚持"①,1980 年《党内政治生活若干准则》没有因为新准则的出台而失效,而是在新形势下,为了加强和规范党内政治生活,新旧准则相互联系,一脉相承,共同发力,共生于党内法规体系中。正如习近平总书记在关于这两部党内法规的说明中所指出的:"我们制定和颁布新准则,不是要替代 1980 年准则,而是要在坚持其主要原则和规定

① 比如说,关于党内政治生活的目标和基本准则,关于坚持党的政治路线和思想路线,关于坚持集体领导、反对个人专断,关于维护党的集中统一、严格遵守党的纪律,关于坚持党性,关于要讲真话、言行一致,关于发扬党内民主、正确对待不同意见,关于保障党员权利不受侵犯,关于接受党和群众的监督、不准搞特权等。

的基础上，针对新情况新问题作出新规定”。

(4)中央委员会全体会议审议通过的党内法规

根据党内法规制定条例规定，党内法规制定主体有四类：党的中央组织、中央纪律检查委员会、中央各部门和省、自治区、直辖市党委，此次党的第十八届中央委员会属于党的中央组织，级别仅次于党的全国代表大会，由该全体会议通过的党内法规，其意义不言而喻。据不完全统计，在近4年的时间里，中央出台或修订的党内法规超过50部，超过现行中央党内法规的三分之一，而由中央全会审议通过的党内法规，唯有1980年《党内政治生活若干准则》和此次通过的《党内政治生活若干准则》《党内监督条例》。全会将两部党内法规纳入会议的主要议程，并作为会议重要成果一部分，突破往届全会召开模式，可以说将党内法规提高到了前所未有的高度，这其中反映的正是党中央制度治党和依规治党的新理念，彰显党中央党要管党、全面从严治党的决心和信心。

2. 全会通过两部重要党内法规的时代意义

党的十八届六中全会审议通过的《党内政治生活若干准则》《党内监督条例》，分别以党内政治生活和党内监督为重要抓手，找准了管党治党的要害，彰显了创新性、规律性、时代性，为深入推进全面从严治党奠定了制度基石，标志着党中央制度治党和依规治党进入新的里程。

(1)是新形势下对管党治党新经验的总结和党内突出问题的积极回应

党内法规是对党的好传统好做法好经验进行总结的规范化、科学化、程序化的制度产物。比如党中央在1980年《党内政治生活若干准则》中全面总结了党在长期革命斗争、社会主义革命和建设中的正反两方面经验做法，对当时党内民主、团结、统一发挥了重要作用。如今，党内形势任务和党内情况发生了很大的变化，1980年《党内政治生活若干准则》和2003年《党内监督条例》与实践新情况新要求的不适应性逐渐突显。党的十八大以来，以习近平同志为核心的党中央坚定推进全面从严治党，集中整饬党风，严厉惩治腐败，强化党内监督，净化党内政治生态，坚持思想建党和制度治党紧密结合，取得了很多党建成果，为全面从严治党、标本兼治赢得了时机。但在新形势下，党内形势依然严峻,不少问题虽得到解决但还不彻底,《党内政治生活若干准则》第四段详细罗列了33种党内政治生活突出问题,《党内监督条例》第五条重点明确了7种党内监督突出问题,这些问题都是从近年来党中央处理的以周永康、薄熙来、徐才厚等为代表的严重违法违纪案件中总结出来的,具有相当典型性。为了积极回应和解决新形势下党内突出问题,经受"四大考验"、克服"四种危险",推进党的建设新的伟大工程,有必要对管党治党新经验进行总结,坚持思想建党和制度治党相结合,从严治党、依规治党。因此,《党内政治生活若干准则》和《党内监督条例》的出台,是对新形势下加强党内法规制度建设重要课题的积极回应,也是我们党全面推进从严治党的重要抓手。

(2)是保持党的先进性和纯洁性、巩固党的执政根基的重要举措

先进性和纯洁性是我们党长期保持的重要特性,也是我们党在有着13亿多人口的大国长期执政的重要基础。习近平总书记在建党95周年庆祝大会上强调,我们党作为执政党,面临的最大威胁就是腐败,如果管党不力、治党不严,人民群众反映强烈的党内突出问题得不到解决,那我们党迟早会失去执政资格,不可避免被历史淘汰。① 党的十八大以来,以习近平同志为核心的党中央,深知保持党的先进性和纯洁性对巩固党的执政根基的重要性和必要性,对反腐一直保持高压打击力度,坚持"老虎""苍蝇"一起打,坚持以思想反腐和制度反腐相结合,着力构建不敢腐、不能腐、不想腐的体制机制。为了从根本上解决新形势下党内突出问题,从长远上预防党内违规违纪现象的发生,始终保持党的先进性和纯洁性,必须把党的思想政治建设摆在首位,营造风清气正的政治生态,必须把强化党内监督作为党的建设重要基础性工程,保障全面从严治党的贯彻实施。此次全会通过的《党内政治生活若干准则》和《党内监督条例》,分别对加强和规范党内政治生活、加强党内监督进行新规定,尤其是多次特别强调领导干部的模范遵守,顺应了民心和党内实践的需要,有助于党内政治生活的净化,有助于解决管党治党宽松软的问题,从而进一步巩固了党的执政根基,维护了党中央的领导核心权威。

(3)彰显了中国共产党执政建设新思维

"小智治事,中智治人,大智立法",党的十八届四中全会将党内法规明确

① 习近平:《在庆祝中国共产党成立95周年大会上的讲话》,2016年7月1日。

纳入中国特色社会主义法治体系,要“形成完善的党内法规体系”,把党内法规作为党的执政建设重要制度安排,将从严治党具体落实到依规治党上来。此次更以全会审议方式通过《党内政治生活若干准则》和《党内监督条例》这两部重要党内法规,从程序角度而言将党内法规的权威无疑提升到了一个新高度。经对比还可以发现,此次全会公报主体内容几乎全部摘自《党内政治生活若干准则》和《党内监督条例》,而《党内政治生活若干准则》和《党内监督条例》可以说是公报的具体化,从以往公报内容权威的角度,此次两部党内法规因此还具有内容权威,进一步体现了党中央坚持思想建党和制度治党紧密结合。另外,将党内法规作为全面从严治党的制度基石,这是党对其执政规律、建设规律、党内法规发展规律认识深化的结果。[①] 党的十八届三中全会、四中全会、五中全会分别曾就全面深化改革、全面依法治国、全面建成小康社会进行了专题研究,此次的六中全会再以制定修订两部党内法规为重点专题研究全面从严治党,回应了“四个全面”战略布局,体现了党中央十八大以来强化顶层设计的理念。

3. 党的十八届六中全会形成的新认识

党的十八届六中全会是正处于全面深化改革和深入全面从严治党的关键时期召开的一次重要会议,会议在总结管党治党经验的同时,客观分析了新形势下党情国情发展态势,提出了一系列全面从严治党重大新认识,为接下来深入推进全面从严治党和党内法规制度建设奠定了坚实基础。

(1)“办好中国的事情,关键在党,关键在党要管党、从严治党”

“办好中国的事情,关键在党”“党要管党,务必从严”,这是中国共产党在长期执政和管党治党经验中总结出来的正确认识。党的十八届六中全会进一步提出,“办好中国的事情,关键在党,关键在党要管党、从严治党”,“两个关键”道出了中国现实的国情党情,体现了中国共产党全面从严治党理念的再次升级。在中国,党政军民学,东西南北中,中国共产党是领导一切的,中国共产党在有着 13 亿多人口的大国长期执政,取得的无数执政成就正好深刻诠

① 正文中所引“三大规律”来自周叶中教授在武汉大学党内法规研究中心专家学习十八届六中全会精神研讨会上的发言摘编。

释了“办好中国的事情,关键在党”的内涵,只要共产党人始终践行着全心全意为人民服务的宗旨,保持着党的先进性和纯洁性,中国共产党就能发挥先锋队作用,成为中国特色社会主义事业的坚强领导核心。相反,如果中国共产党管党不力、治党不严,初步解决的问题反弹回潮、故态复发,党员队伍的先进性和纯洁性未能一以贯之,那便会失信于民,“四大考验”和“四种危险”将会更加尖锐地摆在面前,危及党的执政基础。因此,党要管党、从严治党,不仅是加强党的自身建设,更是为了办好中国的事情;办好中国的事情,就要党要管党、从严治党。

(2)正式提出“以习近平同志为核心的党中央”

正如全会公报所指出,“一个国家、一个政党,领导核心至关重要”,党的十八届六中全会正式提出“以习近平同志为核心的党中央”,这是党的十八大以来党中央全面从严治党、推进党的建设新的伟大工程所取得的重要政治成果,明确习近平同志为全党核心,这是全党全军全国各族人民的共同心愿,顺应了党心、民心。当前,我国正处于全面深化改革的攻坚期和全面建成小康社会的决胜关键期,中国特色社会主义事业需要一个坚强有力的党中央领导核心;同时,党内“四大考验”“四种危险”依然长期存在,而十八大以来全面从严治党取得的一系列成果赢得了党心、民心,全面从严治党被实践证明是非常正确的战略部署,为进一步推进全面从严治党向纵深发展,更加迫切需要正式明确“以习近平同志为核心的党中央”,增强全党全军全国各族人民的凝聚力。在当前党所面临的复杂新形势下,要维护党的团结和集中统一,坚决维护党中央权威、保证令行禁止,就要切实增强全党政治意识、大局意识、核心意识、看齐意识,尤其是核心意识和看齐意识,必须自觉在思想上政治上行动上同以习近平同志为核心的党中央保持一致,要向党中央看齐,向党的理论和路线方针政策看齐,向党中央决策部署看齐。

(3)“信任不能代替监督”

信任不能代替监督,监督不等于不信任。在实践中,在一些地方和部门中党的领导弱化、党的建设缺失,党员干部纪律松弛、党的观念淡薄、组织涣散、作风败坏等种种突出问题反映了党的建设存在管党不严、治党不力问题,其中党内监督不力甚至缺失是问题的重要原因,一些党内监督部门和人员碍于

“信任”说辞不敢监督、不愿监督甚至抵制监督，导致党内问题由小积大，最终严重损害党内政治风气。因此，正确看待信任与监督，将“信任不能代替监督”从理念引入全面从严治党实践当中，对于根本上解决全面从严治党主体责任缺失、监督责任缺位、管党治党宽松软的问题至关重要。此次全会深刻总结党建经验，在公报中明确指出，“党内监督没有禁区、没有例外”，着重强调了党内监督没有特权，没有信任与否之说，党员领导干部均无一例外必须接受监督，在处理信任与监督的关系上，“应当把信任激励和严格监督结合起来，做到有权必有责、有责要担当，用权受监督、失责必追究”。

（4）突出抓好领导干部这个关键

风成于上，俗形于下。在中央八项规定发布之前，中央政治局明确强调，“抓作风建设，首先要从中央政治局做起，要求别人做到的自己先要做到，要求别人不做的自己坚决不做，以良好党风带动政风民风”。党的十八大以来，以习近平同志为核心的党中央身体力行、率先垂范，带头遵守国法党规党纪，为全党树立了学习的榜样，取得了很好的效果。经验表明，管党治党必须要突出抓好领导干部这个关键，尤其是领导干部中的一把手，领导干部抓好了，在全党做出表率，以上带下，全面从严治党就好办了。在《党内政治生活若干准则》《党内监督条例》中，多处强调了要以高级干部为重点，“加强党的建设必须抓好领导干部特别是高级干部，而抓好中央委员会、中央政治局、中央政治局常委会的组成人员是关键”①，体现了党中央全面从严治党的能力和水平在不断提升。

（5）坚持问题导向，全面从严治党走向标本兼治

保持强烈的问题意识和鲜明的问题导向是共产党人的一贯作风，在《党内政治生活若干准则》和《党内监督条例》中，分别明确列举了当前党内政治生活和党内监督存在的突出问题，比如党内政治生活庸俗化、随意化、平淡化，党内监督制度不健全、覆盖不到位、责任不明晰、执行不力等。这些问题既包括了尚未得到解决的，也包括了解决不彻底而依然存在的，还包括了虽解决但

---

① 习近平：《关于〈关于新形势下党内政治生活的若干准则〉和〈中国共产党党内监督条例〉的说明》，2016 年 11 月 2 日。

有可能再次冒出的。此次全会深入研究全面从严治党重大问题,坚持以问题为导向,以加强党内政治生活和党内监督为重要抓手,坚持思想建党和制度治党相结合,“哪些可以进一步完善并上升为制度规定,以党内法规的形式固化下来”①,进一步加强党内法规制度建设,推动全面从严治党由治标为主走向标本兼治。全会通过的两部重要党内法规紧紧围绕理论、思想、制度构建体系,围绕权力、责任、担当设计制度,对党内政治生活和党内监督存在的薄弱环节从制度方面加强建设,严明政治纪律和政治规矩,严肃党内政治生活、净化党内政治生态,建立健全党内监督体系,从根本上对全面从严治党作出治本性部署安排。

(二)全国党内法规工作会议重要精神研读

继党的十八届六中全会召开之后,为加强党内法规制度建设,2016 年 12 月 13 日,中共中央印发《党内法规制度建设意见》,以更高站位对新形势下党内法规制度建设进行顶层设计和全面部署。2016 年 12 月 24 日至 25 日,党中央召开党的历史上第一次全国党内法规工作会议,习近平总书记对加强党内法规制度建设专门作出重要批示。该会议全面总结了党的十八大以来加强党内法规制度建设取得的经验,深入学习和贯彻党的十八届六中全会和《党内法规制度建设意见》的精神,就新形势下加快推进党内法规制度建设统一了思想认识,明确了任务要求,对下一阶段党内法规制度建设工作进行了研究部署,标志着党内法规制度建设进入了新的历史阶段。

1. 加强对党内法规制度建设的思想认识

思想决定行为,对党内法规制度建设的思想认识程度决定了推进党内法规制度建设的实施效果。党的十八大以来,党内法规制度建设取得了重要进展和成效,但党内部分同志对党内法规制度建设的思想认识还存在不够深入、不够统一的问题。当前全面从严治党正处于一个向纵深推进的重要关口,加强和统一对党内法规制度建设的思想认识至关重要。会前,习近平总书记在批示中专门指出:“加强党内法规制度建设是全面从严治党的长远之策、根本之策”,深刻

---

① 习近平:《关于〈关于新形势下党内政治生活的若干准则〉和〈中国共产党党内监督条例〉的说明》,2016 年 11 月 2 日。

阐明了加强党内法规制度建设的重大意义。会议的主要任务是深入学习十八届六中全会、《党内法规制度建设意见》和习近平总书记重要批示的精神,加强和统一对党内法规制度建设的思想认识。按照《党内法规制度建设意见》要求,需要从以下四个方面来加强和统一对党内法规制度建设的思想认识。

(1)加强党内法规制度建设是全面从严治党、依规治党的必然要求

《党内法规制度建设意见》指出:"治国必先治党,治党务必从严,从严必依法度",这是党中央长期以来管党治党所总结出来的宝贵经验。党的十八大以来,党中央将全面从严治党纳入到"四个全面"战略布局来推进,抓思想从严、管党从严、执纪从严、治吏从严、作风从严、反腐从严,打出了一套全面从严治党的组合拳,效果显著。而贯穿这"六个从严"始终的正是党中央坚持制度治党、依规治党的理念。制度建设更带有根本性、全局性、长期性和稳定性,党中央推进全面从严治党,就必须把党的制度建设贯穿党的思想建设、组织建设、作风建设和反腐倡廉建设的始终,走上加强党内法规制度建设、依规治党的党内治理道路,这也符合现代政党奉行制度治理的普遍模式。推进全面从严治党和实现依规治党,必然要明规矩、定遵循、严要求,通过加强党内法规制度建设,将党规党纪立起来,从严执规执纪,使管党治党宽松软走向严紧硬,推动全面从严治党向纵深发展。因此,加强党内法规制度建设是党中央推进全面从严治党、实现依规治党的必然要求。

(2)加强党内法规制度建设是建设中国特色社会主义法治体系的重要内容

党的十八届四中全会将"形成完善的党内法规体系"纳入到中国特色社会主义法治体系当中,将加强党内法规制度建设确定为建设中国特色社会主义法治体系的重要内容,这是对中国特色社会主义法治理论的重大创新,具有鲜明的中国特色。实践证明,在中国实施依法治国、厉行法治,光靠宪法法律是不够的,必须得重视党内法规在法治建设上的地位和功能。在党内法规与宪法法律的关系上,邓小平同志曾深刻指出:"国要有国法,党要有党规党法。党章是最根本的党规党法。没有党规党法,国法就很难保障。"[1]党内法规作

① 《邓小平文选》第二卷,人民出版社 1994 年版,第 147 页。

为宪法法律的必要补充,调整和规范的是党的执政领导活动和党的自身建设,而这些都是宪法法律所无法调整却又对法治建设十分重要的领域。另外,习近平总书记指出:“党的领导是中国特色社会主义最本质的特征,是社会主义法治最根本的保证”①,可以说,加强党内法规制度建设为全面依法治国提供了坚强政治保障,为党做到领导立法、保证执法、支持司法、带头守法提供了制度遵循。因此,全面推进依法治国,党的十八届四中全会正是着眼推动包括党内法规和宪法法律在内的“大法治”建设,“必须努力形成国家法律法规和党内法规制度相辅相成、相互促进、相互保障的格局”②。在会前,习近平总书记作出的重要批示中,明确强调“必须坚持依法治国与制度治党、依规治党统筹推进、一体建设”,故而,加强党内法规制度建设,是建设中国特色社会主义法治体系的重要内容。

(3)加强党内法规制度建设是推进国家治理体系和治理能力现代化的重要保障

法治是治国理政的基本方式,党的十八届三中全会将推进国家治理体系和治理能力现代化纳入我国全面深化改革的总目标中,党的十八届四中全会提出要通过全面推进依法治国来促进国家治理体系和治理能力现代化。党内法规作为中国特色社会主义法治体系的重要组成,同时中国共产党作为中国特色社会主义事业的领导核心,加强党内法规制度建设可以说是推进国家治理体系和治理能力现代化的重要保障,这是因为:首先,党内治理是国家治理的重要组成,同时也是国家治理的重点和难点所在,加强党内法规制度建设,依靠制度管党治党,可以推动党的工作和党的建设走上制度化、规范化、程序化轨道,有助于实现党内治理。其次,中国共产党是中国特色社会主义事业的领导核心,要充分发挥党总揽全局、协调各方的领导核心作用,就必须加强和改善党的领导,而党的执政领导活动是由党内法规来加以规范调整的,因此加强党内法规制度建设,建立健全党的领导和执政方面的党内法规制度,有助于将党的执政领导活动引入到法治轨道,进而提升党的执政能力和领导水平。

---

① 习近平:《加快建设社会主义法治国家》,《求是》2015年第1期。

② 习近平:《关于〈中共中央关于全面推进依法治国若干重大问题的决定〉的说明》。

最后，中国共产党作为长期执政的政党，管党治党始终牵动全局、关系重大，为确保党对国家治理变革的正确领导，必须要坚持科学执政、民主执政、依法执政，必须要加强党的先进性和纯洁性建设，而这一切最终要落脚到加强党内法规制度建设上来。实践证明，自中央八项规定以来，党中央高度重视党内法规制度建设，严抓党规党纪执行力，将党内法规制度的笼子越扎越紧，党内政治风气得到了显著改善，而党风的改善进一步带动了政风、行风、民风的转变，促进了国家和社会治理的相关变革。

（4）加强党内法规制度建设事关党长期执政和国家长治久安

"办好中国的事情，关键在党，关键在党要管党、从严治党。"这是党的十八届六中全会总结出的宝贵经验。在坚持中国共产党的领导下，当前国家政治、经济、社会、文化、生态各方面事业建设蓬勃发展，取得了一系列成就，但与此同时，来自国际国内的风险和挑战同样很多，其中最关键的是来自执政党自身的危机，可以说党的长期执政与国家长治久安互为关联。新形势下中国共产党所面临的"四大考验"和"四种危险"依然尖锐，要提高党的执政能力和领导水平，增强党的拒腐防变和抵御风险能力，"关键在党要管党、从严治党"，最终落实到制度治党、依规治党上来。正如《党内法规制度建设意见》所指出的："加强党内法规制度建设……为保持党的先进性和纯洁性，提高党的执政能力和领导水平、增强党的拒腐防变和抵御风险能力提供坚强法规制度保证，确保党始终成为中国特色社会主义事业坚强领导核心。"中国共产党要切实履行执政兴国的重大使命，必须要坚持依法执政，"既要求党依据宪法法律治国理政，也要求党依据党内法规管党治党"①。因此，新形势下谈论党内法规制度建设，不仅仅是着眼于党的自身建设这种"小党建"，更应该是包括党的执政和领导活动在内的"大党建"，故而，加强党内法规制度建设事关党长期执政和国家长治久安。

2. 研究部署下一阶段党内法规制度建设的工作任务

党中央发布的《党内法规制度建设意见》，明确了当前和今后一个时期加强党内法规制度建设的指导思想、目标任务和主要措施，可以说这是继《五年

---

① 《十八大以来重要文献选编》（中），中央文献出版社 2016 年版，第 158 页。

规划纲要》之后又一份指导做好新形势下党内法规工作的重要纲领性文件。《党内法规制度建设意见》明确指出,新形势下党内法规制度建设的总目标是"到建党100周年时,形成比较完善的党内法规制度体系、高效的党内法规制度实施体系、有力的党内法规制度建设保障体系,党依据党内法规管党治党的能力和水平显著提高"。此次总目标较《五年规划纲要》中提出的总目标更加具体,从制度体系、实施体系,再到保障体系,共同组成了完善的党内法规体系,体现了党内法规制度建设的任务目标在推进中不断发展的趋势。

新形势下为推进党内法规制度建设加快发展,党中央以高规格的方式召开全国党内法规工作会议,专门研究部署下一阶段党内法规制度建设的具体工作。在会前,习近平总书记还专门作出重要指示,强调"必须坚持依法治国与制度治党、依规治党统筹推进、一体建设",这为做好党内法规工作提供了重要遵循。此次全国党内法规工作会议深刻总结了党的十八大以来党内法规制度建设所取得的成绩、经验及不足,增强了各单位做好党内法规制度建设工作的责任感使命感,更对下一阶段党内法规制度建设工作任务进行研究部署,推进党内法规制度建设走向新的里程。

(1)形成比较完善的党内法规制度体系

要加快构建比较完善的党内法规制度体系,做到内容科学、程序严密、配套完备、运行有效,以适应全面从严治党、依规治党新形势的需要,就必须牢牢把握党内法规制度建设的正确方向,坚持目标导向和问题导向,坚持依法治国与制度治党、依规治党统筹推进、一体建设。具体来说有:第一,健全基础主干中央党内法规制度。《党内法规制度建设意见》提出了以"1+4"为框架的党内法规制度体系,即党章之下分为党的组织法规制度、党的领导法规制度、党的自身建设法规制度、党的监督保障法规制度四大板块,在未来一定时期党内法规制度建设要坚持以党章为根本遵循,加快补齐这四大板块的法规制度短板。抓紧建立和完善基础性、主干性、支撑性党内法规制度,健全相关配套法规制度。第二,健全部门和地方党内法规制度,对中央党内法规制度明确要求配套的,要及时配套予以落实,保证形成衔接紧密的制度体系。第三,坚持立改废释并举,科学编制党内法规制度制定计划,补齐补足制度短板,及时修改、废止不相适应的党内法规,完善党内法规清理机制,加大党内法规解释力度。第四,提高党内法规制定质量,坚持科学立规、民主立规、依法立规,按照方向正确、内容科学、程序规范的要求开展制定工作。第五,按照“到建党100周年时形成比较完善的党内法规制度体系”目标要求,抓紧编制第二个中央党内法规制定工作五年规划纲要。

(2)形成高效的党内法规制度实施体系

要形成高效的党内法规制度实施体系,确保党内法规制度实施到位,必须以改革创新精神推进党内法规制度建设,提高党内法规制度的执行力。具体说来包括如下方面:第一,增强广大党员特别是领导干部法规意识,抓住领导干部这个“关键少数”,坚持领导干部以上率下,带头尊规学规守规用规,发挥领导干部带头示范作用,实行党内法规制度执行责任制,用监督传导压力,用压力推动落实,层层抓党内法规的落实。第二,加强党内法规学习教育,加大宣讲解读力度,推动学习党内法规制度常态化,加大党内法规公开力度,注重以良好的党内政治文化提升法规制度的执行力影响力。第三,强化党内法规实施的监督检查,对实施结果进行一定范围的通报,加大违规责任追究和惩处力度。第四,加强党内法规备案审查,建立贯通上下的备案工作体系,将党组(党委)规范性文件纳入备案审查范围,建立备案工作考核通报制度,建立健全党内法规执行情况、实施效果评估制度。

(3)形成有力的党内法规制度建设保障体系

要形成有力的党内法规制度建设保障体系,就要加强党内法规制度建设的组织领导,具体说来包括如下方面:第一,要落实党内法规制度建设的领导责任,中央各部门和地方各级党委要强化政治责任和领导责任,在职责范围内与党建其他工作一起部署,共同抓好党内法规制度建设工作;第二,要完善党内法规制度建设体制机制,地方党委要建立健全党内法规工作联席会议机制,加强党内法规工作机构建设;第三,加强党内法规队伍建设,包括党内法规专门工作队伍、理论研究队伍和后备人才队伍;第四,强化党内法规工作保障,将党内法规制度建设情况作为考核评价领导班子和领导干部的重要内容,完善激励机制,加强上级对下级党内法规制度建设的业务指导,推动实现党内法规制度建设信息化,各级党委要保障党内法规工作经费等。

当前全面从严治党正处于向纵深推进的重要阶段,而2016年距离《五年规划纲要》规划完成还剩一年,距离建党 100 周年还有五年,在这样一个关键的时间节点,毫无疑问,加强党内法规制度建设的重要性和紧迫性愈加彰显。在 2016 年里,党的十八届六中全会和全国党内法规工作会议相继召开,专门研究了全面从严治党和党内法规制度建设的重大问题,体现了党中央对党内法规制度建设的重视程度达到了历史之最。可以说,这两场重要会议的相继召开,为新形势下党内法规制度建设扭紧发条、全面提速,确保如期实现“到建党 100 周年时,形成比较完善的党内法规制度体系、高效的党内法规制度实施体系、有力的党内法规制度建设保障体系,党依据党内法规管党治党的能力和水平显著提高”的总目标。至此,党内法规制度建设进入了新里程,开启了新篇章。

第二部分　规范篇

党的十九大指出，党要团结带领人民进行伟大斗争、推进伟大事业、实现伟大梦想，必须毫不动摇坚持和完善党的领导，毫不动摇把党建设得更加坚强有力。全面从严治党永远在路上。全面从严治党、依规治党，首先要解决的就是有规可依的问题。一整套党内法规制度体系，是为 8900 多万中国共产党员确立行为规范的，那么是否有着良善的党内法规制度体系，将直接关系到全面从严治党、依规治党的大局。习近平总书记指出："党的十八大后，党中央从立规矩开始，首先制定了八项规定，随后出台了一系列制度。各级根据中央八项规定精神，在联系服务群众、规范权力运行等方面制定和修订了一批工作制度和管理制度。制度的笼子越扎越紧。"①

在我们党的历史实践中，制定了大量党内法规和规范性文件，为中国的革命、建设和改革提供了极为重要的制度保障。党的十八大后，党内法规制度建设进入了全新阶段，在党内法规的制定方面，更是取得了极为丰硕的成果。单以中央党内法规为例，十八大后所出台的数量近乎现有中央党内法规数量的半数之多；党内法规所调整的领域也越来越广，涵盖了党的领导和党的建设的方方面面；党内法规与党内法规之间的逻辑性、内在统一性也越来越高，其针对性和可操作性也越来越强，为全面从严治党、依规治党提供了重要的制度保障。2016 年是党内法规制度建设承前启后、继往开来的一年。这一年，一批基础性主干法规得以制定出台，使党内法规制度建设再次迈出了实质性步伐。

---

① 习近平：《在第十八届中央纪律检查委员会第五次全体会议上的讲话》，2015 年 1 月 13 日。

一、党内法规制度制定的总体情况

从概念上看,党内法规制度制定是指有党内法规制定权的党内组织按照规定的职权和程序,创制、修改、废止党内法规和规范性文件的活动。从广义角度看,党内法规制度制定包括了“立、改、废”等方面内容。对党内法规制度制定情况的分析,亦当然会涵盖上述“立、改、废”三方面内容。

中国共产党是以马克思主义建党原则建立起来的有着严密组织的政党,铁的纪律是我们党从胜利走向胜利的重要保证。在90多年的革命、建设和改革的历程中,我们党之所以能保证先进性和纯洁性,一条重要的经验就是坚持党要管党、从严治党。严明纪律是维护党的先进性和纯洁性的有力保证,党的规矩是优良的传统和工作惯例。习近平总书记对党的规矩含义曾作出过明确的阐述,其内容包含了党章、党的纪律、国家法律以及党在长期实践中形成的优良传统和工作惯例等内容。①

事实上,我们党自成立时制定的第一个纲领起,便开始了对党内法规制度建设的工作。囿于历史发展和时代形势的局限,党内法规的概念并没有随之明确提出,即便在提出该概念之后,党内法规亦并未曾有着准确的含义或定义。实际上,党内法规的概念或含义的确定本身就是一个不断发展变化的过程,是事物发展变化的结果。在1991年《中国共产党党内法规制定程序暂行条例》出台之前,很多党内法规在名称上并没有严格规定。因此,在判断此前的党内法规亦应根据特定的历史时期以及相应的内容加以分析。本篇作为制度规范篇,在对2016年党内法规制度制定进行分析之前,拟对在此之前党内法规制度建设的一个概况进行简要回顾。此外,由于党章在党内法规制度体系中的根本地位,回顾亦主要以党章的发展历程为主线进行。

(一)新民主主义革命时期的党内法规

革命战争时期是我们党领导新民主主义革命,领导中国人民实现民族独

---

① 习近平:《在第十八届中央纪律检查委员会第五次全体会议上的讲话》,2015年1月13日。

立和民族解放的时期。从历史角度看，革命战争时期的党内法规制度建设必然是服务于上述历史任务的。在这一特殊的历史背景之下，当时党内法规制度建设呈现出鲜明的革命政党特征。[①] 党的第一次全国代表大会通过的《中国共产党第一个纲领》，史称一大党纲。它虽不是正式的党章，但包含了党章的内容，起到了党章的作用。在一大党纲（英文译稿）中，其指出了党的基本任务和奋斗目标是以无产阶级革命军队推翻资产阶级，采用无产阶级专政，废除私有制，直至消灭阶级差别。[②] 其后，1922 年党的二大、1923 年党的三大、1925 年党的四大、1927 年党的五大、1928 年党的六大以及 1945 年党的七大分别通过了不同时期党的章程。其中，又以 1945 年党的七大党章的制定最具代表性。刘少奇同志在中国共产党第七次全国代表大会上作了《关于修改党章的报告》，指出："……建立独立、自由、民主、统一与富强的新中国。为了这个目的，……在思想上、政治上、组织上准备自己，并准备人民，去迎接历史上空前伟大的斗争和空前伟大的胜利。这就是我们党的当前的政治上和组织上的任务"，上述情况和任务，"就是今天我们重新修改党章的出发点"[③]。

在具体体例内容上，七大党章首次设立了总纲部分，然后分党员，党的组织机构，党的中央组织，党的省及边区之组织，党的地方、县、市及区之组织，党的基层组织，党的地下组织，党的监察机关，党外组织中的党组，奖励与处分，经费等 11 章 70 条。内容上阐明了党的性质和指导思想、确立了毛泽东思想作为自己一切工作的指针、第一次把党员权利义务明确写入党章。可以说，七大党章集中了全党的智慧，总结了建党以来的历史经验，是中国共产党第一部完全独立自主制定的党章，具有鲜明的中国特色，是民主革命时期最完备的一部党章。[④]

---

① 王振民等：《中国共产党党内法规研究》，人民出版社 2016 年版，第 20 页。

② 1921 年中共一大通过的《中国共产党纲领》仅有俄、英两种文本由中共中央马克思恩格斯列宁斯大林著作编译局译成中文。俄文译稿译自原第三国际保存的《中国共产党第一个纲领》俄文版；英文译稿译自陈公博《中国的共产主义运动》附录《中国共产党的第一个纲领》，该稿由 C.M.维尔巴编，于 1962 年由美国哥伦比亚大学出版社出版。上述注释引自《党章知识辞典》编委会编：《党章知识辞典》，中共中央党校出版社 1996 年版，第 669 页。

③ 本书编委会编：《中国共产党历次党章汇编（1921—2012）》，中国方正出版社 2012 年版，第 119—120 页。

④ 《党章知识辞典》编委会编：《党章知识辞典》，中共中央党校出版社 1996 年版，第 150 页。

对于新民主主义革命时期的、除党章之外的其他党内法规,有学者进行了相应的整理概括,其主要方面包括:其一,党的组织法规,共45部,如《中共中央执行委员会组织法》(1923年)、《组织问题决议案》(1927年)、《中央组织部关于改编后党及政治机关的组织决定》(1937年)、《中央关于革命军人入党办法的规定》(1948年)等。其二,党的宣传法规,共20部,如《宣传问题决议案》(1925年)、《中央关于宣传工作中请示与报告制度的规定》(1948年)等。其三,有关党员和党的干部的法规,共11部,如《中央关于大量发展党员的决议》(1938年)、《中共中央关于审查干部的决定》(1943年)等。其四,党的纪律的法规,共10部,如《政治纪律决议案》(1927年)、《中央巡视条例》(1931年)等。其五,党的军事法规,共19部,如《军政委员会条例》(1941年)、《中央军委关于统一全军组织及部队番号的规定》(1948年)等。其六,其他党内法规,共有19部,如《中央政治局关于巩固党的决定》(1939年)、《中央关于增强党性的决定》(1941年)等。①

总体而言,新民主主义革命时期的党内法规涵盖了党章、党纲、党的组织问题、宣传教育问题、党员和党的干部以及党的纪律性法规等各个方面,党内法规制度建设已经轮廓初现。但是,由于党所处的外部条件和立规技术等原因,党内法规仍处于形成阶段,"在立规方式上也主要是将党的纪律以规范形式体现出来,比较强调保密性、实效性和政治性,而其规范性、稳定性和长效性则有所不足"②。但是,这些不足需要置于中国革命的特定历史时期来观察,"实际上,这一时期的党内法规不仅为取得革命胜利做出了巨大贡献,而且为新中国成立后的党内法规建设提供了宝贵的经验和基础"③。

(二)中华人民共和国成立以来至改革开放前的党内法规

中华人民共和国成立后,中国共产党由革命党变成了执政党,党所承担的历史任务也由实现民族独立和人民解放转向了实现国家富强和人民富裕。在

① 有关新民主主义革命时期党内法规的类型及数目统计,主要参见王振民等:《中国共产党党内法规研究》,人民出版社2016年版,第22—27页。

② 周叶中:《关于中国共产党党内法规建设的思考》,《法学论坛》2011年第4期。

③ 周叶中:《关于中国共产党党内法规建设的思考》,《法学论坛》2011年第4期。

这一时期内，党内法规制度建设亦将服务于党领导全国各族人民建设新中国的历史重任。但是，其间由于党内政治生活等出现了不正常的状况，党内法规制度建设也经历了一个颇为曲折的发展阶段。

总体而言，在中华人民共和国成立至改革开放这一时间段内，1958 年党的八大、1969 年党的九大、1973 年党的十大、1977 年党的十一大共通过了四部党章。其中，八大党章较具代表性。首先，在体例上，八大党章继承了七大党章的优点，包括总纲，党员，党的组织机构和组织制度，党的中央组织，党的省、自治区、直辖市和自治州的组织，党的县、自治县、市的组织，党的基础组织，党的监察机关，党与共产主义青年团的关系，党外组织中的党组等 9 章 60 条。其次，在内容上，八大党章主要阐述了国内外矛盾的主要变化，强调了加强执政党建设，坚持民主集中制，对党员提出了更高的标准和要求等内容。八大党章是适应当时新的历史时期需要而制定的，是探索执政党建设规律的初步成果，为社会主义时期党的建设和发展指明了正确方向。①

在除党章外的其他党内法规方面，其类型包括党与政府关系，党的组织法规，党员和党的干部法规，党的纪律法规，党的宣传、教育法规，党的军事法规以及其他法规等方面。

总的来说，这一时期的党内法规呈现出了一个颇为曲折的发展过程，党内法规制度建设亦遭遇了一些困难，不少党内法规并没有发挥其效力，未能起到其应有的维护、调整党内秩序的作用。

（三）改革开放以来的党内法规

改革开放以后，党中央从思想上、政治上都强化了党内法规的重要作用，党内法规在党的建设中的地位得到了进一步提升，一些重要领域的党内法规得以制定，为改革开放提供了强有力的保障。邓小平同志从保障人民民主，加强社会主义法制的角度出发，深刻地揭示了党规党法对国法的实施保障作用，指出“国要有国法，党要有党规党法。党章是最根本的党规党法。没有党规

① 《党章知识辞典》编委会编：《党章知识辞典》，中共中央党校出版社 1996 年版，第 158 页。

党法,国法就很难保障”①。为使党的政治生活步入正轨,党的十一届五中全会制定通过了《关于党内政治生活的若干准则》,该准则直接从党规党法的角度作出了自我定位,强调“在新的历史时期,必须认真维护党规党法”,“《关于党内政治生活的若干准则》是党的重要法规”②。1990 年,出台了《中国共产党党内法规制定程序暂行条例》,该条例从规范角度对党内法规作出了定义。③ 从定义中不难看出,党内法规在内涵实质上已经有了很大的变化,其在制度理念上,除了纪律属性外,党内法规更多地凸显了一种具备现代法治规则要素的行为规范。此后党内法规制度建设也真正进入了一个全面发展的阶段。

在党章的制定方面,改革开放至今,党的全国代表大会通过了党的十二大党章(1982 年)、十三大党章(1987 年)、十四大党章(1992 年)、十五大党章(1997 年)、十六大党章(2002 年)、十七大党章(2007 年)、十八大党章以及现行党章——十九大党章(2017)。改革开放后,我们党确立了社会主义经济建设、政治建设、文化建设、社会建设、生态文明建设的中国特色社会主义总体布局。改革开放后历次党章的修订,实质也反映出了这一时期党内法规制度建设朝着中国特色社会主义伟大事业和党的建设这一伟大工程不断推向前进的过程。历次党章的修改制定,也是随着经济社会发展而不断完善的过程。正如党的第十九次全国代表大会秘书处负责人就党的十九大通过的《中国共产党章程(修正案)》答新华社记者问时所言,“党的十八大以来,习近平总书记在经济建设、政治建设、文化建设、社会建设、生态文明建设方面提出许多新理念新思想新战略。党章修正案吸收这些重大成果,对总纲原第十四至第十八自然段进行了充实和完善”,“党章修正案吸收习近平总书记全面从严治党思想和党的十八大以来党的建设实践创新成果,对总纲原第二十三至二十七自然段进行了适当修改”。④

---

① 《邓小平文选》第二卷,人民出版社 1994 年版,第 147 页。

② 《关于党内政治生活的若干准则》,1980 年 2 月 29 日。

③ 《中国共产党党内法规制定程序暂行条例》(1990 年 7 月 31 日)第二条规定:“党内法规是党的中央组织、中央各部门、中央军委总政治部和各省、自治区、直辖市党委制定的用以规范党组织工作、活动和党员行为的党内各类规章制度的总称。”

④ 《中国共产党第十九次全国代表大会秘书处负责人就十八大通过的〈中国共产党章程(修正案)〉答新华社记者问》,2017 年 10 月 18 日,见 http://news.xinhuanet.com/19cpcnc/2017-10/18/c_113714829.htm。

党的十八大以后,以习近平同志为核心的党中央推进全面从严治党、依规治党,明确指出:“新一届中央领导集体要定规矩,这是很重要的规矩①。没有规矩,不成方圆。从我们在座各位做起来,新人新办法。制定这方面的规矩,指导思想就是从严要求体现党要管党、从严治党。”②由此,党内法规制度建设进入了一个繁荣发展阶段,其内容也逐渐由一些重点、难点和关键点向着全面发展,逐步朝着党内法规制度的基本体系方向前进。2012 年 5 月,党中央通过了《党内法规制定条例》,该条例第二条明确了党内法规的制定主体包括党的中央组织以及中央纪律检查委员会、中央各部门和省、自治区、直辖市党委,即党内法规的制定主体包括了党的中央组织、中纪委和中央各部门、省级党委三类,党内法规的制定数量也越来越多。

目前,全党约有 2400 部党内法规,包括 170 多部中央党内法规、200 多部中央部委党内法规、2000 多部地方党内法规。党的十八大以来,党内法规制定工作驶入了快车道,共制定修订了 70 多部党内法规,超过现有中央党内法规总数的 40%。③ 党内法规制度调整的领域越来越广,党内法规制定的科学性、规范性也越来越高。有学者从“四梁八柱”的不同角度对十八大以来的党内法规制度建设作了简要梳理:其中,党章是党内法规制度体系的“拱顶石”,中央八项规定、《关于新形势下党内政治生活的若干准则》《中国共产党廉洁自律准则》以及《党内监督条例》是党内法规制度体系的四道“横梁”,“横梁”之下分立规规范、党的组织、廉洁自律、厉行节约、纪律处分、选拔任用、教育培训、监督巡视等八根“支柱”。④ 对党内法规“四梁八柱”的梳理,既“相互联系,一脉相承”,又“层层落实、层层推进、层层细化”,很好地反映了党的十八

---

① 此处指《十八届中央政治局关于改进工作作风、密切联系群众的八项规定》。

② 习近平:《在中央政治局会议上关于改进工作作风、密切联系群众的讲话》,2012 年 12 月 4 日。

③ 需要特别指出的是,本篇所引用的有关十八大以来党内法规制定情况的数据,以及下文将谈及的 2016 年中央及地方制定的党内法规的数据,除有其他引用说明的外,其数据来源主要参考中国行为法学会、中南大学共同编纂的《中国法治实施报告(2016)》(法律出版社 2017 年 3 月版)之第三篇,即由宋功德主笔的《2016 年党内法规制度建设专题报告》。下文在引及相关数据时不再一一说明。

④ 祝捷:《党内法规制度建设为全面从严治党“立柱架梁”》,2017 年 1 月 18 日,见 http://news.xinhuanet.com/politics/2017-01/18/c_129452040.htm。

大以来党内法规制度制定过程的基本情况。

此外,在党内法规制度建设的“改、废”层面,党的十八大以来也取得了较为丰厚的成果。中华人民共和国成立后特别是改革开放以来,我们党制定了大量党内法规和规范性文件,为规范党组织工作、活动和党员行为提供了重要的制度保障。但是,由于机制的不健全特别是缺乏党内法规清理机制,我们党在中华人民共和国成立后从未对党内法规进行过集中清理,使得党内法规十分庞杂,党内法规制度自身也出现了各种不适应甚至相矛盾等问题,十分不利于党和国家事业的发展。2012 年 6 月,党中央印发《中共中央办公厅关于开展党内法规和规范性文件清理工作的意见》,启动了党的历史上第一次党内法规和规范性文件的集中清理。

党内法规和规范性文件的清理工作主要分两个阶段实施:第一阶段(2012 年 7 月至 2013 年 9 月),主要清理 1978 年至 2012 年 6 月制定的党内法规和规范性文件;第二阶段(2013 年 10 月至 2014 年 12 月),清理中华人民共和国成立至 1977 年制定的党内法规和规范性文件。2013 年 7 月 9 日,中央发布《中共中央关于废止和宣布失效一批党内法规和规范性文件的决定》,完成第一阶段的清理工作。2014 年 10 月 24 日,《中共中央关于再废止和宣布失效一批党内法规和规范性文件的决定》发布,标志着第二阶段的清理任务结束,也标志着党的历史上第一次党内法规和规范性文件集中清理工作完满结束。

经过清理,第一阶段“有 300 件被废止和宣布失效,467 件继续有效,其中 42 件将作出修改”①。第二阶段清理“采取了废止、宣布失效、继续有效 3 种处理方式:废止 160 件,占清理文件总数的 38.9%;宣布失效 231 件,占清理文件总数的 56.2%;继续有效 20 件,占总数的 4.9%”②。

综合两个阶段的清理,“通过对新中国成立至 2012 年 6 月期间出台的 23000 多件中央文件进行全面筛查,共梳理出规范党组织工作、活动和党员行为的中央党内法规和规范性文件 1178 件。经过清理,废止 322 件,宣布

---

① 盛若蔚:《中共中央对党内法规制度进行集中清理决定废止和宣布失效一批党内法规和规范性文件》,《人民日报》2013 年 8 月 29 日。

② 盛若蔚:《中央党内法规制度完成全面“体检”》,《人民日报》2014 年 11 月 18 日。

失效369件,二者共占58.7%;继续有效的487件,其中42件需适时进行修改”①。

党内法规和规范性文件的清理工作使党的各方面的制度得到了一次全面的梳理,明确了大量党内法规和规范性文件的效力问题,为党内法规制度建设,为全面从严治党、依规治党提供了极为重要的制度保证。

(四)2016年党内法规制度制定的基本情况

2016年是党内法规制度建设承前启后、继往开来的一年。一批重要的党内法规制度得以制定,有关党内法规制度建设的工作全面铺开。《党内法规制度建设意见》明确提出了到建党100周年时要形成比较完善的党内法制度体系,并且明确了“1+4”为基本框架的党内法规制度体系。

事实上,对于党内法规制度体系或基本分类,在理论界一直有学者进行研究,并作出了相当有益的探索。有学者曾对此作出过总结:对党内法规的分类,有的是以党章的章节名称作为分类标准,例如由中央办公厅法规室、中央纪委法规室、中央组织部编辑的《中国共产党党内法规选编》(以下简称《党内法规选编》)(1978—1996)、(1996—2000)、(2001—2007),即是按照党章的体例编排;有的从功能角度划分,认为党内法规体系由党章、党内组织法规、党的行为法规、党内程序法规、党内监督法规、党内法规制定的法规组成;有的以党务活动为标准,将党内法规体系分为党章、党员权利义务法规、党内组织法规、党务管理法规、党纪检查法规等;有的以党内法规名称和效力为划分标准,将党内法规分为章程、准则、条例、规则、规定、办法、细则七类;还有的学者借鉴国家法律的分类标准;等等。②

总体而言,对党内法规的分类是一个根据实践不断发展的过程,而对党内法规进行分类的目的,在很大程度上是为了更好地进行党内法规制度建设的相关工作。《中国共产党党内法规选编》(2007—2012)在体例编排上较之其前三册有较大的变化,而这些变化也许正反映了党内法规重新分类的原因,正

---

① 盛若蔚:《中央党内法规制度完成全面“体检”》,《人民日报》2014年11月18日。

② 李忠:《党内法规建设研究》,中国社会科学出版社2015年版,第16—18页。

如该选编在编辑说明中所指出的那样,《党内法规选编》(2007—2012)“收录的党内法规和规范性文件,按照党的建设的总体布局分类,分为党章及相关法规制度、党的领导和党的工作、思想建设、组织建设、作风建设、反腐倡廉建设、党的机关工作七大类”。因此可以说,对党内法规制度的基本分类是一个根据实践需要不断发展的过程,需要以发展的目光看待党内法规在其建设过程中的变化发展。

在新形势下,随着党内法规制度建设的不断深入,有关党内法规的分类同样有了进一步的发展变化。根据党内法规制度建设工作的需要,为服务党的建设的总体布局,党内法规划分为了“1+4”的基本制度体系,这对新形势下党内法规制度建设有着重要的意义。

2016年的党内法规制度建设,在规范的制定上,一批基础主干的中央党内法规得以制定出台。根据宋功德在《中国法治实施报告(2016)》一书中的统计:2016年,党中央及中央纪委、中央各部门和省(自治区、直辖市)党委共制定出台444件党内法规,其中,中央党内法规25件,部委党内法规8件,地方党内法规411件。

单从数量上看,2016年平均每月就约有2部中央党内法规出台,部委所出台的党内法规也接近中央所制定党内法规的三分之一。全国有着30余个省区市,其党委所制定的党内法规数量当然是最多。《党内法规制度建设意见》中亦明确指出,要积极推进本系统和本地区党内法规制度建设。对中央党内法规制度明确要求配套的,要及时制定细化具体、针对性和可操作性强的法规制度。对中央党内法规制度暂未明确规定的,可在符合中央精神的前提下,按照职责权限积极探索、先行先试。因此,无论是2016年党内法规制度的制定,抑或是未来党内法规制度建设,地方党内法规制度建设始终有着重要地位。

从内容上看,2016年党内法规制度制定基本围绕着党的组织法规制度、党的领导法规制度、党的自身建设法规制度以及党的监督保障法规制度几个板块进行,且每一板块都有着基础主干的党内法规,为该领域党内法规制度建设提供了良好的制度基础。

二、2016 年党的组织法规制度

在党的组织法规方面，2016 年中央和地方共出台制定 31 件党内法规。党的组织法规着重规范、解决党的各级各类党组织的产生、职责等问题，以夯实管党治党、治国理政的组织制度基础。《党内法规制度建设意见》对党的组织法规建设提出了要求，明确完善党的组织法规制度，要研究制定党的中央委员会工作条例、党的纪律检查委员会工作条例，健全党的基层组织工作等方面的法规制度。

2016 年党的组织法规建设中，较具代表性的是《中国共产党工作机关条例（试行）》（以下简称《工作机关条例》）。2016 年 11 月，中共中央审议通过了《工作机关条例》，并于 2017 年 4 月印发通知，要求各地区各部门认真遵照执行。印发通知对党的工作机关的性质和作用予以了明确，“党的工作机关是党实施政治、思想和组织领导的政治机关，是党落实中央和地方各级党委决策部署，实施党的领导、加强党的建设、推进党的事业的执行机关，在革命、建设、改革各个时期都发挥了重要作用”。同时，印发通知明确指出：“《工作机关条例》是规范党的工作机关设立、职责和运行的基础主干党内法规，是继党组工作条例、地方党委工作条例之后，加强党的组织制度建设的又一重要成果，对夯实党执政治国的组织制度基础，推进国家治理体系和治理能力现代化，提高党的领导水平和执政水平具有重要意义。”①

印发通知从性质、作用以及在党的组织建设中的重要地位对《工作机关条例》予以说明。在新形势下，我们党的组织建设是全面从严治党、依规治党的重要保证，是推进中国特色社会主义法治体系的重要组织基础。加强规范党的工作机关工作，是捋顺党的工作机关权力关系的重要基础。在实践中，党的机关工作职能不明晰、分类不科学等问题会直接影响党的工作机关的工作效率。《工作机关条例》在继承优良传统和宝贵经验的基础上，“对党的工作

① 《中共中央印发〈中国共产党工作机关条例（试行）〉》，2017 年 4 月 12 日，见 http://politics.people.com.cn/n1/2017/0412/c1001-29206481.html。

机关进行了科学的分类,对党的工作机关的设立、领导机构、议事决策等作出了系统规定……对提高党的领导水平和执政能力具有重要意义”①。

在具体体例内容上,《工作机关条例》共分为总则、设立、职责、决策与执行、监督与追责以及附则六章,共30条。其中,总则第二条规定了党的工作机关的性质;第三条规定了《工作机关条例》的适用范围是中央和地方的党的工作机关。此外,在职责一章中,《工作机关条例》第十条明确了“党的工作机关应当职责明确、权责一致”的原则;第十一条列举了党的工作机关的具体职责;第十二条、第十三条、第十四条、第十五条分别对党委办公厅(室)、党委职能部门、党委办事机构、党委派出机关的工作职责作出了具体规定。实际上,自党的十八大以来,明确职责、落实责任是新形势下推进全面从严治党的重要形式,党的工作机关职责的明确落实,对加强党的工作机关各司其职、相互配合、协调一致有着重要的意义。

三、2016年党的领导法规制度

党的领导法规主要是为加强和改进党对各方面工作的领导,为党发挥总揽全局、协调各方领导核心作用提供重要的制度保证。《党内法规制度建设》要求党的领导法规制度建设,要加强研究制定党的宣传工作、群团工作、人才工作、政法工作、外事工作等方面的条例。同时要加强制定有关党对军队领导方面的党内法规。

2016年,中央和地方共制定出台了105件有关党的领导方面的党内法规。包括《党政主要负责人履行推进法治建设第一责任人职责规定》(2016年11月)、《健全落实社会治安综合治理领导责任制规定》(2016年2月)、《信访工作责任制实施办法》(2016年10月)、《行政执法类公务员管理规定(试行)》(2016年7月)、《专业技术类公务员管理规定(试行)》(2016年7月)、《公务员考试录用违纪违规行为处理办法》(2016年9月)、《脱贫攻坚责任制

① 《中共中央政治局召开会议审议规范党和国家领导人有关待遇等文件和〈中国共产党工作机关条例(试行)〉〈关于县以上党和国家机关党员领导干部民主生活会的若干规定〉》,《人民日报》2016年12月1日。

实施办法》(2016年10月),等等。

在上述有关党的领导法规中,一个较为明显的特点在于这类党内法规多是以党政联合发文的形式予以印发。2016年1月7日,习近平总书记在听取全国人大常委会党组工作汇报时曾指出:“党政军民学,东西南北中,党是领导一切的。”①党在领导国家社会发展过程中,很多有关党的政策、主张等需要通过党政联合发文法规的形式予以发布。对于党政联合发文现象,尽管党的领导和国家机关的领导在主体、范围和对象上有区别,但是党领导国家和社会开展工作,两者的规定主体对象或事项有的时候是衔接的,有的时候是重合的。② 因此,党和国家机关会就一些衔接或者重合的领域联合制定发布相关规范性文件,其目的是“为了高效地解决政治、经济和社会事务中的法治问题”③。

对于党政联合发文性质的问题,从联合发文的主体看,其包括了党的机关和政府机关,那么其制定的文件当然同时属于党和政府的规范性文件。有学者指出:“如果是党政联合发文,那么该文件既属于政府制定的行政规范或规章,同时也属于党组织制定的党内法规或规范性文件,本身就具有双重性质。”④而对于党政联合发文的文件,其遵守的主体实则包含了党组织、党员和国家机关中的非党员。在实践中,党政联合发文的党内法规往往会给人以错觉,认为党内法规的调整范围涉及非党组织和非党员。事实上,基于上述党政联合发文所具有的党、政性质,非党员或非党内组织对党政联合发文文件的遵守实际上是基于对“政”方面性质文件的遵守。这时党内法规对非党组织和非党员的影响更多的是一种政治的影响而并非严格意义上的法律的影响。而这种影响恰恰是党在国家生活中领导地位的具体体现,也是党的领导方面法规所具有的一个较为鲜明的特点。

在2016年党的诸多领导法规中,以下几个党内法规较具有代表性。

第一,《党政主要负责人履行推进法治建设第一责任人职责规定》(以下

---

① 《习近平与人大的6个故事》,2016年3月10日,见 http://news.xinhuanet.com/politics/2016lh/2016-03/10/c_128789185.htm。

② 何家弘主编:《法学家茶座41辑》,山东人民出版社2014年版,第40页。

③ 何家弘主编:《法学家茶座41辑》,山东人民出版社2014年版,第40页。

④ 王振民等:《中国共产党党内法规研究》,人民出版社2016年版,第180页。

简称《第一责任人职责规定》)。《第一责任人职责规定》由中共中央办公厅、国务院办公厅联合印发,要求各地区各部门遵照执行。《第一责任人职责规定》全文共12条,其适用范围为“县级以上地方党委和政府主要负责人”。在具体职责上,《第一责任人职责规定》明确“党政主要负责人作为推进法治建设第一责任人”,其职责是“应当切实履行依法治国重要组织者、推动者和实践者的职责,贯彻落实党中央关于法治建设的重大决策部署,统筹推进科学立法、严格执法、公正司法、全民守法,自觉运用法治思维和法治方式深化改革、推进发展、化解矛盾、维护稳定”,同时,对“法治建设的重要工作亲自部署、重大问题亲自过问、重点环节亲自协调、重要任务亲自督办”①。在责任承担上,如果“党政主要负责人不履行或者不正确履行推进法治建设第一责任人职责的”,要依照《中国共产党问责条例》等有关党内法规和国家法律予以问责。

第二,《健全落实社会治安综合治理领导责任制规定》(以下简称《社会治安领导责任规定》)。《社会治安领导责任规定》同样是由中共中央办公厅、国务院办公厅联合印发,其目的在于“深入推进社会治安综合治理,健全落实领导责任制”,其适用范围包括各级党的机关、人大机关、行政机关、政协机关、审判机关、检察机关及其领导班子、领导干部。此外,人民团体、事业单位、国有企业及其领导班子、领导干部、领导人员要“参照执行本规定”。在具体的责任督导和追究上,《社会治安领导责任规定》第二十条列举了应当进行责任督导和追究的六种情形。对党政领导班子、领导干部进行责任督导和追究的方式主要有:通报、约谈、挂牌督办、实施一票否决权制、引咎辞职、责令辞职、免职等。此外,如果涉及违纪违法应当承担责任的,要给予党纪政纪处分;构成犯罪的还要依法追究刑事责任。

第三,《信访工作责任制实施办法》。该办法由中共中央办公厅、国务院办公厅联合印发,全文共5章19条。该办法制定之目的在于进一步落实各级党政机关及其领导干部、工作人员信访工作责任,从源头上预防和减少信访问题发生,推动信访问题及时就地解决,以维护群众合法权益,促进社会和谐稳定。该办法的适用范围包括党的机关、人大机关、行政机关、政协机关、审判

① 《党政主要负责人履行推进法治建设第一责任人职责规定》第四条,2016年11月。

机关、检察机关以及各级党政机关派出机构、直属事业单位以及工会、共青团、妇联等人民团体。在责任内容上，该办法明确要求各级党政机关要将信访工作列入议事日程，明确地方各级党委和政府在预防和处理本地区信访问题中负有主体责任。在责任追究方面，该办法第十一条列举了六种具体情形。在具体追究方式上，主要有通报、诫勉、组织调整或组织处理、纪律处分等。

第四，《行政执法类公务员管理规定（试行）》。该规定由中共中央办公厅、国务院办公厅联合印发，共 6 章 32 条。该规定之制定目的是为了完善公务员职位分类，建立符合行政执法类公务员特点的管理制度，提供管理效能和科学化水平，建设高素质公务员队伍。在对行政执法类公务员的总体管理上，中央公务员主管部门负责全国行政执法类公务员的综合管理工作；县级以上地方各级公务员主管部门负责本辖区内行政执法类公务员的综合管理工作；上级对下级公务员主管部门进行管理；各级公务员主管部门指导同级机关的行政执法类公务员的管理工作。在对行政执法公务员的监督方面，该规定明确了行政执法责任制，对违反相关规定的，其具体追责方式有批评教育、组织处理或纪律处分；对构成犯罪的，要依法追究刑事责任。

四、2016 年党的自身建设法规制度

党的自身建设法规着眼于加强党的思想建设、组织建设、作风建设、反腐倡廉建设等内容，目的在于增强党的创造力、凝聚力和战斗力，保持党的先进性和纯洁性。《党内法规制度建设意见》要求完善党的自身建设法规，完善《关于新形势下党内政治生活的若干准则》的配套法规制度，在维护全党思想统一和密切党同人民群众血肉联系方面分别研究制定相关法规，完善作风建设、反腐倡廉建设等方面的法规制度。

2016 年，中央和地方共制定出台 138 件有关党自身建设的党内法规。主要包括《关于新形势下党内政治生活的若干准则》（2016 年 10 月）、《县以上党和国家机关党员领导干部民主生活会若干规定》（以下简称《民主生活会规定》）（2016 年 12 月）以及规范党和国家领导人有关待遇等文件。

有关党的自身建设方面的法规是党内法规制度建设中的重要内容。在长期的实践中,党内的政治生活也出现了一些亟待解决的突出矛盾和问题,比如理想信念不坚定、对党不忠诚、“四风”问题、贪污受贿、腐化堕落、违法乱纪等。“这些问题严重侵蚀党的思想道德基础,严重破坏党的团结统一,严重损害党内政治生态和党的形象,严重影响党和人民事业发展”,“要解决党内存在的一些突出矛盾和问题,必须把党的思想政治建设摆在首位,营造风清气正的政治生态”①。因此,无论是《党内政治生活准则》还是《民主生活会规定》抑或是其他规范党和国家领导人有关待遇的文件,都有着营造党内风清气正的政治生态的要求,都是党自身建设里的重要党内法规,对党内法规制度建设有着重要的意义和作用。具体而言,这个问题包括如下方面:

第一,《党内政治生活准则》,该准则由十八届中央委员会第六次全体会议通过,全文约 13600 字,分 3 大板块、12 个部分。对于准则的体例结构及内容介绍,习近平总书记作出了清晰的论述:

“第一板块是序言,属于总论,阐述党内政治生活的重大作用和历史经验、存在的突出问题、面临的形势任务以及新形势下加强和规范党内政治生活的重要性和紧迫性,提出加强和规范党内政治生活的目标要求。

第二板块是分论,是主体部分,围绕坚定理想信念、坚持党的基本路线、坚决维护党中央权威、严明党的政治纪律、保持党同人民群众的血肉联系、坚持民主集中制原则、发扬党内民主和保障党员权利、坚持正确选人用人导向、严格党的组织生活制度、开展批评和自我批评、加强对权力运行的制约和监督、保持清正廉洁的政治本色 12 个方面分别提出明确要求、作出具体规定。

第三板块是结束语,主要讲加强组织领导和督促检查、高级干部带头示范,确保各项任务落到实处。”②

实际上,相对于 1980 年制定的《关于党内政治生活的若干准则》,新的《党内政治生活准则》是对原准则的一脉相承,“我们制定和颁布新准则,不是

① 习近平:《关于〈关于新形势下党内政治生活的若干准则〉和〈中国共产党党内监督条例〉的说明》,2016 年 11 月 2 日。

② 习近平:《关于〈关于新形势下党内政治生活的若干准则〉和〈中国共产党党内监督条例〉的说明》,2016 年 11 月 2 日。

要代替1980年准则,而是要在坚持其主要原则和规定的基础上,针对新情况新问题作出规定”①。

第二,2016年11月,中共中央政治局审议通过了《民主生活会规定》。《民主生活会规定》共22条,是对1990年《关于县以上党和国家机关党员领导干部民主生活会的若干规定》的全面修订。民主生活会是党内政治生活的重要内容,是党的组织生活基本制度。党的民主生活会制度有着悠久的历史传统,是党在以往的革命和实践中形成的优良作风,是以批评和自我批评为主旨的组织制度,对发挥党员自我监督有着重要的意义和作用。《民主生活会规定》根据新时期从严治党的特点,对民主生活会的制度机制进行了修订。例如,该规定第九条和第十条分别明确了民主生活会会前的4个步骤和会上的4个程序,使民主生活会在程序机制上有了明确要求;第十八条规定了民主生活会的责任追究机制,将执行民主生活会的制度情况,纳入领导班子及其成员履行全面从严治党责任考核内容,并作为考核评价领导班子的重要依据。

第三,规范党和国家领导人有关待遇等文件。中共中央政治局于2016年11月30日召开会议,审议通过了规范党和国家领导人有关待遇等文件。由于相关文件尚处于保密状态,本篇主要就该会议相关精神予以简要阐述。具体而言,该次会议认为,对党和国家领导人办公用房、住房、用车、交通、工作人员配备、休假休息等待遇进一步作出规定,明确提出党和国家领导人退下来要及时腾退办公用房,不能超标。同时,会议对配备车辆、配备工作人员等作出了严格规定。② 有关规范党和国家领导人待遇等文件,实际上是贯彻落实全面从严治党的重要举措,是严格遵守中央八项规定精神的具体体现,是我们党作风建设的重要内容,充分说明以习近平同志为核心的党中央坚持以身作则、率先垂范,对全党具有重要的示范作用。

---

① 习近平:《关于〈关于新形势下党内政治生活的若干准则〉和〈中国共产党党内监督条例〉的说明》,2016年11月2日。

② 《中共中央政治局召开会议审议规范党和国家领导人有关待遇等文件和〈中国共产党工作机关条例(试行)〉〈关于县以上党和国家机关党员领导干部民主生活会的若干规定〉》,《人民日报》2016年12月1日。

五、2016年党的监督保障法规制度

党的监督保障法规制度主要是切实规范党组织工作、活动和党员行为的监督、考核、奖惩、保障等，以确保党内法规制度能得以顺利实施，保证党和人民赋予的权力得以正确行使。《党内法规制度建设意见》要求进一步巩固和完善党内监督、巡视、问责、党纪处分等方面法规制度的建设成果，进一步健全容错纠错机制，完善机关运行保障等方面的法规制度。

2016年，中央和地方共同制定出台了170件有关党的监督保障方面的党内法规。较具代表性的有《党内监督条例》《中国共产党问责条例》（以下简称《问责条例》）《生态文明建设目标评价考核办法》（以下简称《生态文明考核办法》）《省级党委和政府扶贫开发工作成绩考核办法》（以下简称《扶贫考核办法》）。

第一，《党内监督条例》。2016年10月，党的十八届六中全会审议通过了《党内监督条例》，该条例是对2003年颁布的《中国共产党党内监督条例（试行）》的全面修订，共8章47条，分3大板块。其中，第一章总则是第一板块，主要明确了立规目的和依据，阐述党内监督指导思想、基本原则等基本问题。第二章至第五章是第二板块，是条例的主体部分，分别就党的中央组织、党委（党组）、党的纪律检查委员会、基层党组织和党员这四类监督主体的监督职责以及相应的监督制度作出了规定。

可以说，党内监督在全面从严治党过程中有着极为重要的地位。党的执政地位，决定了党内监督在党和国家各种监督形式中是最基本的、第一位的。《党内监督条例》紧紧围绕全面从严治党的主体，充分反映了十八大以来党中央全面从严治党的新经验新成果，并结合从严治党新的实践提出了一系列新的观点与举措，为新形势下加强党内监督提供了根本遵循。

第二，《问责条例》。2016年8月，中共中央印发《问责条例》，《问责条例》的出台使我们党有了首部有关问责的基础性法规。《问责条例》共13条，突出了管党治党政治责任，聚焦“关键少数”，明确规定了问责对象、问责情形、问责方式、问责主体，着力解决了党组织和党员领导干部存在的党的领导弱化、党的建设缺失、组织涣散等问题。王岐山同志指出，“动员千遍不如问

责一次”,“一个案例胜过一打纲领,实践中勇于担当是第一位的”①。

第三,《生态文明考核办法》。2016 年 12 月,中共中央办公厅、国务院办公厅联合印发了《生态文明考核办法》,该办法共 6 章 21 条,对生态文明建设目标评价的考核方式、主体、对象、内容、时间及结果应用、组织协调、能力保障等作出了全面的规定。根据《生态文明考核办法》,其主要采取了“年度评价”与“五年评价”相结合的考核方式,而年度评价按照绿色发展指标体系实施,主要评估各地区资源利用状况、环境的治理与质量等方面的内容。总的来说,《生态文明考核办法》建立了生态文明建设目标指标,并将其纳入党政领导干部考核评价体系,使生态责任的落实状况成为政绩的考核要素之一,这为我国生态文明建设提供了重要的制度基础。

第四,《扶贫考核办法》。2016 年 2 月,中共中央办公厅、国务院办公厅联合印发了《扶贫考核办法》,该办法共 12 条,其制定目的在于确保到 2020 年现行标准下农村贫困人口实现脱贫,贫困县全部摘帽,解决区域性整体贫困。《扶贫考核办法》的适用范围是中西部 22 个省(自治区、直辖市)党委和政府扶贫开发工作成效的考核。有关考核的具体内容,其主要包括减贫成效、精准识别、精准帮扶以及扶贫资金四个方面。此外,《扶贫考核办法》明确了考核的时间和具体步骤。总体而言,《扶贫考核办法》的出台,为我国全面建成小康社会、实现“四个全面”战略布局提供了重要的制度基础。

---

① 王岐山:《用担当的行动诠释对党和人民的忠诚》,2016 年 7 月 19 日,见 http://www.ccdi.gov.cn/special/gcdwztl/tt_gcdwztl/201607/t20160719_83789.html。

第三部分　效果篇

党的十九大报告指出，十八大以来的五年，全面从严治党成效卓著。全面加强党的领导和党的建设，坚决改变管党治党宽松软状况。推动全党尊崇党章，增强政治意识、大局意识、核心意识、看齐意识，坚决维护党中央权威和集中统一领导，严明党的政治纪律和政治规矩，层层落实管党治党政治责任。坚持照镜子、正衣冠、洗洗澡、治治病的要求，开展党的群众路线教育实践活动和"三严三实"专题教育，推进"两学一做"学习教育常态化制度化，全党理想信念更加坚定、党性更加坚强。贯彻新时期好干部标准，选人用人状况和风气明显好转。党的建设制度改革深入推进，党内法规制度体系不断完善。把纪律挺在前面，着力解决人民群众反映最强烈、对党的执政基础威胁最大的突出问题。出台中央八项规定，严厉整治形式主义、官僚主义、享乐主义和奢靡之风，坚决反对特权。巡视利剑作用彰显，实现中央和省级党委巡视全覆盖。坚持反腐败无禁区、全覆盖、零容忍，坚定不移"打虎""拍蝇""猎狐"，不敢腐的目标初步实现，不能腐的笼子越扎越牢，不想腐的堤坝正在构筑，反腐败斗争压倒性态势已经形成并巩固发展。

我们党历来重视党内法规制度建设，尤其是党的十八大以来，党内法规制度建设提高到了前所未有的高度，以习近平同志为核心的党中央创造性地提出了坚持依法治国与制度治党、依规治党统筹推进、一体建设，采取了一系列有效措施推进党内法规制度建设。

2016 年 1 月，在十八届中央纪委六次全会上，习近平强调，反腐败斗争压倒性态势正在形成。2017 年 1 月，在十八届中央纪委七次全会上，习近平强调，腐败蔓延势头得到有效遏制，反腐败斗争压倒性态势已经形成，不敢腐的目标初步实现。由此可见,2016 年整整一年,就是从“反腐败斗争压倒性态势正在形成”到“反腐败斗争压倒性态势已经形成”的关键一年。2016 年是党内法规制度建设令人瞩目的一年。这一年,党内法规制度建设取得了一系列新的重大进展,不仅在制度建设方面取得了重大的突破,而且在党内法规实施上也取得重大进展,收到良好的政治效果、社会效果,赢得国内外媒体的一致点赞,是党的历史上党内法规制度建设最好最快的时期之一。

2016 年党内法规建设取得的成效主要表现在如下五个方面:第一,进一步完善了以党章为核心的党内法规制度体系;第二,由侧重惩治、侧重治标向惩防并举、注重预防转变;第三,日益尊重和保障党员的民主权利;第四,由侧重制定向立改废并举;第五,立规技术日益提高,由过去“数量型立规”向“质量型立规”转变,出台了几部高质量的党内法规。党内法规建设基本实现了从“点”上体系性建设到“线”上体系性建设,再到“面”上体系性建设①,由微观层面到中观层面再到宏观层面。②因此,无论是党内法规数量和质量上,还是党内法规制度体系结构上,还是立规技术和实施层面上,党内法规制度建设在各个方面都可谓是成效显著。

为了充分展现 2016 年党内法规制度建设所取得的一系列成效,我们在本部分对 2016 年党内法规实施的总体特点作出归纳,对党内法规实施的高频热点进行回顾,以及对党内法规实施的媒体评价进行梳理,并在下一个部分以案例篇的形式对党内法规实施的典型案例进行评析。

---

① 党内法规“点”上体系性建设主要针对为解决或规范某一问题或某种行为的单项法规而言,比如民主生活会、干部问责、职务任期等方面的法规。党内法规“线”上体系性建设主要针对解决不同问题、规范不同行为的多项法规而言,主干法规完备、法规之间相互支撑、法规之间互不抵触是其基本要求。党内法规“面”上体系性建设是为了实现党内法规与国家法律之间相互协调。参见杨云成、张希贤:《构建党内法规体系的三项任务》,《理论探索》2015 年第 1 期。

② 科学的党内法规制度体系,是提高党内法规制度体系执行力的基本前提。科学的党内制度体系至少包含三个层次的内容:第一个层次是微观层面,即党内制度在内容方面是相互协调的;第二个层次是中观层面,即各项党内制度体系在程序方面是严密的,可以衔接成统一的制度体系;第三个层次是宏观层面,即党内制度的各项配套制度是完备的,可以与国家的各项法律、法规以及规章制度彼此协调。邵从清:《论提高党内法规制度体系执行力》,《山东社会科学》2016 年第 12 期。

一、2016年党内法规实施效果的总体特点

从实施效果的角度看,2016年党内法规的实施体现出一些总体特点,可以概括为"利""全""严""实"。全面从严治党,完善党内法规制度建设和实施,"利"是力度和质量的规定性,"全"是时间和空间的规定性,"严"是关键,"实"是最终的落脚点。

(一)"利器"之"利"

治国必先治党,治党务必从严,"工欲善其事,必先利其器",从严治党需要利器出击。党内法规就是管党治党的利器,而这些利器不是孤立零散的,而是形成党内法规的制度体系,可谓"工具箱""武器库"。2016年是党内法规利器锋芒不断磨砺,出鞘亮剑,不断在实战中得到检验的一年。

1.科学规划,统筹推进

利器之"利"来自在方法上的科学性。党内法规制度建设是一项复杂而艰巨的事业,离不开科学方法的指导。党内法规制度建设之所以能够取得卓著成效,首先是方法论层面上坚持了辩证统一的科学方法:一是坚持顶层设计、系统谋划与摸着石头过河相统一;二是坚持继承传统与开拓创新相统一;三是坚持整体推进与重点突破相统一;四是坚持目标导向与问题导向相统一;五是坚持制度建设与督促落实相统一。党内法规制度建设坚持了马克思主义唯物辩证法,注重科学的方法,遵循客观规律,符合客观实际,必然能够克敌制胜,管党有方,治党有力。

有了科学的方法,还需要不断检验和完善。实践探索在前,总结提炼在后,党内法规制度建设的观念在与时俱进,党中央对于党内法规建设的规律性认识也在不断深化。党中央已经超越了原来所依赖的"问题—回应"机制,转向"将党内法规建设视为一个包含着多重维度和多个阶段的调整对象,为党内法规建设定义了理想状态,并以此目标为指引,逐步构建完善具体性保障制度"①。

---

① 侯嘉斌:《改革开放以来党内法规建设思路与经验》,《人民法治》2017年第2期。

《中国共产党党内法规制定条例》规定,党内法规应当统筹进行,科学编制党内法规制定工作五年规划和年度计划,突出重点、整体推进,逐步构建内容协调、程序严密、配套完备、有效管用的党内法规制度体系。以此为目标,党的十八大以来,到2016年逐步构建出了较为完善的党内法规制度体系。这是我们党在方法上与时俱进取得的突出成就,也是在坚持科学方法的指导下党内法规制度建设取得的重大突破。

2. 对症下药,精准出击

所谓"利器"意指其能够针对党的政治建设、思想建设、组织建设、作风建设、制度建设、纪律建设中存在的问题,把准经脉,弄清症结,对症下药,力求药到病除;直指党内存在的制度性的、体制性的障碍,突出重围,突破瓶颈,精准出击,力争各个击破。治病是祛除身体上的疾病,维持身体健康的活动。组织也可能患病,给党组织治病,就得坚持"惩前毖后、治病救人"的方针,区别情况、对症下药,对作风方面存在问题的党员、干部进行教育提醒,对问题严重的进行查处,对不正之风和突出问题进行专项治理。党内法规制度建设是医治党员和党组织顽疾的良药。①

马克思说过,问题就是时代的口号。一个先进的政党,总是善于找准时代的口号,解决时代提出的问题。当前时代的要求就是加强和完善党的建设,我们党正是把握住了这一时代的口号,善于找到自身的问题,不断完善和提升自己。我们党具有强烈的问题意识,坚持以问题为导向,切中管党治党问题的关键。党内法规制度建设,就是坚持问题导向,直指要害。突出问题导向,是习近平总书记治国理政的重要方法论,也是全面从严治党的内在要求。这一方法和要求充分体现在党内法规的制定和修改中,瞄着问题来、对着问题去,法规制度得以有的放矢、精准施策。党的十八大以来,为应对全面从严治党实践过程中出现的新情况、新问题,党中央通过制定相应的党内法规来定新标准、做新规范、谋更长远的战略。每一部党内法规的出台,都是我们党适应全面从严治党新形势新任务的需要,体现了党的问题导向意识和执政理念的变

① 《习近平在党的群众路线教育实践活动第一批总结暨第二批部署会议上发表重要讲话》,2014年1月20日,见 http://news.xinhuanet.com/politics/2014-01/20/c_119051500.htm。

化,即对着病症去抓药,对着薄弱环节去亮剑。党内法规制度的建设和完善,善于抓住主要矛盾,直指突出问题,不求大求全,成熟一个出台一个,避免空对空,法规制度得以务实、有效、管用,具有很强的现实针对性和生命力。

3. 制度治本,固本培元

利器之“利”不仅体现在党内法规制度方法的科学性、出台的及时性和准确性上,更体现在中央注重制度设计,从制度上解决问题。党内法规制度建设作为一个大局,没有采取一时之策,“头痛医头,脚痛医脚”,而是作长远打算,标本兼治,固本培元,这也是坚持问题导向必然的逻辑延伸。习近平总书记指出,法规制度带有根本性、全局性、稳定性、长期性①。问题导向重点突出注重实效的制度安排,按照“发现问题—处理问题—防范问题”的思路,不仅致力于发现和解决问题,更强调以制度化措施形成“问题倒逼机制”,通过危机和问题的出现,借力于问题的解决,谋求更长远地防范问题,从制度根本上消灭问题。

制度具有持久性,可以避免“运动式”治理的弊端。“搞运动”和“一阵风”,不仅会助长“敷衍了事”的不良心理,问题往往在风声过后便又卷土重来、变本加厉。“运动式”治理往往会陷入治理怪圈,是管党治党最大的忌讳。从制度上解决,才是最彻底的解决。制度建设没有终极版,只有进行时,因而管党治党,必须从制度上解决腐败和党内存在的其他问题。

制度具有联动性,党内法规由此形成一个紧密的网络系统。一个个具体的准则、条例、规则、规定、办法、细则并不是真正的制度,这些只能算作是形成制度的要素。制度是这些要素之间的有机联结,形成的网络系统。② 党内法规制度建设,不单单是立多少法规、定多少规矩,而是要使这些法规和规矩之间形成联动机制发挥联动效力。

制度具有治本性,依靠制度才能标本兼治。全面从严治党,加强党内法规制度建设必须坚持与深化标本兼治。习近平总书记指出:“铲除不良作风和

---

① 《习近平:加强反腐倡廉法规制度建设让法规制度的力量充分释放》,2015 年 6 月 27 日,见 http://news.xinhuanet.com/politics/2015-06/27/c_1115742379.htm。

② 参见王长江:《我们缺乏的不是条例,而是具有联动作用的制度体系》,2011 年 5 月 9 日,见 http://theory.people.com.cn/GB/11590192.html。

腐败现象滋生蔓延的土壤，根本上要靠法规制度。”党内法规制度建设属于“治本”的范畴，对于深化全面从严治党，促进不敢腐、不能腐、不想腐，具有不可或缺、不可替代的重要作用。① 党内法规制度就是要将思想转化为行动，把理念变成现实，把制度变为保障。光靠思想、信念、教育是不够的，也是不全面的，最管用、最可靠的还是制度与思想相辅相成，统一运行。

2015 年被称为反腐之后的改革元年，是一系列落地有声的制度开始建设的起点。2016 年制度治党的优势全面显现，制度的长久性、联动性和治本性得到实践的检验。因此可以说，2016 年是中国全面深化改革、全面从严治党、党内法规制度建设的关键之年，是制度完善之年，是制度得到切实贯彻执行之年，也是制度建设决胜之年。

4. 刚性约束，严格执纪

利器之“利”更体现在相比于以往的柔性约束，党内法规制度如今是更具强制性的刚性约束，而且随着依规治党的逐步推进，党内法规制度执行力度的不断加强，制度的刚性约束力量也在不断强化。

党内法规是对党员的硬性约束和刚性要求。“严明党的纪律，使纪律不流于形式，防止纪律变成一个很松、很软的东西，真正强化刚性约束。”②党内法规都是“带电的高压线”，而不是“橡皮泥”“纸老虎”“稻草人”。习近平总书记对此作出明确指示：“坚决维护制度的严肃性和权威性，坚决纠正有令不行、有禁不止的各种行为。”③几个“坚决”连用，表明了党内法规的刚性约束和执行党内法规的坚决立场。

党的十八届六中全会把严明党的政治纪律摆在突出位置，作为全党统一意志、统一行动、步调一致的重要保障，推动管党治党不断从“宽松软”走向“严紧硬”。《关于新形势下党内政治生活的若干准则》提出的“一个必须”“一个要”“两个坚决”，明确了党的各级组织必须担负起执行和维护政治纪律和政治规矩的责任，坚决同一切违反党的纪律的行为作斗争，对违反政治纪律

① 邓联繁：《全面从严治党的利器》，《光明日报》2016 年 8 月 14 日。

② 习近平：《在中央政治局会议审议巡视工作条例修订稿时的讲话》，2015 年 6 月 26 日。

③ 《习近平关于严明党的纪律和规矩的论述摘编》，中央文献出版社、中国方正出版社 2016 年版，第 71 页。

的行为要坚决批评制止,不能听之任之。党的各级组织和纪律检查机关要加强纪律执行情况的监督和检查,坚决防止和纠正执行纪律“宽松软”的问题,有效保证维护政治纪律责任的落实。

(二)“全面”之“全”

党内法规制度是贯彻全面从严治党的重要制度。对于管党治党来说,“全面”至少包含三个含义:全方位、全覆盖和全过程。作为全面的体系,党内法规制度建设因为实现了全方位、全覆盖和全过程,也就能够发挥整体优势。

1. 全方位:涵盖“五大建设”,内容无死角

全方位是指对党的建设的各个方面进行监督,不留死角,没有禁区。党内法规制度已经成为一个全面的规范体系,覆盖面广,涉及领域全,涵盖党的政治建设、思想建设、组织建设、作风建设、纪律建设各个领域。以党章为根本遵循的党内法规体系已经形成,建起了全面从严治党的“四梁八柱”。尤其是2016年新颁布或实施的《关于新形势下党内政治生活的若干准则》《中国共产党廉洁自律准则》《中国共产党纪律处分条例》《中国共产党党内监督条例》《中国共产党问责条例》等,从个人行为到组织建设、从作风建设到纪律规范、从正面倡导到负面清单,立柱架梁,由点及面,涵盖了党的“五大建设”的方方面面,形成一个严密的体系。

《关于新形势下党内政治生活的若干准则》规定党内生活中具有全局性、框架性的重要问题,是面向全体党员的廉洁自律规范,适用范围扩大至全体党员,实现了对党内政治生活的全覆盖。《中国共产党党内监督条例》对党内监督制度作出系统安排,是党内法规中具有基本性、宏观性、母体性的规范,实现了党内监督的全方位、全覆盖、全过程。《中国共产党问责条例》对问责原则、问责对象、问责情形、问责方式、问责主体、问责程序、问责时间等,作了全面而又详细的规定,全面增强党组织和党的领导干部的担当精神。

2. 全覆盖:不搞特殊,没有例外,法亦责众,法亦责微

全覆盖是指党内法规制度覆盖到全国上下各级党组织,上至中央委员会、中央政治局、中央政治局常委会,下至党的最基层组织,不搞特殊,没有例外。纪律的普适性要求在纪律面前人人平等,纪律面前没有例外。党内法规一律

约束所有的党员。习近平总书记反复指出，“要严格党的纪律，坚持党纪面前党员人人平等，对党内一切消极腐败现象认真查处、严肃执纪，不允许有不受纪律约束的特殊党员存在”①，没有免罪的“丹书铁券”，也没有“铁帽子王”。无论是周永康、薄熙来、徐才厚、郭伯雄、令计划等“大老虎”，还是群众身边违法乱纪的“苍蝇”，只要违反党的纪律，就必定要受到相应处理，这彰显了党中央正风反腐的决心和意志，也显示了党内纪律的普适性原则，进而更突出全面从严治党之“全”。

过去存在“法不责众”“法不责微”的观念，习近平总书记对此提出“不以问题小而姑息，不以违者众而放任”②的明确观点。对辽宁贿选案的处理打破了“法不责众”的陈旧观念：所有涉案人大代表全部被依法确认当选无效或依法辞职，被司法机关立案调查者多达50人，被纪委调查者多达431人。该案体现了党中央治理腐败的决心，立下了“法亦责众”的典型：哪怕人数再多、覆盖面再广，只要涉嫌违纪，都要一查到底。

也有人认为党员的作风上的小事是微不足道的，党内法规不能管太细，“法不责微”。这种看法实际上是非常危险的。“勿以恶小而为之”，如果还以为“小范围”“小地方”“小活动”“小表示”“小便宜”“小方便”“小变通”“小爱好”等“不算啥事”“不会有事”，心安理得、麻木不仁，迟早会导致阴沟翻船、小隙沉舟。“微腐败”不断涌现，很大程度上是因为“法不责微”的心理在作祟。中央八项规定和一系列对党员的高要求、严规矩、硬纪律表明，抓党的作风建设必须从小事抓起，必须防微杜渐。抓大不放小，是对腐败“零容忍”和全面性的生动注解。

3. 全过程：制度建设永远在路上

全过程，是指党内法规建设要做到始终如一、一以贯之、持之以恒、久久为功。全面从严治党劲头不松懈，要常态化、制度化，全面从严治党永远在路上，

---

① 《习近平关于严明党的纪律和规矩的论述摘编》，中央文献出版社、中国方正出版社2016年版，第115页。

② 参见《在十八届中央政治局第二十四次集体学习时的讲话》（2015年6月26日），转引自《习近平关于严明党的纪律和规矩的论述摘编》，中央文献出版社、中国方正出版社2016年版，第90页。

党内法规制度建设也永远没有完成时。

制度立起来,还需要不断检验和完善。制度建设是一个漫长的过程,是一个在曲折中前进、螺旋式上升的过程,是一个随着不断变化发展的实际而发展完善的过程,是一个我们党不仅战胜外在的障碍而且克服内在的缺陷的过程,是不断自我检查、自我否定、自我批评和自觉改正的过程。

党内法规制度建设不是一朝一夕就可以完成的,也不是有了制度就可以躺在制度上安睡的,制度建设没有终点,我们党只能不断提高要求、提高标准,将规矩和纪律不断地严起来,才能够在制度建设的大道上走得踏实安心,才能行久致远。

4. 整体优势:注重制度协调、配套与衔接

党内法规制度实施的整体优势,体现在党内法规制度自身内部的协调性、制度之间的配套性和与国家法律的衔接的密切性。任何事物都是以系统的方式存在和处于系统之中的,系统的性质和功能不是其构成要素的性质和功能的简单相加。要素之间通过相互联系、相互作用可以产生系统的最大效应。正因为党内法规制度建设是一个全面的体系,各个制度之间协调、配套与衔接,全面从严治党才能发挥“整体优势”。每一项党内法规制度与其他制度之间相互衔接、系统配套,形成一股合力,联动发挥实效,将全面从严治党的笼子越织越密。

党内法规体系是一个以党章为核心,以准则、条例、规则、规定、办法、细则等元素为支撑的系统,加强党内法规系统性建设,既需要清理不合时宜的法规,也需要解决在不同时期对同一问题出台的法规“打架”现象,以促进法规内部的协调一致。内容协调、内部统一,是构建党内法规制度体系的内在要求,也是党内法规制度得到普遍遵守的重要前提。只有不同领域、不同位阶的党内法规制度相互衔接、和谐统一,才能形成制度合力。党内法规工作的统筹规划机制、审议审核机制、动态清理机制、备案审查机制、解释评估机制的建立健全并有效运行,使不同领域、不同位阶、不同效力的党内法规相互衔接,党内法规的系统性、协调性、统一性明显提高。① 加强整体规划和统筹协调性,要

① 刘华清:《十八大以来党内法规制度建设的新进展》,《中国浦东干部学院学报》2017 年第 1 期。

使各项法规制度彼此衔接，制度之间环环相扣、层层发力，最大限度发挥党内法规制度的整体合力。

每一部党内法规也不是孤立的，而是有一系列配套的制度与衔接机制来保障法规的实施。党内法规制度之间的配套性也是党内法规建设的重点。不同的党内法规彼此之间不仅位阶不同，而且在内容上也有分工，在实施上更是层层辅助协调。办法和细则更加具有可执行性和可操作性，将条例、规则、规定中的内容进一步细化，并注重配套性。加强对已有党内法规制度的配套建设，使基础主干党内法规的实施办法和细则更加完备，相应的配套制度不断完善，程序性、保障性、惩戒性规定得到强化，党内法规的匹配性、操作性、实用性明显提高。

同时，党内法规制度实施的全面性也体现在党内法规并不是一个孤立的系统，而是与国家法律体系相互衔接和联动的规范。党内法规体系与国家法律体系是并存并行的规范体系，共同服务于建设社会主义法治国家建设，推进国家治理现代化的大局。在立规修规时，应当越来越注重通盘考虑，不断提高法规的匹配度与可操作性，避免出现党内法规与国家法律、党内不同法规之间的不衔接、不协调、不一致问题。

（三）“从严”之“严”

习近平总书记指出：“管党治党，必须严字当头，把严的要求贯彻全过程，做到真管真严、敢管敢严、长管长严。”①坚持纪在法前，纪严于法。“从严”之“严”的实质是“惩前毖后、治病救人”，是对党员干部的一种关爱。坚持贯彻党内法规制度从严治党，就是把严的要求贯穿始终，标准严、制度严、监督严、惩治严。

1. 管党标准“严”

纪律严明是我们党的光荣传统和独特优势。纪律于政党是生命线，于党员是高压线。习近平总书记提出，“把守纪律讲规矩摆在更加重要的位置”②。

---

① 习近平：《在庆祝中国共产党成立 95 周年大会上的讲话》，2016 年 7 月 1 日，见 http://news.xinhuanet.com/politics/2016-07/01/c_1119150660.htm。

② 《习近平在十八届中央纪委五次全会上发表重要讲话》，2015 年 1 月 14 日，见 http://cpc.people.com.cn/n/2015/0114/c64094-26380006.html。

党的纪律为党员树立起了严标准,全体党员、干部要严格执行党规党纪,模范遵守国家法律法规。“在所有党的纪律和规矩中,第一位的是政治纪律和政治规矩。”懂规矩、守纪律,心存敬畏、手握戒尺,就是对领导干部提高政治素养、政治判断力和政治辨别力,保持政治上头脑清醒的严标准。每个党员应该认真学习党规党纪,并贯彻执行,不断增强“四个意识”,坚决做到“四个服从”。

2016 年党内法规制度建设继续坚持高标准,继续把纪律和规矩立起来、严起来。“严”在抓早抓小,防微杜渐。《中国共产党纪律处分条例》将党的十八大以来落实中央八项规定精神、反对“四风”方面的要求,转化为纪律条文,对党员的约束力明显增强。同时《中国共产党纪律处分条例》还突出抓小抓早,在法律之前为党员划定纪律底线,不使党纪严于国法沦为空话。

制度一经形成,就要严格遵守,坚持制度面前人人平等,执行制度没有例外,坚决维护制度的严属性和权威性,坚决纠正有令不行、有禁不止的种种行为。2016 年通过加强党内法规制度建设,使广大党员干部明显地感觉到,身上责任严了,肩上担子重了,但是党的凝聚力和战斗力提升了。

2. 党内监督“严”

党的十八届六中全会着重强调加强党内监督。习近平总书记就此指出,“要完善监督制度,做好监督体系顶层设计”。党的十八届六中全会全面修订了《中国共产党党内监督条例》,明确提出党内监督没有例外,任务是确保党章党规党纪在全党的有效执行,维护党的团结统一,重点是解决党的领导弱化、党的建设缺失、全面从严治党不力、党的观念淡漠、组织涣散、纪律松弛、管党治党宽松等问题。党内监督的重点对象是党的领导机关和领导干部特别是主要领导干部。

2016 年通过一系列制度建设,初步形成了比较完善的党内监督体系,即党中央统一领导,党委全面监督,纪律检查机关专责监督,党的工作部门职能监督,党的基层组织日常监督,党员民主监督的党内监督体系。党内法规制度的网密了,监督严了,情况透明了,对违纪的查处反应也更快了。严监督才能快查处、严查处,勤公开才能常警醒、常教育。习近平总书记对专项巡视工作提出更专、更活、更准的要求。这 3 个“更”,合在一起等于“更严”,而巡视“回头看”等一系列举措，就是这个“严”字的重要体现。

3. 违纪惩处“严”

铁的纪律重在违纪必惩。全面从严治党，严明纪律底线，注重规范惩戒。对党员违纪行为的处理上，尺度严于法律。《中国共产党纪律处分条例》明确规定对党员和党组织的违纪行为要依据条例严格查处。随着党规党纪的笼子越扎越紧，管党治党的尺子越来越清晰，查处了一大批案件，形成了有力震慑，维护了党纪国法的权威和尊严，彰显了我们党对违法违纪案件严厉打击的决心。

党的十八大以来，中央根据习近平总书记“坚持有责必问、问责必严，把监督检查、目标考核、责任追究有机结合起来，形成法规制度执行强大推动力”的指示精神，紧紧牵住落实主体责任这个“牛鼻子”，把权利与义务、责任与担当对应统一起来，有力推动党委主体责任和纪委监督责任的落实。在2016年，强化问责成为管党治党、治国理政的鲜明特色。在实践中，各级党委、纪委还运用通报曝光、调整领导班子、组织处理、纪律处分等多种方式，创造了问责工作的新经验。2016年，中央巡视工作紧紧围绕党的领导、党的建设、全面从严治党、党风廉政建设和反腐败工作，检查落实党的路线方针政策、执行党的纪律和选人用人等情况，检查纪检机关履行监督责任情况，巡视的政治定位越来越准确，成效越来越显著。2016年全国共有990个单位党组织和1.7万名党员领导干部被问责，查处和公布了一大批违反党的纪律的典型案例，依据情节不同分别给予惩处。对于那些严重违纪的，毫不手软，给予纪律重处分，涉嫌违法的移送司法机关。

纵使党内法规一日严于一日，只要党的建设还存在问题，这种严都是必要的。在管党治党方面，严是爱，松是害；严是苦口良药，松是糖衣毒药。对违纪行为及时严格处理，可以有效避免党员干部越过法律底线坠入犯罪深渊。全面从严治党，没有太严之说。正如习近平总书记所指出的，从严治党是一个永恒课题，党要管党丝毫不能松懈，从严治党一刻不能放松。

（四）“实效”之“实”

一分部署，九分落实，法规要见实效，制度重在落实，建设方能有成果。2016

年在执行方面,我们党采取了切实有效措施,不断提高现有党内法规制度的科学性、系统性和可操作性,从而提升执行力,使党内法规的效力落到实处,确保党内法规能够切实做到有效、管用。制度立起来还要经过实践的检验,检验合格的才是立得住的制度。2016年党内法规制度建设无疑是经得起检验的。

1. 科学立规:"立得住"

党内法规在制定时要"立得住",一方面体现在制度本身具有科学性、针对性强,另一方面,从指导思想、基本原则,到具体措施、实施保障,自成一体。这是2016年党内法规制度建设的鲜明特点,也是2016年党内法规能够有效、管用,发挥应有刚性力量的原因所在。①

党内法规制定的有效性是提高执行力的重要基础。提高党内法规制度有效性的前提,是要在立规的有效性这个环节上狠下功夫。一部党内法规立得住,就是说这部党内法规自身能够独立,是合乎规范的、科学的立法。规范化是党内法规制度建设科学化的基础。所谓规范化是指党内法规是否合乎法律规范的要求。② 完整的法律所包括的基本要素包括立法主体、法律客体、法律行为规范、违法行为判定、惩处办法与程序、法律救济、诉讼时效等。科学化是党内法规制度建设规范化的提升。③ 所谓科学化是指党内法规是合乎客观规律,从客观实际出发,经得起实践检验的。同时党内法规制定的科学性也体现在,不仅关注实体性制度建设,还关注程序性制度建设,注重制度的协调运作。

习近平总书记指出,要"本着于法周延、于事有效的原则制定新的法规制度、完善已有的法规制度、废止不适应的法规制度,努力形成系统完备的反腐倡廉法规制度体系"④。于法周延是指注重制度的系统性,使各项制度相互衔接、系统配套;于事简便是指注重制度的可操作性,明确具体、实在管用。⑤ 从

① 参见田心、黄月:《党规党纪的刚性力量缘何而来——从十八大以来党内法规制度建设特点看"利器"之"利"》,《中国纪检监察》2016年第22期。

② 韩强:《论提高党内法规建设的科学化水平》,《求实》2014年第7期。

③ 韩强:《论提高党内法规建设的科学化水平》,《求实》2014年第7期。

④ 《习近平在中共中央政治局第二十四次集体学习时强调加强反腐倡廉法规制度建设让法规制度的力量充分释放》,《人民日报》2015年6月28日。

⑤ 桑林峰:《于法周延,于事简便》,《光明日报》2013年7月17日。

某种意义上说，这也是我们党坚持理论联系实际作风，使党内法规制度立得住的具体要求。

2016 年出台的几部重要的党内法规，都是坚持问题导向，坚持实事求是，本着于法周延、于事有效的原则制定的。2016 年在立规技术上也有重大突破，实现了党规的规范化。但是我们也必须认识到还需要不断促进党内法规的科学化、规范化，以符合法规所调整事态的客观规律作为价值判断，并使法规严格地与其规制的事项保持最大限度的和谐，制定过程尽可能满足法规赖以存在的内外在条件。党内法规科学性的完善，还需要建立科学有效权力运行和制约机制、科学有效的党内法规监督机制、科学严格的党内法规惩处机制。

2. 狠抓落实："行得通"

行得通，即在制定时要突出法规的可操作性。制度的生命在于可操作性和实效性，不具有可操作性和实效性的制度是没有存在意义的。

习近平总书记指出，"有了好的制度，如果不抓落实，只是写在纸上、贴在墙上、锁在抽屉里，制度就会成为稻草人、纸老虎"。党内法规制定后要"行得通"。"如果现有的制度执行不好，再搞新的制度也是白搭。"党内法规制度建设并不仅是指制度完备的过程，也指不断提高现有制度的执行力，发挥制度的实效的过程。只有通过切实地执行党内法规制度，才能够维护制度的权威，解决存在的有令不行、有禁不止的现象。

制度的生命力在于执行。所谓制度执行力，指的是制度自身所具备的被执行和被落实的能力，以及能够获得的执行效力。党内法规执行更重在加大监督执纪问责力度，坚决推动全面从严治党主体责任落实：一是层层传导压力，督促党组织在日常监督检查中坚持把纪律挺在前面，"伸长耳朵""瞪大眼睛"，全面掌握党内法规制度贯彻执行情况；二是加大执纪审查力度，对那些有令不行、有禁不止的现象，坚决依纪依规惩处；三是强化问责追责，对全面从严治党不力，维护党的纪律不力，导致违规违纪行为多发的，予以严肃问责。[①] 层层传导压力，坚决纠正不落实、落而不实的问题；加大执纪审查力度，有力证明了

① 参见田心、黄月：《党规党纪的刚性力量缘何而来——从十八大以来党内法规制度建设特点看"利器"之"利"》，《中国纪检监察》2016 年第 22 期。

我们党的法规制度是不可逾越的禁区、不可触碰的高压线；最终通过强化问责追责，切实维护了党章党规党纪的严肃性和权威性，确保法规制度落地生根，让法规制度的力量在全面从严治党中得到充分释放。2016 年所采取的多种加强党内法规制度执行的措施，多管齐下，使党内法规制度的执行力获得了极大提升。

党内问责机制以奖惩手段作为后盾，将党员干部执行制度的情况作为一项问责内容，将制度执行乏力作为重要的问责事由，能够以问责压力倒逼党员干部执行党内重要制度的积极性和责任感，从而解决制度执行乏力的问题。《中国共产党纪律处分条例》对党员和领导干部“不能为的事”逐条进行了规定，内容细致、着眼实际，方便对照自查自省，而且明确规定了对违纪党员的具体处理，为各级党委、纪委与全体党员提供了全面清晰的制度遵循，克服了以往有些规定比较原则、操作性不强的问题。2016 年，《中国共产党问责条例》和《中国共产党党内监督条例》的出台，极大地推动和促进了相关党内法规的贯彻执行，破解了制度虚置、制度空转的困境，真正做到了“令在必信，法在必行”，使得党内法规制度执行力提升到了前所未有的高度。

党内法规不仅在数量上实现了跨越式发展，而且在立规质量和体系建设方面，也取得了辉煌的成就。党中央加强对已有党内法规制度的配套建设，使基础主干党内法规的实施办法和细则更加完备，相应的配套制度不断完善，程序性、保障性、惩戒性规定得到强化，党内法规的匹配性、操作性、实用性明显提高。① 2016 年党内法规制度建设较好地克服了以往存在的制度虚置、制度敷衍、制度空转等现象。

3. 铁规发力："管得了"

管得了，即在执行时必须要做好监督和惩处，实现了管党治党的预期目标。“一分部署还要九分落实。制定制度很重要，更重要的是抓落实，九分气力要花在这上面。”习近平总书记指出，要狠抓制度执行，扎牢制度篱笆，真正让铁规发力、让禁令生威。

---

①　刘华清:《十八大以来党内法规制度建设的新进展》,《中国浦东干部学院学报》2017 年第 1 期。

党的十八大以来,党内法规制度之所以能够从条文规范转化为党员干部的行为规范,真正成为管党治党的尺子和管住权力的笼子,就是在制度落实上下了功夫。2016 年,制度落实更是成为党内法规制度建设的突出特点。在制度执行上,一方面坚持发挥"关键少数"作用,中央和地方领导干部在执行遵守党规党纪方面以上率下、以身作则,发挥了表率作用。另一方面,纪律检查部门严肃监督执纪问责,铁面执行保"威力",通过巡视和问责,实现管党治管的全覆盖,管得了,治得好。落实监督职责,严查违纪违规行为,是提高党内法规制度执行力的关键。党的十八大以来,中央特别重视发挥巡视利器作用。2016 年,面对依然严峻复杂的形势,中央加强对巡视工作的领导,通过几轮巡视,实现了巡视全覆盖。

2016 年党内法规制度初步形成保障力。保障力就是保证、支撑和维护的能力。党内法规制度的保障力就是指通过制度的科学制定、正常运转和有效执行,来释放法规制度的能效,从而保障党内法规制度建设的目标和价值的实现。保障力具体体现制度能够发挥预期的功能,即起到保障党内各主体权利和利益的效果。①

2016 年,我国反腐斗争主要在遏制腐败态势、创新反腐理论、完善反腐机制三个方面取得可喜成绩。随着党内法规制度的不断健全,党风廉政建设和反腐败斗争形势正在由"治标为治本赢得时间"向"标本兼治"实现重大转变。整个社会风气都取得了很大进步。②

制度还要在实践中不断完善,历经打磨和锻造,不断提升与实际的契合度,契合实际需要的才是行得通的制度。最后,制度能否发挥实效,达到制度设立的目的,完成预期的目的,也是需要充分发挥制度的约束性的过程,能够通过外在约束形成内在自我约束意识的制度,才是管得了的制度。

二、2016 年党内法规实施的高频热点

全面从严治党,坚持整体推进与重点突破的统一,既注重党内法规制度建

① 陈锦荣:《中国共产党党内法规制度效能研究》,中共中央党校 2013 年博士学位论文。

② 《中国反腐成就受世界瞩目》,《人民日报》(海外版)2017 年 1 月 16 日。

设这盘棋,又关注这盘棋中每一颗棋子如何精心布局,棋子与棋子之间如何紧密连接,如何让每一个棋子都在全局中发挥作用。党内法规制度建设的关键也就是找到这些突破点,既关注全局,又着眼关键点。2016 年党内法规制度建设在各个方面取得显著成果,形成一些引起广泛关注的高频热点,每一个高频热点就是这样的制度建设的关键点。本部分主要盘点 2016 年在党内法规实施方面出现的具有重大意义的高频热点,介绍其基本情况、实施方式(机制)及实施效果。这些高频热点的背后都是党中央为党内法规制度建设做出的实际行动,见证着全面从严治党向纵深发展,标志着一年来全面从严治党向前推进取得的重大进展。这些词远非全部,限于篇幅,仅列举最为关键的几个。

(一)廉洁自律

廉洁是中国共产党的政治本色。我们党代表工人阶级和最广大人民的利益,没有自己的特殊利益,党章规定了所有党员都不得谋求任何私利。清正廉洁是党员领导干部必须具备的基本条件。从诞生之日起,我们党就视腐败为天敌,与腐败做着最坚决的斗争。① 能否有效遏制腐败,保持清正廉洁的政治本色,关系到党和国家的生死存亡。只有坚持廉洁自律规范,坚持理想信念宗旨“高线”,才能落实党章对党员的政治要求,防止蜕变,永葆共产党人清正廉洁的政治本色。

廉洁凝聚人心,腐败背离民意。如果党员干部自身不廉洁,会极大地损害党在人民群众中的形象和威信。我们党历来重视党员干部的廉洁自律,要求党员干部廉洁用权、廉洁修身、廉洁齐家。习近平总书记告诫全党:“为政清廉才能取信于民,秉公用权才能赢得人心。”②必须把建设廉洁政治作为关系党的生死存亡的重大工程建设,以清正廉洁的政治本色和反腐败的显著成效

---

① 《风清气正谱新篇(〈全面从严治党面对面〉⑨)——如何保持清正廉洁的政治本色》,《人民日报》2017 年 5 月 2 日。

② 《习近平在十八届中央纪委二次全会上发表重要讲话:更加科学有效地防治腐败 坚定不移把反腐倡廉建设引向深入》,2013 年 1 月 23 日,见 http://politics.people.com.cn/n/2013/0123/c70731-20301083.html。

赢得民心。

1.《中国共产党廉洁自律准则》

2015 年 10 月，中共中央印发了《中国共产党廉洁自律准则》（以下简称《廉洁自律准则》）。《廉洁自律准则》自 2016 年 1 月 1 日起施行，《中国共产党党员领导干部廉洁从政若干准则》同时废止。

《廉洁自律准则》有如下六个突出特点：

一是主旨的鲜明性，紧扣“廉洁自律”。基于现阶段党员和党员领导干部在廉洁自律方面存在的主要问题，提出原则性的要求和规范，涵摄理想信念、党的宗旨和优良传统作风、道德情操、传统美德，展现共产党人和古今中外高尚道德追求，从高不从低，树立高标准。

二是正面倡导性，提出“四个必须”和“四个自觉”，即面向全体党员的“四个必须”和面向党员领导干部的“四个自觉”。紧扣廉洁自律而不是他律主题，突出正面倡导而不是开列负面清单，可以说是党内一部充满正能量的“暖”法规①。

三是全面性，面向全体党员，将适用对象从党员领导干部扩大到全体党员，充分体现全面从严治党的全面性。

四是科学性，一方面完善法规之间的衔接，删除了与《纪律处分条例》重复的内容，两者衔接更为融洽；另一方面坚持了普遍性与特殊性的辩证关系，区别对待普通党员和党员领导干部，突出领导干部这个“关键少数”，对其提出比普通党员更高的要求。

五是更具可操作性，全文不足 300 字，简洁、好懂、易记，但覆盖范围更全面了，每一个字都是分量十足；从执行上来看，将自律具体化为八个规范，大大减少了数量，易于掌握和执行。

六是兼具传承性与创新性，汲取了中华优秀传统尤其是廉政文化的精华，实现了现实与历史、制度与文化、传承与创新的统一。

《廉洁自律准则》相较于旧准则，在性质上发生了根本性的变化，是我们党管党治党方面的有力武器，是党的反腐倡廉建设方面的最新理论总结和制

---

① 邓联繁：《〈准则〉是道德宣示和庄严承诺》，《中国纪检监察报》2015 年 12 月 22 日。

度体现。作为中国共产党执政以来第一部坚持正面倡导、面向全体党员的规范全党廉洁自律工作的重要基础性法规,《廉洁自律准则》对廉洁自律这一修身问题,变“不准”为“自觉”,强调自律,重在立德,坚持正面倡导,体现了全面从严治党实践成果,为党员和党员领导干部树立了一个看得见、够得着的高标准,展现了共产党人的高尚道德追求。

2. 如何实施

《廉洁自律准则》在适用上离不开《中国共产党纪律处分条例》,前者展现了共产党人的高尚道德追求,后者划出了党组织和党员不可触碰的底线。上有追求、下有底线,追求和底线共同构成党员、党员领导干部和党组织活动的边界。《廉洁自律准则》必须与《中国共产党纪律处分条例》共同实施。

从落实角度来看,一正一反,两相对照,许多规定是可以对应联系互动起来的,比如《廉洁自律准则》中的“廉洁修身”“廉洁齐家”等正面规定可与《中国共产党纪律处分条例》中的廉洁纪律、工作纪律、生活纪律中的负面规定相对照。有了正面指引,才能促使党员立德向善;有了反面底线,才能倒逼党员干部廉洁修身、廉洁自律,拒腐抗腐。守住了底线,才有可能去追求高标准。① 有了《廉洁自律准则》这样的高标准,自然方向更明确,步子更稳健。

为政之要在于廉洁,为政廉洁是从政的道德基本原则,也是最重要的底线。对广大党员干部来说,廉洁从政不仅是修身的要求,也是办好事情、服务人民的基础。必须牢固树立正确的权力观、地位观和政绩观,坚持人民至上观点,真正将人民置于心中最高位置,为人民谋利益、做实事,服务于民、造福于民,从而实现自己的人生追求。②《廉洁自律准则》指向党的核心价值观,作为立德向善的正面清单,其内涵具有信念、信仰层面的内化性,需要广大党员领导干部将其不断内化于心、外化于行。

3. 效果如何

《廉洁自律准则》自颁布以后,党员廉洁自律加强了,之前普遍存在的“四

---

① 参见姜洁:《树起立德向善的正面规范——新修订的〈中国共产党廉洁自律准则〉解读》,《人民日报》2015 年 10 月 27 日。

② 参见《风清气正谱新篇(〈全面从严治党面对面〉⑨)——如何保持清正廉洁的政治本色》,《人民日报》2017 年 5 月 2 日。

风”问题总体上扭转过来了，请客送礼、公款接待、“三公”经费、办事托人找关系等，都有整体性的改变，风清气正的政治生态开始呈现。党员廉洁程度如何，“三公”经费瘦身就是备受关注和最为直观的成效体现。① 群众对党风廉政建设和反腐败工作成效满意度提高了，对惩治腐败信心增强了，认为当前腐败案件高发势头得到了遏制，这些都充分说明，以《廉洁自律准则》为代表的党的廉洁自律得到了广大人民群众的认可，得到了党员领导干部较好的遵守。党的廉洁自律制度发挥了实效，党风廉政建设和反腐败工作取得重大成效，赢得了人民群众的信任和拥护。随着《廉洁自律准则》的施行，从严教育管理党员干部、营造风清气正的政治生态将有序进入新常态。

（二）纪律处分

纪律是我们党的生命线。与西方国家政党纪律相对宽松不同，中国共产党作为执政党的一个突出特点，就是特别强调加强自身的纪律约束。我们党的纪律性是党的先进性和战斗力的保证。自诞生伊始，中国共产党就把纪律视为生命线。严明的党纪，是我们党创建、发展、壮大的根本保障，亦是我们党区别于其他一切政党和派别组织的独特优势和“政治基因”②。党的纪律是指党的组织和全体党员共同遵守的党内行为规范。中国共产党的纪律是按照民主集中制原则，根据党的性质、纲领和实现党的路线、方针、政策的需要而制定的。党的纪律是执行党的路线、方针、政策和决议，维护党的团结统一，巩固党同群众的密切联系，提高党的战斗力的重要保证。

纪律于党是生命线，于党员是高压线。各级党组织和党的纪律检查机关必须严肃认真地执行党的纪律。每个党员必须自觉地用党的纪律约束自己，并接受党组织和人民群众的监督。纪律遵守具有普遍性，要坚持在党的纪律面前人人平等的原则，所有党员，不论职务高低都必须遵守党的纪律，党内不

---

① 截至 2016 年 4 月 26 日，100 多家中央单位陆续在网上公开部门预算，社会关注度高的“三公”经费也一并亮相。数据显示，2016 年中央本级“三公”经费预算比上年初预算下降 0.1%，“三公”经费连续 6 年下降。参见张玉胜：《三公经费“六连降”说明什么》，《经济日报》2016 年 4 月 26 日。

② 陈治治：《纪律是党的生命线——“唤醒党章意识，严明党的纪律”系列述评之二》，《中国纪检监察报》2015 年 7 月 3 日。

允许有凌驾于党的纪律之上的特殊党员。

1.《中国共产党纪律处分条例》

为推进全面从严治党,适应全面从严治党新的实践需要,强化党的纪律,2015 年 10 月 21 日,中共中央印发了《中国共产党纪律处分条例》(以下简称《纪律处分条例》),自 2016 年 1 月 1 日起施行。

作为"改革开放以来最全、最严党纪",《纪律处分条例》把党章和其他主要党内法规对党组织和党员的纪律要求细化,明确规定以后哪些事情党员干部不能干的"负面清单",明确如果干了会有哪些相应的党纪处分。"负面清单"围绕政治纪律、组织纪律、廉洁纪律、群众纪律、工作纪律、生活纪律等 6 大类,第一次在党内法规中提出"生活纪律"。《纪律处分条例》明确规定了 5 种对党员的纪律处分,2 种对党组织的纪律处分,5 种可以从轻或减轻处分的情形,3 种应当从重或者加重处分的情形。这样的规定,十分清楚明白,简单易懂,全体党员易学易记,纪律检查机关以此为根据也更易执行。

《纪律处分条例》进一步明确了法纪分开,删除了 79 条与刑法、治安管理处罚法等法律法规重复的条款,让纪律处分回归"纪律"和"纪律检查"工作的本源。《纪律处分条例》明确纪严于法、纪在法前。党的纪律和规矩是规范党员干部用权的"紧箍咒",也是履职路上的"安全带"。抓早抓小,防微杜渐,避免出现"没查都是'好干部',一查就成'阶下囚'"的怪现象。当然《纪律处分条例》也明确规定,如果党员违纪涉嫌违法犯罪的,应当及时移送有关国家机关依法处理,实现了党纪与国法的无缝衔接。

《纪律处分条例》将党的十八大以来从严治党的实践成果制度化,将严明政治纪律和政治规矩、组织纪律等一系列内容纳入条例,集中反映了党在从严治党方面的政治智慧,也体现了党自我完善、自我革新的政治勇气和决心。① 《纪律处分条例》聚焦全面从严治党,严肃党的纪律,纯洁党的组织,保障党员民主权利,教育党员遵纪守法,维护党的团结统一,保证党的路线、方针、政策、决议和国家法律法规的贯彻执行,是全面从严治党重要的制度遵循,对于统筹推进"五位一体"总体布局和协调推进"四个全面"战略布局,实现党的历史使

---

① 参见宋伟:《纪律处分条例修订凸显五大亮点》,《检察日报》2015 年 10 月 27 日。

命，具有十分重要的意义。

2. 如何实施

《纪律处分条例》既靠党员自觉遵守，也离不开查处追究。党的纪律是党的各级组织和全体党员必须遵守的行为规则。党组织和党员必须自觉遵守党章，严格执行和维护党的纪律，自觉接受党的纪律约束。党组织和党员违反党章和其他党内法规，违反国家法律法规，违反党和国家政策，违反社会主义道德，危害党、国家和人民利益的行为，依照规定应当给予纪律处理或者处分的，都必须受到追究。

党的纪律与规矩是分不开的。纪律是成文的、刚性的规矩，一些未明文列入纪律的规矩是不成文的、自我约束的纪律。遵守党的纪律和规矩，既要遵守成文的刚性的纪律，也要遵守那些经过实践检验、约定俗成、行之有效的不成文的自我约束的规矩。①《纪律处分条例》还突出强调了政治纪律和政治规矩，明确禁止"妄议中央大政方针，破坏党的集中统一"，禁止打着改革旗号损害群众利益。

与《廉洁自律准则》正面倡导和强调自律不同，《纪律处分条例》则凸显禁止性条款、负面清单和他律方面的内容。《纪律处分条例》编织起一张庞大但严密的纪律之网，对各个方面的违纪行为形成强制力，是纪检监察机关实施监督执纪问责的基本依据。各级党员干部要牢固树立纪律和规矩意识，把牢政治方向，在守纪律、讲规矩上马虎不得，把严守纪律、严明规矩放到重要位置来抓。具体到各个党组织来说，需要依靠各级党委（党组）承担主体责任，尤其是领导干部发挥带头和表率作用，树立纪律和规矩意识，以维护党纪的权威性。同时，各级纪委（纪检组）具体履行监督和执行的责任。《纪律处分条例》的实行也离不开民主集中制来保证党员的权利，即在实施党纪处分时，由党组织集体讨论决定，不得借执纪压制党内民主、破坏党内民主。

3. 效果如何

《纪律处分条例》能够培养广大党员干部的底线意识，通过自我约束，自我教育，自觉践行党的规矩和纪律。在《纪律处分条例》的刚性约束面前，广

① 石平：《严守党的政治纪律和政治规矩》，《求是》2015 年第 3 期。

大党员和党员领导干部心中有了明确的行为底线。通过与《廉洁自律准则》共同发力,让道德高线和纪律底线共同发挥作用,内化于心,外化于行。《纪律处分条例》着眼解决新出现的不正之风和腐败等问题,突出政治纪律和政治规矩,坚持把纪律挺在前面,强化纪律的刚性约束,规定全体党员和党员领导干部必须禁止什么、摒弃什么,实现心怀戒惧,行有所止。

以往的反腐和纪律处分,在性质上还只是治标,现在开始转向治本阶段,即清理、修改和制订党规党纪,通过加强对每个党员和党员干部的纪律约束和制度控制而实现普遍的廉洁清明。① 执政党把纪律和规矩挺在前面,通过严明纪律实现对党员、领导干部和党组织的刚性约束,看住、管好绝大多数掌握公权力的人,就为净化政治生态、端正政治风气奠定了坚实基础。

(三)党内问责

权力就是责任,责任就是要担当。十八届中央纪委六次全会上,习近平总书记强调,"要整合问责制度,健全问责机制,坚持有责必问、问责必严",并把对党员领导干部的要求凝练为6个字:忠诚、干净、担当。这其中,担当就是要勇于承担责任。而问责则是检验党员干部是否有担当的试金石。

党的十八大以来,党中央紧紧抓住落实主体责任这个"牛鼻子",把权利与义务、责任与担当对应统一起来,强化问责成为管党治党、治国理政的鲜明特色。② 有权必有责、有责要担当,用权受监督、失责必追究。问责是落实责任的关键。王岐山同志指出,坚持党的领导、贯彻党的路线方针政策必须强化责任担当。问责是全面从严治党的应有之义和重要保证——动员千遍不如问责一次。制度的生命在于执行,执行制度关键在人,在于人的责任的落实,更在于有一个问责的机制。实践证明,问责是严肃党内政治生活的重要抓手。只有通过党内问责,才能让铁规发力、让禁令生威。

1.《中国共产党问责条例》

2016年6月28日,中共中央政治局召开会议审议通过《中国共产党问责

① 申建林:《党规党纪的修订及其实施效果分析》,《武汉大学学报(人文科学版)》第69卷第1期。

② 参见王岐山:《用担当的行动诠释对党和人民的忠诚》,《人民日报》2016年7月19日。

条例》(以下简称《问责条例》)。《问责条例》规范和强化党的问责工作,进一步夯实了全面从严治党的制度基石,向全党释放出失责必问、问责必严的强烈信号,是管党治党的重要利器。

《问责条例》颁布前,党内法规制度中与问责相关的共有 119 部,其中专门规定 12 部,包含问责内容的多达 107 部。通过对现行党内法规中的问责内容进行梳理、提炼、归纳、总结,形成《问责条例》这部综合性的基础法规。《问责条例》实现了分清党委责任、有关部门责任、纪委责任,健全责任分解、检查监督、倒查追究的完整链条,实现了有错必究,失责必问,实现了问责的内容、对象、事项、主体、程序、方式的制度化、程序化,实现了对党组织和党员干部问责的系统化、精细化和法治化。《问责条例》凝聚了党在全面从严治党方面尤其是组织建设和人才队伍建设方面的政治智慧,将党的十八大以来全面从严治党的实践成果制度化,将长期以来党的探索与经验熔为一炉。

《问责条例》贯彻党章,坚持问题导向,紧紧围绕坚持党的领导、加强党的建设、全面从严治党、维护党的纪律、推进党风廉政建设和反腐败工作开展问责,为严肃党内政治生活提供了制度保障。党内问责机制以奖惩手段作为后盾,将党员干部执行制度的情况作为一项问责内容,将制度执行乏力作为重要的问责事由,能够以问责压力倒逼党员干部执行党内重要制度的积极性和责任感,从而解决制度执行乏力的问题。

《问责条例》是一份宣言书,宣告了党建新实践的起航,开启了构建自我纠错机制的良好开端,以制度治党推进全面从严治党新实践的起航。通过问责,展现了中国共产党不断严格要求自己,不仅对自己负责,而且敢于承担对人民和历史的责任之担当精神。

2. 如何实施

党的十八届三中全会明确提出:"落实党风廉政建设责任制,党委负主体责任,纪委负监督责任,制定实施切实可行的责任追究制度。"同时,党中央强调抓好责任追究这个关键环节倒逼责任落实,不断加快建立科学有效的追究制度体系,健全责任分解、检查监督、倒查追究的完整链条,充分运用落实党风廉政建设的"撒手锏",为有效推动"三不机制"构建奠定了制度保证。

问责工作持续深入,内容方式不断创新,体现了党中央以强有力之问责推动全面从严治党的鲜明态度,推动了"两个责任"落实,为制定《问责条例》提供了实践基础。问责重在落实,不少地方也在问责机制上予以创新,制定问责条例实施办法予以承接。例如,云南、福建、新疆、海南、安徽、四川、河北等地陆续出台问责条例实施办法①,对问责情形、问责程序等进行拓展和细化,把严的要求贯彻到问责全过程,做到真管真严、敢管敢严、长管长严。为了使问责深入开展,实现问责机制的长效化,有的省份开展了"问责年"②。各个地方制定的问责条例实施办法和开展的"问责年",使得《问责条例》在各个地方得到了较为及时的回应,得到较好的贯彻落实,最终落地生根。

在失责必问渐成常态的当下,身为党员领导干部,必须心怀敬畏,切实扛起责任,做到在党言党、在党为党,时刻为党分忧、为党尽责。在新的历史时期,要实现"两个一百年"奋斗目标、实现中华民族伟大复兴的中国梦,关键是各级党组织尤其是党员领导干部都要有担当精神,做到在党忧党,为党尽职、为民尽责。对党员干部而言,认真遵守和落实《问责条例》,最终还是要做到权责一致,自觉担当,能够经得起组织的考验,有权必有责、有责要担当、失责必追究:要把权力与责任、义务与担当对应起来,充分发挥党的领导核心作用,厚植党执政的政治基础;要密切联系实际,把自己摆进去,以身作则、以上率下,敢于较真碰硬、层层传导压力,让失责必问、问责必严成为常态;要言出纪随,抓住典型问题,勇于铁面问责,发挥震慑警示效应,唤醒责任意识,激发担当精神。对党组织和党的领导而言,更是要敢于担当、勇于负责。实践证明,

---

① 云南省 2016 年 9 月 26 日出台了《贯彻〈中国共产党问责条例〉实施办法》。福建省 2016 年 10 月 10 日出台了《关于贯彻〈中国共产党问责条例〉的实施办法》。新疆 2016 年 10 月 28 日出台了《中共新疆维吾尔自治区委员会实施〈中国共产党问责条例〉办法》。海南省 2016 年 12 月 22 日出台了《海南省贯彻〈中国共产党问责条例〉实施办法》。安徽省 2016 年 12 月 23 日出台了《贯彻中国共产党问责条例实施办法》。四川省 2016 年 6 月出台《关于进一步推动县(市、区)委落实党风廉政建设主体责任的意见》。河北省 2016 年 2 月份通过了《河北省"一问责八清理"专项行动实施方案》。

② 例如 2016 年 7 月 23 日,河南省问责年活动全面启动,出台《全省懒政怠政为官不为问责年活动工作方案》,将重点督查问责扶贫开发、重点项目建设等十大领域的 301 个问题,其中督查事项 219 个,问责事项 82 个,以着力解决当前工作中存在的"不敢为""不会为""不想为"等失职渎职行为(参见徐豪:《〈中国共产党问责条例〉施行问责的"板子"怎么打?》,《中国经济周刊》2016 年第 31 期)。

哪个地区、部门有一个敢于担当、勇于负责的党组织，党的领导、党的建设、管党治党就会坚强有力，就能联系本地区本部门实际，真正把党的路线方针政策落到实处。① 党的领导是具体的不是抽象的，“领”就是率先垂范、引领示范，“导”就是要发现问题、及时纠正。《问责条例》能否起作用，关键在于各级党组织和党的领导干部敢不敢较真、有没有战斗性。

3. 效果如何

《问责条例》的出台和实施，减少了问责执行的自由裁量空间，提高了党内问责的科学化、制度化、规范化水平：实现了问责依据从“碎片化”到“系统化”；问责范围从“笼统化”到“精细化”；问责方式从“人治化”到“法治化”②。作为政党治理的重要工具，党内问责机制的良性运行具有提高党内制度的衔接性和执行力、预防和惩治党内权力腐败的积极作用，这恰恰有助于破除全面从严治党过程中遇到的党内制度失范和权力腐败等关键障碍，在实践层面上证明了党内问责机制作为全面从严治党的推进路径的有效性。③《问责条例》是一种为了使全党更加集中统一而形成的一种自下而上与自上而下相结合的纠错机制。这种纠错机制，填补了制度空白，具有重要的开创性。④

《问责条例》是全面从严治党、依规治党制度笼子的组成部分。2016 年《问责条例》与《中国共产党党内监督条例》《中国共产党纪律处分条例》《关于实行党风廉政建设责任制的规定》等党内法规实现有效衔接，形成以党章为统领、以责任为导向的“制度群”，以问责作为依规治党的利器，践行全面从严治党的战略布局，唤醒责任意识，激发担当精神。⑤《问责条例》的颁布实施，为规范和强化问责工作提供了更有效的制度保障。

---

① 《以问责倒逼担当：全面从严治党“严紧硬”的重要抓手》，《青海党的生活》2016 年第 10 期。

② 参见郑继汤：《依规治党背景下党内问责精准化研究——以〈中国共产党问责条例〉为视角》，《理论与改革》2016 年第 6 期。

③ 王立峰、吕永祥：《党内问责机制：推进全面从严治党的有效路径》，《探索》2017 年第 1 期。

④ 郭海龙：《〈中国共产党党内问责条例〉：构建纠错机制的良好开端》，《湖北行政学院学报》2017 年第 1 期。

⑤ 参见郑继汤：《依规治党背景下党内问责精准化研究——以〈中国共产党问责条例〉为视角》，《理论与改革》2016 年第 6 期。

《问责条例》推动党内政治生活从宽松软走向严紧硬。党的十八大以来，各级党组织高举问责利器，对不担当、不负责的领导干部严肃追究责任并通报曝光，推动了管党治党责任层层落实。2016 年 1 月至 11 月，各级党组织共查处落实主体责任和监督责任不力问题 11200 多起，780 多个党组织和 14800 多人被问责。问责人数与 2015 年同期相比，增长了近 33%，问责力度明显加大。[①] 查处落实主体责任和监督责任，有利于强化政治担当，规范党内政治生活。《问责条例》就是要把权力与责任、义务与担当对应起来，用问责倒逼责任落实、激发干部担当精神，用担当的行动诠释对党的忠诚，厚植党执政的政治基础。《问责条例》的发布实施，有助于进一步增进共产党人的责任意识，激发共产党人的担当精神，永葆党的凝聚力和战斗力。

（四）党内监督

管党、治党离不开党内监督。习近平总书记强调，没有监督的权力必然导致腐败，这是一条铁律。重视党内监督、加强党内监督是我们无产阶级政党的本质要求，也是在新形势下继续发挥中国共产党的优良传统和政治优势的必然要求，更是当前坚持全面从严治党、推进国家治理体系和治理能力现代化的迫切需求。

党内监督对于党内法规制度贯彻落实至关重要，党内法规制度必须依靠党内监督，用监督传导压力、用压力推动落实。如果没有党内监督，就不会有压力，党内法规制度就不会得到真正贯彻落实。以制度明确责任，把监督螺栓拧紧，管党治党才能逐步从宽松软走向严实硬。[②]

解决党内存在的问题，必须把强化党内监督作为党的建设的重要基础工程，使监督的制度优势充分释放出来。党的十八大以来，习近平总书记立足全面从严治党的战略高度，格外重视党内监督，提出了加强党内监督的一系列新思想新观点新论断。针对党内监督制度规范问题，习近平总书记强调，要围绕权力、责任、担当设计制度，围绕理论、思想、制度构建体系，强化上级党组织对下

---

① 《2016 年前 11 月 14800 多人因落实“两个责任”不力被问责》，2017 年 1 月 11 日，见 http://politics.people.com.cn/n1/2017/0111/c1001-29015869.html。

② 闫鸣:《以制度明确责任，把监督螺栓拧紧》，《中国纪检监察报》2016 年 11 月 15 日。

级党组织和领导干部的监督，做到责任清晰、主体明确、制度管用、行之有效。

1.《中国共产党党内监督条例》

2016 年 10 月 27 日，中国共产党第十八届中央委员会第六次全体会议审议通过了《中国共产党党内监督条例》（以下简称《党内监督条例》）。《党内监督条例》是新形势下推进全面从严治党、开创党内监督新局面的行动纲领。

党内监督的任务可以确保党章党规党纪在全党有效执行，维护党的团结统一，重点解决党的领导弱化、党的建设缺失、全面从严治党不力，党的观念淡漠、组织涣散、纪律松弛，管党治党宽松软问题，保证党的组织充分履行职能、发挥核心作用，保证全体党员发挥先锋模范作用，保证党的领导干部忠诚干净担当。党内监督的主要内容是遵守党章党规和国家宪法法律，维护党中央集中统一领导，坚持民主集中制，落实全面从严治党责任，落实中央八项规定精神，坚持党的干部标准，廉洁自律、秉公用权，完成党中央和上级党组织部署的任务等情况。党内监督的重点对象是党的各级领导机关和领导干部，特别是各级领导班子主要领导干部。党内监督的主要形式包括以下方面：重要情况通报和报告、述职述廉、信访处理、巡视、谈话和诫勉、罢免或撤换要求及处理、舆论监督等。其中巡视是近年来采用较多的方式，是党中央和省、自治区、直辖市党委按照有关规定对下级党组织领导班子及其成员进行监督的制度，成为党风廉政建设和反腐败斗争的重要平台。

2. 如何实施

坚持、完善、落实党内民主是党内监督的坚实基础，党内监督制度的完善是党内监督的核心，巡视制度是推动党内监督向纵深发展的强大动力，批评和自我批评是党内监督的重要武器，对权力的监督和制约是党内监督的重要内容，党内外监督相结合是党内监督的必然要求。

坚持、完善、落实民主集中制是党内监督的坚实基础。关于如何强化党内监督，习近平总书记指出："必须坚持、完善、落实民主集中制，把民主基础上的集中和集中指导下的民主有机结合起来，把上级对下级、同级之间以及下级对上级的监督充分调动起来，确保党内监督落到实处、见到实效。"[1]民主集中

① 《习近平总书记重要讲话文章选编》，中央文献出版社、党建读物出版社 2016 年版，第 375 页。

制是党的组织原则,民主集中制得不到贯彻执行,党内监督就会流于形式。

党内监督制度的完善是党内监督的核心。关于构建党内监督体系,习近平总书记指出,“依规治党,就要进一步完善党内监督制度”,建立健全党中央统一领导,党委(党组)全面监督,纪律检查机关专责监督,党的工作部门职能监督,党的基层组织日常监督,党员民主监督的党内监督体系。在党内监督机制上,纪委以结构性改革提升党内监督效能,做出了创造性的突破。推动党的纪律检查工作双重领导体制具体化、程序化、制度化,强化上级纪委对下级纪委的领导,保障了双重领导体制功能的落实到位,增强了监督的相对独立性和权威性。

巡视制度是推动党内监督向纵深发展的强大动力。习近平总书记指出:“巡视是党章赋予的重要职责,是加强党的建设的重要举措,是从严治党、维护党纪的重要手段,是加强党内监督的重要形式。”①2016 年 11 月 2 日,在第十一轮巡视工作动员部署会议上,王岐山同志强调,巡视要以党章党规党纪为“尺子”,对党的组织做全面“体检”,把《关于新形势下党内政治生活的若干准则》和《中国共产党党内监督条例》高高举起,同贯彻落实廉洁自律准则、党纪处分条例、巡视工作条例、问责条例以及干部“能上能下”和防止“带病提拔”的规定结合起来,用好从严治党的制度利器。

批评和自我批评是党内监督的重要武器。习近平总书记指出:“批评和自我批评是一剂良药,是对同志、对自己的真正爱护”,要“大胆使用,经常使用,使之越用越灵、越用越有效”。批评的实质是以人为镜,让别人监督自己就是帮自己找毛病。自我批评的实质是自我剖析,以内心的自觉来督促自己改善自己。党的领导干部应当强化自我约束,经常对照党章检查自己的言行,自觉遵守党内政治生活准则、廉洁自律准则,加强党性修养,陶冶道德情操,永葆共产党人政治本色。党的十八大以来,批评和自我批评作为加强党内监督的利器得到进一步强化和升华,党内生活中存在的种种不良风气得到切实纠

① 习近平:《在中央政治局常委会审议〈关于中央巡视工作领导小组第一次会议研究部署巡视工作情况的报告〉时的讲话》,2013 年 4 月 25 日。

正，党内生活总体上呈现出积极健康的发展态势。①

党内监督与党外监督相结合。对我们党来说，内部监督是根本的，外部监督是必要的补充。习近平总书记指出："我们党有严密的组织性和纪律性，党的根本宗旨是全心全意为人民服务，那么接受组织和人民监督就天经地义。"②在强化党内监督的同时，还应当支持和保证同级人大、政府、监察机关、司法机关等对国家机关及公职人员依法进行监督，人民政协依章程进行民主监督，审计机关依法进行审计监督。党内监督和党外监督相结合，既注重强化自身，不忘根本，又推动党务公开、拓宽监督渠道，虚心接受群众批评，接受舆论监督。只有以党内监督带动其他监督、完善监督体系，才能为全面从严治党提供有力制度保障。

实践反复证明，多一分监督，就少一分犯错误的可能，也就少一分东窗事发后的悔恨。所以，习近平总书记强调，各级党组织必须明白，加强党风廉政建设，加强对干部的监督，是对干部的爱护；放弃了这方面责任，就是对党和人民、对干部的极大不负责任。应切实加强对干部的日常监督管理，做到严早、严小、严预防，抓早、抓小、抓苗头，对干部身上出现的苗头性、倾向性问题，该提醒的及时提醒，该批评的严肃批评，该纠正的坚决纠正，促进干部健康成长。③

3. 效果如何

2016年在党内监督方面，坚持不懈纠正"四风"，持之以恒落实中央八项规定精神，严肃纪律，严惩腐败，全面加强和改进新形势下的党内监督工作，党风政风为之一新，党心民心为之振奋。具体成效表现在如下方面。

第一，在监督态度上坚持"零容忍"，在违纪惩处上确保了"无禁区"。一方面，从细处着眼、小处着手、实处着力，对党员干部的作风之弊、行为之垢来

---

① 张东明：《没有监督的权力必然导致腐败——学习习近平总书记关于党内监督的重要论述》，《学习时报》2017年2月27日。

② 《习近平在中共中央政治局第二十六次集体学习时强调时时铭记事事坚持处处上心 以严和实的精神做好各项工作》，2015年9月12日，http://news.xinhuanet.com/politics/2015-09/12/c_1116543029.html。

③ 刘诗富：《十八大以来党内监督的理论成果、实践探索与现实思考》，《甘肃理论学刊》2016年第6期。

一次大排查、大检修、大扫除。另一方面,坚持有纪必依、执纪必严、违纪必究,“老虎”“苍蝇”一起打,切实做到党纪面前人人平等、遵守党纪没有特权、执行党纪没有例外。

第二,以制度明职责,在监督手段上打出了“组合拳”。在监督主体上实行“责任制”,聚焦中心任务,明确职责定位,理顺体制机制,为各级纪委更好行使监督权、履行监督责任提供保障。《党内监督条例》与《中国共产党问责条例》《中国共产党纪律处分条例》等党内法规密切协调,把完善监督、目标考核、责任追究有机结合起来,形成党内监督制度执行的强大推动力,党内监督取得明显实效。党内监督工作始终把继承传统和改革创新结合起来、制定目标和狠抓落实结合起来、分类指导和统筹协调结合起来、当前工作和长治长效结合起来,在全面从严治党的实践中明确了党内监督的实现途径,从方法上解决了如何监督的问题。

第三,在监督范围上实现了“全覆盖”,健全派驻机构设置,切实发挥派驻监督和巡视监督制度的威慑力。2016 年巡视工作不断深入推进,按照《中国共产党巡视工作条例》,实现巡视全覆盖,有力推动了党内监督向纵深发展。2016 年 5 月 5 日至 7 日,军队派驻监督工作正式展开。军委纪律检查委员会向军委一些机关部门和各战区等 10 个单位派驻纪检组,标志着军队派驻纪检组进入党内监督序列,进一步完善了全党纪检监察体系。实现中央一级党政军机关的全面派驻是加强党内监督的重要途径,充分发挥“派”的权威和“驻”的优势,使党内监督不留死角、没有空白,强化党的领导。①

第四,探索新的监督方式,开展国家监察制度改革试点。党的十八届六中全会提出要使党内监督和国家监察相互配套、相互促进。2016 年 11 月 7 日,中央办公厅印发的《关于在北京市、山西省、浙江省开展国家监察体制改革试点方案》指出要设立国家监察委员会,监察委员会由省(市)人民代表大会产生,要求党的纪律检查委员会、监察委员会合署办公,建立健全监察委员会组织架构,明确监察委员会职能职责,建立监察委员会与司法机关的协调衔接机

---

① 《军委纪委向全军派驻 10 个纪检组系解放军历史上首次》,2016 年 5 月 6 日,见 http://news.xinhuanet.com/mil/2016-05/06/c_128963111.htm。

制，强化对监察委员会自身的监督制约。2016 年 12 月 25 日，第十二届全国人大常委会第二十五次会议通过了《全国人大常委会关于在北京市、山西省、浙江省开展国家监察体制改革试点工作的决定》，决定从 2016 年 12 月 26 日起，将试点地区人民政府的监察厅（局）、预防腐败局及人民检察院查处贪污贿赂、失职渎职以及预防职务犯罪等部门的相关职能整合至监察委员会，这标志着国家监察体制改革试点工作正式拉开序幕。这一重大改革是党内权力监督和制约的顶层设计，是中国政治体制改革的重要一步，是我国从行政监察到国家监察的质的跨越，也是完善党内监督的重要制度机制。

（五）党内政治生活

开展严肃认真的党内政治生活，是我们党的优良传统和政治优势。在长期实践中，我们党坚持把开展严肃认真的党内政治生活作为党的建设重要任务来抓，形成了以实事求是、理论联系实际、密切联系群众、批评和自我批评、民主集中制、严明党的纪律等为主要内容的党内政治生活基本规范，为巩固党的团结和集中统一、保持党的先进性和纯洁性、增强党的生机活力积累了丰富经验，为保证完成党在各个历史时期中心任务发挥了重要作用。①

党的十八大以来，习近平总书记从全面从严治党的战略高度出发，针对当前党内存在的突出问题，在多次讲话当中都特别强调严肃党内政治生活、净化党内政治生态。2016 年 6 月，习近平总书记在主持中央政治局第 33 次集体学习时的讲话中，提出了关于严肃党内政治生活、净化党内政治生态的具体要求，强调要固本培元，把加强思想政治建设摆在首位，引导党员特别是领导干部筑牢信仰之基、补足精神之钙、把稳思想之舵，坚定中国特色社会主义道路自信、理论自信、制度自信、文化自信，增强党的意识、党员意识、宗旨意识，坚守真理、坚守正道、坚守原则、坚守规矩，做到以信念、人格、实干立身。这是党内政治生活的方法论，其具体要求就是"严肃党的政治纪律和政治规矩，增强党内政治生活的政治性、时代性、原则性、战斗性，全面净化党内政治生态"②。"严肃党

① 《习近平在六中全会上关于〈准则〉〈条例〉的说明》，《人民日报》2016 年 11 月 3 日。

② 习近平：《在庆祝中国共产党成立 95 周年大会上的讲话》，2016 年 7 月 1 日，见 http://news.xinhuanet.com/politics/2016-07/01/c_1119150660.htm。

内政治生活、净化党内政治生态是伟大斗争、伟大工程的题中应有之义,是我们党坚持党的性质和宗旨的重要法宝,是我们党实现自我净化、自我完善、自我革新、自我提高的重要途径","严肃党内政治生活是一篇大文章"①。

1.《关于新形势下党内政治生活的若干准则》

党的十八届六中全会审议通过了《关于新形势下党内政治生活的若干准则》(以下简称《若干准则》),就新形势下加强和规范党内政治生活作出全面部署,为严肃党内政治生活、净化党内政治生态提供了基本遵循。《若干准则》提出了坚定理想信念、坚持党的基本路线、坚决维护党中央权威、严明党的政治纪律、保持党同人民群众的血肉联系、坚持民主集中制原则、发扬党内民主和保障党员权利、坚持正确选人用人导向、严格党的组织生活制度、开展批评和自我批评、加强对权力运行的制约和监督、保持清正廉洁的政治本色等十二个方面要求。新老准则风格一致、相互联系、一脉相承,都是当前和今后一个时期内党内政治生活必须遵循的。《若干准则》对于更好进行具有许多新的历史特点的伟大斗争、推进党的建设新的伟大工程、推进中国特色社会主义伟大事业,经受"四大考验"、克服"四种危险"具有重大意义。

2. 如何实施

党要管党必须从党内政治生活管起,从严治党必须从党内政治生活严起。历史经验表明,我们党作为马克思主义政党,必须旗帜鲜明讲政治,严肃认真开展党内政治生活:加强和规范党内政治生活落实,必须全党一起动手,增强党内政治生活的"四性";加强党内政治文化建设,引领党内政治生活;开好民主生活会,严肃党内政治生活;抓住领导干部这个"关键少数",以上率下,要从中央委员会、中央政治局、中央政治局常务委员会做起。具体而言,应从以下方面展开工作。

增强党内政治生活的"四性"。全面提高党内政治生活质量,关键是着力增强党内政治生活的政治性、时代性、原则性、战斗性。"四性"是党内政治生活的基本特征,反映党内政治生活的本质要求,具有很强的现实针对性,必须

① 《习近平在中共中央政治局第三十三次集体学习时强调严肃党内政治生活净化党内政治生态为全面从严治党打下重要政治基础》,《人民日报》2016 年 6 月 30 日。

以此作为重要抓手,重点发力、协同发力。习近平总书记在省部级主要领导干部专题研讨班上的重要讲话中专门强调:“增强党内政治生活的政治性,就是党内政治生活要把握坚定正确的政治方向,引导党员、干部自觉维护党中央权威、维护党的团结和集中统一。增强党内政治生活的时代性,就是党内政治生活要紧跟时代步伐、聆听时代声音、回答时代课题,及时发现和解决党内出现的新问题,使党内政治生活始终充满活力。增强党内政治生活的原则性,就是党内政治生活要坚持党的思想原则、政治原则、组织原则、工作原则,按原则处理党内各种关系,按原则解决党内矛盾和问题。增强党内政治生活的战斗性,就是党内政治生活要旗帜鲜明坚持真理、修正错误,勇于开展批评和自我批评,使每个党组织都成为激浊扬清的战斗堡垒,使每个党员都成为扶正祛邪的战斗员。”

加强党内政治文化建设。习近平总书记在党的十八届六中全会上强调加强党内政治文化建设,政治文化是政治生活的灵魂,对政治生态具有潜移默化的影响。要注重加强党内政治文化建设,不断培厚良好政治生态的土壤。党内政治文化渗透于党内生活和党的建设的方方面面,对党的全部活动起着极为重要的指导作用。增强党内先进政治文化的自觉自信,是遏制庸俗、腐朽政治文化影响的紧迫需要。① 要把加强党内政治文化建设纳入党的建设中来,让先进的党内政治文化引领党内政治生活,提升党内法规制度的执行力,培育和涵养风清气正的政治生态。

开好民主生活会。民主生活会是党内政治生活的重要内容,是发扬党内民主、加强党内监督、依靠领导班子自身力量解决矛盾和问题的重要方式。坚持和完善民主生活会制度,是保证党的团结统一、保持党的先进性和纯洁性的一大法宝。2016 年 12 月 23 日,党中央印发《县以上党和国家机关党员领导干部民主生活会若干规定》。各地区各部门各单位按照中央要求,陆续召开 2016 年度党员领导干部民主生活会。各级党委(党组)以中央政治局民主生活会为标尺,把开好年度民主生活会作为严肃党内政治生活、加强党内监督的重要措施,作为贯彻落实该规定的生动实践,坚持从严从实要求,突出问题导

① 李斌雄:《用先进文化的自觉自信引领党内政治文化建设》,《人民论坛》2017 年第 8 期。

向,按照规定程序,落实主体责任,确保开出高质量好效果。

抓住领导干部这个"关键少数"。必须抓住领导干部这个"关键少数",以此带动基层广大党员严守纪律规矩,必须从严抓好思想建设,切实增强"四个意识",严格落实"三会一课"、民主评议党员、组织生活会等各项制度,推动全面从严治党抓在日常、严在经常。

3. 效果如何

各地为严肃党内政治生活,纷纷在细化、具体化上下功夫,结合当地实际,通过创新载体、强化督查、出台制度等举措,烧旺党内政治生活"大熔炉",筑牢从严治党的政治根基,如湖北、福建等地过好"支部主题党日",推动党内政治生活在广大党员中落地生根。① 为确保党内政治生活的严肃化、规范化,不少地方强化督导、严格检查,对党内组织生活开展不严肃、不规范、不合格等问题实行问责,以此推动各基层党组织扎实认真开展组织活动,让广大党员不断锤炼党性,增强行动自觉。山东、河北、辽宁等地均把加强制度建设作为严肃党内政治生活的重要抓手,通过出台和完善制度,实现党员政治生活的正常化、规范化。一些地方将制度建设作为抓手,找到了党内政治生活正常化的着力点,"这可以使党内政治生活的根基更稳,也让党员参与党内政治生活更加有序"②。抓建章立制同时,更要抓制度落地,防止制度空转。

《若干准则》为我们进一步严肃党内政治生活,解决目前党内政治生活中存在的各种问题,提高党内政治生活的政治性、时代性、原则性、战斗性,提供了基本遵循。针对新情况新问题严肃党内政治生活,《若干准则》以改革创新精神补齐制度短板,真正使党的组织生活、党员教育管理严起来、实起来。《若干准则》增强了党员干部的角色意识和政治担当,在严肃认真的党内生活中锻造政治品格和理想信念,从而夯实全面从严治党的政治根基。

三、2016年查处违反党内法规的总体情况

2016年,全国纪检监察机关共处置反映问题线索73.4万件,初步核实

① 孟祥夫:《严肃党内政治生活正提速》,《人民日报》2017年1月17日。

② 孟祥夫:《严肃党内政治生活正提速》,《人民日报》2017年1月17日。

53.4 万件次，给予纪律轻处分 31 万人，给予纪律重处分 10.5 万人，严重违纪涉嫌违法移送司法机关的 1.1 万人；全国共查处违反中央八项规定精神问题 4.1 万起，处理党员干部 5.8 万人，给予纪律处分 4.3 万人；全国共有 990 个单位党组织和 1.7 万名党员领导干部被问责，立案 780 件，给予纪律处分 730 人。① 累计通报全国纪检监察机关查处的违反中央八项规定精神问题有 40827 起；点名道姓通报侵害群众利益的不正之风和腐败问题 1803 起、点名通报扶贫领域腐败问题典型案例 122 起。② 以上数据表明，2016 年党内法规制度在管党治党方面发挥了有效作用，纪检监察和问责形成了有力震慑。

可以说，2016 年是审判“老虎”年，也是震慑“蝇贪”年。纪委既充分发挥巡视的作用，“回头看”杀出“回马枪”，也注重打铁自身硬，防止“灯下黑”，以最坚决的态度清理门户：一方面加强党内规章制度建设，立规矩，筑好制度的笼子，另一方面也通过以上带下，以身作则，建立风清气正的政治生态。2016 年，以习近平同志为核心的党中央身体力行、率先垂范，坚定推进全面从严治党，坚持思想建党和制度治党紧密结合，集中整饬党风，严厉惩治腐败，净化党内政治生态，党内政治生活展现新气象，赢得了党心民心，为开创党和国家事业新局面提供了重要保证。

（一）审判“老虎”

最高人民检察院工作报告显示，2016 年立案侦查职务犯罪 47650 人，其中原县处级干部 2882 人、原厅局级干部 446 人。依法对王珉等 21 名原省部级干部立案侦查，对令计划、苏荣、白恩培等 48 名原省部级以上干部提起公诉。③ 2016 年尤为值得注意的是，被提起公诉的原省部级以上干部的数量为

---

① 《王岐山在十八届中央纪委七次全会上的工作报告》，2017 年 1 月 20 日，见 http://www.ccdi.gov.cn/xxgk/ldjg/wqs/zyhd/201701/t20170120_93098.html。

② 《监察部 2016 年度信息公开工作报告》，2017 年 4 月 11 日，见 http://www.ccdi.gov.cn/xxgk/xxgknb/201704/t20170411_97156.html。

③ 《最高人民检察院工作报告（2017 年 3 月 12 日曹建明）》，2017 年 3 月 20 日，见 http://www.spp.gov.cn/gzbg/201703/t20170320_185861.shtml。

史无前例的48名之多,而这个数据在2015年为22人①,2014年为28人②。2016年成为当之无愧的“老虎”审判年。这些“老虎”中,若论级别最高,当属十八大以来查处的副国级高官“第四虎”令计划和“第五虎”郭伯雄。这些获刑的省部级及以上官员,无一例外都被指受贿。从受贿金额上来看,白恩培、朱明国、金道铭、万庆良4人受贿均过亿元,而白恩培受贿金额折合人民币2.46亿余元之多。这组数据反映了2016年反腐力度之大,决心之强,尤其是十八届六中全会以来在全面从严治党方面取得的显著成就。

2016年,从严治党覆盖范围不断全面深入,反腐力度上再创新高,在反腐机制上更加成熟,制度的权威得到空前提高。省部级、副国级、军队内部的“大老虎”逐一落马,传递出一个共同的信号:党内和军内绝不允许有特殊党员,法治之下绝没有免罪的“丹书铁券”,任何人触犯了党纪国法都要依纪依法严肃查处。党内法规制度建设真正做到了制度前没有例外,制度内没有特权,制度高于任何个人权威。

(二)震慑“蝇贪”

2016年,我们党在“打老虎”的同时,也注重“拍苍蝇,惩微腐”,治理群众身边的腐败问题和扶贫领域的腐败问题。“基层腐败的治理是反腐败漫漫征程中的最后‘一公里’,也是最关键的‘一公里’,是决定反腐败能否赢得民心的‘一公里’,也是决定反腐能否最终取得胜利的‘一公里’。”③“大老虎”太远,眼前“苍蝇”每天扑脸。“大老虎”受到了惩处之后,人民群众更希望那些侵害自己利益、每天扑面的“苍蝇”同样也得到惩治。人民的获得感,是一个国家最宝贵的财富,而发生在基层的一些“苍蝇式腐败”,侵害群众切身利益,啃食群众的获得感,极大地损害了党和政府的形象。在中国扶贫攻坚工作实施精准扶贫方略的背景下,惩治扶贫领域的腐败,更是显得尤为必要。

---

① 《最高人民检察院工作报告(2016年3月13日曹建明)》,2017年3月20日,见http://www.spp.gov.cn/gzbg/201603/t20160321_114723.shtml。

② 《最高人民检察院工作报告(2015年3月12日曹建明)》,2017年3月20日,见http://www.spp.gov.cn/gzbg/201503/t20150324_93812.shtml。

③ 陈磊:《二〇一六年中国反腐败呈现三大亮点》,《法制日报》2016年12月17日。

2016 年 1 月至 11 月，全国共查处侵害群众利益问题 70369 件，处理 86320 人，其中，扶贫领域腐败问题 13285 件，处理 16487 人，占有相当大的比例。[①] 检察系统在征地拆迁、社会保障、涉农资金管理等民生领域查办“蝇贪”17410 人。[②] 这些数据表明，“苍蝇”虽小，但是对群众的侵害却是非常深远，对党员队伍干部纯洁性的破坏更是无穷的。

纪检机关和检察机关等有关部门将有效惩治和预防扶贫领域的违纪和职务犯罪作为工作重点，形成了有力震慑。2016 年 1 月，中国共产党第十八届中央纪律检查委员会第六次全体会议将“坚决整治和查处侵害群众利益的不正之风和腐败问题，切实加强基层党风廉政建设”作为 2016 年的重点工作。为有效惩治和预防扶贫领域的职务犯罪，从 2016 年开始，最高人民检察院和国务院扶贫开发领导小组办公室共同开展为期 5 年的集中整治预防扶贫领域职务犯罪工作。[③] 2016 年 7 月颁布的《中国共产党问责条例》规定，对损害群众利益的不正之风和腐败问题突出的，应追究主体责任、监督责任和领导责任。2016 年 8 月，中央纪委在通报中明确要求：“要认真贯彻《中国共产党问责条例》，对责任落实不力导致扶贫领域损害群众利益不正之风和腐败问题突出的，严肃追究有关党委、纪委、职能部门党组织和党的领导干部的责任。”

相比以往简单查处的方式，2016 年在惩治和预防“蝇贪”问题上又有了制度创新。党的十八大以来，经常性地点名道姓通报曝光，是纪检监察机关行之有效的工作方法。2016 年以来，中央纪委直接对侵害群众利益典型问题进行分批次、分专题通报曝光，其中，中央纪委监察部网站于 2016 年 8 月、11 月分两次通报曝光了扶贫领域重点督办的 18 起典型问题[④]。全国共点名道姓通

---

① 《突出重点精准发力坚决整治和查处侵害群众利益问题》，2017 年 1 月 4 日，见 http://www.ccdi.gov.cn/special/sbjqcqh/jjqh_sbjqzqh/201701/t20170104_92227.html。

② 《最高人民检察院工作报告（2017 年 3 月 12 日曹建明）》，2017 年 3 月 20 日，见 http://www.spp.gov.cn/gzbg/201703/t20170320_185861.shtm。

③ 王治国、王地、李郁军：《最高检和国务院扶贫办联合部署开展为期 5 年的集中整治和加强预防扶贫领域职务犯罪专项工作》，《检察日报》2016 年 2 月 24 日。

④ 《中央纪委公开曝光九起扶贫领域腐败问题典型案例》，2016 年 8 月 1 日，见 http://www.ccdi.gov.cn/special/jdbg3/zyjw_bgt/sffbwt_jdbg3/201608/t20160818_85502.html。《中央纪委公开曝光九起扶贫领域腐败问题典型案例》，2016 年 11 月 8 日，见 2016-11-07http://www.ccdi.gov.cn/yw/201611/t20161108_89275.html。

报侵害群众利益的不正之风和腐败问题1803起、扶贫领域腐败问题典型案例122起①,形成有力震慑。点名道姓通报曝光,发挥了警示震慑作用,同时还有效传导压力,督促各级党组织切实担负起管党治党责任,传递出正风肃纪正能量。中央纪委在通报扶贫领域腐败问题典型案例时明确指出,“要坚持通报制度,典型案例一律公开曝光,形成持续震慑,发挥警示效应”。

(三)“回头看”巩固巡视成果

习近平总书记在中央纪委全会上的历次讲话中,都将巡视工作视作部署的重点,强调要让巡视成为“国之利器、党之利器”②。反腐败斗争中,巡视发挥了重要作用,其“战绩”有目共睹。2016年,中央巡视组分3轮、巡视91个中央部门党组织,完成对中央和国家机关巡视全覆盖。在集中巡视中央部门的同时开展了三轮巡视“回头看”,紧紧围绕党的领导、党的建设、全面从严治党、党风廉政建设和反腐败工作,检查落实党的路线方针政策、执行党的纪律和选人用人等情况,检查纪检机关履行监督责任情况。③

应该说,巡视的全覆盖已经让大多数党员干部受到警醒、心生敬畏。然而,仍有一些人存在错误认识。有些人低估党中央从严治党的坚定决心,认为巡视是一阵风,认为“风头”过去了,就可以继续我行我素。有些人心存侥幸,认为问题没被巡视组查出来,是自己“手段高”“本事大”,继而顶风作案、为所欲为。“回马枪”的杀出,意味着巡视全覆盖后绝不等于“刀枪入库、马放南山”,反腐败也绝不是一阵风,不应抱有任何应付的态度,更不可自作聪明,自以为可以瞒天过海,继续为所欲为。

党的十八大以来,中央巡视工作连续“加码”,“回马枪”杀出后,效果立竿见影。黄兴国、王珉、苏宏章、杨鲁豫、杨振超等省部级干部应声落马,打破了少数人“侥幸过关”的心态。这可以说是巡视威慑力的又一次升级,是巡视工

① 《监察部2016年度信息公开工作报告》,参见中央纪委监察部网站,http://www.ccdi.gov.cn/xxgk/xxgknb/201704/t20170411_97156.html,最后访问日期:2017年5月25日。

② 《巡视是国之利器、党之利器》,《人民日报》2016年1月19日。

③ 王岐山:《推动全面从严治党向纵深发展 以优异成绩迎接党的十九大召开》,《人民日报》2017年1月20日。

作放出的又一个“大招”。通过“回头看”,杀出“回马枪”,巡视的政治定位越来越准确,成效越来越显著。“回头看”就是再巡视,不断“查找政治偏差”,凸显党中央顽强的意志品质和党内监督的韧劲。

(四)打铁还需自身硬,防止“灯下黑”

纪检监察干部身处正风反腐第一线,承载着党和人民的厚望,也直接影响人民群众对党风廉政建设和反腐败斗争的评价和信心。习近平总书记把党章赋予纪委的职责,凝练为监督执纪问责,要求坚决防止“灯下黑”。2016 年纪检监察机关认真落实党中央要求,从组织创新和制度建设上不断加强和完善内部监督机制,以最坚决的态度清理门户,保持队伍纯洁。

党的十八大以来,中央纪委机关针对自身内部人员共处理 38 人,其中立案查处 17 人、组织调整 21 人;全国纪检监察系统共处分 7500 人,有力彰显了纪检监察机关严防“灯下黑”、越往后执纪越严的坚决态度。① 2016 年 5 月 27 日,全国纪检监察系统开展会员卡专项清退活动,带头对纪检干部违纪问题点名道姓通报曝光。纪检监察干部要以高标准要求自己,凡是要求别人做到的,纪检干部必须首先做到。对纪检监察机关内部人员,通过设立纪检监察干部监督室,专门负责对纪检监察机关内部进行监督执纪,进一步从制度上完善了内部监督机制。

由中央纪委宣传部、中央电视台联合制作的电视专题片《打铁还需自身硬》引起社会广泛关注。《打铁还需自身硬》重在讲述党的十八大以来纪委系统是怎么加强自身建设、完善内控机制,防止“灯下黑”、“清理门户”的,旨在回应党内和人民群众关切的问题,表明了纪委“权力自洁”的公正态度,体现了纪委“打铁自身硬、永远在路上”的清醒和韧劲,彰显了纪委加强自我监督、以担当诠释忠诚的态度和决心。

这些实际行动向全社会昭示,执纪者有更为严格的纪律要求,监督者必须接受监督。纪检监察机关不是天然的“保险箱”,纪检监察干部也不具有天然

---

① 王岐山:《推动全面从严治党向纵深发展 以优异成绩迎接党的十九大召开——在中国共产党第十八届中央纪律检查委员会第七次全体会议上的工作报告》(2017 年 1 月 6 日),2017 年 1 月 20 日,见 http://www.ccdi.gov.cn/xxgk/hyzl/201701/t20170120_93095.html。

的“免疫力”,监督执纪问责的过程,同其他权力行使过程一样,存在不少责任关键点和廉政风险点。对于反腐而言,纪律才是最好的“护身符”。党中央和人民群众对纪检监察干部寄予厚望,但是信任不能代替监督,作为执纪者,必须把自己摆进去,把监督执纪权力关进制度笼子,始终做到忠诚干净担当,不辜负党的信任和人民群众期盼。

(五)制度的笼子更加牢固

“把权力关进制度的笼子里”,是针对当前党风廉政建设存在问题和薄弱环节提出的新要求,是实现反腐倡廉工作法制化、制度化的重要命题。2016年,是党内法规制度建设取得长足进步的一年,是制度的笼子越来越扎紧、越来越牢固的一年。2016 年党内法规制度的铁笼,根基越来越坚实稳固,结构越来越缜密得当,制度运行的环境越来越透明通光,监管越来越到位有力。

需要注意的是,反腐不应该满足于依赖偶然事件去披露、查处腐败案件,而应该靠比较健全的制度,使贪腐被抓成为一种必然,而不是出于偶然。2016年以来,制度的笼子越来越紧,约束越来越严,管制越来越有用。2013 年初,王岐山同志曾指出:反腐败斗争要“坚持标本兼治,当前要以治标为主,为治本赢得时间”①。2016 年年初,十八届中央纪委第六次全会工作报告对 2016年纪检工作提出的总体要求是,“深化标本兼治,创新体制机制,健全法规制度”②。2016 年治标取得显著成效,更多专注于创新机制体制,健全党内法规制度,实现从制度上解决标本兼治的问题。2016 年,党的制度建设改革深入推进,党内法规制度体系不断完善。

2016 年,党内法规制度根基越来越坚实稳固。遵循权力运行的客观规律,从制度机制上防止权力过分集中、扩张甚至滥用,将各种权力都纳入制度的铁笼之中,实现党内监督全覆盖,党内问责无死角。党内法规制度扎根于党的管党治党实践中,扎根于政治经验总结中,扎根于人民群众对党的殷切期待

① 《王岐山在中央纪委委员学习贯彻党的十八大精神研讨班发言》,2013 年 7 月 29 日,见 http://www.ccdi.gov.cn/xxgk/ldjg/wqs/zyhd/201307/t20130729_44966.html。

② 《十八届中央纪委第六次全会工作报告》,2016 年 1 月 26 日,见 http://www.ccdi.gov.cn/xxgk/hyzl/201601/t20160126_73506.html。

中，这就保证制度的笼子能够承受得住各种冲击和摔打。

2016年，党内法规制度结构越来越缜密得当。制度建设着眼整体规划和统筹协调，消除制度缝隙，既重视基本制度构建，又重视规范制度操作；既重视单项制度建设，又重视配套制度建设；既重视实体制度建设，又重视程序制度建设，使各种制度彼此衔接、环环相扣，形成整体合力和闭环效应。① 在这种制度建设大局观之下，坚持统筹兼顾，使得党内法规制度立得住、行得通、管得了。

2016年，党内法规制度运行的环境越来越透明，积极运用"制度加科技"，大力推行权力公开信息化建设，保证权力行使全部、全面、全程上网公开透明，使抽象的权力变得可视、可控、可查、可纠，压缩暗箱操作和权力滥用、私用的空间。② 阳光是最好的防腐剂，公开是最好的预防针，党内法规制度运行的环境越来越透明，使得党员领导干部从不能腐向不敢腐、不想腐转变，让人民群众见证反腐、参与反腐，增强对党内法规制度建设的必胜的信念。

2016年，党内法规制度监管越来越到位有力，伸手必被抓，出笼必被罚。对"出笼"行为必须坚持露头就打，快速处理，及时纠正，这样既能提升腐败案件的处理速度与效果，又能对笼中的权力起到警示、警醒、警戒作用。③ 笼子实现了从观念层面到制度层面的转化，不再是无形的观念的构造物，而是有形的约束力、规训力，成了看得见、摸得着、碰不得、出不来的铁笼。

（六）风清气正的政治生态初步形成

习近平总书记指出，政治生态和自然生态一样，稍不注意，就很容易受到污染，一旦被破坏，再想恢复就要付出很大代价。政治生态事关从政环境，政治生态污浊，从政环境就恶劣，不良作风就会像割韭菜一样，割了一茬长一茬，甚至会让党员干部"入鲍鱼之肆久而不闻其臭"。正如聂春玉分析山西塌方腐败的原因是相互作用的过程，"山西的整体风气对我本人也有影响，我的行

---

① 参见张跃进：《构建制度"笼子"的四要素》，《光明日报》2013年7月23日。

② 参见张跃进：《构建制度"笼子"的四要素》，《光明日报》2013年7月23日。

③ 参见张跃进：《构建制度"笼子"的四要素》，《光明日报》2013年7月23日。

为对山西的风气也有影响"[①]。因而,"自然生态要山清水秀,政治生态也要山清水秀",好的政治生态,就是营造一个良好从政环境。

2016年不断提高选人用人公信度。实践证明,用一贤人则群贤毕至,党内就会风清气正;用一个群众不满意、其他干部不信服的人,就会挫伤一大批干部的积极性,甚至会导致关系学、官场术盛行。[②] 坚持正确选人用人导向,是严肃党内政治生活的组织保证。换届选举尤为考验党内政治生活。2016年查处的辽宁拉票贿选案,作为政治生活领域的典型案例,警示了广大党员干部,严肃了党内政治生态。各地在辽宁拉票贿选案后纷纷吸取经验教训,以铁的纪律、铁的手腕和铁的担当筑起"铜墙铁壁",把纪律和规矩挺在前面,严格执行党中央提出的"九严禁"要求和"九个一律"的处理规定,抓早抓小,坚决落实换届风气问责制,确保换届选举风清气正。

党的十八届六中全会通过的《关于新形势下党内政治生活的若干准则》(以下简称《若干准则》)和《中国共产党党内监督条例》(以下简称《监督条例》),把全面从严治党提升到一个新的历史高度,对于加强和规范党内政治生活、净化优化党内政治生态具有十分重要的意义。净化党内政治生态侧重于"破",就是要严格肃清不良政治风气,让党内的歪风邪气无所遁形。在彻底治理党内政治生态被污染问题、不断净化党内政治生态的基础上,还应根据党的事业发展要求不断优化党内政治生态。优化党内政治生态侧重于"立",就是要严肃党内政治生活,让党内风清气正的政治生态立起来[③],立得住,能够抵御不良政治风气。通过《若干准则》和《监督条例》,加强和规范党内政治生活,使得党内政治生活有规可依、有章可循,实现了标本兼治。

2016年,我们党勇于面对党面临的重大风险考验和党内存在的突出问题,以顽强意志品质正风肃纪、反腐惩恶,消除了党和国家内部存在的严重隐患,党内政治生活气象更新,党内政治生态明显好转,党的创造力、凝聚力、战

---

① 王梦遥:《苏荣十余亲属均涉案聂春玉大肆卖官鬻爵》,《新京报》2016年10月21日。

② 包心鉴:《不断净化优化党内政治生态》,《人民日报》2016年12月19日。

③ 包心鉴:《不断净化优化党内政治生态》,《人民日报》2016年12月19日。

斗力显著增强，党的团结统一更加巩固，党群关系明显改善，党在革命性锻造中更加坚强，焕发出新的强大生机活力，为党和国家事业发展提供了坚强政治保证。中央政治局会议作出的“反腐败斗争压倒性态势已经形成”的研判是完全符合实际的。经过一系列制度建设和执纪监督，营造良好政治生态取得重要成果，可以说，2016 年风清气正的政治生态初步形成。

四、2016 年党内法规实施的媒体评价

媒体是了解党内法规制度建设成效的窗口。2016 年，党内法规制度建设引起了强烈的社会反响，国内外媒体进行了密集报道，其中既有国内官方媒体的及时解读和精彩点评，也有外媒的高度评价和点赞，更有新媒体迅猛发展助力党内法规制度建设和执纪监督。媒体评价对党内法规制度建设的成效进行了多角度、多层次的展现，也表明了 2016 年党内法规制度建设取得了显著的舆论口碑和社会效果。

（一）各方媒体对党内法规制度建设评价综述

党的十八大以来，以习近平同志为核心的党中央高度重视党的建设，把全面从严治党纳入“四个全面”战略布局，坚持思想建党与制度治党相结合、依规治党与以德治党相统一，不断扎紧扎密扎牢制度的笼子。各方媒体对党内法规制度建设的历程保持着高度关注，从不同层面和角度发表了一系列的评论与观点。总览 2016 年媒体对党内法规制度建设作出的报道与评论，可以发现，各方媒体的关注点比较集中，观点也较为一致，折射出了党内法规制度建设的总体特点。具体而言，这些观点集中在如下方面。

1. 党内法规制度建设进入“快车道”

在媒体眼中，2016 年是党内法规制度建设取得飞速进展的一年，不仅速度有了极大的提升，而且制度建设进入高速轨道，成为一种不可逆转的趋势。这一年，快马加鞭，党规党纪笼子越扎越紧。

党内法规制度建设推进步伐明显加快，制定出台一大批重要党内法规。2016 年不仅出台党内法规数量多、分量重，而且新法规多次“联袂”出现。

2015年10月,新修订的《中国共产党廉洁自律条例》与《中国共产党纪律处分条例》同时公布并同天开始实施。2016年10月27日,中国共产党第十八届中央委员会第六次全体会议审议通过了《关于新形势下党内政治生活的若干准则》和《中国共产党党内监督条例》这两份重要党内法规。

党的十八届四中全会通过的《中共中央关于全面推进依法治国若干重大问题的决定》要求"形成完善的党内法规体系"。党内法规多次"联袂"面世,既表明党内法规制度建设的规律性在增强,也是党中央加大党内法规制度建设力度、加快党内法规制度建设进度的直观体现,有利于早日形成完善的党内法规体系,促进党的建设制度化、规范化、程序化。可以说,党内法规制度建设进入了"快车道",后续精彩可以预期。①

新法规多次"联袂"出现,表明党内法规制度建设以前所未有的速度在推进,真正进入了"快车道"。

党的十八大以来,在以习近平同志为核心的党中央高度重视下,党内法规制度建设坚定向党中央看齐,向党的理论和路线方针政策看齐,全面发力、多点突破,一系列具有标志性、关键性、引领性的法规制度陆续出台,呈现"板块式"前进的良好态势。②

2016年,成果丰硕,全面从严治党力度空前,党内监督全覆盖,反腐败力度加大,惩处力度加强,反腐败和作风建设取得了重大成果。

反腐败取得了阶段性成果,反腐败制度建设正在提速,这必将给人民群众以极大的信心。六中全会吹响了新的号角,在以习近平同志为核心的党中央带领下,我国反腐败斗争一定会继续深入,人民群众的获得感会

① 邓联繁:《党内法规制度建设的新标杆》,《光明日报》2016年11月20日。

② 《为全面从严治党提供制度保障——以习近平同志为总书记的党中央推进依规治党纪实》,《人民日报》2016年4月19日。

更强，党和国家的肌体必将越来越健康。①

虽然成效是显著的，但是时刻牢记，反腐“永远在路上”，作风建设“永远在路上”，制度建设“永远在路上”，赶考“永远在路上”。

回顾这一年，中国共产党党内法规制度建设成效显著，全面从严治党不断向纵深推进。在中国共产党人永不停歇的赶考路上，在中华民族伟大复兴的历史坐标上，2016 年，值得铭记。②

2016 年，党内法规制度建设进入了“快车道”，一路向前驶去！在以习近平同志为核心的党中央坚强领导下，依规治党正迈开更为坚实的步伐，这必将为协调推进“四个全面”战略布局，为党和国家长治久安提供坚强制度保障。

2. 党内法规制度建设频出“大手笔”，翻开“新篇章”，塑造“里程碑”

自 2016 年 1 月 1 日起开始施行的《中国共产党廉洁自律准则》和《中国共产党纪律处分条例》，掀开全面从严治党的新篇章。新准则和新条例用“纪言纪语”代替“法言法语”就是一个体现。

2015 年 10 月 16 日，新准则和条例刚审议通过，中央纪委监察部网站发布的几则消息就特别引人关注：周本顺、杨栋梁、潘逸阳、余远辉严重违纪被开除党籍和公职。

不同以往，此次通报的表述大不一样：看标题，“严重违纪被开除党籍和公职”之中没有了以往经常出现的“违法”二字；看正文，过去惯用的“收受贿赂”、“行贿”等字眼也不再出现，行文布局主要体现违纪问题，而非违法问题。

用“纪言纪语”代替“法言法语”，这次发布是对新条例的应用示范，也是新准则和新条例的重大变化之一。③

---

① 姜洪：《六中全会：反腐败制度建设持续发力》，《检察日报》2016 年 11 月 1 日。

② 罗旭：《全面从严治党新坐标：制度治党在路上》，《光明日报》2016 年 12 月 30 日。

③ 舒小铃：《党内新规实施从严治党掀开新篇章》，《四川党的建设（农村版）》2016 年第 2 期。

党的十八届六中全会,是在全面建成小康社会决胜阶段召开的一次十分重要的会议。全会主题重大、影响深远,在中国共产党发展史上具有重要的里程碑意义。六中全会的历史性贡献之一,就是在实践探索上,以习近平同志为核心的党中央对加强和规范党内政治生活、加强党内监督进行了顶层设计,为我们党带领全国人民进行具有许多新的历史特点的伟大斗争提供了制度保障。

> 十八届六中全会总结了我们党开展党内政治生活的历史经验,分析了全面从严治党面临的形势和任务,部署了全面从严治党的重大战略,谱写了全面从严治党的新篇章。①

党的十八届六中全会,是我们党历史上首次以“全面从严治党”为主题的中央全会,它使得党内法规更加完备,体系更健全,是新形势下党建史上的重要里程碑。

> 党的十八大以来,以习近平同志为核心的党中央以“八项规定”为突破口,以党的群众路线教育实践活动为抓手,以及时顺应人民的要求为动力,开创了党的建设新的伟大工程的时代篇章。②

十八届六中全会通过了《关于新形势下党内政治生活的若干准则》和《中国共产党党内监督条例》,形成了一个党章、若干准则、系列条例的制度体系,使得全面从严治党有规可循,标志着全面从严治党向制度化方向纵深发展。

3. 党内法规制度建设敢啃“硬骨头”

全面深化改革是一场深刻的革命,遵循着先易后难的顺序,很多容易改的问题,已经得到有效解决。留下来的大多是比较难啃的硬骨头,需要破解的大

---

① 陶文昭:《谱写全面从严治党的新篇章》,《北京日报》2016年10月31日。

② 张荣臣:《奏响党的建设新的伟大工程的华彩乐章——十八大以来习近平总书记关于党的建设的新思想、新观点、新论断、新要求述要》,《光明日报》2016年4月6日。

多是顽症痼疾，必然触及深层次矛盾问题和深层次利益关系。党内法规制度建设也是一样。党的十八大以来，党的制度建设已经解决了很多容易解决的问题，留下来的就是几块比较难啃的硬骨头，涉及反腐的力度和深度问题，涉及党内存在的顽固的作风问题，涉及反腐的全球合作和追赃问题，最深层次、最为根本问题的还是要通过制度建设，建立"不能腐"的防范机制。任何改革事业，没有过硬的作风，没有一股子劲头，就走不出一条新路，就干不出新的事业。2016 年党内法规制度建设已经到了敢啃"硬骨头"的阶段了。

第一块"硬骨头"是反腐的加大力度与持续深入，继续坚持反腐无禁区，党内无特权。

> 2016 年的反腐"打虎"之战不同于往年，主要体现在对落马贪官的审理和宣判上。
>
> 从时间上来看，十八大后落马的贪官，到了 2016 年大部分依法定程序都进入了公诉期和审判期。
>
> 所以，对于这些大老虎的依法宣判，成为 2016 年打虎亮点。法院认定他们的受贿数额有的过亿，但最终他们领到的刑期也表明，他们将为此付出沉重的代价。
>
> 同时，法庭上头发花白的"老虎"们垂泪痛悔的样子，相信也深深地印在了许多人的脑海中。
>
> 2016 年是审判"大老虎"最多之年，也出现了首个被判死刑的贪官以及首个根据刑九修正案被适用终身监禁的贪官。此外，10 余位落马省部级及以上大老虎在电视上集中"露脸"，讲述自己如何走上贪腐之路。①

如此之多的省部级大老虎被审判，如此高金额的贪腐被查出，说明 2016 年确实啃下了不少"硬骨头"，也表明作为党内法规制度建设的重点的反腐的

---

① 《2016 年"打虎"盘点：审判"大老虎"最多》，2016 年 12 月 22 日，见 http://finance.ifeng.com/a/20161222/15094268_0.shtml。

力度在不断加大,真正坚持了反腐无禁区,党内无特权。

第二块“硬骨头”是作风建设问题,管党治党要深入党的基层组织、管到细枝末节、治到生活作风的问题。

> 祛除“四风”顽疾是作风建设的着力点,也是深化改革的聚焦点。“四风”问题与全面深化改革的要求水火不容,是阻碍改革的最大障碍。作风问题解决不好,改革就会偏离方向,“四风”不除,则改革难以奏效。要打破利益固化藩篱,啃掉改革中的硬骨头,这不仅是对党员干部思想政治能力、动员组织能力、驾驭复杂矛盾能力的考验,更是对党员干部思想作风、宗旨意识、进取意识、机遇意识、责任意识的重大考验。
>
> 改革没有完成时,作风建设永远在路上。“四风”具有反复性和顽固性,不可能一蹴而就、毕其功于一役。要按照习近平总书记的要求,在抓常、抓细、抓长上下苦功夫、硬功夫,驰而不息地防反弹、防变异、防传染,用改革的办法、刚性的制度规定和严格的制度执行,确保改进作风规范化、常态化、长效化。①

反“四风”作为党内法规建设的重点,不仅实现了制度化和常态化,而且上升到了党员干部的观念,影响了全党的行为,使得党风政风为之一振。这说明,2016年反“四风”啃下了“硬骨头”,真正将作风建设问题抓到实处,管党治党深入党的基层组织,全面从严治党严到细枝末节、治到生活作风的问题。

第三块“硬骨头”是海外追逃。

> 开展国际追逃追赃,对象在国外,基础在国内,首先要摸清底数。如果自己都是一本糊涂账,又怎么能够主动出击!只有把数字搞准确,把工作做扎实,追逃追赃才会有底气、更硬气。党的十八大以来,中央反腐败协调小组制定党员和国家工作人员外逃信息统计报告制度,从中央到县一级层层建立外逃人员数据库,及时更新、动态管理,基本摸清了底数,掌

---

① 孙春兰:《用硬作风去啃硬骨头》,《求是》2014年第17期。

握了情况，为开展国际追逃追赃工作夯实基础，打开了新局面。①

“天网 2016”已经全面启动，这是贯彻中央纪委六次全会部署的具体行动。天网恢恢，疏而不漏。不管腐败分子跑到哪里，跑出去多久，都要一追到底。即使他们逃到天涯海角，也一定将其追回来绳之以法，尚有一人在逃，追逃追赃就决不停止。

中国生动的反腐败工作吸引了全球的注意力。强大的舆论声势让我们的反腐败国际追逃追赃赢得了海内外广泛支持，特别是海外华人华侨也主动加入到追逃追赃的阵容中，他们有的为国内提供线索，有的积极参与劝返。美国、加拿大、澳大利亚、新西兰等外逃分子主要隐匿国也用加强执法合作的行动表达了“不想成为中国贪官避风港”的意愿，这一切，不仅让腐败分子的外逃之路越走越窄，更使我国追逃追赃的道路越走越宽。②

通过制度建设，借力于追逃技术和心理战术，2016 年在追逃方面取得了决定性的胜利，不仅是追逃数量多，而且形成了对漏网之鱼的在逃人员的强大震慑。我们坚信，继续加强追逃的决心和毅力，继续完善追逃制度和技术手段，不遗余力加强追逃追赃工作，一定可以让追逃不再成为党内法规制度建设中的一大难题，彻底啃下这块“硬骨头”。

第四块“硬骨头”是建立“不能腐”的防范机制。

党中央正在用制度编织从严治党的“笼子”，制度治党的思路正在逐步转化为管住权力的有效机制，制度治党机制开始形成。治理腐败不只是要打“老虎”拍“苍蝇”，更多是要预防和约束，通过制度建设来提高领导干部的守纪意识。面对党的十八大以来高压的反腐态势，中国纪检监察学院原副院长、国家行政学院兼职教授、制度反腐专家李永忠表示：“新常态，必须由权力反

① 《国际追逃追赃对象在国外基础在国内》，2016 年 6 月 19 日，见 http://www.ccdi.gov.cn/xsjw/series18/201606/t20160619_80624.html。

② 《从“天网”行动案例看国际追逃追赃新实践——这些难啃的“硬骨头”是怎样啃下来的》，《中国纪检监察杂志》2017 年第 7 期。

腐转向制度反腐,必须把制度建设作为党的根本建设。”

国家行政学院教授汪玉凯说,不敢腐、不能腐、不想腐,现在只解决了“不敢腐”,后面的还需要继续落实,“只有构建了制度反腐的框架,反腐才能有长期效应。”①

体制机制不健全,制度不完善,既是产生腐败的重要原因,也是深入推进党风廉政建设和反腐败斗争的障碍。好制度可以使坏人无法任意横行,不好的制度可以使好人无法充分做好事,甚至不得不走向违法乱纪的一面。党的十八大以来,以习近平同志为核心的党中央从立规矩开始,首先制定了八项规定,随后陆续出台了一系列制度,既“禁于未然之前”,又“禁于已然之后”,全方位扎紧制度笼子,用制度治党、管权、治吏。

> 四年多来,我们党着眼于新的形势任务,把全面从严治党纳入“四个全面”战略布局,把党风廉政建设和反腐败斗争作为全面从严治党的重要内容,着力解决管党治党失之于宽、失之于松、失之于软的问题,着力构建不敢腐、不能腐、不想腐的体制机制。严明党的政治纪律,夯实管党治党责任,正风肃纪,反腐惩恶,充分发挥巡视利剑作用,对各级党组织进行全面扫描,以雷霆万钧之势惩治腐败,不遗余力加强追逃追赃工作。在十八届中央纪委七次全会上,习近平总书记充分肯定了全面从严治党取得的显著成效,并指出,腐败蔓延势头得到有效遏制,反腐败斗争压倒性态势已经形成,不敢腐的目标初步实现,不能腐的制度日益完善,不想腐的堤坝正在构筑,党内政治生活呈现新的气象。人民群众由衷点赞党中央是人民群众的福星、腐败分子的克星,国际社会对我们党敢于向腐败亮剑的行动表示钦佩。②

制度的建设,要坚持久久为功,精益求精。加强党的建设,坚持制度是根本,而重视制度、遵守制度、运用制度和信任制度,对于我们党来说已经完全是现实。2016 年党内法规制度建设不仅着眼于眼前,更是为日后进一步完善、

---

① 李晓磊:《“制度反腐”新语境》,《民主与法制时报》2016 年 3 月 20 日。

② 李雪勤:《扎实构建不敢腐不能腐不想腐的有效机制》,《求是》2017 年第 5 期。

精细和强化制度打好基础。2016 年已经扎实构建不敢腐不能腐不想腐的有效机制，啃下了防范机制这块“硬骨头”。因而依靠防范机制，我们有充分的信心去管好治好我们党。

4. 党内法规制度建设狠抓制度执行

“一分部署，九分落实”，党内法规制度的执行主要有三个路径：学习、践行和监督。

学习——将党内法规制度内化于心

行起于知，知然后行。提高党内法规制度的执行力，认真学习是基础。学习党内法规制度是全党的任务，不仅包括党员领导干部，广大党员群众也要积极参与其中；不仅要学习党内法规制度的条文规定，更要学习蕴含其中的设计理念；既要学习某一法规制度，也要从党内法规制度体系的角度去审视。

践行——将党内法规制度外化于行

“盖天下之事，不难于立法，而难于法之必行”。提高党内法规制度的执行力，自觉践行是关键。法规制度的生命在于执行，习近平总书记指出，“有了好的制度，如果不抓落实，只是写在纸上、贴在墙上、锁在抽屉里，制度就会成为稻草人、纸老虎”。因此，法规制度一经形成，党的各级组织和全体党员必须遵照执行，不能搞特殊、有例外。

监督——严肃党内法规制度的督查

“徒善不足以为政，徒法不足以自行”。提高党内法规制度的执行力，监督检查是保障。首先，在立规建制中必须明确各方职责。习近平总书记指出，有些法规制度之所以执行不了、贯彻不下去，一个重要原因就是责任不明确，违反规定后怎么处罚无章可循。①

2016 年党内法规制度建设重视制度落实，狠抓制度执行，各地结合实际采取切实有效措施不断提高现有党内法规制度的执行力。

---

① 杨云成：《提高党内法规制度的执行力》，《学习时报》2017 年 3 月 27 日。

《问责条例》聚焦全面从严治党,旨在激发各级党组织和党的领导干部管党治党的责任担当,必须与实践相结合,才能落地生根。从目前各地公布的问责案例通报看,各地正在按照中央要求,紧密联系实际,抓紧制定实施细则和办法措施,进一步细化问责内容、对象、事项、主体、程序、方式,将全面从严治党的整体部署转化为各级党组织的具体责任。甘肃省委印发了《甘肃省实施〈中国共产党问责条例〉办法(试行)》,明确将"推进精准扶贫精准脱贫等重大政策和决策部署不坚决不到位"等作为"党的领导弱化"的问责情形之一。西藏则根据实际,将《问责条例》中规定的问责情形再细化成九种,层层传导管党治党的压力。①

媒体对党内法规执行的关注,可谓是抓住了 2016 年党内法规制度建设的要害,既表明长期以来制度执行是我们的软肋,也表明事情发生了根本性的改变,既出乎媒体的意料之外,又合乎党中央和部分学者的预料。

(二)境外媒体对中国党内法规制度建设的评价

2016 年是中国全面深化改革、全面从严治党和党内法规制度建设关键之年,也是对外展现中国共产党加强自身建设的决心和信心的一年。2016 年在党内法规制度建设方面取得的非凡成就,自然吸引了世界的目光,引起了境外媒体持续而广泛的关注。

1. 释放强烈信号

中共十八届六中全会是对外展示反腐和加强党内法规制度建设的绝佳窗口。中共十八届六中全会在公报中提出,要坚持有腐必反、有贪必肃,坚持无禁区、全覆盖、零容忍,党内绝不允许有腐败分子藏身之地。外媒认为,中共十八届六中全会成为中国推动的"反腐斗争"的重要节点。

韩联社报道指出,中共十八届六中全会重点强调了"四个全面"的协

---

① 白广磊:《扎紧管党治党的制度笼子——党的十八大以来加强党内法规制度建设述评》,《中国纪检监察》2016 年第 19 期。

调推进,即全面建成小康社会、全面深化改革、全面依法治国、全面从严治党;其中“从严治党”体现了对反腐问题的高度重视。①

日本《每日新闻》报道说,中共十八届六中全会力图肃正纲纪,会议再次加深人们对中共中央彻底反腐的印象。

新加坡《联合早报》称,六中全会即将通过的有关党内政治生活准则和党内监督条例这两个文件将使党内法规趋向完备,为中共实施“全面从严治党”提供遵循和依据,或将标志中共反腐开始从治标转向治本,同时也可视为“四个全面”战略布局的收官之作。②

俄罗斯卫星新闻网援引莫斯科大学亚非学院副院长安德烈·卡尔涅耶夫的观点,提出中共十八届六中全会将通过更加严格的党员行为准则和多项措施来规范监督党员活动。消息认为,在领导层积极开展反腐斗争的背景下,中共在巩固执政党根基方面会有质的飞跃。③

“这部专题片非同一般。”美国《纽约时报》对一部中国的纪录片发表评论并不多见。2016 年 10 月 17 日开播的大型电视专题片《永远在路上》,其影响力已经走出国门,以纪实纪录片的方式,对外释放了中国加强反腐建设的强烈信号,引起了境外媒体的高度关注和一致好评。不仅是《纽约时报》,包括德国新闻电视台等众多外媒,均注意到了这部特殊的纪录片。不少外媒都认为,这部纪录片是中国“持久反腐的信号”④。

德国新闻电视台认为该纪录片是一个“持久反腐的信号”。

德国 LNR 媒体网 21 日报道说,中国开播的反腐纪录片,引起强烈反

---

① 《外媒:正风肃纪自我革新中共全面从严治党翻开新一页》,2016 年 10 月 30 日,见 http://gz.people.com.cn/n2/2016/1030/c344124-29226733.html。

② 宦佳:《响鼓还要重锤敲——世界热议中共展示从严治党决心》,《人民日报》(海外版)2016 年 10 月 26 日。

③ 《外媒眼中的中国政党治理:以制度反腐推进从严治党》,2016 年 12 月 25 日 http://v.chinanews.com/gn/2016/12-25/8104047.shtml。

④ 参见芦垚:《全面从严治党重大安排》,《瞭望东方周刊》2016 年 11 月 3 日;苑基荣等:《外媒聚焦中国反腐纪录片 德媒:一个持久反腐的信号》,2016 年 10 月 22 日,见 http://world.huanqiu.com/exclusive/2016-10/9585698.html。

响。在中国,腐败是民众最痛恨的几个问题之一。中国网民评论和"点赞"超过上千万条,许多人对政府的反腐行动表示肯定,"片中不仅有腐败案例,还有反腐官员和专家的解读"。

德国全球新闻网在介绍该片时说,63 岁的周本顺在镜头前称,自己在贫穷家庭长大,年轻时痛恨贪官,但最终自己也成了贪官。云南原高级官员 70 岁的白恩培讲述了如何贪婪地获得价值 200 万欧元的翡翠手镯,他的妻子如何担当中间人受贿。①

"《永远在路上》中轮番忏悔的贪官讲述了太多触目惊心、令人不齿的贪腐行为。"韩联社 21 日在报道该纪录片时,注意到了中国反腐的一些重要细节,"在中国正热播的反腐纪录片第四集中,作为最具代表性的腐败官僚、全国政协原副主席苏荣对自己的罪行和家族腐败进行公开忏悔",还罗列了中纪委网站公布的一些最新数据。

反腐专题纪录片以很好的形式对外展示了中国反腐的力度和取得的重要成果,而其中揭露的细节,引起了外媒的注意,诸多细节触目惊心,但是恰恰表现了我们党加强自身建设,敢于壮士断腕,自我更新的魄力,对国内外释放出将反腐坚持到底的强烈信号,更是打消了之前外国媒体对中国反腐的怀疑与歪曲,以坚定的声音和切实的行动向世界宣告中国正风反腐的决心。

2. 获得世界认可

2016 年,国际社会普遍认为,面对腐败侵蚀,中国共产党没有包庇纵容,而是坚决与腐败进行长期的斗争,这不仅在本国树立了威望,也在世界面前塑造了良好的形象。

美国《华尔街日报》网站报道指出,自 2013 年以来,有 100 多万名中共党员在反腐运动中受到惩处。习近平要求加强对政治权力的约束,创造一个"制度笼子",确保党员干部"不敢腐、不能腐、不想腐"。②

---

① 苑基荣等:《外媒聚焦中国反腐纪录片　德媒:一个持久反腐的信号》,2016 年 10 月 9 日,见 http://world.huanqiu.com/exclusive/2016-10/9585698.html。

② 《外媒:正风肃纪自我革新中共全面从严治党翻开新一页》,2016 年 10 月 30 日,见 http://gz.people.com.cn/n2/2016/1030/c344124-29226733.html。

俄罗斯《独立报》发表评论称，中国的“打虎”行动并不会“虎头蛇尾”，相反，它将成为中国一个长期的行动计划，以达到让官员们“不敢贪”的目的。这场反腐行动已对社会产生了巨大影响，受到广大民众的欢迎，并取得了人民的信任。①

新加坡《联合早报》网站报道，中共十八届六中全会重点讨论“全面从严治党”和反腐课题。习近平过去4年大力度反腐，拿下不少“大老虎”。②

新加坡《联合早报》在报道中提出中共反腐将从治标转向治本的观点，中共初步达到了“不敢腐的氛围总体形成”这一目标。全会通过的党内政治生活准则和监督条例如能落实，中共反腐从治标走向治本将不会是句空话。③

英国路透社报道称，六中全会将加强“党内监督”以确保党员清正廉洁。事实证明，这场反贪战争大快人心。

“中国的反腐行动取得了显著成果，获得了国际社会的普遍认同和高度评价。”美国《福布斯》杂志称，中国在反腐败领域取得的进展和成果有目共睹。④

世界对于中国共产党反腐取得如此重大成果并不感到意外，这正是几年以来始终坚持“老虎苍蝇一起打”取得的成果，也表明中国反腐得到了国际社会的认同。推进全面从严治党与全面依法治国的结合，贯彻法治的精神和公开的原则，公开透明地反腐，对国际社会开放大门，有助于世界更好地了解中国的反腐倡廉行动。被世界认可我们的成果，得到世界各国的大力支持和点赞，这是我们期盼已久的事情。

---

① 渠鸿儒：《外媒评习式反腐这三年：打虎又拍蝇中国政府得民心》，2016年2月14日，见http://china.chinadaily.com.cn/2016-02/14/content_23476078.htm。

② 《外媒：正风肃纪自我革新中共全面从严治党翻开新一页》，2016年10月30日，见http://gz.people.com.cn/n2/2016/1030/c344124-29226733.html。

③ 《外媒眼中的中国政党治理：以制度反腐推进从严治党》，参见中国新闻网：http://v.chinanews.com/gn/2016/12-25/8104047.shtml，最后访问日期：2017年5月25日。

④ 宦佳：《响鼓还要重锤敲——世界热议中共展示从严治党决心》，《人民日报》（海外版）2016年10月26日。

美国皮尤中心的报告显示,2/3 的中国受访者认为未来 5 年的反腐成果将更上一层楼。美国波士顿大学教授约瑟夫·菲尤史密斯认为:“习近平已着手重塑他所认为的党应有的样子,一个拥有理想与信念、高度自律的政党。”①

或者也可以说,中国今天的反腐行动有了新的政治意义。它远远不只关于反腐,还意味着对政治规矩的重建,将我们党铸造成为一个更加守规矩严纪律的现代政党。

路透社也注意到,随着反腐的逐渐深入,中共加强了对“党内监督”制度建设的强调,以期党员在没有独立反腐机构的背景下仍能保持廉洁。②

“与西方实行两党或多党竞争的做法不同,中共通过加强党内监督,同样实现了监督和制约权力的目的。”加拿大自由党人士如此评价道。③

不仅反腐决心得到认可、反腐成果得到认可,中国共产党作为一个严格约束自己、加强自身建设的执政党形象也越来越得到世界的认可。

3. 传播反腐中国模式

中国共产党全面从严治党的成果,也得到了外国政要的肯定。中国式反腐既具有中国特色,又具有世界普遍意义。通过对外讲述从严治党的中国故事,对外传播反腐中国模式。

澳大利亚前总理陆克文说:“你们党员这么多,是 8000 万,澳大利亚全国人口是 2400 万,所以你们党员比我们全国人口都多。这么大规模的一个党派,你们能够控制,或者能够管理,党的管理是非常复杂的一件事。

① 《外媒:正风肃纪自我革新中共全面从严治党翻开新一页》,2016 年 10 月 30 日,见 http://gz.people.com.cn/n2/2016/1030/c344124-29226733.html。

② 宦佳:《响鼓还要重锤敲——世界热议中共展示从严治党决心》,《人民日报》(海外版) 2016 年 10 月 26 日。

③ 卢泽华:《六中全会精神宣介团应邀赴 40 多国访问与世界分享治国理政经验》,《人民日报》(海外版) 2017 年 03 月 23 日。

但是到现在为止，总体来讲，中国故事不错，进展不错，又催生了经济方面的进展，是独一无二的。”①

以国家监察委员会的设立为标志的国家监察体制改革也引起了国际广泛关注。中国反腐频出新招式，敢于探索新模式，在反腐制度建设上形成了中国反腐模式。

《日经亚洲评论》报道称，随着习近平进一步展开反腐败斗争，中国已于2016年12月决定在北京市、山西省和浙江省启动国家监察体制改革试点，为在全国推进国家监察体制改革探索积累经验。②

日本《朝日新闻》刊登的题为《中国成立反腐新机构》的报道称，新机构将与国务院（政府）平级，负责严格监督国家行政机关和地方政府。该组织可称得上是中国推进的反腐政策的集大成者。③

中国反腐进入到制度建设阶段，通过制度反腐，坚持依法治国与制度治党、依规治党统筹推进一体建设，其所带来的积极意义已经远远超出了中国共产党和中国自身的范围，具有了世界意义。中国反腐为世界各国解决腐败这个世界性难题提供了可资借鉴的中国经验。

在法国尼斯欧洲研究所学者乔治·佐戈普鲁斯看来，腐败是一个全球性难题，很多国家对有效解决腐败问题都一筹莫展，而中国在短短几年内就取得了反腐败斗争的重大胜利，着实让世界为之惊叹。④

---

① 《澳大利亚前总理陆克文：中国的反腐败措施是有效的》，2015年9月10日，见http://www.chinanews.com/gn/2015/09-10/7517179.shtml。

② 渠鸿儒：《外媒评习式反腐这三年：打虎又拍蝇中国政府得民心》，2016年2月14日，见http://news.cri.cn/2016214/a85e6331-c75b-2664-18fe-5bb3349cd6ab-2.html。

③ 《日媒称中国拟成立“国家监察委”：反腐政策集大成者》，2017年1月4日，见http://www.cankaoxiaoxi.com/china/20170104/1577111.shtml。

④ 宦佳：《响鼓还要重锤敲——世界热议中共展示从严治党决心》，《人民日报》（海外版）2016年10月26日。

党和国家领导人时刻不忘对外宣传反腐败的中国模式,以反腐败制度建设的中国经验引领世界反腐败战争,助力世界各文明打赢反腐败战争。王岐山书记会见外国客人时,时常亲自向他们介绍中国共产党全面从严治党的理念;十八届中央纪委七次全会后,我们把外国使节请到中央纪委,给他们讲解七次全会精神,回答他们的花式提问。

伊朗、赞比亚、坦桑尼亚等国政党政要纷纷希望加强与中共在反腐倡廉等方面的交流与合作,表示将专门派团赴华学习中共的反腐经验。墨西哥革命制度党领导人德罗亚强调,中共全面从严治党给拉美政党树立了榜样。西方政党强调外部监督,而中共从中国古典哲学中汲取智慧和经验,将内部监督和现代政治成功结合,这是“非常重要的启示”。①

西班牙人民党正在仿效中国共产党的反腐措施和机制,设立了一套地道的西班牙版“纪检委”制度。根据西班牙人民党“十八大”通过的党章,人民监督办公室的主要任务是审查党员收入、经济活动、财产等,目的是监控和制止任何舞弊或腐败行为。这一机构将重点监督党内高级干部和担任公务员的党员。②

中国反腐模式虽然是中国人民自己结合自身经验探索的模式,但也具有一定的普遍意义。中国能够为全人类面临的问题提供先进的解决方案,中国模式不仅为中国人民谋福祉,也肩负了世界各国尤其是广大发展中国家的殷切期待。

4. 引领反腐国际合作

腐败是世界性的毒瘤,在全球化背景下,没有一个国家、一个组织能够独善其身。在当今这个全球化时代,反腐败已经成为世界各国面临的共同难题,谁也不可能关起门来搞反腐,必须共同应对挑战,加强反腐国际合作。

2016年我国在反腐国际合作方面取得了一系列的成果,反腐败国际合作已纳入我国外事工作格局,上升到国家政治和外交层面。在促进反腐败国际

① 卢泽华:《六中全会精神宣介团应邀赴40多国访问与世界分享治国理政经验》,《人民日报》(海外版)2017年3月23日。

② 《向中共“取经”西班牙执政党也要设“纪委”》,《人民日报》(海外版)2017年2月16日。

合作上，中国已经走在了世界前列。

> 2016年9月召开的二十国集团领导人杭州峰会，一致通过《二十国集团反腐败追逃追赃高级原则》《二十国集团2017—2018年反腐败行动计划》等重要文件，受到国内外广泛关注，引起强烈反响，开创性地提出对外逃腐败人员和外流腐败资产零容忍，国际反腐败追逃追赃机制零漏洞，各国开展反腐败追逃追赃合作零障碍，这些文件体现了中国在反腐败问题上的坚定立场。①

如果说2014年是国际追逃追赃工作的“启动年”，2015年是“提速换挡年”，那么2016年则是“攻坚克难年”②，即切实实现“有逃必追，一追到底”，坚决把腐败分子追回来绳之以法。2016年国际追逃追赃体制更加完善，手段更丰富，队伍更加强大，成果更加丰硕。

> 数据显示，党的十八大以来，全国公安机关认真贯彻中央决策部署，不断深化境外追逃追赃工作，共缉捕境外逃犯2488名。2016年，“猎狐行动”取得丰硕战果，公安机关共从72个国家和地区抓获经济犯罪等境外逃犯951名。其中，缉捕或配合缉捕“百名红通”逃犯19名，协助缉捕职务犯罪逃犯67名、走私犯罪境外逃犯51名；成功引渡8名境外逃犯，实现中秘、中法间首次引渡；境外追赃成效更加明显，追赃9.99亿元。③

反腐败国际追逃追赃工作取得了重要突破，海外“避罪所”坍塌，“海外不是法外”的反腐败态势已经形成。这项工作已成为我们的一面旗帜、一件锋

① 瞿芃：《力度不减节奏不变——党的十八大以来全面从严治党系列述评之二》，《中国纪检监察报》2016年10月23日。

② 《2016年追逃追赃怎么追？中纪委官员解读》，2016年3月2日，见 http://news.xinhuanet.com/legal/2016-03/02/c_128768336.htm。

③ 《2016年“猎狐行动”：抓获经济犯罪等境外逃犯951名》，2017年3月26日，见 http://china.cnr.cn/ygxw/20170326/t20170326_523677266.shtml。

利的武器,赢得了党心民心,引领了国际追逃追赃合作,赢得了国际社会赞誉和尊重。

美国《时代》杂志报道,2016 年新的一年,中国进一步加大了反腐的力度。文章称:"就算中国的头号通缉犯们有机会逃出中国,他们也已经越来越无藏身之处。"①

习近平总书记在十八届中央纪委六次全会上指出,我们坚定不移反对腐败,使我们占据了国际道义制高点。过去,美国等西方国家总想用反腐败问题来拿捏我们,不断在联合国、二十国集团、亚太经合组织等场合提出所谓反腐败问题。现在,我们在国际上一举转为战略主动。我们加强反腐败国际多边双边合作,启动"天网行动",加大追逃追赃力度,将一批外逃多年的犯罪分子缉拿归案。我们主动提出一系列反腐败国际合作倡议,倡议构建国际反腐新秩序,特别是加大对美国等西方国家在反腐败合作方面的压力,要求他们不要成为腐败分子的"避罪天堂"。原来他们认为那些犯罪嫌疑人是他们手中的牌,现在都成了手里的烫山芋。各方面对我们敢于向腐败亮剑是佩服的,我们的反腐行动赢得了国际社会尊重。②

(三)新媒体与党内法规制度建设

除了传统媒体外,新媒体在 2016 年尤为抢眼,不仅以更新、更快的方式传播着党内法规建设的最新资讯,更是以新的手段助力于党内法规的普及甚至是监督方面的工作,使得党内法规制度建设的效果近在咫尺、触手可及,社会效果倍增。

1. 善用新媒体,做好宣传、普及党规工作

2016 年新年的第一天,"中央纪委监察部网站"微信公众号正式上线。该

---

① 渠鸿儒:《外媒评习式反腐这三年:打虎又拍蝇中国政府得民心》,2016 年 2 月 14 日,见 http://china.chinadaily.com.cn/2016-02/14/content_23476078.htm。

② 习近平:《在第十八届中央纪律检查委员会第六次全体会议上的讲话》,2016 年 1 月 12 日。

微信公众号聚焦纪检监察特色内容，突出原创、突出独家，力求视角权威、内容丰富、服务便捷、表达贴心。同时，该微信公众号还设置了“反‘四风’一键通”举报和“今日焦点”“微信大厅”等功能，更加拉近了与普通人民大众的距离。至此，中央纪委监察部形成了“网报刊”一体、传统媒体与新兴媒体融合互动发展的传播格局，构建“一网一端一微”的立体传播形态，更好地服务全面从严治党、服务读者。

近一年多来，纪委监察公众号遍地开花，开通官方微信公众号已成为地方各级纪委主动运用新媒体开展党风廉政建设和反腐败宣传工作的创新尝试。截至目前，省级纪委监察公众号就有 21 个，部分省份实现了市县纪检监察微信公众号全覆盖。不少纪检监察微信公共号坚持每个工作日推出一期内容，每期数篇原创或转载文章。

新媒体时代，受众的媒介接触与使用习惯较过去发生了很大改变，微博、微信等传播方式已经在接触频率和接触时间上逐渐超过传统媒介。党内法规的宣传，除使用传统媒介外，能够充分发挥新的媒介形态的作用，这就在渠道上保证了传播的可行性，提升了传播的有效性。①随着活跃度的提升，影响力也在不断壮大，微信公众号、微博逐渐取代了传统媒体成为最主要的消息来源，并逐渐跻身纪检监察系统宣传“主阵地”。

2.“挖空心思”圈粉，创新方式普法

为了更广泛“圈粉”，各大纪检监察微信公众号也是紧跟互联网新媒体发展潮流，以“图说”“图解”重要会议和党内法规文件，以 H5 技术制作绘声绘色的互动式图文，运用活泼生动的网络用语，以广大人民群众喜闻乐见的社会热点来吸引关注者注意力，提升阅读量。部分单篇阅读量甚至上十万，并被广泛转发，引起了的强烈社会反响。

“请找出以下所有属于《中国共产党廉洁自律准则》的内容……请找出以下所有违反中央八项规定精神的行为……”，四川省成都市纪委微信公众号“廉洁成都”以模仿 12306 图片验证码的形式吸引读者阅读，在轻松氛围中强化读者的纪律意识。还有的如“廉洁江西”创新开发上线了廉政法规知识在

---

① 瞿芃：《让两项法规动动拇指就能学》，《中国纪检监察报》2015 年 12 月 14 日。

线测试软件。除此之外,“海南廉政”结合春节、母亲节、网络情人节等节日特色策划的主题文章等,也广受欢迎。“清风北京”推出“廉政微访谈”“廉政微小说”“考考你”等多个新颖栏目。“清风顺义”微信公众号更是开设“见字如面”专栏,定期推送由作者亲自朗读的“廉洁家书”。地方纪检监察机关运用新媒体,丰富和创新传播形式,有力推动了党内法规的普及和宣传,拉近了人民群众与党内法规制度建设的距离。

党内法规研究的专门性公众号的出现更是标志着党内法规制度建设在新媒体这一块迈上了一个新的台阶。2016 年 9 月 18 日上线的武汉大学党内法规研究中心“党规研究”微信公众号,是全国第一个专注于党内法规研究的微信公众号,上线半年就有数千个关注者。“党规研究”微信公众号每日更新党内法规研究成果和重大资讯,以高层声音、学术文章、专家观点来传播党内法规制度建设的最新进展。

3. 新媒体倍增党内法规建设的社会效果

纪检监察微信公众号通过链接所属纪检监察机关举报网站,为一键举报提供了便利。在新媒体迅猛发展的今天,微信等新媒体传播手段发挥了交互式传播的优势,不仅使原本的纪检监察业务如信访举报拓宽了渠道,也采取了丰富多样的形式,使信息反馈更加及时便捷,方便了群众。有的纪检监察微信公众号针对逢年过节“四风”频发的特点,在重要时间节点开设举报专区,邀请关注者“随手拍”,随时随地曝光“四风”问题。

在当前的“指尖信息”时代,纪检监察微信公众号将正风反腐的各类精神、动向及时推送到党员干部手中,显示的是一种主动适应新规律、新形势的态度。有了新媒体互动平台,纪检监察机关一线工作者、党内法规学习研究者和普通老百姓同学习、共交流、齐奋斗,并肩行进在党内法规制度建设、正风反腐的大路上。

(四)媒体评价与社会反响

制度在于实施,好的制度更有赖于全社会的检验。党内法规制度建设也必须勇于接受媒体和社会大众的检验。媒体不只是传声筒,更是镜子和预警器,能够为党内法规制度建设纠偏,促使党内法规制度建设朝着正确的方向不断发展。媒体评价也反映出了民心向背。群众认可是最高褒奖,2016 年党内法规制度建设不仅经得起实践检验,赢得了媒体的好评,也值得群众的一致褒奖。

1. 制度在于实施,好的制度更有赖于全社会的检验

人民群众是党内法规制度建设的“试金石”。“四风”问题,群众反映强烈的吃拿卡要、与民争利等“微腐败”问题,侵害群众利益、扶贫领域的不正之风问题,人民群众是最直接的受害者。2016 年打击“四风”问题,治理“蝇贪”,严厉查处侵害群众利益、扶贫领域的不正之风问题,人民群众是最直接的获益者,是亲临现场的目击者。政治生态如何、社会风气如何,人民群众感受得最为具体而真实,是最有发言权的评论者。党内法规制度建设成效如何,并不是取决于制定了多少部党内法规,出台了多少重要文件,而是在于这些行动能否改变群众的生活,能否让群众有“获得感”。

2016 年管党治党严了,政治风气净化了,人民群众身边发生了一系列根本性的变化,“获得感”实现了,人民满意度上升了,这都表明党内法规制度建设是经得起检验的,是能够让全国人民从中看到希望的。有了人民群众的支持,党中央坚定不移地加强自身建设,朝着实现“两个一百年”奋斗目标、实现中华民族伟大复兴的中国梦奋勇前进的势头更足了。

2. 媒体不只是传声筒,更是镜子和预警器

媒体的传声筒作用体现在:第一,媒体是党的大政方针的积极传播者,大力宣传习近平总书记系列重要讲话精神、十八届中央纪委六次全会精神;第二,媒体是党的大政方针的及时的解读者;第三,媒体是舆情的载体,是反映社情民意的风向标;第四,媒体是廉洁理念的使者。媒体基于自身的职业担当,不遗余力传播着廉洁风气,是先进政治文化的普及者。随着党内先进政治文化的提出,媒体在党的建设尤其是先进政治文化建设中的作用日益凸显。

在 2016 年的党内法规制度建设中和反腐败战役中,各种各样的媒体也最大限度地对中央的精神、举措进行了全方位的配合:用各种形式进行解读,驳斥错误言论,化解消极情绪,避免对反腐败斗争形势误读、误判、误解;用多种声音献计支招,并深度解析腐败分子的方法、手段及危害。在媒体的全方位配合下,形成了对腐败零容忍的环境,针对不良风气形成了“老鼠过街,人人喊打”的社会共识。

媒体也是党内法规制度建设的一面镜子。腐败赖以生存的土壤就是政治过程中权力运作的不公开、不透明状态,贪官赖以藏身的天然屏障就是不敢公开批评的社会氛围。媒体发挥着镜子的作用。通过新闻媒体的观察和评论,成败得失,利弊功过,都可以看得清清楚楚。同时,在信息时代,新媒体是提升纪检监察机关形象的“大舞台”。各地纪检监察机关要充分利用新媒体的优势,加强与公众的沟通和交流,积极主动接受广大网民监督,通过新媒体向外传播“党的忠诚卫士”和“群众的贴心人”的良好形象。

2016年,党内法规制度建设敢于接受检验,敢于照镜子。每一次重要会议,每一部重要文件出台,都引起了新闻媒体的强烈关注和广泛报道,进而引发社会广泛的关注,使得党的自身建设成为全民关注的热点。全民集中智慧,找问题,找不足,抓落实。没有这面镜子,党内法规制度建设要么动力不足,要么机制不全,要么衔接不当,要么执行不力,要么落实不好,难以取得如今的成果。

媒体不只是传声筒,更是重要的监督渠道,是党内法规制度建设的一把尺子。虽然管党治党坚持以党内法规为尺子,应该来说“一准乎法”就可以了。但是媒体的尺子更多地是道德评判的尺子。媒体的尺子应该在党规党纪的尺子之前。党的十八大以来的许多违纪违法的高官落马的惨痛经验告诉我们,小恶终酿大错,如果他们的违法违纪行为能够早一点被觉察,他们贪婪的目光能够早一点有人震慑住,他们伸出来的手能够早一点有人喝退,就不会有那么多接连应声落马的惨痛教训。媒体这把尺子是人民群众监督的集中反映,相比于党规党纪的尺子,媒体这把尺子更加细致和灵敏,可以更加深入,更加灵活多样,可以实现防患于未然、防治于未病,可以实现反腐败工作党的领导与依靠群众的有机结合。因而,发挥媒体道德的尺子的作用,来配合法律纪律的尺子,弥补了党内法规制度建设在防患于未然方面的不足。

2016年党内法规制度建设,发挥了媒体的尺子作用。防患于未然、防治于未病,加强对腐败行为的预警防控是推进惩防体系建设的重要环节,而媒体监督则可以在风险防控中发挥“预警器”的作用,促进问题公平公正、依法依规解决，实现反腐败工作党的领导与依靠群众的有机结合。① 媒体监督仍然是一把难以取代的好“尺子”，并且在向更加公正和客观的方向发展。如何把它的刻度设置得更精确，如何让它的预警更加敏锐，让它更好地服务于党内法规制度建设，是需要我们继续思考的问题。

3. 民心是最大的政治，群众认可是最高褒奖

民心向背历来都是至关重要的，所谓得民心者得天下。在这场攸关党和国家生死存亡的反腐决战中，人民群众的鼎力支持是举足轻重的。反腐大业是得到了全国人民甚至全世界绝大多数华人以及正义之士的支持和拥护的。没有广大人民群众和新闻媒体的大力支持，党内法规制度建设不可能在各个方面取得这些成就，反腐败斗争也不可能形成压倒性态势，培育廉洁文化、净化党内政治生态更是不可想象的。媒体在反腐中起到的重要作用，普通群众通过社交媒体曝光官员腐败行为的做法更是使得贪官污吏陷入人民战争的汪洋大海之中，指名道姓曝光腐败官员的做法已成为反腐法宝、震贪利器。

党内法规制度建设最终要落实到社会效果上来，落实到老百姓的口碑上来。全面从严治党，是人心所向，更是时代发展大势所趋。2016 年党内法规制度建设的实践，试出了人心向背，展现了人间正道。2017 年春节前，国家统计局公布了上一年全国党风廉政建设民意调查结果。数据显示，在两万多份样本中，92. 9%的群众对党风廉政建设和反腐败工作成效表示满意，90. 9%的群众认为当前腐败案件高发势头得到遏制，93. 1%的群众表示对惩治腐败有信心。② 群众认可是最高褒奖，人民信任是最大支持。实践表明，2016 年在党内法规制度建设推动下的正风反腐、从严治党，刷新了党风政风，带动了民风社风，增强了人民群众对党的信心和信任。

---

① 参见李纯德：《如何发挥媒体在廉洁文化建设中的作用》，《中国纪检监察报》2012 年 4 月 9 日。

② 《风清气正谱新篇(〈全面从严治党面对面〉⑨)——如何保持清正廉洁的政治本色》，《人民日报》2017 年 5 月 2 日。

第四部分　案例篇

说一千，道一万，不如一个真实的案例说得生动；法千篇，规万条，不如一个惨痛的教训印象深刻。为了力求生动和深刻，借助于案例来说法是非常好的方式。因而，本篇将选取党内法规制度实施的典型案例进行分析，通过典型案例以达到以案说法、解读党内法规制度实施状况的目的。本部分主要选取了理想信念丧失典型案例、"四风"典型案例、问责典型案例、破坏党内政治生活典型案例四大类。每一类案例按照相关党规、典型案例、典型意义的角度进行了分析研究。部分案例虽然是发生在 2016 年之前，但是查处、通报或者审判是在 2016 年，而且是对 2016 年有着重大影响的事件，故而也视为 2016 年的典型案例，在此作出说明。

一、理想信念丧失典型案例

共产主义远大理想和中国特色社会主义共同理想，是中国共产党人的精神支柱和政治灵魂，也是保持党的团结统一的思想基础。坚定的共产主义理想信念，是共产党人的立身之本。现实中，一些党员干部包括高级干部，理想信念不坚定、对党不忠诚，个别党员领导干部对共产主义心存怀疑，不信马列信鬼神，甚至向往西方社会制度和价值观念，这些都反映了理想信念的缺失。理想滑坡是最危险的滑坡，信念动摇是最危险的动摇。理想信念犹如精神之"钙"，共产党人的钢筋铁骨就是靠精神之"钙"铸就的。只有时刻补足精神之"钙"，才能不忘初心，才能够在各种诱惑面前经受住考验。坚定的理想信念也是保持党的团结统一的思想基础，只有铸牢信念之基，才能厚植党执政的政治基础。

（一）理想信念动摇丧失

1. 相关党规

《关于新形势下党内政治生活的若干准则》对党员提出的首要要求就是坚定理想信念，提出了必须加强学习和坚持与创新党内学习制度的要求。

> 共产主义远大理想和中国特色社会主义共同理想，是中国共产党人的精神支柱和政治灵魂，也是保持党的团结统一的思想基础。必须高度重视思想政治建设，把坚定理想信念作为开展党内政治生活的首要任务。

2. 典型案例

2016年3月4日，据中央纪委监察部网站消息，十二届全国人大教育科学文化卫生委员会副主任委员王珉涉嫌严重违纪，接受组织调查。2016年4月6日，据中央纪委监察部网站消息，山东省济南市委副书记、市长杨鲁豫涉嫌严重违纪，接受组织调查。2016年5月24日，据中央纪委监察部网站消息，安徽省副省长杨振超涉嫌严重违纪，接受组织调查。中央纪委对这三人通报中的定性为：王珉身为中央委员，理想信念动摇，纪律意识丧失，严重违反党的纪律；杨鲁豫理想信念丧失，严重违反党的纪律；杨振超理想信念丧失，严重违反党的纪律。注意中央纪委的用语就可以发现，理想信念动摇、丧失与严重违纪之间存在着密切的联系，是这些违纪官员的共性。理想信念不坚定，进而违反组织纪律、滥用职权、公款吃喝，贪污犯罪，一步一步走向堕落的深渊。

3. 典型意义

《关于新形势下党内政治生活的若干准则》将坚定理想信念作为严肃党内政治生活的首要任务，具有极强的现实针对性。坚定的理想信念不会与生俱来，也不会一劳永逸。作为一名共产党员，无论何时何地、顺境逆境，都不能动摇对马克思主义的信仰、对社会主义和共产主义的信念。

理想信念的动摇与缺失、思想观念的异化与变质、道德的滑坡,往往是腐化堕落的起点。思想上松一寸,行动上就会散一尺。精神上“缺钙”,“总开关”拧不紧,就会在各个方面出现问题。不能正确处理公私关系,缺乏正确的是非观、义利观、权力观、事业观,就会政治上变质、经济上贪婪、道德上堕落、生活上腐化,必然走向反面。王珉、杨鲁豫、杨振超三人都是党的高级干部甚至中央委员,却在“党的十八大后仍不收敛、不收手,性质恶劣、情节严重”,可见理想信念丧失殆尽,对党的规矩和纪律置若罔闻。

拧紧“总开关”,防止“跑冒滴漏”,克服“软骨病”,离不开坚定的理想信念。全体党员干部要把坚定理想信念作为开展党内政治生活的首要任务,必须把对马克思主义的信仰、对社会主义和共产主义的信念作为毕生追求,坚定对中国特色社会主义的道路自信、理论自信、制度自信、文化自信,筑牢信仰之基、补足精神之“钙”、把稳思想之舵。

(二)不信马列信鬼神

1. 相关党规

《中国共产党纪律处分条例》第五十八条　组织迷信活动的,给予撤销党内职务或者留党察看处分;情节严重的,给予开除党籍处分。

参加迷信活动,造成不良影响的,给予警告或者严重警告处分;情节较重的,给予撤销党内职务或者留党察看处分;情节严重的,给予开除党籍处分。

2. 典型案例

2016年查处的天津市委原委员、津南区委原书记吕福春是一个不信马列信鬼神的典型。2016年9月,吕福春因严重违反政治纪律,搞迷信活动等被予以立案审查,并给予开除党籍、开除公职处分,终止其党的十八大代表资格。[①] 吕福春背弃共产党人的信仰,迷信鬼神,花费数十万元购买佛像在家中

① 《天津市津南区委原书记吕福春等2人被开除党籍》,2016年9月1日,见 http://www.ccdi.gov.cn/yw/201609/t20160901_86093.html。

供奉，找风水先生破解风水、卜问前程，请人算命。办公室、住处、公务用车等处布满消灾辟邪、增长权势的“符”与“器”，香炉佛珠、靠山石、转运石、风水球样样俱全。①

在许多利令智昏贪官的背后，总有“风水大师”晃动的身影。广东省原政协主席朱明国就是迷信大师的高级官员典型。广西壮族自治区柳州市中级人民法院2016年5月25日公开开庭审理了广东省政协原主席朱明国受贿、巨额财产来源不明一案。根据新华社的报道，朱明国一度被指非常迷信，而他信奉的“大师”就是王林。

3. 典型意义

党员干部信鬼神，崇拜“大师”现象的出现，一方面是贪官迷信鬼神、“大师”，其实真正崇拜的是权力，信奉的是私利；另一方面，搞腐败的“老虎”“苍蝇”内心有鬼，乞求鬼神或者“大师”帮助逢凶化吉、逃避惩处。这些官员心里是不信马列主义的，信鬼神也无非是在虚无缥缈的幻觉中寻找自我安慰，给惴惴不安的心一个“护身符”而已。等到他们涉嫌严重违纪违法接受组织调查和司法机关审判时，各路神仙菩萨、“风水大师”也保不了他们。

迷信鬼神与理想信念丧失，纪律意识淡薄，严重违反党的纪律是分不开的。迷信鬼神的吕福春，投靠“风水大师”的朱明国，一步步堕落成不信马列信鬼神，不重谋事重谋官，不精干事精敛财，不恋美德恋美色，不讲纪律讲“四风”的腐败分子，都是始自对党的信仰的背叛。为官一任，把心思放在迷信风水等歪门邪道上，为此不惜滥权、敛财，出问题是早晚的事。

党员信仰宗教和参加宗教活动，不仅事关党员个人的信仰问题，而且事关我们党的政治纪律和政治规矩，作为有着坚定理想信念、纪律严明的政党，对此绝对不能坐视不管。“搞迷信的党员，实际上只是在形式上入了党，而思想上没入党、灵魂上没入党，行为上就更加违背党的要求。党员沉迷于宗教，实际上是在思想上、理论上、行动上与党分道扬镳。这样的党员，不应该再留在党内。”②新修订的《纪律处分条例》的一个显著特点，就是对党员干部组织、

① 《天津通报一起违反政治纪律搞迷信活动的典型案例》，2016年9月17日，见http://www.ccdi.gov.cn/yw/201609/t20160917_86795.html。

② 桑林峰：《共产党员绝不能信仰宗教》，《中国纪检监察报》2016年4月30日。

参与迷信活动作出明确的纪律处分规定,并且在形式上作为单独的条款列出,使处分更加细化,区别对待。

共产党员尤其是领导干部,必须保持清醒,必须以马列主义为唯一信仰。习近平总书记明确指出:“共产党员要做坚定的马克思主义无神论者,严守党章规定,坚定理想信念,牢记党的宗旨,绝不能在宗教中寻找自己的价值和信念。”迷信是不可小觑的精神污染和精神麻醉,不仅不利于正确理想信念的树立,还会直接导致腐化堕落。共产党员应当是有共产主义觉悟的先锋战士,是坚定的马克思主义无神论者,无论什么时候,都不能丢了这个信念,迷失在迷信中。

(三)违反政治纪律,破坏政治生态

1. 相关党规

《中国共产党纪律处分条例》第六章专章规定了对违反政治纪律行为的处分,共细分为18种应受处分的违反政治纪律的行为。结合具体案例,关于妄议中央大政方针,破坏党的集中统一,拒不执行党和国家的方针政策的最为典型。

> 《中国共产党纪律处分条例》第四十六条　通过信息网络、广播、电视、报刊、书籍、讲座、论坛、报告会、座谈会等方式,有下列行为之一,情节较轻的,给予警告或者严重警告处分;情节较重的,给予撤销党内职务或者留党察看处分;情节严重的,给予开除党籍处分:
>
> (一)公开发表违背四项基本原则,违背、歪曲党的改革开放决策,或者其他有严重政治问题的文章、演说、宣言、声明等的;
>
> (二)妄议中央大政方针,破坏党的集中统一的;
>
> (三)丑化党和国家形象,或者诋毁、诬蔑党和国家领导人,或者歪曲党史、军史的。
>
> 发布、播出、刊登、出版前款所列内容或者为上述行为提供方便条件的,对直接责任者和领导责任者,给予严重警告或者撤销党内职务处分;情节严重的,给予留党察看或者开除党籍处分。
>
> 第五十三条　有下列行为之一的,对直接责任者和领导责任者,给予

严重警告或者撤销党内职务处分；情节严重的，给予留党察看或者开除党籍处分：

（一）拒不执行党和国家的方针政策以及决策部署的；

（二）故意作出与党和国家的方针政策以及决策部署相违背的决定的；

（三）擅自对应当由中央决定的重大政策问题作出决定和对外发表主张的。

《中国共产党党内监督条例》第二十七条　纪律检查机关必须把维护党的政治纪律和政治规矩放在首位，坚决纠正和查处上有政策、下有对策，有令不行、有禁不止，口是心非、阳奉阴违，搞团团伙伙、拉帮结派，欺骗组织、对抗组织等行为。

2. 典型案例

2016年9月10日，据中央纪委监察部网站消息，天津市委代理书记、市长黄兴国涉嫌严重违纪，接受组织调查。经查，黄兴国严重违反政治纪律和政治规矩，妄议中央大政方针，破坏党的集中统一，阳奉阴违，搞迷信活动，打探涉及本人的问题线索，对抗组织审查。黄兴国身为中央委员，严重违反政治纪律和政治规矩、组织纪律、廉洁纪律、工作纪律和国家法律，政治上蜕变，经济上贪婪，生活上腐化，其违纪行为性质十分恶劣、情节特别严重、影响极坏，严重破坏了天津的政治生态，损害了党的事业和形象。① 2017年10月14日，中国共产党第十八届中央委员会第七次全体会议审议并通过了中共中央纪律检查委员会关于黄兴国严重违纪问题的审查报告，确认中央政治局之前作出的给予黄兴国开除党籍的处分。

3. 典型意义

黄兴国是中央纪委在问题通报中直接点出“打探涉及本人的问题线索”第一人。保密是纪律审查的生命线。纪律审查是纪委最重要的权力，也是最

① 《天津市原市委代理书记、市长黄兴国严重违纪被开除党籍和公职》，2017年1月4日，见 http://www.ccdi.gov.cn/jlsc/zggb/djcf_zggb/201701/t20170104_92260.html。

容易出问题的环节。有的人一有“风吹草动”,就四处打听消息,利用各种手段“围猎”,妄图摆平纪检机关。[①] 黄兴国主动、多次与中纪委第六纪检监察室原副处长袁卫华接触,请袁喝酒、吃饭,赠送名贵手表等贵重礼物,打探武长顺案、杨栋梁案的相关信息,同时套取、打探关于他本人的一些问题线索。对于黄兴国的“需求”,袁卫华都一一奉告。[②] 通报黄兴国“妄议中央大政方针,破坏党的集中统一”方面的问题时,中央纪委也采用了新表述:阳奉阴违。黄兴国属于“两面人”的典型,台上一套、台下一套,当面一套、背后一套。

在所有党的纪律和规矩中,第一位的是政治纪律和政治规矩。习近平总书记在十八届中央纪委第五次全会上提出“严明政治纪律和政治规矩”,“把守纪律、讲规矩摆在更加重要的位置”。抓住严肃政治纪律和政治规矩这个纲,把严肃其他纪律带起来,正是管党治党的治本之策。政治纪律是首要的也是具体的,执行党和国家的方针政策、决策部署,不能纸上写写、墙上挂挂,而要落实到行动中。以上案例表明,在政治纪律方面降低要求,有令不行、有禁不止是极其危险的。党员领导干部必须时刻绷紧政治纪律这根弦,把对党忠诚体现在行动上,做到任何时候都与以习近平同志为核心的党中央保持高度一致,贯彻落实中央决策部署不打折扣,坚决维护党中央权威。

二、“四风”典型案例

贪似火,无制则燎原;欲如水,不遏必滔天。一些人在腐败泥坑中越陷越深,一个重要原因是对其身上出现的一些违法违纪的小错,党组织提醒不够,批评教育不力,甚至睁一只眼闭一只眼。[③] 作为党员领导干部,既要严守纪律底线,也要向高标准看齐,努力做到廉洁自律准则要求的四个坚持、四个自觉,弘扬尚俭戒奢、艰苦朴素优良作风,自觉抵制奢侈享乐和低级趣味。作为党组

---

① 《审查纪律就是政治纪律》,2015 年 6 月 23 日,见 2015-06-23http://www.ccdi.gov.cn/xsjw/series8/201506/t20150622_58281.html。

② 《黄兴国被“双开”对抗组织审查细节首次披露》,2017 年 1 月 5 日,见 http://finance.chinanews.com/gn/2017/01-05/8114044.shtml。

③ 参见《习近平关于严明党的纪律和规矩的论述摘编》,中央文献出版社、中国方正出版社 2016 年版,第 76 页。

织要坚持抓小抓早,发现党员、干部生活上有苗头性、倾向性问题就及时提醒,一旦违反纪律就及时处理,唯此才能做到治病于初萌,防患于未然。

(一)抓党风,转政风

1. 相关党规

中共中央政治局2012年12月4日召开会议,审议中央政治局关于改进工作作风、密切联系群众的八项规定。《中国共产党纪律处分条例》第八章对违反廉洁纪律行为作出了处分规定。

《中国共产党纪律处分条例》第八十六条　接受可能影响公正执行公务的宴请或者旅游、健身、娱乐等活动安排,情节较重的,给予警告或者严重警告处分;情节严重的,给予撤销党内职务或者留党察看处分。

《中国共产党纪律处分条例》第九十七条　违反有关规定自定薪酬或者滥发津贴、补贴、奖金等,对直接责任者和领导责任者,情节较轻的,给予警告或者严重警告处分;情节较重的,给予撤销党内职务或者留党察看处分;情节严重的,给予开除党籍处分。

《中国共产党纪律处分条例》第九十八条　有下列行为之一,对直接责任者和领导责任者,情节较轻的,给予警告或者严重警告处分;情节较重的,给予撤销党内职务或者留党察看处分;情节严重的,给予开除党籍处分:

(一)用公款旅游、借公务差旅之机旅游或者以公务差旅为名变相旅游的;

(二)以考察、学习、培训、研讨、招商、参展等名义变相用公款出国(境)旅游的。

《中国共产党纪律处分条例》第一百条　违反有关规定配备、购买、更换、装饰、使用公务用车或者有其他违反公务用车管理规定的行为,对直接责任者和领导责任者,情节较重的,给予警告或者严重警告处分;情节严重的,给予撤销党内职务或者留党察看处分。

2. 典型案例

接受可能影响公正执行公务的宴请、娱乐活动等问题。2016 年春节至 2017 年 5 月,广东省中山市交通运输局原党组成员、总工程师李晶华先后接受管理服务对象的礼品礼金折合人民币共计 0.9 万元。2016 年 2 月至 5 月,接受广东某交通规划设计公司等 5 家管理服务对象的宴请 7 次;接受广东某高速公路承建单位等 3 家管理服务对象安排的娱乐活动 4 次,并都接受了有偿异性陪侍服务。李晶华受到撤销党内职务和行政撤职处分。

违规发放奖金问题。据中央纪委监察部网站 2016 年 1 月 29 日公布消息,2013 年至 2015 年 7 月,吉林省辽源矿业集团泵业有限责任公司以培训授课名义从公司教育经费中提取资金,给公司班子成员及部分科室负责人和职工发放奖金,累计发放 141 人次,共计 16.68 万元。公司原董事长王仁清,原党委书记、纪委书记毕远波明知以培训费名义发放奖金不符合规定,但未及时制止,且本人也参与领取奖金。王仁清、毕远波分别受到党内严重警告处分,违纪资金予以收缴。

公款旅游问题。据中央纪委监察部网站 2016 年 4 月 26 日公布消息,2014 年 11 月,中国外运股份有限公司安全监督管理部原总经理孙宝忠组织公司安全专家组对福建公司进行安全检查,并在厦门市召开专家组会议。会前,孙宝忠采取欺瞒手段重复申请会议经费共计 5.28 万元;会议期间,孙宝忠偕妻子、岳母同行,超标准住宿,违规接受基层单位宴请,3 次打高尔夫球,用公款报销应由个人支付的费用 1.13 万元;为报销有关费用,孙宝忠安排下属虚开会议费发票,并从中套取 9649 元用以慰问职工家属。中国外运股份有限公司党委决定给予孙宝忠留党察看一年处分,降为安全监督管理部副总经理,责令退赔相关费用。

超标准配备办公用房问题。2016 年 1 月,水利部黄河水利委员会山东黄河河务局原党组副书记、局长张俊峰从本已面积超标的办公室搬至面积更大的办公室(76 平方米),严重超出规定标准。2015 年 7 月,张俊峰在单位已为其安排住房的情况下,以各种理由要求更换住房。单位为其租赁一套面积为 143 平方米的住房,并装修、配置家具家电,因张俊峰对购买的布艺沙发不满意，又为其购置实木沙发，租房、装修等花费共计 18.06 万元，均由下属单位承担。张俊峰受到党内严重警告、行政记大过处分及免职处理，责令退赔相关费用。

3. 典型意义

《中国共产党纪律处分条例》将党的十八大以来严明政治纪律和政治规矩、组织纪律、落实中央八项规定精神、反对“四风”等全面从严治党的实践成果制度化、常态化。《中国共产党纪律处分条例》中第八章对违反廉洁纪律处分的规定是对中央关于改进工作作风、密切联系群众的八项规定的纪律性规定，将八项规定由道德性要求上升到纪律性要求的高度，并且细分了违纪的具体情形，根据情节轻重作出了相应的处分规定。相比于八项规定，《中国共产党纪律处分条例》对作风的规定更为系统全面，约束力更强，操作性更强。

党风不改，违纪不断；政风不改，贪腐不断。违法违纪，要从严抓，即使是微小苗头、细枝末节，也要严厉打击；贪风腐风，要长期抓，即使是一顿饭、一趟旅游、一个月奖金、一平方米公务用房，只要违纪，也要坚决遏制。以上典型案例表明，生活上的不正之风是滋生腐败的温床。生活上一味贪图享乐，时间长了，必然导致胃口越来越大，胆子也越来越大，直至破纪破法。“明天和意外，你永远不知道哪个会先来”，不收手，“意外”总会早一步。① 广大党员干部必须明白，党的廉洁性要求，是刚性的纪律，是约束党员干部的铁笼。任何可能影响职务廉洁性的行为，都要警惕，将处分条例作为悬在自己头上的利剑，时刻对照八项规定和《中国共产党纪律处分条例》检查自己的行为。抓党风，转政风，必须从小抓起，从类似这些一顿饭、一趟旅游、一个月奖金、一平方米公务用房抓起，不能有半点马虎。

（二）查处侵害群众利益、扶贫领域的不正之风

1. 相关党规

《中国共产党纪律处分条例》第九章专章规定了对违反群众纪律行为的处分。

① 参见陈治治：《不收手，“意外”总会早一步》，转引自《中国纪检监察报》2016 年 4 月 1 日。

第一百零五条　有下列行为之一,对直接责任者和领导责任者,情节较轻的,给予警告或者严重警告处分;情节较重的,给予撤销党内职务或者留党察看处分;情节严重的,给予开除党籍处分:

(一)超标准、超范围向群众筹资筹劳、摊派费用,加重群众负担的;

(二)违反有关规定扣留、收缴群众款物或者处罚群众的;

(三)克扣群众财物,或者违反有关规定拖欠群众钱款的;

(四)在管理、服务活动中违反有关规定收取费用的;

(五)在办理涉及群众事务时刁难群众、吃拿卡要的;

(六)有其他侵害群众利益行为的。

2. 典型案例

2016 年 11 月 7 日,纪委公开曝光了湖南省新化县温塘镇枫树村村干部虚报截留移民避险搬迁安置资金等问题。2012 年至 2013 年,枫树村原党支部书记、村委会主任刘柒喜、原村文书刘满日、原村计生专干曾艳春等村干部,以改善住房困难移民户居住条件为由,申报领取了 23 户移民避险搬迁安置资金共计 70.3 万元(其中,虚报 7 户,资金 22.5 万元),枫树村将 40.5 万元截留挪用。此外,枫树村还挪用救灾资金 6.82 万元,私设“小金库”759.73 万元。刘柒喜受到开除党籍处分,刘满日、曾艳春分别被解聘,3 人涉嫌犯罪问题移送司法机关依法处理,有关党员干部被问责。

2016 年 2 月,四川省乐至县中天镇原党委副书记、镇长陈德勇向中天镇天灯村以工代赈建设项目承建人倪某某提供未参与项目建设的 42 名村民身份信息,倪某某据此编造了《劳务报酬发放登记表》,骗取项目补助资金 41 万元。陈德勇同时还有其他严重违纪违法问题,受到开除党籍、开除公职处分,涉嫌犯罪问题移送司法机关依法处理。

3. 典型意义

习近平总书记在《之江新语》中的《心无百姓莫为官》一文中指出,“群众利益无小事”。群众的一桩桩“小事”,是构成国家、集体“大事”的“细胞”，小的“细胞”健康，大的“肌体”才会充满生机与活力。对老百姓来说，他们身边每一件琐碎的小事，都是实实在在的大事，有的甚至还是急事、难事。

党的十八大以来，各级纪检监察机关坚决落实党中央部署和要求，加大对侵害群众利益的不正之风和腐败问题的查处力度，维护了群众利益，社会各界反映良好。但是在一些地方乱收费、乱罚款、乱摊派屡禁不止，吃拿卡要现象仍未得到根治。尤其是在农村土地征用、城镇居民房屋拆迁等问题上，损害群众利益的现象时有发生，群众对此反映十分强烈。一些贪腐黑手更是伸进了扶贫领域，虚假申报移民避险搬迁安置资金，骗取以工代赈项目补助资金，可谓天怒人怨。基层“微腐败”看似“微不足道”，却严重影响百姓生活。从几毛的“好处费”到上万的低保款，扶贫领域的腐败虽然大多“微小”，但对身处困境、亟待脱贫的人来说，却是大钱，影响尤为恶劣。这些问题直接损害群众切身利益，啃食群众获得感，挥霍群众对党的信任，侵蚀和削弱党的执政基础，必须依照党规党纪严肃处理。

习近平总书记在十八届中央纪委七次全会上强调，要紧盯脱贫民生领域，严肃查处群众身边的不正之风和腐败问题。“社保基金、扶贫资金、惠民资金等关系千家万户切身利益，历来贪污挪用这种钱要罪加一等，也有人敢下手。”①王岐山同志也指出扶贫领域腐败问题要严肃查处，“凡是敢向扶贫资金伸手就决不客气！”要使得党的扶贫政策真正得到贯彻，离不开党内法规制度建设的保驾护航。《中国共产党廉洁自律准则》和《中国共产党纪律处分条例》相结合，以雷霆手段保障扶贫资金“精准投入”、扶贫政策“精准落地”，以“精准”监督促扶贫责任落实，让群众更为真实地感受到全面从严治党的实际效果。推动全面从严治党向基层延伸，必须将维护人民群众切身利益的“最后一公里”打通，并以制度予以保障，真正把中央的好政策落实到群众身上，党执政的政治基础才能始终稳固。群众利益无小事，精准扶贫是大事，惩治“微腐”“微贪”，以严明党纪维护群众利益，以“精准问责”护航“精准

---

① 《严明党的组织纪律，增强组织纪律性》（2014 年 1 月 14 日），《十八大以来重要文献选编》（上），中央文献出版社 2014 年版，第 771 页。

扶贫”。

(三)整治违规操办婚丧喜庆事宜

1. 相关党规

《中国共产党纪律处分条例》第八十五条　利用职权或者职务上的影响操办婚丧喜庆事宜,在社会上造成不良影响的,给予警告或者严重警告处分;情节严重的,给予撤销党内职务处分。

在操办婚丧喜庆事宜中,借机敛财或者有其他侵犯国家、集体和人民利益行为的,依照前款规定从重或者加重处分,直至开除党籍。

2. 典型案例

2016 年 4 月、5 月,保定市市场监督管理局副局长王胜起为女儿分两次举办婚宴,违规收受下属礼金,婚礼结束后未按规定书面报告婚宴操办实际情况。王胜起受到党内严重警告处分。

2016 年 2 月 18 日,衡阳市祁东县交警大队大队长刘卫国在当地某酒店为其子举办婚礼,参加婚礼人数 274 人,但送礼金人数为 314 人;违规收受服务对象、同事、同学等 176 名亲戚以外人员的礼金 12.83 万元。刘卫国违规邀请亲戚以外人员参加其子婚宴并收受礼金,受到党内警告处分,被责令退还违规收受的礼金。

2016 年 1 月至 3 月,石家庄市裕华区区委办副主任何会丰未按向组织申报的内容操办个人结婚有关事宜,而是分三批宴请 310 余人,共 33 桌,造成不良影响。何会丰受到党内警告处分。

3. 典型意义

婚丧喜庆办红白事,符合我国传统文化和人情往来需要,无可厚非。但是切不可放松警惕,不可讲排场、追求奢华大操大办,也不可将人情往来变为金钱交易,让红白喜事变色变味。2014 年 5 月 7 日,中共石家庄市纪委下发了《中共石家庄市纪委关于进一步规范党员干部婚丧喜庆有关事宜的通知》,对党员干部严格落实重大事项报告制度、实行办理婚庆事宜承诺制度和严格落实重大事项公示制度进行明确规定，并要求严格遵守廉洁自律各项规定，做到"十不准"。① 与石家庄市类似，全国不少地方都出台规定，实行重大事项报告制度，规范党员干部婚丧喜庆有关事宜。以上案例中，王胜起未按规定书面报告婚宴操办实际情况；刘卫国虽然按规定书面报告，但违规收受服务对象、同事、同学等亲戚以外人员礼金；何会丰未按向组织申报的内容操办而是多次宴请，造成不良影响。不报、不如实报、多次宴请、违规收受礼金，都难免有在操办婚丧喜庆事宜中借机敛财的动机，如果存在侵犯国家、集体和人民利益行为，造成不良影响，都是违反《中国共产党纪律处分条例》第八十五条的行为。

婚丧喜庆是大事，但是作风建设无小事。为操办大事而违反中央八项规定精神，可能就让原本的红白喜事变色。各级党员干部要认真遵守操办婚丧喜庆事宜有关规定，强化自我约束，带头移风易俗。各级党委（党组）要主动担当作为，加强对党员干部操办婚丧喜庆事宜的监督管理，要加强宣传教育，引导党员干部严格按规定操办婚丧喜庆事宜。党委（党组）主要负责人既要事前对班子成员和下属提出要求，也要加强事中事后监督，及时发现和制止违纪违规行为。对违规操办婚丧喜庆事宜，追求奢华、大操大办、借机敛财、铺张浪费以及搞封建迷信活动的，都要"零容忍"，发现一起，查处一起，通报一起，坚决刹住违规操办婚丧喜庆事宜不良风气，以优良党风政风引领民风社风。红事就要红红火火，白事就要干干净净，绝不能掺杂任何不当利益，要让红白事保持原色。

（四）查处逢年过节的腐败

1. 相关党规

《中国共产党纪律处分条例》第八十三条　收受可能影响公正执行公务的礼品、礼金、消费卡等，情节较轻的，给予警告或者严重警告处分；

① 《中共石家庄市纪委关于进一步规范党员干部婚丧喜庆有关事宜的通知》规定，党员干部办理本人及其配偶、父母、子女、同胞兄弟姐妹等近亲属婚丧事宜，实行报告制度，按照干部管理权限和有关规定，向所在单位党组织及纪检监察机关报告。党员干部办理婚庆事宜，要进行书面承诺。所在单位党组织及纪检监察机关，要将由党员干部本人填写的办理婚丧事宜申报、报告表及婚庆事宜承诺书在本单位显要位置进行公示，公示时间不少于5个工作日，接受群众监督。参见《石家庄规定党员干部婚丧喜庆要做到"十不准"》，2014年5月14日，见http://he.people.com.cn/n/2014/0514/c192235-21199948.htm。

情节较重的,给予撤销党内职务或者留党察看处分;情节严重的,给予开除党籍处分。

2. 典型案例

2015年中秋节期间,厦门市医药研究所为掩人耳目,以组织老干部活动为名购买中秋博饼卡(尚未报账),在一家大型超市购买了两套博饼卡,价值4480元。该行为违反了中央八项规定精神及《厦门市关于严肃财经纪律加强廉洁自律工作的通知》《关于中秋国庆期间深化落实中央八项规定精神深入纠正"四风"的通知》等相关规定,造成了较为恶劣的影响,属于顶风违纪。在这起事件中,市医药研究所所长黄亦琦负重要领导责任,受到行政降职处分,市医药研究所办公室主任童世平负有直接责任,受到行政撤职处分。①

3. 典型意义

博饼,在厦门是有着历史渊源的中秋节大众娱乐活动,但博"饼"在很多时候演变成博"卡"。厦门市早已明令禁止党政机关公款购卡,特别是中央八项规定出台后,厦门出台了"十个严禁"纪律要求,第一条就严禁以各种名义用公款购买、发放、赠送购物卡及各种节礼。② 厦门市医药研究所虽然以组织老干部活动之名虚假报账,手段较为隐蔽,但仍然属于明知故犯,顶风作案,影响恶劣。

廉不廉看过年,洁不洁看过节。每逢元旦、春节、端午、中秋等节日,"四风"问题易发多发。有人以礼尚往来的习俗作行贿受贿的"遮羞布",有人借人情名义用节礼"围猎"官员,有人借节日之机"看望"上司,有人以过节之由滥发津贴补贴"犒劳"自己。"不少是公款消费,财政成了他们家钱包,财政局长成了他们家的管账先生。"③礼品暗藏腐败之风,小礼品背后是大的作风问

---

① 《厦门:顶风违纪购买中秋博饼卡 市医药研究所2人被处分》,2015年10月2日,见http://news.xmnn.cn/a/wybb/201510/t20151002_4666796.htm。

② 《厦门市委反腐办专门下发通知 严明并重申"十个严禁"》,见http://www.mnw.cn/xiamen/sz/896841.html。

③ 《十八大以来重要文献选编》(上),中央文献出版社2014年版,第771页。

题。小礼品不抓，长此以往，会影响到整个官场风气、社会风气。从小从微抓起，长期抓，才会有显著的效果，使之形成一种习惯、一种风气。

逢年过节总有人顶风违纪，因而逢年过节也就成了执纪的重要时间节点。从2014年4月起，中央纪委监察部网站开始在重要时间节点，连续点名道姓通报曝光违反中央八项规定精神典型问题。中纪委通过强化点名通报曝光，对节假日腐败问题形成震慑，到2016年为止，群众普遍感受节假日期间，违规送礼少了，人情纯粹了，过年"廉"了，节日"洁"了。

（五）打击"过节费""小金库"现象

1. 相关党规

《中国共产党纪律处分条例》第九十四条　利用职权或者职务上的影响，侵占非本人经管的公私财物，或者以象征性地支付钱款等方式侵占公私财物，或者无偿、象征性地支付报酬接受服务、使用劳务，情节较轻的，给予警告或者严重警告处分；情节较重的，给予撤销党内职务或者留党察看处分；情节严重的，给予开除党籍处分。

利用职权或者职务上的影响，将本人、配偶、子女及其配偶等亲属应当由个人支付的费用，由下属单位、其他单位或者他人支付、报销的，依照前款规定处理。

2. 典型案例

2016年1月，广西壮族自治区桂林市永福县森林公安局以虚开发票的形式套取本单位经费64480元违规给本单位干部职工27人发放津补贴。永福县森林公安局局长于桂杰、政委以善智分别受到党内严重警告处分，并调离工作岗位；副局长李孟初受到党内警告处分。

江苏省南京市六合区市场监督局金牛湖分局局长陈小萌、主任科员周仕鹏在对某超市进行节前食品安全检查时，收受负责人赠送的4条名牌香烟。2016年1月22日，陈小萌打电话给该超市负责人索要8份礼品，并与周仕鹏一同前往该超市提取8床价值9280元的蚕丝被，作为春节福利发给分局职工。

四川省泸州市第十七中学通过冒领“停薪留职”教师工资、超标准收取“择校费”等形式私设“小金库”,用“小金库”资金以春节慰问金、年终安全奖名义向学校教职工违规发放补贴 28 万余元。

2014 年 1 月 27 日,云南省玉溪市华宁县残联利用残疾人陶艺培训经费,购买了 43 张总价值 11400 元的购物卡,对本单位干部职工及相关单位人员进行“春节慰问”。

3. 典型意义

年终奖和年节慰问品等是对一年工作业绩的奖励,属正常福利,但其发放有着明确的规定和界限。套取公款,超标发“福利”,便成了“腐利”。以上案例中的党员干部,采用各种手段,巧立名目,偷梁换柱,违规套取公款,或者通过冒领、截留等手段积攒的钱,私设为“小金库”,或者索要贿赂发福利,在节日到来时,发给职工,来变相贿赂下属,笼络人心。他们严重缺乏纪律意识,对手中的权力缺乏敬畏,将公权作为牟利的筹码,伺机把手中的权力变现。他们自以为将违规收入发给下属就不是腐败,发福利百利无一害,手段隐蔽不会被发现,巧立账户就可以规避监管,这些都是认识上存在偏差而导致的作风问题。

习近平总书记一针见血地指出,“作风问题都与公私问题有联系,都与公款、公权有关系”。广大领导干部一定要认清楚手中钱、物的来源和权力的性质,切忌公款私用、公物私用、公权私用。单位内设的“小金库”,个人小圈子、拉帮结派发放的所谓“福利”,不仅是公款私用、公物私用、公权私用,而且还会腐蚀人性,形成不正之风,败坏政治风气。莫让“福利”变“腐利”,莫让“小金库”变为不正风气之源。单位之内,与其私存金银,不如蓄养正气;与下属交好,与其发金钱福利,不如传播清廉风气。

(六)防范不良家风助长“全家腐”

1. 相关党规

《中国共产党廉洁自律准则》第八条　廉洁齐家,自觉带头树立良好家风。

《中国共产党纪律处分条例》第八十条　利用职权或者职务上的影响为他人谋取利益,本人的配偶、子女及其配偶等亲属和其他特定关系人收受对方财物，情节较重的，给予警告或者严重警告处分；情节严重的，给予撤销党内职务、留党察看或者开除党籍处分。

《中国共产党纪律处分条例》第八十一条　相互利用职权或者职务上的影响为对方及其配偶、子女及其配偶等亲属、身边工作人员和其他特定关系人谋取利益搞权权交易的，给予警告或者严重警告处分；情节较重的，给予撤销党内职务或者留党察看处分；情节严重的，给予开除党籍处分。

《中国共产党纪律处分条例》第八十二条　纵容、默许配偶、子女及其配偶等亲属和身边工作人员利用党员干部本人职权或者职务上的影响谋取私利，情节较轻的，给予警告或者严重警告处分；情节较重的，给予撤销党内职务或者留党察看处分；情节严重的，给予开除党籍处分。

党员干部的配偶、子女及其配偶不实际工作而获取薪酬或者虽实际工作但领取明显超出同职级标准薪酬，党员干部知情未予纠正的，依照前款规定处理。

2. 典型案例

2016 年 11 月，北京第一中级人民法院一审以受贿罪判国家食品药品监督管理总局药品审评中心原副主任尹红章有期徒刑 10 年，并处罚金 50 万元。尹红章不仅自己收受贿赂，还伙同妻子、儿子一起收受 9 家药企所送财物，为这些公司的药品申报审批事宜提供帮助。其妻郭某因帮收 150 余万元，一审被判处有期徒刑 3 年，缓刑 5 年；其子帮收 107 万余元，一审被判处有期徒刑两年，缓刑 3 年。

3. 典型意义

在中华文化传统中，“家”具有独特的地位，所谓“修身、齐家、治国、平天下”，“欲治其国者，先齐其家”。习近平总书记指出，“领导干部要把家风建设摆在重要位置，廉洁修身、廉洁齐家”①。

---

① 习近平：《坚持全面从严治党依规治党创新体制机制强化党内监督》，2016 年 1 月 12 日，见 http://news.xinhuanet.com/politics/2016-01/12/c_1117753375.htm。

关爱家人,是人之本性,但不能利用人民赋予的权力去“偏爱”家人。亲情面前,往往最能反映一名党员干部的世界观、权力观、事业观,最能折射其对公对私、对权对纪的态度。尹红章就没有过好亲情关,在亲情关上栽跟头,一人把关药品报审,妻儿都来收受贿赂,最终一家三口齐受刑。正是他错位的爱,把自己和家人推向了违纪违法的深渊。归根到底,公权私用、以权谋私,没管好身边人,最终既害了自己也害了家人。希望“全家福”,导致“全家腐”,结果“全家哭”。尹红章这样的案例不在少数,事实证明,没有淳厚家风,不仅会使一个家族分崩离析,而且会严重败坏党风政风和社会风气。

习近平总书记在主持中央全面深化改革领导小组第十次会议时强调,领导干部的家风,不是个人小事、家庭私事,而是领导作风的重要体现。良好家风既是砥砺品行的“磨刀石”,也是抵御贪腐的“防火墙”。新修订的《中国共产党廉洁自律准则》《中国共产党纪律处分条例》都对领导干部“修身齐家”提出了要求、划定了底线。身为党员领导干部要把“修身齐家”作为必修课,注重家庭、家教、家风,在管好自己的同时管好配偶、子女,为家庭成员作出表率,立家规、传家训、树家风,以优良家风推动社风民风持续向好,以实际行动带动全社会崇德向善。

三、问责典型案例

有权必有责,有责受追究。加强问责是2016年党内法规制度建设的重点。《中国共产党问责条例》第六条明确规定了党组织和党的领导干部违反党章和其他党内法规,不履行或者不正确履行职责应予问责的几种情形:

(一)党的领导弱化,党的理论和路线方针政策、党中央的决策部署没有得到有效贯彻落实,在推进经济建设、政治建设、文化建设、社会建设、生态文明建设中,或者在处置本地区本部门本单位发生的重大问题中领导不力,出现重大失误,给党的事业和人民利益造成严重损失,产生恶劣影响的;

(二)党的建设缺失,党内政治生活不正常,组织生活不健全,党组织软弱涣散，党性教育特别是理想信念宗旨教育薄弱，中央八项规定精神不落实，作风建设流于形式，干部选拔任用工作中问题突出，党内和群众反映强烈，损害党的形象，削弱党执政的政治基础的；

（三）全面从严治党不力，主体责任、监督责任落实不到位，管党治党失之于宽松软，好人主义盛行、搞一团和气，不负责、不担当，党内监督乏力，该发现的问题没有发现，发现问题不报告不处置、不整改不问责，造成严重后果的；

（四）维护党的政治纪律、组织纪律、廉洁纪律、群众纪律、工作纪律、生活纪律不力，导致违规违纪行为多发，特别是维护政治纪律和政治规矩失职，管辖范围内有令不行、有禁不止，团团伙伙、拉帮结派问题严重，造成恶劣影响的；

（五）推进党风廉政建设和反腐败工作不坚决、不扎实，管辖范围内腐败蔓延势头没有得到有效遏制，损害群众利益的不正之风和腐败问题突出的；

（六）其他应当问责的失职失责情形。

（一）党的领导弱化

1. 相关党规

《中国共产党问责条例》第六条　党组织和党的领导干部违反党章和其他党内法规，不履行或者不正确履行职责，有下列情形之一的，应当予以问责：

（一）党的领导弱化，党的理论和路线方针政策、党中央的决策部署没有得到有效贯彻落实，在推进经济建设、政治建设、文化建设、社会建设、生态文明建设中，或者在处置本地区本部门本单位发生的重大问题中领导不力，出现重大失误，给党的事业和人民利益造成严重损失，产生恶劣影响的；

……

2. 典型案例

中煤地质总局2010年至2015年收到信访举报288件，无一起立案，未对一人作出党纪政纪处理,系统内违规违纪问题丛生,选人用人问题突出。该局党委书记、副局长侯慎建有多名亲属在系统内工作,其妻连续两次在下属单位违规提拔,下属某局党委书记提拔自己的儿子,三个月内从副科级提拔到副处级。侯慎建没有尽责履行主体责任,没有尽责履行管党治党政治责任,导致中煤地质总局党的领导弱化、党的建设缺失、全面从严治党不力。党委副书记、纪委书记郭守光不履行监督责任,监督执纪问责严重缺失,并且带头违反中央八项规定精神。2016 年 9 月 19 日,国资委党委决定给予侯慎建撤销党委书记、副局长职务处分,按班子副职非领导职务安排适当工作;给予郭守光撤销党委副书记、纪委书记职务处分,按部门正职非领导职务安排适当工作。

3. 典型意义

“领”,就是率先垂范、引领示范;“导”,就是要发现问题、及时纠正。党员领导干部违纪是对纪律最大的破坏,很多纪律之所以最后得不到执行,主要是领导干部不带头。侯慎建、郭守光作为中煤地质总局党委、纪委主要负责人,对“两个责任”认识模糊、工作领导不力、责任落实不到位,对党员干部疏于教育、管理和监督,企业党内政治生活不正常,本部门党的领导弱化,党委一把手责任担当缺失,管党治党不力,根源在于他们作为领导干部政治担当不强,领导意识不强。

在我国,党政军民学,东西南北中,党是领导一切的。可以说,中国共产党领导是中国特色社会主义制度的最大优势,也是我们战胜各种风险挑战、实现“两个一百年”奋斗目标、实现中华民族伟大复兴中国梦的根本保证。《中国共产党问责条例》把“党的领导弱化”置于问责情形首要位置,传递出要坚决贯彻党的理论和路线方针政策、党中央的决策部署的强烈信号。加强党的领导、强化“四个意识”,既要牢牢坚持党性原则,不断增强政治定力,又要强化责任担当,在大是大非面前旗帜鲜明,在重大原则问题上敢于发声、亮剑。①

① 《从典型案例看〈中国共产党问责条例〉执纪重点》,2016 年 7 月 18 日,见 http://www.ccdi.gov.cn/special/gcdwztl/algs_gcdwztl/201607/t20160718_83703.html。

各级党委(党组)书记作为管党治党第一责任人,是"关键少数"中的"关键少数",必须牢固树立不管党治党就是严重失职的观念,必须在管党治党上发挥关键作用,承担主体责任。

(二)党中央的决策落实不到位

1. 相关党规

《中国共产党问责条例》第六条　党组织和党的领导干部违反党章和其他党内法规,不履行或者不正确履行职责,有下列情形之一的,应当予以问责:

(一)党的领导弱化,党的理论和路线方针政策、党中央的决策部署没有得到有效贯彻落实,在推进经济建设、政治建设、文化建设、社会建设、生态文明建设中,或者在处置本地区本部门本单位发生的重大问题中领导不力,出现重大失误,给党的事业和人民利益造成严重损失,产生恶劣影响的;

……

2. 典型案例

2016年7月18日至20日,河北省发生历史罕见的特大暴雨。由于范围广、强度大、峰值高,导致山洪暴发、河水猛涨,部分村庄农田被淹,一些城市内涝严重,造成重大人员伤亡和财产损失。河北省委决定对"7·19"河北特大暴雨洪涝灾害中失职的邢台市经济开发区党工委书记、管委会主任段小勇,邢台市经济开发区东汪镇党委书记张国伟,王快镇党委副书记郭同恒,石家庄市交通运输局党组成员、总工程师何占魁,井陉县副县长贾彦廷等人先停职、后调查,依据《中国共产党问责条例》追责。

3. 典型意义

此案是《中国共产党问责条例》实施后引起广泛关注的问责案件,不仅因为邢台洪涝灾害造成境内多人死亡、失踪事件,引起舆论强烈反响,还因为此案是此次问责发生在事故原因彻底调查清楚之前。防汛抗洪抢险救灾工作不力,表面原因可能是效率低下、政令不畅、组织不力、人员懈怠等问题,而深层次原因在于有关党组织没有发挥领导核心和战斗堡垒作用,政策就是命令,命令就要执行;权力就是责任,责任就要担当。上有命令却不执行,手中握有权力却不知道担当责任,该案中 3 个县(市)水利部门负责人、3 个县(市)水利部门工作落实不力,思想慢、行动慢,这都是领导意识薄弱、组织纪律观念淡薄的表现。由此导致党的领导弱化,党的理论和路线方针政策、党中央的决策部署没有得到有效贯彻落实,作为党的领导干部,难辞其咎。

关键在人,担当为本。全面从严治党、推进标本兼治,最根本的就在于各级领导干部要把管党治党的政治责任担当起来。问责条例以问题为导向,突出党的领导干部这个"关键少数",把问责主体明确为各级党组织,既包括党委(党组)、纪委(纪检组),也包括组织、宣传等党的工作部门,实现问责责任"全覆盖";按照权责对等原则,明确领导班子尤其是一把手承担的责任,体现责任追究"精准化"。针对党员领导干部的问责,能够将压力传导下去,督促中央政策的落实,让党员领导干部转思维、快行动,意识到政策的紧迫性、肩上责任的沉重性。以问责机制,倒逼责任落实。以更大的决心、更大的勇气,层层落实主体责任,深入推进全面从严治党;要用好问责这个利器,对在党的建设和党的事业中不履行或不正确履行职责的问题坚决问责,推动管党治党从宽松软走向严紧硬,激发担当精神、落实监督责任。

(三)贯彻落实精准扶贫政策不力

1. 相关党规

《中国共产党问责条例》第六条　党组织和党的领导干部违反党章和其他党内法规,不履行或者不正确履行职责,有下列情形之一的,应当予以问责:

(一)党的领导弱化,党的理论和路线方针政策、党中央的决策部署没有得到有效贯彻落实,在推进经济建设、政治建设、文化建设、社会建设、生态文明建设中,或者在处置本地区本部门本单位发生的重大问题中领导不力,出现重大失误,给党的事业和人民利益造成严重损失,产生恶劣影响的;

……

2. 典型案例

四川省甘孜州石渠县德荣玛乡党委书记昂翁四郎对全县部署的精准扶贫重点工作认识不到位，落实执行不力。其两次未履行请假手续无故缺席全县重点工作部署、推进会议，在县纪委书记和县委组织部部长分别对其进行诫勉谈话后，依然我行我素，思想懈怠；该乡干部管理松散，纪律涣散、职责不清、分工不明，精准扶贫等重点工作资料严重缺失。昂翁四郎同志存在严重失职，县纪委根据《中国共产党纪律处分条例》相关规定，决定对其进行党纪立案调查。

3. 典型意义

精准扶贫不能只是送点柴米油盐就完事。不少扶贫移民部门干部对所肩负的职责认识不深，理解不透；对精准扶贫工作宣传动员不到位、工作思路不清晰，措施不明、推进不力，导致精准扶贫工作严重滞后，当地干部群众反映强烈。对推进扶贫工作不力，在精准扶贫工作中不作为、不担当，消极应付，影响整体工作部署和工作进度，会使党的扶贫政策得不到落实，人民群众就没有获得感，而且严重影响党在人民心目中的形象，对此应当予以问责，严肃查处，决不姑息。

党的十八届五中全会从全面建成小康社会奋斗目标出发，明确提出到2020年我国现行标准下农村贫困人口实现脱贫，贫困县全部摘帽，解决区域性整体贫困。党的十九大报告提出，要“做到脱真贫，真脱贫”。精准扶贫是党中央为民务实的政策，是党对人民的庄严承诺。为精准扶贫提供坚强纪律保障，确保扶贫资金安全与脱贫攻坚成效，也是纪检监察机关的重要政治责任。通过问责，倒逼扶贫干部的自觉性，主动承担精准扶贫责任，将党中央的扶贫政策贯彻落实下去。

（四）大气污染防治不力

1. 相关党规

《中国共产党问责条例》第六条　党组织和党的领导干部违反党章

和其他党内法规,不履行或者不正确履行职责,有下列情形之一的,应当予以问责:

(一)党的领导弱化,党的理论和路线方针政策、党中央的决策部署没有得到有效贯彻落实,在推进经济建设、政治建设、文化建设、社会建设、生态文明建设中,或者在处置本地区本部门本单位发生的重大问题中领导不力,出现重大失误,给党的事业和人民利益造成严重损失,产生恶劣影响的;

……

2. 典型案例

在2016年年初冬季重污染天气应急响应期间,石家庄市有关县(市、区)应对不力,责任落实不到位,被上级督导组通报。对此,石家庄市纪检监察机关成立调查组,对有关问题进行了调查核实①,并根据《石家庄市大气污染防治工作问责暂行办法》,按照干部管理权限,分别对晋州市、灵寿县、赵县、藁城区、裕华区、桥西区、平山县、鹿泉区、矿区的8名主管领导、54名相关责任人进行了责任追究。

3. 典型意义

石家庄市是我国大气污染最为严重的省会城市之一。为甩掉"重污染城市"这顶"帽子",持续改善环境空气质量,石家庄市相继出台了《石家庄市大气污染防治工作问责暂行办法》,对《中国共产党问责条例》进行落实和细化,严格大气污染防治工作问责制度落实。大气污染防治不力,主要原因在于防治责任不清,领导干部对防治责任缺乏担当精神,因而需要用好问责这个利器,激发担当精神、落实监督责任,通过问责倒逼直接责任人着手落实大气污染防治,从源头上解决大气污染治理不力的问题。

推进生态文明建设是关系人民福祉、关乎民族未来的长远大计,治理大气

① 《〈问责条例〉背后案例故事:多名"不担当"干部被问责》,2016年7月22日,见http://news.xinhuanet.com/legal/2016-07/22/c_129169049.htm。

污染是推进生态文明建设的重要任务。推进“五位一体”建设，离不开党的坚强领导。坚持党的领导，贯彻落实党的路线方针政策，统筹推进“五位一体”总体布局和协调推进“四个全面”战略布局，各级党组织和党的领导干部都有责任。实施强有力的问责，为的是推动各级党组织和党的领导干部切实担负起责任。失职失责，在推进经济建设、政治建设、文化建设、社会建设、生态文明建设中，或者在处置本地区本部门本单位发生的重大问题中领导不力，出现重大失误，给党的事业和人民利益造成严重损失，产生恶劣影响的，侵蚀的是党的执政基础，必须进行严肃问责。

（五）落实两个责任不力

1. 相关党规

《中国共产党问责条例》第六条　党组织和党的领导干部违反党章和其他党内法规，不履行或者不正确履行职责，有下列情形之一的，应当予以问责：

……

（三）全面从严治党不力，主体责任、监督责任落实不到位，管党治党失之于宽松软，好人主义盛行、搞一团和气，不负责、不担当，党内监督乏力，该发现的问题没有发现，发现问题不报告不处置、不整改不问责，造成严重后果的；

……

2. 典型案例

2010年至2016年5月，湖南省冷水江市政协原党组书记、主席陈代宋，市委原常委、政法委书记陈郁琼，市委组织部原副部长王升永等20多名党员干部在该市某茶楼参与打牌赌博，数额巨大，持续时间长、涉赌金额大、涉案党员领导干部人数多，严重败坏党风政风，影响社会风气。市委原书记刘小龙对本市多名领导干部长期参与赌博问题失察，对上级交办的有关干部打牌问题线索处置不力；市纪委书记阳卫龙对上述问题未及时发现和查处；市公安局查禁赌博不力，且该局有2名中层干部涉案。2016 年 11 月,因落实主体责任和监督责任不力,刘小龙受到党内警告处分,阳卫龙受到党内严重警告处分,原副市长、市公安局原党委书记兼局长陈跃辉受到党内严重警告处分。

3. 典型意义

刘小龙作为市委书记纵容下属败坏社会风气,全面从严治党不力,主体责任落实不到位,管党治党失之于宽松软,好人主义盛行、搞一团和气,不负责、不担当,应该发现的问题没有发现,发现问题不报告不处置、不整改、不问责,造成了不良社会影响。阳卫龙作为市纪委书记监督责任落实不到位,管党治党不力,党内监督乏力。该茶楼聚众赌博持续时间长、涉赌金额大、涉案党员领导干部人数多,严重败坏党风政风,作为负有查处违反社会治安职责的市公安局不可能不知晓该茶楼聚众赌博,只是因为该市多部门领导干部参与,故纵容包庇。

无论是党委还是纪委或其他相关职能部门,都要对承担的党风廉政建设责任进行签字背书,做到守土有责。出了问题,就要追究责任。绝不允许出现底下问题成串、为官麻木不仁的现象。[①] 领导干部必须承担主体责任和监督责任,注重日常,抓早抓小,防微杜渐,体现组织严格要求和关心爱护,绝不能坐看自己的同志在错误的道路上越滑越远。各级党委(党组)书记作为管党治党第一责任人,是“关键少数”中的“关键少数”,必须牢固树立不管党治党就是严重失职的观念,把党的领导体现到日常管理监督中,要做管党治党的书记,真管真严、敢管敢严、长管长严,对各种歪风邪气敢抓敢管、坚决抵制,对“四风”和腐败问题敢于亮剑、坚决斗争,使管党治党真正从宽松软走向严紧硬。各级纪检机关要找准在全面从严治党中的职责定位,要贯彻执行《廉洁自律准则》和《纪律处分条例》,运用好监督执纪“四种形态”,强化监督执纪问责,敢于较真,坚持有责必问、问责必严,推动全面从严治党主体责任落到实处。

---

① 习近平:《在第十八届中央纪律检查委员会第三次全体会议上的讲话》,2014 年 1 月 14 日。

四、破坏党内政治生活典型案例

党要管党必须从党内政治生活管起，从严治党必须从党内政治生活严起。实践证明，严肃党内政治生活是解决党内矛盾和问题的“金钥匙”，是党员干部锤炼党性的“大熔炉”，是纯洁党风政风的“净化器”。[1] 专题片《永远在路上》中一个个面对镜头忏悔的高官，之所以在思想上放松对自己的约束，在行动上走上腐化堕落的深渊，很大程度上就在于没有经过党内政治生活的严格锻造。我们要意识到政治生态的重要性和脆弱性。政治生态的重要性体现在，它是做好各方面工作的前提，做好各方面工作都必须有一个良好政治生态。

（一）破坏民主集中制典型案例

1. 相关党规

《中国共产党纪律处分条例》第六十三条 违反民主集中制原则，拒不执行或者擅自改变党组织作出的重大决定，或者违反议事规则，个人或者少数人决定重大问题的，给予警告或者严重警告处分；情节严重的，给予撤销党内职务或者留党察看处分。

《关于新形势下党内政治生活的若干准则》 民主集中制是党的根本组织原则，是党内政治生活正常开展的重要制度保障。

2. 典型案例

2010 年 9 月至 2013 年 6 月，谢晖任新疆维吾尔自治区监狱管理局党委书记、局长期间，全疆监狱系统工程项目共 108 项，均未公开招标，大多采取邀标形式发包，部分项目甚至直接指定承包方。2011 年 12 月，在局机关会议推荐得票率仅为 14%的情况下，谢晖违规提任他的司机宁某为自治区监狱管理局机关服务中心副主任。2016 年 2 月，经新疆维吾尔自治区党委批准，自治区纪委对谢晖进行了立案审查，经自治区纪委常委会

---

① 梁田庚：《从严治党要从党内政治生活严起》，《人民日报》2017 年 2 月 20 日。

议研究并报自治区党委常委会议审议,决定给予谢晖开除党籍处分,将其涉嫌违法犯罪问题及线索移送司法机关依法处理。

3. 典型意义

谢晖违规选拔任用干部,重大事项不经过民主程序,利用职权违反规定为他人谋取利益,大肆收受他人财物,违纪金额高达 1 亿多元人民币,涉案金额之大、人员之多、影响之恶劣,在新疆自治区历史上是罕见的。作为一把手的谢晖违规提任他的司机为自治区监狱管理局机关服务中心副主任,并不是偶然,而是他长期纪律意识淡漠,把自己凌驾于组织之上,大搞"家长制""一言堂",严重破坏单位的民主集中制的必然结果。谢晖特权思想根深蒂固,专横跋扈、刚愎自用,把违背程序当作敢作敢当、有魄力的表现,每次研究讨论问题,无论大事小情,根本不允许有反对意见,不允许任何人挑战他的权威。一把手变成"一霸手",任人唯亲,大搞权钱交易,谢晖的所作所为最终造成自治区劳教、监狱系统党内政治生活不正常、不健康,民主集中制遭到严重破坏。谢晖作为一名监狱管理局主要领导,本应对党纪党规充满敬畏,对贪腐行为心存戒惧,可他却恣意妄为,一步步"搬进"了自己亲手筑起的牢笼。

习近平总书记强调,"民主集中制是激发党的创造力、保持党的团结统一的根本保证。民主集中制贯彻得怎么样,关键看领导干部做得怎么样。"①各级领导干部特别是主要领导干部要自觉做表率、树标杆,坚持按照民主集中制规则议事、决策、办事,带头维护党中央权威,带头发扬党内民主,带头坚持集体领导,带头开展批评和自我批评,着力防止和纠正发扬民主不够、正确集中不够、开展批评不够、严肃纪律不够等问题。民主集中制是群众路线在党和国家政治生活中的运用。领导干部脱离群众,犹如无源之水,无本之木。民主集中制还体现在个人服从组织、少数服从多数、下级服从上级、全党服从中央"四个服从"原则上。党员干部要识大体、顾大局、讲原则,严格按照党的纪律办事。凡属重大决策、重要干部任免、重要建设项目的安排和大额资金的使用等,必须经过集体充分讨论,按照少数服从多数的原则作出决定。

① 《党的群众路线教育实践活动学习文件选编》,党建读物出版社 2013 年版,第 13 页。

（二）破坏党的干部标准典型案例

1. 相关党规

《关于新形势下党内政治生活的若干准则》 坚持正确选人用人导向，是严肃党内政治生活的组织保证。必须严格标准、健全制度、完善政策、规范程序，使选出来的干部组织放心、群众满意、干部服气。

选拔任用干部必须坚持党章规定的干部条件，坚持德才兼备、以德为先，坚持五湖四海、任人唯贤，坚持信念坚定、为民服务、勤政务实、敢于担当、清正廉洁的好干部标准。把公道正派作为干部工作核心理念贯穿选人用人全过程，做到公道对待干部、公平评价干部、公正使用干部。

选人用人必须强化党组织的领导和把关作用，落实干部选拔任用工作纪实制度，确保每个环节都规范操作。组织部门要严格按政策、原则、制度办事，实事求是考察评价干部，敢于为干部说公道话，敢于抵制选人用人中的违规行为，形成能者上、庸者下、劣者汰的选人用人导向。加强选人用人监督问责，对用人失察失误的严肃追究责任。

中共中央办公厅《关于防止干部"带病提拔"的意见》 六、严格责任追究。充分发挥组织监督和群众监督作用，认真落实干部选拔任用工作纪实等各项监督制度，加强对干部选拔任用工作经常性监督检查。建立健全干部"带病提拔"问责机制，党委（党组）及组织人事部门、纪检监察机关按照职责权限，实行责任追究。要逐一检查动议、民主推荐、考察、讨论决定、任职等各个环节的主要工作和重要情况，甄别相关责任人的责任。对干部在政治品质、道德品行、廉洁自律等方面存在违规违纪行为影响使用，但由于领导不力、把关不严、考察不准、核查不认真，甚至故意隐瞒、执意提拔，造成干部"带病提拔"的，要按照有关规定，区别不同情况，严肃追究党委（党组）、组织人事部门、纪检监察机关、干部考察组主要负责人和有关领导干部及相关责任人的责任。凡因干部"带病提拔"造成恶劣影响的，连续出现或大面积出现干部"带病提拔"情况的，要追究党委（党组）主要负责人的责任。对干部"带病提拔"的典型案例，要及时进行通报。

2. 典型案例

2016年10月19日,江苏省南通市中级人民法院公开宣判山西省委原常委、秘书长聂春玉受贿案,对被告人聂春玉以受贿罪判处有期徒刑十五年,并处没收个人财产人民币四百万元;对聂春玉受贿所得财物予以追缴,上缴国库。经审理查明:2004年至2013年,被告人聂春玉先后利用担任吕梁市委副书记、山西省吕梁市人民政府市长、吕梁市委书记、山西省委常委、统战部长、秘书长等职务上的便利,为他人在职务晋升、岗位调整、企业发展等事项上谋取利益,非法收受他人财物,共计折合人民币约4458万元。

3. 典型意义

2003年到2011年间,聂春玉主政吕梁的8年,恰逢煤炭产业的"黄金十年",当地GDP和财政收入与煤老板的财富一路高歌猛进。与此相伴随的是以黑金为媒、越滚越紧密的官商利益输送网。面对此种政商生态,聂春玉的选择是与其裹挟共生,大肆卖官鬻爵。中央纪委案件审理室工作人员调查过程中认定有29个党员干部给他行贿,这29个行贿者遍及吕梁市所辖全部13个县市区,给聂春玉行贿的同时,也在收受他们下属党员干部的贿赂。所以党的十八大以来,吕梁市当地共有5名地厅级干部,83名县处级干部,因为违纪问题受到党纪政纪处分,其中17人被移送司法机关,依法处理。[①] 聂春玉自己跑官买官卖官,自己带头把整个班子、整个队伍带坏了,吕梁也因此成了山西"塌方式腐败"的一个典型缩影。

党的十八届六中全会报告指出,坚持正确选人用人导向,是严肃党内政治生活的组织保证。为政之要首在用人,任命什么样的干部,提拔或调整谁到新的岗位,将涉及大量的系统性人事安排,是政治生活的重中之重。吏治腐败是最大的腐败,是一切腐败之源,用人腐败必然导致用权腐败。花钱跑官买官,一定在当权后用权力把钱千方百计捞回来。从严治党,必先从严治吏,要抓住

① 《大型电视专题片〈永远在路上〉第四集〈利剑出鞘〉》,2016年10月20日,见http://v.ccdi.gov.cn/2016/10/20/VIDEYDxoeATtrlR0SQUXaIbw161020.shtml。

管权治吏的要害,严肃查处用人腐败。①

“尚贤者,政之本也”,“任人唯贤”是中华传统文化中一直崇尚的治国理政境界。《党内政治生活若干准则》将坚持正确的选人用人导向作为规范和严肃党内政治生活的组织保证,把住了规范党内政治生活的“楼梯口”,突出了党内政治生活中人的因素的至关重要地位,并针对当前党员干部、群众关注的党内政治生活中存在的选人用人不正之风开出了药方,彰显了我们党一贯重视选贤任能的优良传统。中共中央办公厅印发的《关于防止干部“带病提拔”的意见》明确提出强化审核措施,实行“四凡四必”②,充分体现了党中央重拳整治“带病提拔”的坚定决心。党中央加大对选人用人方面的规范,实质就是从源头上遏制腐败现象,以用人环境的风清气正促进政治生态的山清水秀,为党和人民事业发展提供坚强保证。

(三)破坏选举活动典型案例

1. 相关党规

《中国共产党纪律处分条例》第七十二条　有下列行为之一的,给予警告或者严重警告处分;情节较重的,给予撤销党内职务或者留党察看处分;情节严重的,给予开除党籍处分:

(一)在民主推荐、民主测评、组织考察和党内选举中搞拉票、助选等非组织活动的;

(二)在法律规定的投票、选举活动中违背组织原则搞非组织活动,组织、怂恿、诱使他人投票、表决的;

(三)在选举中进行其他违反党章、其他党内法规和有关章程活动的。

2. 典型案例

2016年9月17日,辽宁省第十二届人民代表大会第七次会议筹备

---

① 习近平:《在中央政治局常委会听取中央巡视工作领导小组关于二〇一四年中央巡视组第二轮巡视情况汇报时的讲话》,2014年10月16日。

② 即干部档案“凡提必审”,个人有关事项报告“凡提必核”,纪检监察机关意见“凡提必听”,反映违规违纪问题线索具体、有可查性的信访举报“凡提必查”。

组发布公告称,辽宁省第十二届人民代表大会第一次会议选举全国人大代表过程中,有45名当选的全国人大代表拉票贿选,有523名辽宁省人大代表涉及此案。2016年9月13日,十二届全国人大常委会第二十三次会议,表决通过了关于辽宁省人大选举产生的部分十二届全国人大代表当选无效的报告,确定45名全国人大代表因拉票贿选当选无效。涉案人员不同程度上存在违反政治纪律和政治规矩,违背组织原则,在民主推荐、选举中搞拉票贿选等非组织活动,利用职务上的便利在干部选拔任用中为他人谋取利益并收受财物等违纪行为。

3. 典型意义

辽宁拉票贿选案是中华人民共和国成立以来查处的第一起发生在省级层面、严重违反党纪国法、严重违反政治纪律和政治规矩、严重违反组织纪律和换届纪律、严重破坏党内选举制度和人大选举制度的重大案件。涉案人数众多、性质恶劣、情节严重,触目惊心。张德江同志也指出了辽宁人大代表选举中的乱象:“选举组织机构和相关责任人不执行党中央的决策部署,……对破坏选举的行为熟视无睹;一些代表候选人利用资本操纵选举,明目张胆拉票贿选;一些人大代表目无法纪,把收受代表候选人钱物视为潜规则;一些人大领导干部和工作人员知法犯法,为代表候选人拉票穿针引线……”

辽宁拉票贿选案再一次给我们敲响了警钟。人大代表作为国家权力机关组成人员,代表人民的利益和意志依法参加行使国家权力。各级人大换届选举是党和国家政治生活中的一件大事。为政之要首在用人,选举什么样的人当人大代表,是事关我国民主的大事,直接关系到人民的当家作主地位能否得到实现,人民的民主权利能否得到行使。绝不允许金钱渗透到人民代表大会制度中,绝不允许通过任何手段干扰破坏人大代表的选举。做好换届选举工作,对于坚定不移走中国特色社会主义政治发展道路,巩固党的执政地位,保障人民当家作主,具有十分重要的意义。

严肃依纪依法查处辽宁拉票贿选案,充分体现了党中央对拉票贿选“零容忍”的态度。选举特别是换届选举事关选人用人,关系到能否选出好干部、好班子、好风气,关系到党的领导能否落到实处。每一个党员,尤其是党的领导干部必须清醒地认识到,换届是政治任务,换届纪律就是政治纪律,任何人都不得触犯。必须带头遵守党纪国法,严肃选举纪律,确保换届风清气正,营造良好政治生态。

第五部分　保障篇

加强党内法规制度建设是一项系统性工程，除了要有比较完善的党内法规制度体系和高效的党内法规制度实施体系，还要有有力的党内法规制度建设保障体系。2016 年，党中央在推进党内法规制度建设的同时，对党内法规制度建设保障体系的重视程度日益提升，尤其是着眼于加强党内法规制度建设的组织保障，包括领导责任的落实、体制机制的完善、队伍建设的加强等工作保障，有效解决了党内法规制度建设的人力、物力、财力以及体制机制等保障问题，推动了 2016 年党内法规制度建设取得新进展、新突破，进入新里程，可以说，有力的组织保障是党内法规制定工作和实施工作开展的坚实基础。

一、党内法规制度建设的领导责任

推进党内法规制度建设离不开坚强有力的领导，党的十八大以来，在党中央的统一领导下，党内法规制度建设取得了重要进展和重大突破，为全面从严治党提供了坚实的制度保障。2016 年是落实《五年规划纲要》目标任务的攻坚期，同时也是全面深化改革深入进行、全面从严治党迈向新里程的关键期，党内法规制度建设任务重、时间紧、责任大，这要求中央各部门和地方各级党委要强化对党内法规制度建设的领导责任，加大对党内法规制度建设的领导力度，加快推进党内法规制度建设的进程。2016 年以来，党中央进一步强化中央各部门和地方各级党委的领导责任，严格领导责任的落实，督促中央各部门和地方各级党委切实履行所承担的党内法规制度建设职责，增强了党内法规制度建设的统筹协调，为2016年党内法规制度建设事业注入了强大动力。

（一）加强党内法规制度建设，进一步明确领导责任

推进党内法规制度建设，需要强化各制定主体、有关部门的领导职责，党内法规制度建设的坚强有力领导是建立在领导责任的明确划分、分工合作、切实履行、共同发力基础上的。2016年，党中央坚持以问题为导向，在党内法规制度建设领导责任的既有规定基础上，进一步强调和明确了各制定主体、有关部门的领导责任。

1. 部分地区和部门党内法规制度建设领导不力问题突出

关于党内法规制度建设的领导责任，早在《中国共产党党内法规制定条例》中已有明确规定，其第六条规定："制定党内法规在中央统一领导下进行。制定党内法规的日常工作由中央书记处负责。中央办公厅承担党内法规制定的统筹协调工作，其所属法规工作机构承办具体事务。中央纪律检查委员会、中央各部门和省、自治区、直辖市党委负责职权范围内的党内法规制定工作，其所属负责法规工作的机构承办具体事务。"①这是对中央各部门和地方党委关于党内法规制度建设的领导责任所作的十分明确的规定，为切实推进党内法规制度建设提供了制度遵循。另外，为抓好中央党内法规制定工作的组织实施，《五年规划纲要》进一步明确了中央办公厅、中央纪委、中央有关部门、各地区各有关部门等对各自负责的党内法规制度建设工作所负有的领导职责。2014年8月中共中央政治局会议审议通过的《深化党的建设制度改革实施方案》中，再次指出"推进党的建设制度改革，党委（党组）要抓，各级党建工作领导小组要抓，有关职能部门要抓。要严格督查，及时发现解决推进中遇到的问题"②，强调了党内法规制度建设领导责任的分工。

然而在实践中，部分地方和部门党组织在职责范围内的党内法规制度建设工作领导不力问题突出，有的是对党内法规制度建设认识不足、没有重视，

---

① 参见《中国共产党党内法规制定条例》第六条规定。

② 《审议通过〈深化党的建设制度改革实施方案〉》，《法制日报》2014年8月30日。

认为党内法规制度建设是一项系统性制度建设工作,建设周期长,在短期内难以看见明显的作用效果,同时缺乏对党内法规制度建设战略意义、重要地位的认识,与其他容易出政绩的工作相比,往往更容易忽视对党内法规制度建设的领导责任,对党内法规制度建设工作不重视、不关心、不研究、不谋划;有的是对党内法规制度建设存在认识偏差,领导不足,认为党内法规制度建设是阶段性的,站位不够高、想得不够深,在工作领导上表现得很重视,干劲很旺、口号很响、样子很足,以应付上级检查,但实际工作的落实和推动中不上心、不用心,创新不强、研究不够、谋划不足、部署不力,面上抓一抓,工作抓得不紧不实,形式主义风气盛行;有的是不会领导党内法规制度建设工作,认为党内法规制度建设与自己关系不大,不能及时适应和学习掌握党内法规相关知识,甚至连党内法规与规范性文件、宪法法律之间的区别都未明白,在党内法规制度建设工作方面缺乏必要的知识能力,领导力弱化。

可以说,党内法规系统性、协调性、科学性不够,执行落实不到位,宣传不足等问题,很大程度上与组织领导责任的落实不力有关,实践中部分地方和部门党组织在党内法规制度建设方面组织领导不力,导致了其负责的党内法规制度建设工作存在缺失或不足,影响了整体意义上党内法规的系统性、协调性、科学性。

2. 进一步强调党内法规制度建设领导责任

2016 年,党中央在加大党内法规制度建设推进力度的同时,坚持问题导向和目标导向,着力针对组织领导不力的问题进行重点研究、科学部署,边抓边发现、边改边完善,有效提高了中央各部门和地方各级党委对党内法规制度建设的领导能力和水平。

首先,党中央加大党内法规制度建设的学习研讨力度。2016 年 5 月 19 日,中央办公厅会同中央组织部在中央党校举办为期 3 天的党内法规制度建设专题研讨班,120 多位来自各省、自治区、直辖市党委办公厅及部分市县党委办公厅(室)、中央党内法规工作联席会议成员单位和部分中央国家机关相关部门的负责人参加,这种高层次的办班形式,在党内法规工作中尚属首次。其中,该专题研讨班对积极推进党内法规工作理念、思路和方法创新进行了充分的交流,就当前解决党内法规制度建设存在的系统性协调性科学性不够、制度执行不力、人才队伍缺乏等问题进行了重点研究①，增强了中央各部门和各级地方党委对党内法规制度建设的责任意识，有效提升了党内法规工作领导能力和统筹规划水平。2016 年 12 月 24 日至 25 日，党中央召开了党的历史上第一次全国党内法规工作会议，会议深入学习和贯彻党的十八届六中全会和习近平总书记系列重要讲话精神，统一和加强了对党内法规制度建设的思想认识，对下一阶段党内法规制度建设工作进行了专门研究、重点部署，着重强调了中央各部门和地方各级党委要强化党内法规制度建设的政治责任和领导责任。

其次，党中央完善党内法规制度建设的领导责任规定。为进一步增强中央各部门和地方各级党委党内法规制度建设的领导责任意识，在既有规定基础上，2016 年 7 月 17 日，中共中央印发了《中国共产党问责条例》（以下简称《问责条例》），明确规定了党的问责工作是“追究在党的建设和党的事业中失职失责党组织和党的领导干部的主体责任、监督责任和领导责任”，问责对象是“各级党委（党组）、党的工作部门及其领导成员，各级纪委（纪检组）及其领导成员，重点是主要负责人”，问责区分了全面领导责任、主要领导责任、重要领导责任三种情形，为督促中央各部门和地方各级党委切实履行党内法规制度建设的组织领导职责提供了追责依据。此外，党的十八届六中全会审议通过的《中国共产党党内监督条例》将“落实全面从严治党责任”“完成党中央和上级党组织部署的任务情况”纳入到党内监督的重点内容，完善了对中央各部门、地方各级党委切实组织领导党内法规制度建设工作的监督机制。另外，为进一步明确党内法规制度建设的领导责任，2016 年 12 月，党中央发布《党内法规制度建设意见》，再次重申和强调中央纪委要认真履行监督执纪问责的工作职责，切实维护党章和其他党内法规；中央各部门和地方各级党委要认真抓好职责范围内的党内法规制度建设工作，与党建其他工作一同部署、抓好落实。2016 年 12 月，中共中央办公厅、国务院办公厅印发了《党政主要负责人履行推进法治建设第一责任人职责规定》，将“坚持全面从严治党、依规治党，加强党内法

① 参见《党内法规制度建设专题研讨班在京举办》，《人民日报》2016 年 5 月 20 日。

规制度建设,提高党内法规制度执行力”明确纳入到党委主要负责人的履职内容。

最后,中央领导同志在重要讲话中多次强调要加强落实党内法规制度建设的领导责任。2016年1月12日,习近平总书记在中央纪委六次全体会议上多次讲到全面从严治党的主体责任,“有的地方党委不抓总、不统筹,党的建设部门化,‘铁路警察、各管一段’”,形象揭示了当前党的建设领导不力状况;在诠释“全面从严治党”的基本内涵时,习近平总书记指出:“‘治’就是从党中央到省市县党委,从中央部委、国家机关部门党组(党委)到基层党支部,都要肩负起主体责任,党委书记要把抓好党建当作分内之事、必须担当的职责;各级纪委要负起监督责任,敢于瞪眼黑脸,勇于执纪问责”;“党委书记作为第一责任人,要担负起全面从严治党的政治责任”;“落实主体责任,关键是要把党的领导落到实处”①。党内法规制度建设作为全面从严治党的制度保障,作为党的建设中制度建设的重要组成部分,中央各部门和地方各级党委要肩负起党内法规制度建设的领导责任、主体责任。2016年10月24日,习近平总书记在党的十八届六中全会第一次全体会议上作关于中央政治局工作的报告中,再次强调“推动各级党委认真履行全面从严治党主体责任”②。在全国党内法规工作会议上,刘云山同志指出:“中央各部门和地方各级党委要强化政治责任和领导责任,把党内法规制度建设纳入党的建设总体安排,与党建其他工作一同部署、抓好落实,为党内法规制度建设提供有力保证。”③

综上所述,2016年党中央着力推进党内法规制度建设,尤其在加强党内法规制度建设的组织领导和明确领导责任方面进行了重点强调,推动了中央各部门和地方各级党委切实履行党内法规制度建设的组织领导职责。

---

① 习近平:《在第十八届中央纪律检查委员会第六次会议上的讲话》,2016年1月12日。

② 习近平:《在党的十八届六中全会第一次全体会议上关于中央政治局工作的报告》,2016年10月24日。

③ 《习近平就加强党内法规制度建设作出重要指示强调:坚持依法治国与制度治党、依规治党统筹推进、一体建设,刘云山出席全国党内法规工作会议并讲话》,《人民日报》2016年12月26日。

（二）加强党内法规制度建设，切实履行组织领导职责

加强党内法规制度建设的组织领导，重在组织领导职责的切实履行，在实际中落实组织领导工作，增强党内法规制度建设的系统性、协调性、科学性。

1. 中央层面落实领导责任的重要举措

为加强党内法规制度建设，2016年党中央及中央各部门主要负责人身体力行、率先垂范，切实履行党内法规制度建设的组织领导职责。

在中央党内法规工作统筹协调方面，党中央不断完善中央党内法规工作联席会议制度，充分发挥了联席会议在协调中央各部门组织领导职责、统筹推进中央党内法规制度建设方面的作用，比如2016年发布的《专业技术类公务员管理规定（试行）》《行政执法类公务员管理规定（试行）》等文件涉及了中央组织部、人力资源和社会保障部、国家公务员局之间组织领导协调问题。经过统筹协调，有效提高了中央党内法规的系统性、协调性、科学性。

在中央党内法规制定工作方面，各部门负责人肩负起职责范围内党内法规制度建设的主体责任。比如说，中央纪委法规制定工作所取得的一系列标志性成果，大部分是在王岐山同志的高度重视、系统谋划、亲自指挥下完成，无论是2015年出台的《中国共产党廉洁自律准则》《中国共产党纪律处分条例》，还是2016年制定出台的《中国共产党问责条例》《中国共产党党内监督条例》，王岐山同志亲自抓制定党内法规工作，赴多地进行广泛调研。在十八届中央纪委六次全会的工作报告中，王岐山同志便明确了《中国共产党问责条例》的制定任务，2016年6月份先后在北京、辽宁召开座谈会，专门就制定《问责条例》征求意见，很好地为其他中央部门和地方各级党委落实党内法规制度建设领导责任树立了榜样。

在党内法规宣传学习工作方面，中央网信办充分调动微博、微信、新闻客户端等平台，及时宣传解读新出台的党内法规；在制定出台新的重要党内法规后，中央各制定部门及时召开记者会，由相关负责人对新的党内法规进行权威解读和阐释；中央办公厅继续加大党内法规研究的宣传推广力度，为地方各级党委提供党内法规制度建设的智力支持。2016年2月，中共中央办公厅印发《关于在全体党员中开展“学党章党规、学系列讲话，做合格党员”学习教育方

案》,要求八千多万名党员把党章党规作为重要学习内容,让全面从严治党落实到每个支部、每名党员;中央办公厅会同中央组织部在5月份组织了党内法规制度建设专题研讨班,在2016年12月份召开了全国党内法规工作会议,既是统筹协调、部署工作,同时也是加深党内法规学习交流、统一思想认识。

2. 地方层面落实领导责任的重要举措

2016年,在党中央的严密部署、明确要求和有力督查下,地方各级党委对党内法规的认识日益加深,对地方党内法规制度建设工作更加重视,切实履行组织领导职责,同时积极发挥改革创新精神,在地方党内法规制度建设方面呈现出各省市间相互学习、彼此竞争的良好状态。

在学习贯彻党中央决策精神方面,地方各级党委及时组织部署相关学习宣传活动。党的十八届六中全会召开不久,地方党委积极组织十八届六中全会重要精神的学习活动,湖北省、福建省、辽宁省等及时召开省委常委会(扩大)会议、全省党员领导干部会议等学习活动,传达学习贯彻党的十八届六中全会精神。在"两学一做"学习教育方面,各级党委高度重视,出台了一系列有关通知规定,将"两学一做"学习教育活动机制化、常态化,比如说湖北省委办公厅在2016年4月份印发了《关于在全省党员中开展"学党章党规、学系列讲话,做合格党员"学习教育实施方案》和《关于成立省委"两学一做"学习教育协调小组及有关事项的通知》,切实发挥了省委对"两学一做"学习教育的组织领导作用。此外,多地及时组织展开了学习贯彻活动,围绕《党内政治生活若干准则》《党内监督条例》,浙江省纪委分3期对全省1500多名省、市两级派驻机构纪检干部进行集中轮训,各市纪委对4000余名县派驻机构干部完成轮训。①

在加强地方党内法规工作统筹领导方面,各省、自治区、直辖市党委积极落实组织领导职责。首先,组织加强地方党内法规立改废释工作。各地根据本地实际情况,针对突出的问题,发扬改革与创新精神,积极探索地方党内法规制发经验,近年来持续开展党内法规和规范性文件集中清理和评估工作,比

① 《浙江派驻纪检机构探索有效监督之路——派驻全覆盖,探索第一年》,2017年1月10日,见 http://zjnews.zjol.com.cn/zjnews/zjxw/201701/t20170110_2802830.shtml。

如湖北省2016年完成了近三年各市州报备的党内规范性文件评估工作,积累了较为成熟的党内规范性文件规划、制定、报备审查、评估等系列工作的经验。其次,组织及时制定中央党内法规的实施配套法规。地方党委在党内法规制度建设中的一项重要职责是保证中央党内法规在地方的有效贯彻实施,因此党中央出台新的党内法规后,地方党委及时配备相应的实施配套法规予以跟进,比如说党中央于2016年7月份发布《中国共产党问责条例》后,重庆市委高度重视《中国共产党问责条例》在地方执行的配套法规制定工作,于8月份启动《重庆市实施〈中国共产党问责条例〉办法》制定工作,明确由市纪委牵头,纳入市委重点改革专项任务大力推进,开始了总结实践经验、充分调研论证、广泛征求意见等制定工作。最后,多地党委积极组织探索建立健全统筹协调机制,把控党内法规工作情况,一方面将当年拟出台的重要省(市)委党内法规和重要规范性文件,列入省(市)委常委会年度工作要点,编制立规年度计划,建立健全党委发文立项审批制度、前置审核制度、备案文件交叉互审制度、疑难备案件报告制度等;另一方面积极组织党内法规工作研讨活动,集中解决地区党内法规工作的重难点问题,比如说福建省形成了党内法规工作年会制度,通过年会总结党内法规工作成果和经验,统筹协调各地区、部门力量来部署研究新的任务。

在党内法规工作保障方面,各省、自治区、直辖市党委坚持问题导向和目标导向,加大对党内法规工作的人力、物力、财力支持。首先,组织建立健全党内法规工作机构,全国各省区市办公厅均已成立法规室(处),多地建立健全党内法规工作联席会议机制,构建党委统一领导、办公厅(室)统筹协调、部门分工负责、各方面共同参与的工作格局。比如湖北省所有市州、54%的县(市、区)成立了党内法规工作机构,并落实了领导职数、行政编制和专项经费。其次,组织加强党内法规人才队伍建设。在开展党内法规工作中,多地区充分认识到党内法规人才队伍建设的重要性,一方面抽调政治素质过硬、政策水平和业务水平较高的工作人员充实党内法规工作机构,另一方面,加大对领导干部和党内法规工作人员的业务培训,通过党政正职研讨班和培训班、编印常用党内法规等方式,推动党内法规进中心组学习、进党校课堂。比如,湖北省在人才队伍建设方面可以说是走在全国前列,2016年9月21日,由中共湖北省委办公厅与武汉大学共建的全国第一家实体性党内法规研究中心正式成立,组建了40余人的专家研究团队,定期编印《党内法规研究动态》。最后,组织加强地方党内法规制度建设的考核、监督检查、问责工作,通过完善制度设计,强化制度的执行力,落实党内法规工作在各地区的有效开展。

(三)加强党内法规制度建设,强化组织领导的考核问责工作

就全面从严治党的责任追究,习近平总书记在第十八届中央纪律委员会第六次全体会议上明确指出:"既追究主体责任、监督责任,又上查一级追究领导责任、党组织责任……把问责同其他监督方式结合起来,以问责常态化促进履职到位,促进党的纪律执行到位。"①同样地,加强党内法规制度建设,必须要强化对中央各部门和地方各级党委组织领导责任的考核问责工作,"要加大监督检查力度,用监督传导压力,用压力推动落实"。② 抓住中央各部门和地方各级党委的组织领导责任,就是抓住了党内法规制度建设的"牛鼻子",通过强化组织领导的考核、监督、问责,促成严密、有力的党内法规制度建设保障体系。

1. 完善党内法规制度建设组织领导考核

党内法规制度建设是一项系统性工程,需要中央各部门和地方各级党委相互协调、密切配合、共同发力,实现"到建党100周年时,形成比较完善的党内法规制度体系、高效的党内法规制度实施体系、有力的党内法规制度建设保障体系"。因此,中央各部门和地方各级党委对职责范围内的党内法规制度建设工作,有着严格的任务要求和重大的时代使命,必须要加强组织领导,推动党内法规工作的开展落实。实践证明,党内法规制度建设没有严格的工作考核,很大程度上也就失去了内在动力。

2016年,中央各部门和地方各级党委不断加强党内法规工作情况的考核工作,进一步健全重执行、强激励、硬约束的考核评价机制,通过述职报告、年度考核等方式督促各级党组织和领导干部带头组织执行各项党内法规制度,

---

① 习近平:《在第十八届中央纪律检查委员会第六次会议上的讲话》,2016年1月12日。

② 中共中央办公厅法规局:《以改革创新精神加快补齐党建方面的法规制度短板》,《求是》2017年第3期。

全面掌握党内法规制度贯彻执行情况。比如湖北、浙江、福建等省，省（市）委高度重视党内法规工作情况的考核评价工作，将党内法规工作纳入党委主体责任体系，党内法规工作情况成为各级领导班子和领导干部的重要考核评价内容。此外，湖北省将党内法规制度建设纳入全省党委系统考核和省直单位目标责任制管理考评，进一步完善考评细则标准，并且及时向党委（党组）通报考核情况。浙江省还把党内法规工作机构和队伍建设作为创建法治县（市、区）工作先进单位考核的重要指标。深圳市全面推行新提任领导干部任职法律知识考试，将党内法规列为考试重点内容。

2. 强化党内法规制度建设组织领导的监督

信任不能代替监督，推进党内法规制度建设，必须强化对组织领导情况的监督。2016 年中央纪委继续发挥中央巡视工作作用，将党内法规的学习贯彻、党内法规制度建设的组织领导纳入巡视监督检查内容。中央组织部 2016 年先后对 4 项重点党内法规进行专项督查，赴省区市督查 40 多次，督查中央单位 46 家。地方党委除了将党内法规工作情况纳入述职报告、年度考核评价内容以外，同时还强化对党内法规工作组织领导情况的监查检查。比如中共湖北省委制定重要党内法规督查计划，常委会听取党内法规工作情况的汇报，省委常委带队对全面从严治党主体责任和重要党内法规情况开展督促检查；北京市将党内法规制度的贯彻执行列入市委重点督查事项，纳入巡视考察的内容；浙江省在全国"两会"期间，组织省委办公厅机关干部下基层暗访检查党内法规传达学习情况，组织 2 次党内法规学习贯彻情况的抽查，此外组织开展服务保障 G20 杭州峰会和落实"五水共治""三改一拆"等重点工作中的党规党纪执行情况检查；深圳市把落实党内法规制度、推进党的建设情况纳入改革督查范围，通过媒体发布"英雄榜"。

3. 严格党内法规制度建设组织领导的问责

有权必有责，失责要追究。严格党内法规制度建设组织领导的问责是切实发挥监督检查效果的有力保障。2016 年党中央出台《问责条例》，第六条规定了 6 种问责情形，其中"全面从严治党不力，主体责任、监督责任落实不到位，管党治党失之于宽松软"作为其中重要问责情形，为严格党内法规制度建设组织领导的问责提供了制度依据。

2016年2月,中央纪委通报了7起受到责任追究的典型问题,这7起问题产生的根源均为本地区本部门党的领导弱化,党委(党组)一把手责任担当缺失,管党治党不力。推进党内法规制度建设,重在实施,领导干部作为"关键少数",一方面要加强自律、严守纪律,树立榜样,另一方面要勇于担当全面从严治党和严格执行党内法规的主体责任,增强"四个意识",保持政治定力。另外,地方各省区市党委进一步完善党内法规制度建设的追责惩处机制,通过开展地方巡视、督查等工作,对党内法规工作组织领导不力的领导班子和领导干部进行通报批评,尤其在干部绩效考核和干部任免中严格追究党内法规工作组织领导不力的责任。

实践证明,党内法规制度建设能取得实质性进展,离不开党中央的坚强有力领导,更离不开中央各部门和地方各级党委对职责范围内党内法规制度建设的有效组织领导。2016年,党内法规制度建设取得了一系列显著的成绩,中央各部门和地方各级党委在党内法规工作上进一步健全了组织领导机制,领导能力和领导水平有效提升。尽管实践中部分部门和地区党委及负责人在党内法规制度建设方面还存在一定程度的组织领导不力问题,但随着党内法规日益深入人心、党内法规制度建设在党建工作中的地位日益凸显,随着党内法规制度建设领导责任考核、监督、问责的层层施压,这种组织领导不力的问题将会在2017年得到明显改善。

二、党内法规制度建设的体制机制

自党的十八大以来,以习近平同志为核心的党中央高度重视党内法规制度建设,在全面从严治党战略实施中,着力推动党内法规制度建设取得了重要进展和显著成效。在党中央的强力领导推动下,中央各部门和地方各级党委严格贯彻落实党中央的要求,强化党内法规工作的组织领导,坚持问题导向和目标导向,不断探索党内法规制度建设的有效经验,建立健全党内法规工作的体制机制,扎实推进职责范围内的党内法规制度建设工作。尤其近两年来,党中央及地方党委逐渐探索形成了一些效果明显、切实管用的党内法规制度建设的体制机制,为高效推进党内法规制度建设提供了制度保障。2016年12

月 24 日至 25 日，党中央召开党的历史上第一次全国党内法规工作会议，来自各机关系统、部门、地区党委分管党内法规工作的负责同志参加，其中中央纪委机关、中央组织部、北京、浙江、福建、湖北、深圳等部门和地方有关负责同志作交流发言，着重介绍了各自分管的党内法规制度建设情况以及建立的一些值得推广的党内法规制度建设体制机制。

2016 年 12 月 13 日，中共中央印发的《党内法规制度建设意见》强调，中央各部门和地方各级党委要认真抓好职责范围内的党内法规制度建设工作，加强党内法规制度建设的组织领导，完善党内法规工作的体制机制，要加强党内法规工作机构建设，充实配强工作力量。在实践中，2016 年中央各部门和地方各级党委通过加大党内法规工作组织领导力度，进一步创新和完善党内法规工作体制机制，为党内法规制度建设注入了强大活力和坚强保障，夯实了管党治党的制度基础，把全面从严治党的实践向纵深引入。接下来，本节将通过梳理，对中央和地方目前现有比较完善的党内法规工作体制机制进行介绍。

（一）党内法规统筹协调工作体制

推进党内法规制度建设，需要党中央统一领导，其中如何做好中央各部门和地方各级党委之间的党内法规统筹协调、互相配合工作，是形成完善的党内法规体系、扎紧党内法规制度笼子的关键。为此，党中央和地方党委不断总结经验，试图搭建一个统一、权威、高效的跨部门会商协作机制。

1. 中央党内法规工作联席会议制度

关于党内法规制度建设的工作格局，《中国共产党党内法规制定条例》曾经作出过明确的规定，即党中央统一领导，中央书记处负责日常工作，中央办公厅承担统筹协调工作，中央办公厅法规局承办具体事务，中央纪委、中央各部门负责职权范围内的工作①，初步形成了制定中央党内法规的工作格局。为了统筹协调中央各部门的党内法规建设力量，共同服务于党内法规制度建设事业，2015 年 8 月，党中央批准召开中央党内法规工作联席会议第一次会议，标志着中央党内法规联席会议制度正式建立，中央党内法规跨部门会商协

---

① 参见《中国共产党党内法规制定条例》第六条。

作机制正式形成。一直以来,中央党内法规工作联席会议在跨部门沟通、密切配合、资源整合等方面,为中央党内法规的制定、实施等工作发挥了重要作用。正如栗战书同志在主持联席会议第一次会议时强调,建立中央党内法规工作联席会议制度,“有利于统筹推进中央党内法规建设各项工作,汇聚各方面智慧和力量,提高党内法规制定质量,推动党内法规的实施和执行”①。

中央党内法规工作联席会议在中央书记处领导下开展工作,办公室设在中央办公厅法规局,其成员单位包括了中央纪委机关、中央组织部等在内的14家负责中央党内法规工作的重要单位。按照党中央的要求,中央党内法规工作联席会议的主要职责为:1. 研究中央党内法规制定工作规划和年度工作计划。为了按期完成《五年规划纲要》规定的制定任务,党中央需要每年制定立规计划,加大顶层设计,落实中央各部门每年的立规任务要求,此外第一个党内法规工作五年规划渐进尾期,联席会议需要抓紧着手编制第二个党内法规工作五年规划。2. 统筹协调综合性中央党内法规制定工作。除了单独部门可以完成的党内法规工作,比如2016年中央纪委组织制定的《中国共产党问责条例》,中央党内法规中存在着大量综合性党内法规,涉及不同中央部门的职责权限,因此在开展综合性中央党内法规制定工作时,联席会议发挥着统筹协调作用,比如2016年制定出台的《关于新形势下党内政治生活的若干准则》《行政执法类公务员管理规定(试行)》《专业技术类公务员管理规定(试行)》等综合性党内法规。3. 推动已出台中央党内法规的贯彻实施。制度的生命力在于实施,党内法规制度建设不仅包括党内法规的制定,还包括其贯彻实施,通过联席会议,可以汇聚智慧、整合资源,共同解决党内法规执行难的制度难题,推动党内法规的有效贯彻落实。

此外,中央各部门在内部建立健全统筹协调机制,构建在部务会领导下,法规工作机构牵头抓总、各业务局分工负责,统筹中央和部门党内法规立项、制定、备案、评估、清理等环节工作,确保职责范围内党内法规制度建设工作协调有序推进。

---

① 《中央党内法规工作联席会议制度建立,栗战书主持召开联席会议第一次会议》,2015年8月24日,见 http://news.xinhuanet.com/politics/2015-08/24/c_1116355421.htm。

2. 地方党内法规工作联席会议制度

在地方党内法规制度建设中，地方党委要充分行使地方党委的党内法规制定权，保证党内法规在本地区的贯彻落实，必须加强地方党内法规工作的组织领导和统筹规划，协调和整合各部门资源力量，共同推进本地区党内法规制度建设。其中，地方党委应建立健全党内法规工作联席会议机制，着力构建党委统一领导、办公厅（室）统筹协调、部门分工负责、各方面共同参与的工作格局，协调解决影响党内法规制度制定和实施的突出问题，形成党内法规制度建设的合力。① 因此，按照中央联席会议制度的模式，建立健全地方党内法规工作联席会议制度，将是下一阶段地方党内法规工作的重点之一。

实践中，部分省、区、市党委在《党内法规制度建设意见》发布之前已经着手积极探索地方党内法规工作联席会议制度，比如"广西把'党内法规和规范性文件制定统筹协调机制问题研究'列入2015年自治区领导负责重点改革任务调研课题，印发了《关于建立健全党内法规和规范性文件制定统筹协调机制的通知》。北京、浙江、安徽、广东、海南等省市建立省（市）委与人大、政府、政协法规机构工作联动机制"②。2016年4月27日，甘肃省委召开党内法规工作联席会议第一次会议，正式建立了省委党内法规工作联席会议制度。会议要求要结合正在开展的"两学一做"学习教育，整体联动，提高党内法规制度的制定质量，着力推进党内法规制度建设的贯彻执行。2016年6月21日，湖北省委党内法规和规范性文件工作联席会议召开第一次会议，标志着中共湖北省委党内法规和规范性文件工作联席会议制度正式建立，形成省委办公厅牵头抓总、纪委监督执纪、部门协作联动、各方共同参与的工作格局。

通过在中央和地方层面建立健全党内法规工作联席会议制度，加强了不同部门间党内法规制度建设的统筹协调力度，强化了党中央和地方党委对党

---

① 参见王亚平：《构建党内法规制度建设保障体系的思考》，2014年4月14日，见 https://www.chinalaw.org.cn/Column/Column_View.aspx? ColumnID=1088&InfoID=23342。

② 中央办公厅法规局：《深入学习贯彻十八届五中全会精神，努力开创党内法规工作新局面——党内法规制度建设研讨培训会情况综述》，《秘书工作》2016年第1期。

内法规制度建设的组织领导,为党内法规制度建设加速推进建立了坚实的组织保障。

(二)党内法规制度建设工作机制

在党中央及地方党委的统一领导下,中央及地方推进党内法规制度建设需要一系列具体的工作机制作为配套性保障。为加快"形成完善的党内法规体系",提升党内法规的制定质量,切实发挥党内法规在全面从严治党上的制度功能,党中央和地方党委在党内法规的规划、制定、实施、评估等方面探索建立了相应的工作机制,取得了一定的成效。

1. 规划机制

凡事预则立,不预则废。为了切实推进本部门本地区党内法规制度建设,落实组织领导职责,中央各部门和地方党委纷纷建立了年度发文计划制度。年度发文计划制度是指根据上级要求和实际情况,每年提前编制年度发文计划,将拟制定的党内法规和重要规范性文件提前明确列入计划,按照计划扎实推进,保证计划任务全部得到落实。这种年度发文计划制度保障了党内法规制定工作的有序进行,加大顶层设计、统筹协调、重点部署力度,有效控制年度发文数量,一定程度上确保了党内法规制定质量和贯彻落实。目前北京、浙江、福建、湖北等多个省市已经建立了比较完善的年度发文计划制度,浙江、湖北建立了严格的发文立项审批制度,以省委、省委办公厅或"两办"名义拟发文的,应当起草前分别报省"两办"进行立项审批,否则不予制发。同时,部分省份将党内法规制定计划纳入省委常委会年度工作要点,强化了省委对党内法规制度建设的组织领导和督促落实。

2. 立规机制

为了有效解决党内法规制度体系的科学性、协调性、系统性不够的问题,中央各部门和地方党委经过实践探索,围绕党内法规的立、改、废、释、备案等方面,目前已经形成了一些比较有效的党内法规立规工作机制。

(1)党内法规制定修改方面

为提高党内法规的质量,确保出台的党内法规有效结合中央要求、群众期盼、实践需要和新鲜经验,能够立得住、行得通、管得了,中央各部门和地方党委在党内法规制定修改工作方面建立健全了相应机制。

一方面，建立务实高效的文件起草制度。党内法规起草工作一般由中央各部门和地方党委的党内法规工作机构负责起草，严格按照年度计划有序进行。起草工作由分管主要领导亲自指挥协调，在起草之前深入实践调研，广泛听取相关人员意见，为党内法规的科学有效做好充足的准备。比如说中央纪委2016年组织制定的《中国共产党问责条例》《中国共产党党内监督条例》，王岐山同志高度重视制定工作，亲自指挥谋划、深入调查研究、广泛征求意见，最终高效顺利完成了起草任务。

另一方面，建立严格的文件审核制度。在党内法规发布时，必须要进行严格的审核程序，把好党内法规的政治关、政策关、法律关、内容关、格式关、文字关，因此，围绕文件审核，中央各部门及地方党委纷纷建立了不同的文件审核制度。其中最广泛的是前置审核制度，中央组织部等中央部门在每个党内法规文件报部审议前，都要求法规工作机构先行审核。“北京、浙江、安徽、广东等省市规定，拟提请省（市）委常委会会议审议的党内法规和规范性文件，上会前必须先送省（市）委办公厅法规工作机构进行前置审核，审核无意见的再按程序提请常委会会议审议，防止法规文件‘带病’上会。”①在前置审核制度基础上，部分省份加大了联动审核机制，比如福建省建立了部门联动核文制度，促进各部门间的协作配合，形成党委、人大、政府法规法制工作合力，海南省就重大疑难问题或分歧建立了由起草部门事先征求中央有关部门意见的制度。湖北省逐渐完善形成了“起草部门初步审、征求意见联合审、法规机构前置审、省委会议集体审、主要领导亲自审”五级审核工作机制。

（2）党内法规清理方面

自党中央组织中华人民共和国成立以来中央党内法规和规范性文件集中清理工作以后，近三年来，多省、区、市相继完成了地方层面的党内法规和规范性文件集中清理工作。在清理工作基础上，中央各部门及地方党委逐渐建立健全了党内法规专项清理机制，及时修改、废止滞后于实践发展的党内法规，

---

① 中央办公厅法规局：《深入学习贯彻十八届五中全会精神，努力开创党内法规工作新局面——党内法规制度建设研讨培训会情况综述》，《秘书工作》2016年第1期。

比如北京市建立了市委文件定期清理机制。《党内法规制度建设意见》强调要加强党内法规制度备案清理。中共中央办公厅法规局明确指出,要适时“废”规,建立健全法规制度退出机制,通过集中清理、即时清理、专项清理,废止已经滞后于时代、不再具有现实规范意义的党内法规制度,避免“超期服役”。①

(3)党内法规解释方面

建立健全党内法规的解释机制,是提高党内法规制定质量的补充方式,是增强党内法规执行力的必要保障。在党内法规工作中,中央各部门和地方党委在出台党内法规的同时,加大对党内法规的解释力度。一方面通过开展相应的解读活动方式,比如召开记者会、组织专家解读学习等,另一方面通过发布配套性的解释规定来完善,比如中央组织部在执行整治裸官、兼职、出国(境)管理等党内法规过程中,对出现的问题及时出台答复意见,进一步完善了相关规定。

(4)党内法规备案方面

党内法规备案是党中央和地方党委加强对职责范围内党内法规监督的重要工作,2013 年党中央发布了《中国共产党党内法规和规范性文件备案规定》,为做好党内法规工作提供了基本制度遵循。一直以来,中央各部门和地方党委积极探索,按照“有件必备、有备必审、有错必纠”的工作要求,出台了相应的备案工作配套实施细则、办法,不断完善党内法规和规范性文件备案审查机制。福建、浙江、湖北、北京等大多数省区市积极开展下备一级工作,省委办公厅高度重视和加强对各部门和市县的指导工作,其中湖北省建立了 34 个备案工作联系点,在开展“下备一级”的同时,对部分县(市、区)、乡(镇)党委制定的规范性文件进行备案审查。浙江省探索形成了备案文件交叉互审制度、疑难备案件报告制度以及人大、政府系统共同参与的备案审查衔接联动机制,有效提升了备案工作对党内法规和规范性文件质量的监督效果。

3. 实施机制

为了增强党内法规的执行效果,切实发挥党内法规在管党治党上的制度

---

① 中共中央办公厅法规局:《以改革创新精神加快补齐党建方面的法规制度短板》,《求是》2017 年第 3 期。

功能,中央各部门和地方党委积极切实履行党内法规制度建设的组织领导职责,不断完善党内法规制度实施机制。刘云山同志在全国党内法规工作会议上强调,要抓好党内法规制度的落实,发挥领导干部带头示范作用,加强监督检查和追责问责,注重以良好的党内政治文化提升法规制度的执行力影响力。①

在党内法规实施机制方面,一直以来,中央各部门及地方党委一方面加强党内法规的教育学习宣传,加大党内法规的解密公开力度,充分发挥党员远程教育网、微信公众号等宣传平台,北京、浙江、湖北等多个省市形成了常态化的党内法规中心组学习解读机制,浙江在省委党校为厅级领导干部开设了党内法规课程,推动形成了党内法规进党校机制。深圳市要求将党内法规作为各级党委(党组)会、中心组学习会和广大党员干部的"必修课",全面推行新提任领导干部任职法律知识考试机制,将党内法规作为其中重要内容,有效促进了领导干部学党章党规的动力。福建省开发建设了全省党内法规业务信息系统,实现了党内法规业务信息化、网络化、规范化,提高工作效率,规范完善了工作流程和标准。另一方面,加大对党内法规实施的监督检查力度,党中央和地方党委每年制订重要党内法规督查计划,对重要党内法规的贯彻执行情况进行检查,建立定期督查、专项督查机制,中央纪委推进派驻机构建设,完善巡视工作机制,将党内法规制度实施情况纳入巡视巡察的重要内容,增强了党内法规监督效力。同时加强社会监督,通过在纪委等部门的门户网站、微信公众号上设置举报栏目,畅通党员群众对违规违纪、执规不严等行为的反映和检举渠道。

4. 考核评估机制

为了提高党内法规的制定质量和执行效果,党中央和地方党委不断健全党内法规工作考核评估机制。一方面加大对党内法规制度的考核评估,集中清理、专项清理报备的党内法规,建立健全党内法规执行情况、实施效果评估制度,同时完善备案工作考核通报机制,增强考核评估的约束力,例如湖北省

① 《习近平:坚持依法治国与制度治党、依规治党统筹推进、一体建设》,2016 年 12 月 25 日,见 http://news.xinhuanet.com/politics/2016-12/25/c_1120183663.html。

对省委部分党内法规和各市州近三年报备的党内规范性文件开展“体检”评估。另一方面,加大党内法规制度建设组织领导职责的考核,把党内法规制度建设作为党建工作责任制和党建工作述职的重要方面,作为考核评价领导班子和领导干部的重要内容。通过健全考核评价机制,强化考评结果的运用,与领导干部的任免、奖惩挂钩,考核不合格的将对相关领导人严肃追责。此外,福建省建立了党内法规工作年会制度,通过召开工作年会的方式,对年度党内法规工作进行总结,推动党内法规工作更加规范化。

(三)党内法规工作机构建设

党内法规制度建设是一项长期性、综合性、创新性的工作,任务重、要求高、时间紧,为了解决有人管、有人干等实践问题,必须要完善党内法规制度建设的机构和人员配置。2011 年党中央批准在中央办公厅新设法规局,专门承担中央党内法规制度建设相关工作,包括审查党内法规、重大决策是否合乎法律等。在党中央对党内法规制度建设高度重视和有力推动下,中央各部门相继成立内部的法规室,承担部门内具体的党内法规工作。各个省、市、区按照机构人员和职责相适应的要求,在省委办公厅成立法规室(处),大多数地级市党委乃至部分县级党委专门设立了党内法规工作机构。比如湖北省在 2013 年便成立省委法规室,主任由副厅级领导干部担任,人员编制由 8 人调配至 15 人;目前湖北省所有市州、54%的县(市、区)成立了党内法规工作机构,并落实领导职数、行政编制和专项经费。

虽然当前党内法规工作机构建设在不断地加大力度,大多数地区的地方各级党委都相应地配备了专业人员从事党内法规工作,但机构不健全、人员力量不足、人员素质不高的问题依然存在,与当前繁重的党内法规任务要求不相匹配。《党内法规制度建设意见》中明确要求,加强党内法规工作机构建设,充实配强工作力量。为了实现“到建党 100 周年时形成比较完善的党内法规制度体系、高效的党内法规制度实施体系、有力的党内法规制度建设保障体系”,必须要加强党内法规工作的机构建设,确保有专门机构和足够力量来做,要加强党内法规工作人员的思想政治建设,通过组织教育培训方式,提升业务工作能力和专业水平,推进党内法规工作机构实体化、人员专业化、建设规范化。

党的十八大以来,党中央和地方党委切实加强党内法规制度建设的组织领导职责,建立健全党内法规工作体制机制,为党内法规制度建设提供了组织保障,为全面从严治党取得重要进展和显著成效奠定了坚实基础。2016 年,随着全面从严治党由治标向标本兼治转变,党内法规制度建设开始进入新阶段。全国党内法规工作会议的召开,既是一次党内法规制度建设经验的总结和交流,也是下一阶段党内法规工作的再设计、再部署。推进党内法规制度建设,需要学习贯彻党的十八届六中全会和全国党内法规工作会议精神,进一步发挥中央各部门和地方各级党委的改革与创新精神,在实践中勇于探索切实有效的党内法规工作新方法,不断健全党内法规制度建设的体制机制,以强化党内法规工作的组织领导,推进党内法规制度建设按期实现"比较完善的党内法规制度体系、高效的党内法规制度实施体系、有力的党内法规制度建设保障体系"的目标任务。

三、党内法规制度建设的人才队伍建设

历史实践证明,任何一项伟大事业的完成都离不开队伍的建设和人的推动。党的十八大以来,全面从严治党是以习近平同志为核心的党中央治国理政的鲜明主题,新形势下"加强党内法规制度建设是全面从严治党的长远之策、根本之策",事关党长期执政和国家长治久安。党内法规制度建设在党中央高度重视和强力推动下,集聚创新性、专业性、综合性、系统性等特点,建设过程任务重、时间紧、要求高,这些对党内法规工作队伍提出了很高的要求。如果说科技是第一生产力,那么人力资源可以说是第一资源。一直以来,"在党内法规制度建设整个链条中,党内法规研究是一个突出短板,制约着党内法规事业的长远发展"①,存在着人才队伍建设不足,党内法规理论不能深入研究,党内法规工作无法高效推进,制度管党、依规管党宽松软等问题。这些人才队伍建设方面存在的问题随着党内法规制度建设的加速推进,其阻碍作用

① 周叶中:《以党内法规研究助力党内法规制度建设》,《人民日报》2017 年 5 月 2 日。

越来越明显,逐渐引起党中央及部分地方党委的高度重视。在全面从严治党由治标为主向标本兼治转变的新形势下,党内法规制度在管党治党方面的功能愈加彰显,加强党内法规制度建设的人才队伍建设,打造一支对党忠诚、综合素质高、专业能力强、勇于担当负责、甘于吃苦奉献的党内法规工作研究队伍,意义更加重大,有助于为顺利进行党内法规理论研究、制定实施等工作提供智力支持和人力储备,为按期实现"形成比较完善的党内法规制度体系、高效的党内法规制度实施体系、有力的党内法规制度建设保障体系"目标奠定坚实基础和重要保障。

(一)党内法规人才队伍建设概况

自2011年党中央批准成立中央办公厅法规局开始,党内法规制度建设开始有了专门机构和专业队伍。在党中央对党内法规制度建设高度重视和有力推动下,党内法规人才队伍建设整体上得到了一定加强,但是党内法规制度建设仍然存在机构不健全、人员力量不足等问题,加快党内法规人才队伍建设的任务依然十分迫切。

1. 党内法规工作队伍建设

为有效解决党内法规制度建设有人管、有人干的实际问题,自中央办公厅法规局成立之后,地方党委相继在省(区、市)党委办公厅成立法规室(处),配备专门工作人员负责地方党内法规制度建设具体工作,带动了地方各级党委加快落实党内法规工作机构和工作人员的配备。目前,中央有关部门内部设立了专门负责党内法规工作的法规室,配备了专门工作人员,绝大多数地级市党委已经完成了党内法规工作机构和人员的配备,部分县级党委设立或者明确了负责党内法规工作的机构和人员。可以说,形式意义上党内法规工作队伍基本形成,在进行本部门本地区党内法规工作时保证至少有人负责开展具体工作。当然,目前党内法规人才队伍建设还有待提高,表现在如下方面。

首先,党内法规工作力量不足。目前来说,党内法规工作人员分为专职和兼职两种,中央和省级层面党委基本配置了专职负责党内法规工作的人员,而地级市及以下层面党委则更多地以兼职为主,多数地区是从其他部门抽调相关专业骨干人员兼职负责本地区本部门党内法规工作。此外，从中央到地方，越往基层党内法规工作配备的人员越少，这一方面与党委领导对本地区党内法规制度建设的重视程度有关，另一方面是受当地经济发展、政府财政水平、人员编制等因素的限制。

其次，党内法规工作人员专业素质有待进一步提升。尽管党内法规工作很早在党委系统中便已存在，也有部分人员一直在负责本地区本部门具体党内法规工作，但与党内法规制度建设的要求相比较，工作人员专业素质有待进一步提升。“党规姓党”，党内法规具有很强的政治性，同时作为制度规范还具有法治规范属性。推进党内法规制度建设，加大顶层设计、统筹协调和科学部署，还需要具备相应的公共管理学知识。因此，谈到党内法规工作人员的专业性，至少要包含政治学、法学、管理学三大学科的基本素养。但在实践中，考察各个地区、部门的党内法规工作人员知识背景可以发现，同时具备这三大学科知识背景的人凤毛麟角，一些党内法规工作人员甚至都不具备这些学科背景。此外，党内法规工作队伍整体学历水平不高，博士学历的人才很少，多居于中央部门，越往基层，学历水平越低，这些情况导致了地方各级党内法规制度建设更多地依赖于党中央的推动部署，缺乏地方各级党内法规工作人员的探索创新。毫无疑问，当前党内法规工作队伍的人员素质与专业性很强的党内法规制度建设要求不匹配，随着党内法规制度建设事业的纵深推进，其短板效应将更加明显。

最后，党内法规工作人员的培训交流不足。党内法规制度建设作为一项全面从严治党形势下党中央高度重视和有力推动的事业，其任务重、时间紧、专业性和创新性强等特点对党内法规工作队伍提出了很高的要求。但基于客观条件的局限，党内法规工作队伍建设一时难以跟上党内法规制度建设的要求，工作队伍整体低水平的事实情况更加彰显了党内法规工作人员培训交流的重要性。但在实践中，党内法规工作人员整体上培训交流不足，越往基层培训交流的机会越少；在人员培训方面缺乏专门性、针对性的党内法规工作培训，很多地方党委和部门将党内法规工作培训交流与党建工作、党的理论学习培训交流混为一谈，降低了党内法规制度建设的专业性。当然，从中央和部分省级层面来说，已经较为重视到党内法规工作人员的培训交流，并且开展了相应的活动,比如 2015 年 12 月 3 日至 4 日,中央办公厅法规局举办了党内法规制度建设研讨培训会,13 个中央党内法规工作联席会议成员单位政策法规工作机构、全国人大常委会法工委、国务院法制办有关司局、北京等 8 个省区市党委办公厅分管负责人参加;2016 年 5 月 19 日,中央办公厅会同中央组织部在中央党校举办为期 5 天的党内法规制度建设专题研讨班,120 多位来自各省、自治区、直辖市党委办公厅及部分市县党委办公厅(室)、中央党内法规工作联席会议成员单位和部分中央国家机关相关部门的负责人参加;2016 年 12 月 24 日至 25 日,党中央召开了第一次全国党内法规工作会议,中央有关部委、党中央批准设立的有关单位党组(党委)、中央办公厅、全国人大常委会办公厅、国务院办公厅、全国政协办公厅、中央军委办公厅、各省区市和新疆生产建设兵团党委、各副省级城市党委等有关负责同志参加。中央举办的全国性党内法规交流培训,有助于中央各部门、不同地区之间对开展党内法规工作进行交流学习,增强党内法规制度建设整体统筹性和发展协调性。

2. 党内法规研究队伍建设

理论来源于实践,同时能更好地指导实践,解决实践中存在的问题。加强党内法规研究队伍建设,有助于对党内法规制度建设实践中的重点问题进行深入研究,推动党内法规理论研究走向精细化、成熟化,提高党内法规整体理论研究水平,从而更好服务于党内法规制度建设。

一直以来,党内法规研究队伍建设如同工作队伍建设一样,都是党内法规人才队伍建设重大短板的表现。通过在知网系统搜索近四年来党内法规理论研究的学术成果,梳理发现,早期关于党内法规的理论研究,以 2012 年为时间节点,之前基本处于学术冷门地位,研究学者和重要学术成果比较少。直到党的十八大召开,党中央高度重视党内法规制度建设之后,党内法规日益引起学术界的关注,很多学者开始加入党内法规理论研究队伍。但从党内法规理论研究的现状来看,党内法规研究队伍人才不足的问题十分突出。一方面,党内法规研究队伍绝大多数是兼职研究学者,即这些学者的本职工作是研究其他领域的,在本职研究之余进行党内法规理论研究,研究的稳定性、深入性等有一定局限,常常随着党内法规的热点问题变化“打一枪,换一个阵地”,不利于党内法规理论的深入研究;另一方面,党内法规研究队伍来源比较单一,大多数集中在党校系统、高等院校和科研机构，来自实务部门的研究队伍不足，缺乏实务部门与学术界的交流沟通。这些不足导致了党内法规理论研究精细化程度不够，关于党内法规基础理论研究不足，党内法规理论研究不能为实践发展提供很好有效的指导。

当然，这些问题客观存在，一时很难彻底有效解决，但在党中央的高度重视下，2016 年党内法规研究队伍建设仍然取得了一些效果。比如说，2016 年 5 月 27 日，由清华大学国家治理研究院主办、清华大学法学院党内法规研究中心协办的中国共产党党内法规建设理论研讨会顺利召开，邀请了众多高校、科研机构和中央、地方的实务部门逾 50 人参加，促进了党内法规理论研究交流。2016 年 9 月 21 日，全国第一家从事党内法规研究的实体性科研机构武汉大学党内法规研究中心正式成立，整合了马克思主义理论、法学、政治学、党史党建等优势学科资源，集结了华中地区部分高等院校、科研机构、实务部门的专家学者，组建了一支专门从事党内法规工作的优质专家研究队伍。2016 年 11 月 27 日，西北政法大学党内法规研究中心 2016 年年会在西北政法大学成功举办，年会主题为“依规治党与党内法规建设”，来自各地从事党内法规研究的专家学者参加并讨论交流。2016 年 12 月 16 日，《国家社科基金项目 2017 年度课题指南》发布，与往期不同的是，此次全国哲学社会科学规划增加了大量与全面从严治党、党内法规相关的选题，达到了历史之最，经过统计，马克思主义与科学社会主义学科下有 15 项，党史党建学科下有 35 项，政治学学科下有 17 项，法学学科下有 11 项，这充分表明当前学术界高度重视党内法规理论研究，全国哲学社会科学规划领导小组正在积极引导人才研究力量投入到党内法规理论研究中。此外，党校系统积极探索开展党内法规相关课程，比如中央党校将党内法规课程设置为所有班次的必修课，纳入党性教育单元，适时根据需要完善相关讲题，并通过组织学员论坛开展学习交流，鼓励引导学员撰写党内法规方面的论文等。

（二）党内法规人才队伍建设的地方探索

推进党内法规人才队伍建设，对于党内法规制度建设加速推进，着实扎紧党内法规制度笼子，意义重大，影响深远。从中央到地方，各部门各地区也在为推进党内法规人才队伍建设进行着积极的探索,比如中共湖北省委高度重视党内法规人才队伍建设,在实践中已经进行了大胆尝试,为全国范围内推进党内法规人才队伍建设提供了试点经验。

1. 省委办公厅与武汉大学共建党内法规研究中心

2016 年 9 月 21 日,湖北省以省委办公厅与武汉大学共建的方式,正式成立了武汉大学党内法规研究中心,成为全国第一家从事党内法规研究的实体性科研机构。武汉大学党内法规研究中心一直致力于"一库两基地"建设目标,即打造为党内法规研究国家高端智库、理论研究与创新基地、教育培训与人才培养基地。在湖北省委办公厅和武汉大学的支持以及中心全体成员的共同努力下,形成了一系列标志性、关键性成果,为党内法规研究事业作出了有益的探索。

为打造党内法规研究的高端智库,武汉大学党内法规研究中心依托华中地区各大高校、实务部门的专家和人才,整合马克思主义理论、法学、政治学、党史党建等优势学科资源,组建了 40 余人的专家研究队伍,围绕党内法规问题展开协同创新研究。中心以中央和省委重大决策的支撑性服务为支点,及时向中央和省委呈报有关对策报告和研究成果,提供对策报告 3 篇。此外,中心每月编印《党内法规研究动态》,刊登党中央和湖北省委关于党内法规制度建设的重要指示精神,以及党内法规理论研究前沿动态和最新成果,及时向中央办公厅、各省区市、湖北省各市州县党内法规工作机构以及全国知名高校、科研机构、知名专家寄送,同时建立起党内法规研究中心的微信公众号,搭建好党内法规研究与交流的重要平台。

为打造党内法规研究的理论研究与创新基地,武汉大学党内法规研究中心针对党内法规理论与实践中的重大问题,结合党中央决策部署,对外及时发布了《武汉大学党内法规研究中心 2016—2017 年课题申报公告》,确定了 3 项 2016 年研究课题选题,9 项 2017 年研究课题选题。中心通过课题研究这种形式来解决党内法规制度建设的基础理论性问题,引导广大专家学者参与重大党内法规课题研究。在课题之外,中心研究人员扎实从事党内法规基础理论创新研究,围绕全面从严治党、党内法规基础理论建设、党内法规体制机制建设、党内法规实施机制等主题,2016 年在中央、地方媒体发表文章 33 篇,在权威、核心期刊发表学术论文 24 篇，获得国家级、省部级课题 4 项，取得了显著成绩。

为打造党内法规研究的教育培训与人才培养基地，武汉大学党内法规研究中心在建立党内法规研究队伍的同时，组织编写党内法规相关教材，并且将于 2017 年依托宪法学与行政法学学科、中共党史学科招收全国首批 4 名党内法规研究方向的博士研究生，并着手启动本科生培育计划，这标志着武汉大学党内法规研究中心党内法规学科的高层次人才培养体系已经初步形成，有力推动了党内法规理论后备人才队伍建设。在党的十八届六中全会精神解读方面，中心在六中全会公报发布后两天便及时举办了学习六中全会精神座谈会，20 余位专家参加并发言，发言摘编发表在 2016 年 10 月 30 日《湖北日报》理论专版，随后，中心多位专家就六中全会精神解读，多次在《光明日报》《瞭望》和中央电视台等国家级媒体发表署名文章或接受采访，中心副主任李斌雄作为专家代表在《新闻联播》《焦点访谈》等权威媒体解读全会精神。此外，中心专家积极参与党内法规干部培训工作，以祝捷教授、李斌雄教授为代表的中心专家多次受邀为领导干部授课培训。

湖北省通过与武汉大学共建党内法规研究中心的方式，积极探索党内法规理论研究和人才队伍建设新模式，并且取得了很好的效果。

2. 加强党内法规专门工作队伍建设

为深入贯彻党中央推进党内法规制度建设的重要指示精神，切实做好湖北地区党内法规制定、实施等工作，湖北省委一直以来高度重视党内法规制度建设，积极推动专门工作队伍的形成。早在 2013 年，湖北省委就在省委办公厅设立省委法规室。为了有效解决党内法规工作有人管、有人干和认真管、认真干的问题，省委法规室的主任由副厅级领导干部担任，并且专职负责省委党内法规工作，法规室的人员编制初期配备为 8 人，如今已经增至 15 人，满足了省委层面党内法规工作的需要。

在省委的高度重视和有力推动下，目前湖北省所有市州、54%的县（市、区）均成立了党内法规工作机构，并且在领导职数、行政编制以及专项经费上都落实到位，确保各地区党内法规工作能够切实开展，适应地方党内法规制度建设的要求。此外，为提高各市州等地区党内法规工作队伍的专业素养和工作水平,省委借助武汉大学党内法规研究中心平台,一方面编印《党内法规研究动态》发放学习,另一方面组织中心专家为各地领导干部、党内法规工作人员进行专业指导和培训,省委决定要用两年时间对全省县级以上党内法规干部进行一次系统培训。

3. 加强专家队伍建设

为贯彻落实党的十八届三中全会关于"普遍建立法律顾问制度"的重要指示精神,进一步推进法治湖北建设,保证做到科学决策、民主决策、依法决策,湖北省委积极推进加强专家队伍建设。2016 年 7 月 25 日,湖北省委办公厅、省政府办公厅印发《关于推行法律顾问制度和公职律师公司律师制度的实施意见》,要求 2017 年年底前,全省县级以上地方各级党委及其工作部门普遍设立法律顾问和公职律师。8 月 11 日,湖北省委政法委选任 9 名法律顾问,为 5 名公职律师颁发证书,率先建立起法律顾问和公职律师制度。目前湖北省委已经聘请 23 名省委法律顾问,

在加强专家队伍建设方面,湖北省委一方面聘请省委法律顾问,为省委直接提供法律服务;另一方面还成立了 20 人的党内法规专家组,专门服务于省委党内法规制定和备案审查把关工作,成为党内法规工作队伍的有力补充。一定程度上可以说,湖北省委当前所采取的这些加强专家队伍建设的重要举措,有效弥补了党内法规工作队伍力量不足的缺陷,为全国开展党内法规工作提供了有价值的参考经验。

(三)党内法规人才队伍建设的重要部署

2016 年 12 月 13 日,中共中央印发《党内法规制度建设意见》,对党内法规制度建设中人才队伍建设作出了重要部署,强调要"制定党内法规人才发展规划,建设党内法规专门工作队伍、理论研究队伍、后备人才队伍"。

加强党内法规专门工作队伍建设,首先要坚持思想政治建设,"党规姓党",要加强党内法规工作人员的理想信念和党性教育,通过开展定期培训、交流等方式提高党内法规工作人员的业务能力和水平。同时,要加大党内法规工作队伍的人才培养选拔力度,优化人才的专业和经历结构,以适应党内法规制度建设的发展需要,着力打造一支对党绝对忠诚、综合素质高、专业能力

强、勇于担当负责、甘于吃苦奉献的党内法规专门工作队伍。

加强党内法规理论研究队伍建设，一方面要科学设置党内法规研究机构，比如适时成立全国党内法规研究会，支持有条件的党校、行政学院、高等院校等科研单位设立党内法规研究基地或研究中心；另一方面要提供党内法规理论研究人才的相应支持，比如在马克思主义理论研究和建设工程、国家哲学社会科学规划中继续增加党内法规研究项目，实施党内法规理论研究人才支持计划，培养选拔国家级领军人才、专家级骨干人才、优秀专业人才等，建立党内法规专家库。

加强党内法规后备人才队伍建设，要积极探索党内法规人才培养模式，在相关学科合理设置党内法规研究方向，组织编写党内法规相关教材，开展党内法规方向的研究生教育，将党内法规知识纳入到高等学校思想政治教育课程，实施教学科研与党内法规机构工作人员互聘计划，支持有条件的高等院校与党内法规工作机构联合培养党内法规专门人才等。

党的十八大以来，党内法规制度建设取得了很多标志性成果，2016 年更是意义非凡的一年。党内法规人才队伍建设一直是党内法规制度建设的重大短板，同时也是党内法规制度建设取得更大成就，按期实现“到建党 100 周年时，形成比较完善的党内法规制度体系、高效的党内法规制度实施体系、有力的党内法规制度建设保障体系”建设目标的坚实保障。2016 年党中央和地方各级党委在党内法规人才队伍建设方面作出了很多有意义的探索，取得了很多成绩，一定程度上解决了党内法规实践工作中人才队伍建设方面的问题。在党中央新一轮的科学部署下，坚持发挥改革与创新精神，党内法规人才队伍建设将会迎来重要发展。

第六部分　评估篇

党的十八届四中全会正式确认“完善的党内法规体系”是中国特色社会主义法治体系的重要组成部分，为“党内法规”这一问题的纯粹概念和价值之争画上了一个休止符。实际上，党内法规研究是近年来学术界关注的热点问题，但是具体化、精细化的定量研究总体偏少。随着2012年出台的《中国共产党党内法规制定条例》中要求“党内法规制定机关、起草部门和单位可以根据职权对党内法规执行情况、实施效果开展评估”以来，党内法规制度的评估研究成为党内法规研究中的一个崭新领域。围绕党内法规制度的评估问题展开研究，进行评估指标体系设计，不仅适应从纯粹的价值探讨走向定量研究的研究趋势，而且能够从系统和整体的角度对党内法规制度建设提供一定的方向、模板和指导。

一、党内法规制度评估的基本理论

（一）党内法规制度评估的法理基础

党内法规制度评估，指的是党内法规实施后，由制定机关、起草机关和单位根据规定的程序、方法、要求，运用科学的技术，对党内法规的制度设计、实施效果、社会效益和问题症结进行跟踪、调查、评价，提出完善的建议。对党内法规制度进行评估不仅是从价值研讨向定量研究的转型，而且具有深厚的法理基础。

其一，力争摆脱党内法规稳定与僵滞的两难境地。党内法规以成文形式表现，更多地致力于法规的编撰、法规的系统化，为达到逻辑严密、精确和稳定的目的,法规往往被精心设计。但是,党内法规一旦被精心设计,会存在忽视实践中的可能性并淹没在纯理论的迷雾之中这一问题。由于立规者自身的局限性、语言的模糊性以及情势变化的迅速性,党内法规在迅速应对变化,及时回应社会新的需求的时候,往往会存在着不足,以至于有时会出现党内法规制定出来不久,就落后于社会实践的情形。通过对党内法规进行评估可以不断克服党内法规所具有的先天缺陷和后天僵滞,通过不断修订、提出完善的建议和意见,帮助党内法规在变化和稳定之中找到应有的位置,在更广阔的范围内发挥党内法规应当具有的功能和作用。①

其二,发挥党内法规的实效和社会功能。党内法规和法律一样,其生命在于实施。只有当纸面上的规范转化为党员的交往行为和对其中权利和义务的实际操守时候,才能从纸上的规则转化为人们的行动。所谓党内法规的实效,指的就是,党员能够根据党内法规的行为而行为,规范实际上被适用和服从。人们总是希望能够通过多种方式对党内法规进行评估,考察党内法规在保证党内法规实效作用力方面的大小。建立在实证基础上的党内法规制度评估,着眼于对党内法规的效力期待和法律实效关系比例进行定量分析和评价,能够体现出评价标准的科学性、客观性和与时俱进的特性。②

其三,避免党内法规之间的相互冲突和抵触。党内法规的制定主体除了中央一级外还有省一级。党内法规的制定不得与中央党内法规相互冲突而且不得与宪法和法律相抵触。因而,为了维护党内法规体系的统一,避免省级党内法规和中央党内法规、党内法规与宪法法律相冲突相抵触情形的发生,建立党内法规制度评估制度,正好为我们提供了维护党内法规制度体系统一,及时纠正下位党内法规的偏颇和局限,建立中央和地方立规关系统一的一种途径。③

---

① 参见刘作翔、冉井富主编:《立法后评估的理论与实践》,社会科学文献出版社 2013 年版,第 78 页。

② 参见刘作翔、冉井富主编:《立法后评估的理论与实践》,社会科学文献出版社 2013 年版,第 79—81 页。

③ 参见刘作翔、冉井富主编:《立法后评估的理论与实践》,社会科学文献出版社 2013 年版,第 82—83 页。

(二)党内法规制度评估的意义与功能

1. 党内法规制度评估的意义

对党内法规制度进行整体评估,对于党内法规制度体系的科学性、规定的可操作性、执行的有效性,提出相应的修改完善制度、改进党内法规执行的意见和建议,具有十分重要的意义。

其一,党内法规制度评估是完善党内法规体系的重要方式。党内法规体系是中国特色社会主义法治体系的重要组成部分,党内法规体系的完善对于中国特色社会主义法治体系的完善具有重要作用。在《中央党内法规制定工作五年规划纲要(2013—2017年)》中指出到建党100周年时,全面建成内容科学、程序严密、配套完备、运行有效的党内法规制度体系,这就需要我们加强党内法规制定和修改工作,强化党内法规制度建设。对党内法规制度进行评估可以发现制度现行党内法规制度中难以适应新形势、克服新风险的规定,有针对性地提出意见和建议,为党内法规的立改废释工作提供坚实的数据支持和信息分析。这对于推动党内法规制度体系建设以及中国特色社会主义法治体系建设具有突出重要意义。

其二,党内法规制度评估是衡量党内法规实施效果的有效手段。徒法不足以自行。党内法规制定质量高不高,关键是看它在实践中的效果如何。对党内法规制度进行评估可以对已经制定并且执行和实施的党内法规进行跟踪评价、全面调查,可以考察具体的立规目的是否已经达到,现实生活中还需要制定哪些配套性的法规、细则,相关规定是否符合现实情况,以得出科学合理可信的评估结论。通过对党内法规制度进行评估还可以检验党内法规的立规质量,衡量党内法规制度的实际效果,及时发现和诊断问题,为进一步改进党内法规建设工作提供重要依据。

其三,党内法规制度评估是提高党内法规立规水平和立规质量的重要措施。《中国共产党党内法规制定条例》中指出:“党内法规制定机关、起草部门和单位可以根据职权对党内法规执行情况、实施效果开展评估。”因此,为了规范党内法规制定行为,保证党内法规的制定质量,需要对党内法规制度进行有效评估。通过党内法规制度进行评估,确立党内法规评估的组织实施、基本原则、主要标准、基本程序、评估成果,能够准确把握党内法规的实际效果以及立规目的,从而提高党内法规制定和执行的质量。

2. 党内法规制度评估的功能

党内法规制度评估工作是党内法规制度建设的重要组成部分,是系统科学合理评价立规能力和水平,评估党内法规合法性、合理性、有效性以及可操作性并且完善相关党内法规的重要方式与手段。①

其一,有利于完善党内法规制度体系化建设。党内立规总是滞后于社会实践,这是党内法规不可逾越的一个悖论。立规者总是希望党内法规能够尽可能地完善,符合党内法规制定时的立规初衷和目的本身。然而,随着时代变迁、形势变化,以及立规者本身的认识水平和能力因素的限制,其制定的党内法规不可避免地会逐步脱离党的执政和领导的需要,在针对性、有效性、适应性等方面存在缺陷和不足。这就需要建立一定的制度设计来予以克服,解决党内法规制度本身存在的问题。对党内法规制度进行评估,可以及时发现问题,有针对性地采取修改、废止、解释以及出台配套细则等措施来完善党内法规体系。

其二,有利于提高党内法规执行力水平。执纪的好坏,直接关系到党内法规是否能够得到全面正确实施,关系到党的领导地位的巩固与否,关系到依法执政能否真正落到实处,关系到人民群众的切身利益是否能得到满足,关系到改革开放的伟大事业,关系到“两个一百年”奋斗目标的实现。当前,在党内法规执行过程中,执纪不严、选择执纪、超越权限执纪以及不履行或者拖延履行法定职责的现象还不同程度地存在。开展党内制度建设,可以及时查找、准确发现在党内法规执行过程中的问题,并且有针对性地提出意见和建议,加强党内法规执纪建设,改善执纪工作方法,创新执纪工作机制,保障党内法规的全面正确实施。

其三,有利于扩大党内法规的社会效果。对党内法规建设进行评估,评估实施主体可以通过调查问卷、座谈会、论证会、讨论会等多种形式,充分了解利益相关群体对党内法规制度设计和实施情况的了解、要求和建议,使人们加深对党内法规的了解和认知,使各方面的意见和建议都能得到充分表达和真实

---

① 参见袁曙宏主编:《立法后评估工作指南》,中国法制出版社 2013 年版,第 7—8 页。

反映。同时,这一做法可以营造全体社会成员对党内法规的高度关注的氛围,积极参与到党内法规建设的实践中去。

其四,有利于提高立规工作的技术要求和工作水平。立规工作的技术要求和工作水平的高低,直接影响党内法规制度的针对性和可操作性。对党内法规制度建设进行评估,可以通过对单部党内法规和一项党内法规制度进行深入分析考察,充分考虑立规项目的选定、立规技术的运用、立规标准的把握等,从中寻找共性问题,探索经验,准确把握制度建设的客观规律,不断创新立规工作机制,改进立规工作方法,从而有效提高立规工作质量。

(三)党内法规制度的评估原则和特征

1. 党内法规制度的评估原则

党内法规制度的评估原则,指的是在对某部具体党内法规或者党内法规整体进行评估时候应当遵循的准则,它贯穿党内法规制度建设评估的始终。主要有以下基本原则。

其一,客观公正原则。该原则要求在评估过程中应当符合四个基本要求:一是评估主体应当处于独立自主的地位。党内法规制度好坏的评判不能由立规者自说自话,也不能单凭执法者说了算,而是由客观事实和数据资料来说明制度设计是否符合实际需要,原原本本地反映问题。二是要将被评估对象置于立规时候的环境和历史背景中予以考察,以便得出客观评价。三是注重体系关系,即结合现有的党内法规体系,考察被评估的党内法规所具有的作用和地位,以及其与其他党内法规构成关系。[①] 四是充分发挥专业评估机构的作用,运用专业和规范的方法开展调查问卷、实地调研、数据分析等工作,为评估结论提供技术支持和科学依据。

其二,科学规范原则。由于党内法规制度评估是新领域的新课题,因而可以在借鉴国内法治评估的一些成熟经验以及国外法律法规或党内法规评估的基础上,采用科学、规范的方法,将定性分析和定量分析相结合。通过文献研究、实地调研、调查问卷等多种形式收集资料和数据,利用云

---

① 参见袁曙宏主编:《立法后评估工作指南》,中国法制出版社2013年版,第4页。

数据等信息化平台，对其进行大数据分析，在此基础上得出科学的评估结论。①

其三，公开透明原则。该原则要求评估主体、评估过程和评估结果的公开。评估主体的公开透明，是为了检验评估主体的资格尽可能地保持中立、权威。评估过程的公开透明，是为了广泛吸引媒体、社会群众以及相关利益主体等社会力量参与到党内法规制度评估中去，形成评估主体与社会的良性互动。评估结果的公开透明，是将评估结论置于社会和媒体的监督之下，结合相关舆论和评价对党内法规进行修改，充分利用评估结果和评估资源，避免评估走过场、流于形式。

其四，系统全面原则。该原则主要是指对党内法规进行评估不应当局限于法规条文本身，还要求包括制度设计的合理性和合法性、法规制度之间的体系完整和衔接协调性以及社会效果等。同时，在评估方法的选择上，也不应当局限于制度分析、座谈走访和问卷调查，而应当采取多角度、多渠道、全方位的手段获取信息以及捕捉资源，充分利用一切可以利用的调查手段和方法对法规进行评估。

其五，公众参与原则。这一原则坚持社会公众、社会媒体与党内法规制度密切相关者的参与相结合。注重公众参与，通过媒体发布消息，引导高等院校、科研机构、科研人员和党员、群众广泛参与评估工作。就座谈走访和调查问卷而言，针对不同对象设计不同的调查问卷，将普通民众与利害关系人进行区分，将普通人员与科研人员和专业人士进行区分。就实地调研而言，应当通过多种途径、多种方式走访不同地区，尽可能掌握第一手资料，为评估工作提供翔实的基础数据。

其六，注重实效原则。这一原则不仅要求切实了解情况和问题，而且需要有针对性地提出评估建议。紧紧围绕评估目的设计相关调查问卷和调研提纲，严格遵照评估方案确定的工作任务，分阶段和分步骤扎实完成评估工作。结合制定时以及实施后的社会经济情况和实施效果，分析党内法规在哪些方

---

① 参见刘作翔、冉井富主编：《立法后评估的理论与实践》，社会科学文献出版社 2013 年版，第 281 页。

面起到了促进作用,哪些方面效果不甚理想,哪些方面完全不能适应现实需要。

2. 党内法规制度评估的特征

党内法规制度评估的特征,主要是指党内法规制度评估过程中所呈现出来的一些特点。我们认为,党内法规制度评估的特征主要有以下几方面。①

其一,事后性。所谓事后性指向党内法规制度建设评估的时间特征。由于只有在一段时间后,党内法规具体的作用和实现效果才会显现,才能更好地对其进行评估,提出法规完善和制度建设的具体意见和建议。当然,也不排除在某部党内法规出台时,对其必要性、合法性和合理性进行评估的制度设计,但主要还是以前者为主。

其二,专门性。依据《中国共产党党内法规制定条例》的要求,对党内法规执行情况实施效果的评估主体主要是党内法规制定机关、起草部门和单位。其他科研机构、高等院校以及工作机构的科研人员可能基于学术兴趣和自身志趣对党内法规进行评估——虽然这并不是我们所言的党内法规制度评估——他们的评估方法、评估标准、评估指标体系以及评估结果都具有重要的参考价值。

其三,科学性。科学性主要是指党内法规评估的方法、标准和指标体系需要建立一系列科学标准。其目的在于保障党内法规制度评估客观、中立、准确地反映出党内法规执行和实施情况,以便找出存在的缺陷和问题,提出有科学依据的意见和建议。

其四,实效性。实效性要求对党内法规制度评估的结果进行有效转化和有效利用。开展党内法规制度建设的目的是提高党内法规的质量以及保障党内法规的全面正确实施。因此,开展党内法规制度评估,我们就强调应当将党内法规评估成果作为后续党内法规制定、修改、废止和解释的依据,形成配套的制度体系。

---

① 参见袁曙宏主编:《立法后评估工作指南》,中国法制出版社 2013 年版,第 5 页。

二、党内法规制度评估的结构要素

（一）党内法规制度评估的主体

在立法评估领域，有学者认为立法后的评估主体可以分为内部评估主体和外部评估主体，前者包括立法机关及其内部机构、法律实施机关、上级国家机关、同级权力机关、授权机关、法律规定的监督机关，后者包括学术团体、商业机构、民意调查组织、社会中介组织、社会公众等。① 也有学者认为立法后的评估主体可以分为评估责任主体和评估实施主体，前者指的是依照法律规定和基本法理，应当承担评估的职责同时又具备评估职权的主体。后者是指受评估责任主体委托，承担立法后评估具体事项的单位或者组织。②

我国的立法评估领域近几年有了较大的成就，地方性法规对评估主体都进行了不同程度的细化，但与此不同的是，党内法规的评估还处于起步阶段。笔者认为党内法规评估主体可以比照立法评估主体分为评估责任主体和评估实施主体。前者指的是《中国共产党党内法规制定条例》规定的党内法规的制定机关、起草机关和单位，后者主要指的是受党内法规评估主体委托，进行具体评估工作的一些专家学者、专业机构和评估小组。

（二）党内法规制度评估的对象

由于每一部党内法规的条文内容都是不同的，如果为每一部党内法规设计一评估标准和指标体系，这既不现实也没有必要。因此，为了分析、概括、比较的评估需要，总结党内立规中共有的属性，归纳其共有的内容和规则，设计一套能被普遍适用的指标体系是当前评估领域的主要工作。经过综合比较和分析，概括出共性属性，将评估对象分为以下三类，即立规的原则和宗旨、专门的制度建设以及党内法规基本规范。

---

① 参见汪全胜：《论立法后评估主体的构建》，《政法论丛》2010 年第 3 期。

② 参见刘作翔、冉井富：《立法后评估的理论与实践》，社会科学文献出版社 2013 年版，第 296 页。

1. 党内法规的原则和宗旨

党内法规的原则和宗旨看似抽象,但其内涵非常丰富,在一部党内法规中具有重要地位。它决定了制度设计的模式,也决定了其他各种条款的基本走向。因此,在党内法规制度评估中,应当将党内法规的原则和宗旨作为一个评估对象对其进行评估。在具体评估中,需要满足两个层次:第一个层次需要考察党内法规的原则和宗旨是否符合公平、正义、平等、自由等价值,是否违背党中央的方针和政策,是否违背宪法有关规定;第二个层次考察党内法规的条款以及制度设计是否违背党内法规的原则和宗旨。①

2. 党内法规的专门制度

党内法规制度建设涉及党的政治建设、思想建设、组织建设、作风建设、纪律建设等方方面面。随着立规的专业化、科学化和精细化的发展,以及党内法规调整对象日益复杂、分工细密,党内法规已经不再是简简单单地运用法律概念调整权利义务分配。党内法规会设计一些专门的制度,如巡视制度、党内监督制度等。因此,党内法规的专门制度自然成为党内法规评估的对象。

3. 党内法规基本规范

党内法规基本规范的评估分为三个方面:其一是立规程序评估。主要是评估党内法规的制定主体、权限、方式、方法和步骤是否符合《中国共产党党内法规制定条例》。其二是立规内容评估。主要是考察党内法规条款是否同党章和党的理论、路线、方针、政策相抵触,是否同宪法和法律不一致,是否同上位党内法规相抵触,是否与其他同位党内法规对同一事项的规定相冲突,是否就涉及的重大政策措施与相关部门和单位协商一致。其三是技术规范评估。即按照一定的原理和惯例,考察党内规范的结构安排和文字运用的基本规则、方法和技巧,比如立规名称的表述以及立规体例的安排。②

① 参见刘作翔、冉井富:《立法后评估的理论与实践》,社会科学文献出版社 2013 年版,第 98 页。

② 参见刘作翔、冉井富:《立法后评估的理论与实践》,社会科学文献出版社 2013 年版,第 98 页。

（三）党内法规制度评估的流程

对于立法评估的程序和流程，学界有着不同的观点，如郑宁从行政立法评估程序制度研究着手，认为其主要包括咨询制度、公开制度、协调制度、信息的搜集与整合制度、约束权力和保障权利的时限制度及基本流程等。① 袁曙宏认为立法评估工作流程包括立法后评估内容的确定、评估工作机构的组建、评估人员的培训、收集与评估有关的材料以及立法后评估方案的制定。② 汪全胜和黄兰松认为党内法规可操作性评估程序主要包括启动程序、评估信息的整理和分析以及制定评估报告。③ 一般而言，在党内法规的评估工作中，有以下几个程序必不可少。

1. 制订工作计划

一般而言，评估实施主体在承接具体的评估工作后，需要制订一份完整的评估工作计划交由评估责任主体，以供审核和批阅。评估工作计划，即根据评估时限、评估的对象，对评估的总体任务进行通盘考虑和安排，采取有针对性的评估途径，以便获得评估结果。工作计划一般包括：评估内容、评估方法、评估时间进度安排、评估指标、经费保障、人员保障和组织保障等。评估计划的制订需要满足以下三个基本要求：一是谨慎性原则。工作计划的制定需要结合评估需要和评估的主客观环境，谨慎设计评估计划。二是时效性原则。对于评估工作往往有截止日期的限制和很强的时效属性，要求评估实施主体在规定时限内予以完成，以保证评估结果的及时性。因此评估工作计划需要明确规定具体的时间进度。三是节约性原则。评估工作计划应综合考虑人力、物力、财力的因素，尽可能用最少的人、财、物和时间的投入，取得最大的评估效果。④

2. 做好基础性资料收集

基础性资料收集对于评估工作的开展极其重要，直接影响评估工作的开

---

① 参见郑宁：《行政立法评估制度研究》，中国政法大学出版社 2013 年版，第 296 页。

② 参见袁曙宏：《立法后评估工作指南》，中国法治出版社 2013 年版，第 67—79 页。

③ 参见汪全胜、黄兰松：《党内法规的可操作性评估研究》，《中共浙江省委党校学报》2017 年第 3 期。

④ 参见刘作翔、冉井富：《立法后评估的理论与实践》，社会科学文献出版社 2013 年版，第 94—95 页。

展以及评估结果的科学性、客观性和真实性。因此,在党内法规评估工作中,基础性资料的收集会占据相当一部分时间。基础性资料收集的内容主要有以下几个方面:一是中共中央和国家领导人有关党内法规的决定、政策和重要论述,为评估工作提供正确政治方向;二是党章、上位党内法规及相关规范性文件;三是党内法规制定机构作出专门的解释,如中央纪委的一些解释;四是执纪部门的统计数据;五是各地方市县上报的规范性文件数量、名称和类别;六是有关党内法规的一些案件;七是各领域专家以及新闻媒体的意见和建议。

3. 形成评估报告

一般而言,评估报告是党内法规制度评估工作的成果形式,是整个党内法规评估工作完成的标志。评估报告,是基于评估方案所确定的评估指标,评估实施主体根据调查所形成的数据、资料,综合运用分析手段,对评估对象进行客观、真实、科学评价的过程。一般而言,评估报告需要包括:一是评估的预定目标、主要方法、评估标准和评估指标体系;二是评估对象的现状分析,包括基本成效和问题症结、评估结论和评估建议。根据评估报告,评估责任主体应当就评估对象提出的建议和意见,再进行专家论证,以对评估的党内法规修改、废止以及完善配套措施等提出更加细化的方案。①

三、党内法规制度的评估体系

(一)党内法规制度评估标准设计的一般方法

党内法规制度评估标准设计需要有一些基本要求,即民主性、科学性、适用性。民主性要求评估指标一定能够反映党内法规制度建设中人民群众的意见和要求,反映党员群众的呼声和利益要求,也需要一些长久性的制度指标,保证切实代表着人民的长远利益和根本利益。科学性要求评估标准设计的各个指标之间的合理搭配,注重指标权重设置的科学性,注重

① 参见刘作翔、冉井富:《立法后评估的理论与实践》,社会科学文献出版社 2013 年版,第 96 页。

指标设计的全面性和周密性，能够反映出现实需求和长远诉求。适用性要求评估标准体系中充分体现出对群众问题的关注，解决人民群众认知迫切需要解决的问题，将党内法规制度建设落到实处以及切实提高党内法规执行力。

党内法规制度评估标准设计的一般方法，即制定符合民主性、科学性、适用性指标体系所需要的方法、手段。经查阅相关资料，目前比较流行的几种方法主要有以下几种：

其一，经验判断方法。该方法指的是由专家、学者、顾问、立法者根据长期累积的经验和知识作出的判断和预测，利用他们在某个领域或某个行业的专门知识和实际经验，向他们征询意见，作为重要的参考依据。①

其二，德尔菲法。该方法又称为函询调查法，将提出的问题和必要的背景材料，用通信的方式向有经验的专家提出，然后把他们答复的意见进行综合，再反馈给他们，如此反复多次，直到认为合适的意见为止。这种方法是一种匿名的专家问卷调查，其基本途径是选择数位专家，设计出问卷，寄出问卷，回收整理相同意见的部分，不同意见的部分再次设计并寄出问卷，如此反复进行直到意见一致。

其三，聚类分析法。聚类分析一般从初始化类中心开始，并采用迭代方式反复求取类中心，直到达到某个收敛标准。聚类分析法"以描述对象特征的客观数据为分析对象、以统计方法为手段、以分类为目标，其本质上是从客观的数据中挖掘对象间的内在联系，因而在数据挖掘、模式识别领域有着相当广泛的应用"②。其基本思路在于，一开始将要归类的 N 个变量看成一类，然后按照事先规定好的方法计算各类之间的归类指数，根据指数大小衡量两类之间的密切程度，将关系最密切的两类并列成一类，即得 N-1 类；以此类推，得 N-2 类，直到最后的 N 个变量都归类一类。③

其四，层次分析法。层次分析法是一种"将定性与定量分析方法相结合

① 参见钱弘道等：《法治评估的实验——余杭案例》，法律出版社 2013 年版，第 299 页。

② 汪存友、余嘉元：《标准参照测验中标准设定的聚类分析法》，《南京师大学报》（社会科学版）2010 年第 1 期。

③ 参见钱弘道等：《法治评估的实验——余杭案例》，法律出版社 2013 年版，第 301 页。

的多目标决策分析方法。该法的主要思想是通过将复杂问题分解为若干层次和若干因素,对两两指标之间的重要程度作出比较判断,建立判断矩阵,通过计算判断矩阵的最大特征值以及对应特征向量就可得出不同方案重要性程度的权重,为最佳方案的选择提供依据”①。层次分析法将专家的经验认识和理性分析相结合,将指标两两配对进行分析,比较各指标的重要程度,以降低比较过程中的不确定因素。在比较过程中,通常运用倒数或正负数进行权重大小的计分。②

(二)党内法规制度的评估标准

评估标准是评估指标体系最为核心的内容,是对被评估对象进行定量和定性分析的标志。我们拟将评估指标分为两级,第一级指标包括合法性、合理性、技术性、协调性、可操作性和认同性,下文将对第一级指标及其包含的第二级指标进行分类阐述。

1. 合法性

合法性分为实质合法性和形式合法性两类。前者主要是指党内法规必须符合宪法法律规定,充分反映民意、科学理性、基本价值理念等。后者主要是指党内法规必须符合制定权限、制定程序以及上位党内法规的规定。具体而言,包括以下方面。

其一,符合法定权限。要求由适格主体出台党内法规,且党内法规不得与党的理论、方针、路线、政策相违背。其二,符合法定程序。在法理学层面而言,程序既是对实体的保障,又是独立于实体内容而具有存在的价值。考察党内法规是否符合程序规定,关键考察其是否符合《中国共产党党内法规制定条例》里有关规划与计划、起草、审批与发布、适用与解释、备案、清理与评估的规定。其三,符合法定内容。立规内容的合法性,又称为实质合法性,是指法规本身价值目标的正当性和法规内容的正统性。前者偏重于法规本质的正确认识,后者偏重于法规内容的来源合法。比如党内法规条款是否同

---

① 郭金玉、张忠彬、孙庆云:《层次分析法的研究与应用》,《中国安全科学学报》2008年第5期。

② 参见钱弘道等:《法治评估的实验——余杭案例》,法律出版社2013年版,第302页。

宪法和法律不一致，是否同上位党内法规相抵触，是否与其他同位党内法规对同一事项的规定相冲突，是否就涉及的重大政策措施与相关部门和单位协商等等。

2. 合理性

合理性指标同合法性指标一样，是党内法规制度评估指标的重要组成部分。合理性指标主要考察党内法规的目的是否正当、手段是否合理以及是否符合公序良俗。其一，目的正当性。主要考察党内法规制定机关在制定党内法规和进行党内制度建设时，其目的是否正当，在客观上是否符合公平、正义的价值理念，是否符合社会公共利益以及是否符合人民的利益。其二，手段合理性。对于相同目的的达成，党内立规中是否采取了对党员正当权益侵害最小的实施手段。其三，是否符合公序良俗。公序，指的是公共秩序，是国家社会存在及其发展所必需的一般秩序；良俗，指的是善良风俗，是国家社会存在及其发展所必需的一般道德。党内法规中应当体现或者至少不违背公序良俗，否则会减损党内法规的权威性，影响党内法规的有效执行。

3. 技术性

立规技术对于党内法规质量的提高以及党内法规的实施和执行影响重大。所谓立规技术，可以分为立规活动运筹技术和法规结构营造技术两个方面。前者指的是“立法者如欲取得理想的立法效果，即应处理好法的立、改、废等工作，恰当选择立法时机，积极回应社会需要”。① 后者指的是按照一定的体例，遵循一定的结构和逻辑，运用规范的词语，以实现法规之目标的过程。具体而言可以分为以下三个指标：其一，法规结构的完整性。一般而言，规范性的党内法规具有假定、处理和制裁三个部分。尽管未必三个要素集中出现在一个法规条文中，但是前后条文应当相互呼应，完整体现这三个部分内容。其二，内在逻辑的严密性。法规是用语言进行表达，其所涉及的对象和范围相对确定的同时又是相对模糊的。因此，在立规中

① 周叶中：《论“党纪新条例”的法技术和法属性》，《武汉大学学报》（人文科学版）2016 年第 1 期。

的用语应当逻辑严密,准备界定适用对象和适用范围。其三,语言表达的明确性。对于概念表述应当明确,没有矛盾,前后一致;语言表达具有可操作性,法规没有错字、别字;句子结构准确,主谓宾搭配妥当;标点符号使用规范。

4. 协调性

不止是立法领域,在党内法规领域也存在着"先粗后细"的立规指导原则,制定法规存在一定的随意性和盲目性,使得党内法规之间以及党内法规与法律之间缺乏连贯性和协调性。因此,协调性指标主要需要考虑以下几个方面的内容:其一,相关同位法规之间的协调性。在对党中央和省级党委出台的党内法规进行细化时,需要考察地方上的党内规范性文件。其二,配套规范性文件的协调性。对一些原则性的党内法规进行细化和具体化时,需要制定相关的配套性文件。因此,需要评估配套性文件与原则性党内法规之间的协调性。其三,党内法规与国家法律之间的协调性。考察党内法规与国家法律在适用对象以及调整范围上是否具有冲突和矛盾,本着国家法律优先的原则予以协调。

5. 可操作性

可操作性评估是党内法规制度评估指标的重要组成部分,主要是对党内法规的权利义务性规则、责任性规则和程序性规则的可行性展开的评估,以加强党内法规的科学性、实用性和有效性。可操作性指标可以分为以下几个方面:其一,考察权利和义务性规则主体范围是否容易确定和边界是否明确。其二,考察责任性规则是否具体、可行,是否具有适当性而且与义务性规则保持一致。其三,考察程序性规则是否具有法定的时序和时限,是否具有法定方式以及党内法规主体及相互行为是否具有确定性和相关性。①

6. 认同性

认同性主要考察党内法规实施的社会效果和社会反应,主要是以实证研

---

①　参见汪全胜、黄兰松:《党内法规的可操作性评估研究》,《中共浙江省委党校学报》2017年第3期。

究的形式进行。只有当社会公众对该部党内法规采取认同的态度，该部党内法规所规定的具体制度才会有效实施。认同性指标，主要考察以下几个方面的内容：其一，对党内法规制度的知晓率。社会公众对党内法规制度的知晓率，可以从侧面反映出这部党内法规的实现程序。其二，对党内法规制度的认可度。对该项制度的执行主体、执行方式、执行程序以及责任规定是否认可，可以判断出该部党内法规所具有的社会权威和社会效益。其三，对党内法规实施效果的评价。通过民众对党内法规实施效果的反映和态度，可以从侧面反映出党群关系的和谐与否。其四，党员群众自我守法情况。党内法规不仅是党员自我行为的规范，也应当内化为内心确认和信仰。如果党员能够将党内法规的规定内化为自我的行为，则表明该项党内法规的社会认同性高。①

（三）党内法规制度的评估指标体系

党内法规制度评估指标体系是根据评估标准制定，用以评价评估对象状态，衡量其发展水平的标准综合体。一般由不同层级的指标构成，按照不同的比重设置占据不同的分值和权重。在借鉴和参考立法工作评估指标体系的基础上，形成如下评估指标体系。

在评估指标的层级设置上，本体系拟初步设置三层指标。其中，合法性指标、合理性指标、技术性指标、协调性指标、可操作性指标以及认同性指标为一级指标（A 级指标）。在各项一级指标之下，再分别设立若干二级指标（Bx 级指标）和三级指标（Bxy 指标）。在评估值的设置上，采取定性的评估值，即采用“是/否”方式进行描述。在指标权重的设置上，采取层次分析法确定。在评估流程结束后，可以对三个一级指标得分情况进行综合相加，形成总评分。需要指出和注意的是，本指标体系拟提供一个可以借鉴的模板和方式，在具体的评估工作中，需要根据评估对象的不同做出相应调整。

---

① 参见刘作翔、冉井富：《立法后评估的理论与实践》，社会科学文献出版社 2013 年版，第 108 页。

一级指标(A)	二级指标(Bx)	三级指标(Bxy)	评估值	指标权重
合法性(A1)[0.2]	符合法定权限(B1)[0.4]	是否由适格主体出台党内法规(B11)[0.5]	是/否	4
		是否与党的理论、方针、路线、政策相违背(B12)[0.5]	是/否	4
	符合法定程序(B2)[0.3]	是否符合《中国共产党党内法规制定条例》里有关规划与计划的规定(B21)[0.2]	是/否	1.2
		是否符合《中国共产党党内法规制定条例》里有关起草的规定(B22)[0.2]	是/否	1.2
		是否符合《中国共产党党内法规制定条例》里有关审批与发布的规定(B23)[0.2]	是/否	1.2
		是否符合《中国共产党党内法规制定条例》里有关适用与解释的规定(B24)[0.2]	是/否	1.2
		是否符合《中国共产党党内法规制定条例》里有关备案、清理和评估的规定(B25)[0.2]	是/否	1.2
	符合法定内容(B3)[0.3]	是否同宪法和法律不一致(B31)[0.25]	是/否	1.5
		是否同上位党内法规相抵触(B32)[0.25]	是/否	1.5
		是否与其他同位党内法规对同一事项的规定相冲突(B33)[0.25]	是/否	1.5
		是否就涉及的重大政策措施与相关部门和单位协商(B34)[0.25]	是/否	1.5

续表

一级指标(A)	二级指标(Bx)	三级指标(Bxy)	评估值	指标权重
合理性(A2)[0.2]	目的正当性(B4)[0.6]	是否符合公平、正义的价值理念(B41)[0.5]	是/否	6
		是否符合公共利益(B42)[0.25]	是/否	3
		是否符合人民的利益(B43)[0.25]	是/否	3
	手段合理性(B5)[0.2]	对于相同目标,是否采取了对党员正当权益侵害最小的实施手段(B51)[1]	是/否	4
	符合公序良俗(B6)[0.2]	是否符合国家和社会存在及其发展的一般秩序和一般道德(B61)[1]	是/否	4
技术性(A3)[0.15]	立规活动运筹技术(B7)[0.25]	是否处理好党内法规的立、改、废等工作,恰当选择立规时机,积极回应社会需要(B71)[1]	是/否	3.75
	法规结构营造技术(B8)[0.75]	是否符合假定、处理和制裁的结构要素(B81)[0.4]	是/否	4.5
		是否准确界定适用对象和适用范围,逻辑严密(B82)[0.3]	是/否	3.375
		概念、标点、语句是否规范表达(B83)[0.3]	是/否	3.375
协调性(A4)[0.15]	相关同位法之间的协调性(B9)[0.4]	与同位法规之间是否存在着不协调和不一致之处,是否存在着执规冲突和多头管理的现象(B91)[1]	是/否	6
	配套规范性文件的协调性(B10)[0.3]	与配套规范性文件之间是否有不协调和不一致之处(B101)[1]	是/否	4.5
	党内法规与国家法律之间的协调性(B11)[0.3]	与国家法律在适用对象和调整范围上是否有矛盾和冲突之处(B111)[1]	是/否	4.5

续表

一级指标(A)	二级指标(Bx)	三级指标(Bxy)	评估值	指标权重
可操作性(A5)[0.15]	权利义务性规则的操作性(B12)[0.4]	主体范围是否容易确定(B121)[0.5]	是/否	3
		权利义务边界是否明确(B122)[0.5]	是/否	3
	责任性规则的操作性(B13)[0.3]	责任规定是否具体、可行(B131)[0.5]	是/否	2.25
		是否具有适当性且与义务性规则保持一致(B132)[0.5]	是/否	2.25
	程序性规则的操作性(B14)[0.3]	是否具有法定时限和时序(B141)[0.4]	是/否	1.8
		是否具有法定方式(B142)[0.3]	是/否	1.35
		党内法规主体及相互行为是否具有确定性和相关性(B143)[0.3]	是/否	1.35
认同性(A6)[0.15]	对党内法规制度的知晓度(B15)[0.25]	对该党内法规规定的基本制度是否知晓(B151)[1]	是/否	3.75
	对党内法规制度的认可度(B16)[0.25]	对该项制度的执行主体、执行方式、执行程序以及责任规定是否认可(B162)[1]	是/否	3.75
	对党内法规实施效果的认可度(B17)[0.25]	对党内法规实施效果是否认可(B163)[1]	是/否	3.75
	党员自我守法评价(B18)[0.25]	是否严格遵守该党内法规的相关规定(B164)[1]	是/否	3.75

四、党内法规制度建设的问题与建议

目前全面从严治党还处在向纵深推进的关键时期，取得的成效还是阶段性的，一些深层次矛盾和问题还需要从根本上加以解决，需要依靠制度的完善来予以根治。《中央党内法规制定工作五年规划纲要（2013—2017 年）》提出 2017 年要基本形成涵盖党的建设和党的工作主要领域、适应管党治党需要的党内法规制度体系框架，使党执政的制度基础更加巩固，为到建党 100 周年时全面建成内容科学、程序严密、配套完备、运行有效的党内法规制度体系打下坚实基础。目前党内法规建设的现状与这一目标还存在着一定的差距。党内法规制度建设本身就是坚持问题导向，针对党的建设存在的薄弱环节，有问题就解决问题，有障碍就克服，有不完善的就完善。

（一）党内法规制度建设存在问题的深层次原因

党内法规概念虽然很早提出，但是接受程度一直比较低，党内法规的规范性特征也不明显，党内法规约束力不强，党员的遵规守纪意识不强。改革开放以来，随着国家层面法治建设的开展，党内法规的概念才得到广泛的认可，党内法规的规范性特征也日益增强，党内法规逐渐成为具有约束力的制度规范，权威不断提升，得到了较为广泛的遵守。但是特殊历史背景遗留下来的问题，到今天并没有完全解决。在新的时期，管党治党又面临一些新的挑战。新旧问题并存，痼疾与新挑战并存，时间紧、任务重。党内法规制度建设的不足，是基于一些深层次的原因。找准深层次的原因，有利于加深对表面现象的理解，也有助于从根本上解决问题。

1. 对党内法规认识不足导致遵规守纪的风气淡薄

我国法律传统文化的缺失，加之我们党长期作为革命党，对党内法规认识不足，使得党内法规概念的普及和接受存在诸多障碍，党员对党内法规认识上仍存在不少分歧。最常见的对党内法规的认识不足表现为，对党内法规的提法不认同，对党内法规的性质认识不够，对党内法规制度体系认识不清，对党内法规与国家法律的关系认识不足。基于以上认识上的不足，曲解党内法规的现象也时有发生,如有的人认为“加强党内法规建设会冲击国家法治建设”,“党内法规是软法”,“党内法规不具有约束力,是橡皮筋”。一些领导干部对全面从严治党和依规治党认识不足,遵规守纪观念淡薄,导致的违纪违法层出不穷。以上的认识不清、误解和遵规守纪观念淡薄,都导致了一些领导干部在推进党内法规制度建设中缺乏责任感和紧迫感,没有承担相应的责任。另外,党员和社会公众对党内法规的认识不清,也使得党内法规的实施缺乏监督。因而,党内法规制度建设的起点就是要全党全社会形成对党内法规的正确认识,消除误解,接受和认可党内法规,了解党内法规基本内容,正确理解党内法规与国家法律的关系,认识到党内法规体系是中国特色社会主义法治体系的重要组成部分,将党内法规制度建设放到国家治理体系现代化建设中来,树立党内法规的权威,形成良好的遵规守纪的风气。

2. 党内职责分配和承担机制不完善导致党员领导干部责任不清、担责意识不强

立法就是在矛盾的焦点上“砍一刀”,党内法规的制定也是如此。党内法规的实质是对党内权利义务、职能职责的调整优化。党内法规制度建设就是用有形的手在调节党内利益,但是党内法规制度建设背后隐藏着一只“看不见的手”,这就是党内职能职责配置的规律。职能职责配置是否科学,在很大程度上会影响到党内法规制度建设的质量和水平,更会直接关系到党员领导干部的责任分配的明确和责任承担意识的建立。党内职能职责分配不清,界限不明,就不可能提高党内法规制度建设的质量和水平。因而,党内法规制度建设的实质,是要合理分配党内职能职责,理清各个层级各个部门的职权和责任,统筹协调各方,紧紧团结在以习近平同志为核心的党中央周围,各司其职,各谋其事,在党内法规制度建设中发挥各自的作用。

3. 党员参与不足导致党内法规制度建设动力不足、实施不力

党内法规制度建设的质量和水平,很大程度上取决于党内法规制定过程中的民主程度。目前在党内法规制定过程中,受主客观各种条件的限制,党员参与仍然不充分。实践中,一些地方存在着把党员当作法规规范的对象和消极承受者、而不是积极的参与者的错误倾向,党内法规的制定主要只限于少数人的圈子里,广大党员表达自己意见不充分,党内法规的群众基础不牢,民主性不够。对党员参与的忽视，不仅影响党内法规制度的科学性、民主性，还不利于党内法规制度的贯彻和落实。党员广泛参与，不仅可以赋予党内法规以更强的合法性，还能够保障党员参与党内法规制定，激发党员贯彻执行党内法规，将党内法规由外在的要求内化为党员自己对自身的要求，有利于党内法规的贯彻和落实。党内法规制度建设的根本就是将民主集中制贯穿于党内法规制度建设的全过程。

（二）党内法规制度体系还不健全

习近平总书记指出，“以改革创新精神加快补齐党建方面的法规制度短板”，对党的制度建设提出了“体系化”的要求。近几年来，在党中央的高度重视下，党内法规制度体系建设取得重要进展和成效，党内法规制度体系的框架基本形成，夯实了全面从严治党的制度基础。但是党内法规制度体系还只是框架基本形成，远不是一个完善的体系，离完善的党内法规制度体系的要求还有一段距离。

1. 党内法规制度建设系统性还不够

党内法规建设缺乏系统性、体系性。长期以来，由于缺乏顶层设计和科学规划，党内法规“碎片化”现象严重，主要表现在如下几个方面：四大板块中基础主干性党内法规不够齐全，存在不少法规制度空白；制度之间没有很好地衔接，体系性不强；配套法规制度跟不上，配套性不够；党内法规与国家法律的衔接紧密性不够；一些法规制度冲突重复、叠床架屋，重复立法和交叉立法；一些法规制度老化严重，明显滞后于实践，一些经过实践检验的行之有效的探索没有及时上升为法规制度。

解决党内法规制度系统性不足的关键是要完善党内法规的备案机制、清理机制和立法后评估。但是目前这几个机制还不是很完善：党内法规备案机制还存在备案范围较窄、报备不够及时和发现问题纠正或者撤销不及时等问题；党内法规清理工作还不能做到党内法规即时清理制度与定期清理制度相结合；党内法规的立法后评估工作还处于探索阶段，各项评估程序和模式还不成熟。

2. 党内法规制度在内容安排上的平衡性不够

党内法规内容安排呈现出一定的不平衡性。在已颁布实施的党内法规中,以实体性规定为主,程序性规定偏少,“重实体轻程序”现象严重;在实体性规定中,有关纪律和纪律检查的党规较多,保障党员权利的党规相对较少;原则性规定较多,细则性规定、可操作性措施以及详细解释较少;义务性要求较多,而惩处措施单一,强度不够。

3. 党内法规建设统筹协调能力不够

党内法规制度建设统筹协调力度不够。各地区各部门对党的建设各个方面重视程度不一,步调不一致,因而导致党内法规制度建设快慢不一、多寡不均。缺乏统一明确的标准,许多事项没有统一的党内法规进行规定,而是散见于不同时间、不同制定主体、不同形式、不同效力等级的党内法规文本之中,导致结构松散,内容庞杂。这不利于党内法规的系统化,也不利于执法者参照执行。

4. 部分基础性、主干性的党内法规还不够齐全

有些领域还存在较大的制度缺项,还做不到有章可循、有规可依。部分基础性、主干性的党内法规还不够齐全,存在不少法规制度的空白,比如党的领导和党的工作方面的法规、群众工作、意识形态工作和统一战线工作的法规亟须出台。

5. 配套法规制度跟不上

一些综合性的法规出台后还缺乏具体的实施细则和配套规定,影响综合性法规的实施效果。一些中央法规制度明确要求配套的,还未及时制定具体的配套法规制度,不能很好地形成上下衔接、严密科学的制度体系。比如《关于新形势下党内政治生活的若干准则》提出建立和完善近 20 项配套制度的任务,包括建立和完善民意调查、容错纠错、权力清单、领导干部个人重大事项报告、领导干部配偶子女从业行为等制度,这些都需要抓紧研究和推进。这些重要法规的实施成效很大程度上取决于配套法规的完备和执行。

(三)党内法规制度质量还不够高

立规技术对于党内法规质量的提高及党内法规的实施和执行影响重

大。党内法规制度质量不够高,是一个长期存在的问题,现阶段具体表现为党内法规制度的针对性不强、科学性不足、完整性不够、可操作性有待提高。

1. 针对性不强

有的放矢,才能精准施策。一些党内法规没有很好地针对党的建设中存在的问题出发,或者有问题意识但是仅仅是空对空,精确度不够。有的党内法规立规目的不够明确,仅仅是为了加强某方面的建设或者解决某方面的问题,而没有细致地厘清要加强哪一方面具体的什么建设,没能解决某方面的具体哪些问题。

2. 科学性不足

一些党内法规结合实际不足,没有做到从实际出发,忽视了客观实际。有的一味求全求快求好,忽视了地方实际。有的一味求整齐划一,忽视了地方差异。党内法规制定程序也还不够科学。一些党内法规制定程序上存在问题,调研不充分,没有了解客观实际,征求意见不充分,闭门造"规",违反前置审核规定,缺乏合法性、合规性、合理性审查,无权制定、越权制定、重复制定等无序制定等现象时有存在。党内法规条文的规范性不足。一些党内法规未能做到形式科学、语句规范明确、条理分明、内容协调统一,导致规范性不足。

3. 法规结构的完整性不够

法规效果要得到完整的发挥,前提是法规结构自身具有完整性。一般而言,规范性的党内法规具有假定、处理和制裁三个部分。由于我们长期以来将党内法规当作道德规范,而不是法律规范,因而侧重于道德性的提倡规定,而没有必要的处理和制裁规定。新时期党内法规制度建设一方面转变了这种观念,另一方面,也在实现法规结构的完整性上着力。党的十八大以来,这一问题得到了一定程度的解决,但是还不够。

4. 可操作性有待提高

可操作性指标可以分为以下几个方面:其一,考察权利和义务性规则主体范围是否容易确定和边界是否明确。其二,考察责任性规则是否具体、可行,是否具有适当性而且与义务性规则保持一致。其三,考察程序性规则是否具有法定的时序和时限,是否具有法定方式以及党内法规主体及相互行为是否具有确定性和相关性。①

有些党内法规规定的内容过于原则性、笼统性,缺乏实际操作性。可操作性要求党内法规自身要具有明确的权利义务性规则和精确的处理和制裁措施。就目前来看,党内法规权利义务性规则的操作性方面,权利义务划分还不是很精确,部分责任规定并不具体、不符合实际;有的规定了处理和制裁,但没有规定明确的法定时限和时序;有的笼统规定应予处理,而没有规定法定方式。一些地方即使是实施细则也不是很明确,有的条文只有定性的要求,没有定量的要求,也使得可操作性大打折扣。这样不具有可操作性的党内法规,如果没有具有实际操作价值的配套措施,那么很容易留给执纪人员较大的自由裁量空间,虽然有利于办案人员较快地处理违规违纪案件,但同时也给办案人员滥用权力留下了空间,不利于公正、合理地处理案件。

(四)党内法规执行力度不够、落实不到位

2016 年是党内法规狠抓落实的一年,采取了切实有效措施,极大地提升了党内法规制度的执行力。但是抓执行力也非一朝一夕可以完成,需要长效化、制度化,才能使党内法规的效力落到实处,确保党内法规能够切实做到有效、管用。目前来看,执行不够、落实不到位仍然是党内法规制度建设面临的严峻的现实问题,一个运行有效的党内法规制度体系仍在建设中。

1. 执行机制不健全,缺乏长效实施机制

执行机制不健全,执行过程中遇到的一些障碍还需要克服。党内法规工作的领导体制和工作机制还需要完善,党委法规工作部门和国家立法机构之间缺乏沟通协调机制,导致有的党内法规与国家法律衔接不够。② 如何增强党内法规制度的执行效能,提高制度执行的刚性力度,切实维护党内法规制度的严肃性和权威性,是当前党内法规制度建设中的重大问题。

① 参见汪全胜、黄兰松:《党内法规的可操作性评估研究》,《中共浙江省委党校学报》2017 年第 3 期。

② 比如,纪检机关办案中调取的证据,因其法律效力未得到作为国家法律的《刑事诉讼法》的确认,往往需要由司法机关再次调查取证,进行"证据转化"才能够被采纳,因而这就给了一些案件当事人在案件移交司法机关过程中趁机翻供的机会,不利于案件查处工作的进行(参见李忠:《党内法规建设研究》,中国社会科学出版社 2015 年版,第 105 页)。

执行力还没有形成长效的实施机制，目前在很大程度上还依赖于党委（党组）的重视和纪检部门的督促。需要进一步强化执行党内法规制度观念，明确执行党内法规制度的职责，还需要强化宣传普及力度、公开力度、督促检查力度、惩处追责力度，并建立和完善党内法规宣传普及机制、公开机制、督促检查机制、惩处追责机制来强化执行力。

2. 保障措施缺乏

党内法规制度的保障措施是解决党内法规“靠什么做”。在实体性规定和程序性规定的基础上，还需要保障规定才能够构成有机统一的党内法规制度。很多党内法规还缺乏保障性规定。例如，党内法规忽视了客观存在的部门利益和地方利益，因而缺乏相应的保障性规定来克服部门保护主义和地方保护主义，因而法规制定后其执行力就会大打折扣。另外党内法规制度在物质保障、经费保障、人员保障方面还存在不足。

3. 党内法规工作力量不足

党内法规工作力量包括党内法规工作机构和人才队伍。虽然党的十八大以来，各省区市党委办公厅都设立了法规室或者法规处，一些中央部委也设立了专门的法规工作机构，但是总的来看，法规工作力量还是比较薄弱的，机构不健全、人员力量不足、人员素质不高的问题依然存在，无法满足党内法规事业长远发展和当前繁重的党内法规制度建设任务的需求。另外，现有的党内法规工作力量也需要进一步强化，队伍能力素质需要进一步提高，专业知识和技能需要进一步提升。目前党内法规人才队伍建设也只是刚刚起步，还需要培养大量的具有党建、法学等专业背景的专门人才，组建高水平的专门机构，才能够满足党内法规工作的需要，以提高党内法规工作的科学化、专业化水平。

4. 宣传不到位

党的十八届四中全会通过的《关于全面推进依法治国若干重大问题的决定》将党内法规体系明确纳入我国社会主义法治体系，使得党内法规与国家法并列成为我国社会主义法治体系的组成部分。各项党内法规不仅是“两学一做”学习教育常态化制度化的重要内容，也是“七五”普法规划的重要内容。一方面要把党内法规制度教育纳入推进，把党内法规制度纳入党校、行政学院、干部学院教育培训的日常课程,把干部的法治素养、依法办事的能力作为评价和使用干部的重要依据;另一方面也要让党内法规下基层、进社区、入课堂,增进广大人民群众对党内法规的认识和了解,以加强对党内法规实施的监督。

目前来看,党内法规的普及力度不够,缺乏教育培训,宣传方式落后。大部分党员对该党内法规规定的基本制度知晓程度还不错,但是对该项制度的执行主体、执行方式、执行程序以及责任规定往往并不清楚。宣传也是一种教育,尤其是针对党员来说,宣传党内法规就是教育引导广大党员做党章党规党纪和国家法律的自觉尊崇者、模范遵守者、坚定捍卫者。党内法规的宣传重在落实见效,还必须将党内法规宣传落到实处,落到全党全社会树立法治意识和党规意识、养成守法习惯和守规习惯,进而改善社会风气的实效上来。

(五)党内法规理论研究和人才队伍建设相对滞后

理论是实践的先导,党内法规理论是党内法规实践的先导,没有坚实的理论基础,党内法规制度建设难以有明确的方向和科学的工作方法。“在党内法规制度建设整个链条中,党内法规研究是一个突出短板,制约着党内法规事业的长远发展。”①而理论研究的关键在人,党内法规人才队伍是党内法规制度建设的依靠性力量。因而推进党内法规制度建设,需要加强党内法规理论研究和人才队伍培养,不断强化理论基础,不断壮大队伍力量。

1. 理论研究比较薄弱

从目前党内法规的研究来看,研究深度还不够,大部分还停留在党内法规的表面层次;研究面不够宽广,大多数学者主要集中在几个少数领域,而许多崭新的领域还需要探索和拓展;跨学科研究成果不够,大多数学者局限于各自本来的学科,现有的跨学科也停留在分析层面上,而没有转化为可以应用的成果;研究专业性不强,没有兼顾到党内法规的“党”属性和“法”属性;政治性研究偏多,应用型研究不足;定性研究居多,定量研究偏少;成果

① 周叶中:《以党内法规研究助力党内法规制度建设》,《人民日报》2017年5月2日。

总结和经验总结偏多，批判研究和问题研究偏少。必须承认，与党建学和法学等学科的理论相比，党内法规理论研究还是非常薄弱的，还需要广大的理论研究者作出更多新的探索，建立党内法规理论体系和研究方法，不断深入拓展，推陈出新，交叉创新，为党内法规制度建设提供深厚的理论基础和科学的工作方法。

2. 专业人才无法满足需要

党内法规学作为新兴学科，目前在专门性人才的培养方面才刚刚起步。而已有的党内法规研究者都是从其他学科如法学、党建学、马克思主义等抽调过来的，他们囿于原本各自学科的视野和方法，对党内法规研究或多或少存在一些不够专业性的质疑。如何以党内法规学科自身的视野和方法来研究党内法规，从而培养真正党内法规专门性人才，这是一个重要的问题。

（六）加强党内法规制度建设的建议

《中共中央关于加强党内法规制度建设的意见》提出，到建党 100 周年时，形成比较完善的党内法规制度体系、高效的党内法规制度实施体系、有力的党内法规制度建设保障体系。党内法规制度建设要盯准这个目标，立足于现实，找不足，补漏洞，在制度体系、实施体系和保障体系方面不断完善。

1. 统筹兼顾，加强党内法规制度建设的系统性

构建完善的党内法规制度体系是一个系统工程，需要加强顶层规划设计，继续完善党内法规体系，使科学合理、系统全面、实体法规与程序法规并重。严格落实党内法规制定工作五年规划和年度计划，突出重点、整体推进，逐步构建内容协调、程序严密、配套完备、有效管用的党内法规制度体系。

提高党内法规制度建设统筹协调能力，要明确法规体系的基本框架，确立当前与长远、核心与全局、重点与一般的战略思路，要将阶段性任务与战略性目标结合起来，正确处理法规的质与量、适应性与前瞻性、稳定性与灵活性之间的关系。在法规制度建设中，要做到单项建设和全面规划相统一，法规制定与修订废止相配合，基础主干法规与配套法规相协调，实体性法规与程序性法规相配套，立足本土与借鉴域外相结合。还需要提高统筹吸引全体党员参与到党内法规制度建设中来的能力，激发每一个党员和党组织的工作热情和聪明才智,共同致力于党内法规制度的完善中来。总的来说,党内法规制度建设要加快对党内法规制定顶层设计,立柱架梁,要“形成既有原则、又有规则,既有框架、又有底线,既有目标、又有要求,既有传承、又有发展的党内法规体系,实现对党内生活的全规范、全覆盖,为全面从严治党提供规范依据”①。

2. 加强基础性、主干性的党内法规,填补党内建设空白点

找制度“短板”,对党内法规进行梳理,查找目前党内法规制度建设的断裂链条和疏漏之处。完善以“1+4”为基本框架的党内法规制度体系,重点出台和完善党的组织法规制度、党的领导法规制度、党的自身建设法规制度、党的民主集中制建设方面的党内法规、党的监督保障法规制度。同时,党内法规制度建设还应及时回应社会热点问题,针对党的建设和党的工作中存在的突出问题,及时出台一批实践急需、人民拥护、社会期待的党内法规,解决好规范权力行使、推进作风转变、严明党的纪律、强化党内监督、发展党内民主、改革用人制度等重点关系到人民群众切身利益的党规的制定问题。

3. 坚持科学立规、民主立规、依法立规,提高党内法规立规水平

要抓住党内法规制定存在的薄弱环节,集中力量解决针对性、科学性、可操作性不足的问题,努力在党内法规条文规范这个关键环节上取得突破。要协同推进立改废释工作,坚持科学立规、民主立规、依法立规,着力提高党内法规质量。坚持科学立规、民主立规,首先要注重立规的程序的科学性。认真履行制定程序,严格按照《中国共产党党内法规制定条例》有关规定,做好规划计划、组织起草、前置审核、审议批准、审核签批、公开发布等环节的工作。完善前置审核机制,未经党内法规工作机构前置审核的,不得提请会议审议。要深入调查研究,了解实际情况,广泛听取意见,切实做到集思广益。立规应当借鉴和吸收国家立法的原理,明确立规原则、健全立规体制、完善立规程序、改进立规技术,提高党内法规的科学性。将立法技术运用到立规中来,制定党内法规制定技术规范,进一步严格制定立规规范,合理界定法规审定的权限、内

① 祝捷:《党内法规建设为全面从严治党“立柱架梁”》,2017 年 11 月 18 日,见 http://news.xinhuanet.com/politics/2017-01/18/c_129452040.htm。

容及方法,明确规定不同层次法规的审议职责权限,严格把握法规审定的内容,以提高党内立规科学化水平。

民主立规就是要按照党章和《关于新形势下党内政治生活的若干准则》的要求,抓紧建立体现民主集中制的具体制度,切实推动民主集中制具体化、程序化,真正把民主集中制重大原则落实到党内法规的制定过程中来。要坚持走群众路线,充分发扬民主,深入调查研究,广泛征求意见,通过互联网等方式公开征求意见,掌握党员群众心声,确保党内法规适应党的建设和党的工作需要,体现广大党员、干部意愿。要完善党内法规制定的民主征求意见程序,民主征求意见程序乃党内法规民主性法则的内在要求和核心环节。[①] 民主征求意见程序是充分发扬党内民主的制度体现。在党内法规的立项、起草、审议等各个阶段充分征求地方党委、中央各有关部门和党员的意见,使党内法规成为党内民主的制度保障,成为保证全党团结统一的有力武器。

要运用法治思维和法治方式加强党内法规制度设计,完善权力、权利、责任体系。要坚持实体性规定、程序性规定和保障性规定并重。党内法规的实体性和程序性规定要使抽象的内容具体化,使原则性的要求刚性化,减少法规制度的弹性,增强法规制度的操作性;在应当和不准之类的规定外,还应增加处罚性规定;对于"情节较轻""情节较重""情节严重"等定性用语应根据实践发展需要及时出台实施细则予以细化,处理有些没有规定明确的法定时限和时序。按照于法周延、于事简便的原则,提高党内法规制定水平,做到内容翔实、措施管用,逻辑严密、表述准确,文字精练、格式规范,具有针对性、指导性和可操作性。

4. 完善党内法规制定程序,完善评估机制、清理机制

提高党内法规制度建设水平,还必须要在立规之后完善党内法规的实施评估机制和清理机制。《中国共产党党内法规制定条例》第六章用三个条文明确规定了党内法规的备案、清理与评估,因而备案、清理与评估是党内法规制定的法定程序。

① 江国华:《党内法规的程序法则》,《光明日报》2017 年 2 月 6 日。

建立党内法规实效评估机制,实时对已经生效的一些党内法规进行评估。展开对党内法规实施效果的评估,以实施效果评估为依托,对党内法规的制度设计、实施效果、社会效益和问题症结进行跟踪、调查、评价,根据评估反馈情况及时修改完善相关党内法规,进行有针对性和深入的法规清理工作,建立有效的"立、改、废"衔接机制。借鉴国家立法后评估的相关经验与实践,尽快制定出一套完善的党内法规评估办法,明确党规评估的主体构成、对象选择、指标体系、方式方法以及相关程序内容。

党内法规既应注重定期清理,也要注重即时清理。在完善党内法规定期清理的基础上,建立党内法规即时清理制度,形成日常清理与集中清理相结合的机制,促进党内法规清理工作的制度化、有序化。

5. 提高党内法规制度执行力

提高党内法规制度执行力,具体来说需要做好四个方面的工作。

一是靠学习,提升党员遵规守纪意识。加强党内法规的宣传,学党章党规,增强党规党纪意识。广大党员特别是领导干部要增强法规意识,将纪在法前、纪严于法的要求真正贯彻落实,严格遵守和执行党内法规制度。

二是靠宣传,增强党内法规建设的公开性。按照公开是原则、不公开是例外的要求,做好党内法规及时公开工作。凡是能公开的就不定密,能解密的要及时解密公开,公开时要做好配合宣传工作。完善宣传教育机制,把党内法规纳入党校、干部学院培训教材,引导党员领导干部依规办事、依规用权、依规施政。建立健全党内法规定期汇编制度,一般每 5 年对发布的党内法规进行一次汇编,并在履行解密手续后公开出版,以便执行和遵守。

三是靠领导干部以上率下,发挥"关键少数"作用。各级领导干部要以身作则,严格要求自己,带头遵规守纪,担当起职责范围内的党内法规制度学习和落实的责任。

四是靠监督检查。将党内法规制度学习情况和落实情况作为各级党委督促检查、巡视巡察的重要内容。坚持有规必依、执规必严、违规必究,加大党内法规执行力度,使刚性约束得到严格遵循,切实做到法规制度面前人人平等、遵守法规制度没有特权、执行法规制度没有例外,切实增强法规制度的严肃性和权威性。健全监督检查机制,明确监督执行的责任部门,完善监督检查方式,加大监督检查力度。完善惩处追责机制,明确保障党内法规执行的惩戒性规定,定期通报党内法规执行情况和对违规行为的查处情况。

6. 加强党内法规的理论研究、人才培养和队伍建设

党内法规理论研究,要把中央要求、群众期盼、实际需要、新鲜经验结合起来,既要继承中华民族优良传统和党的建设经验,又要与时俱进,不断推进制度创新,拓展制度建设的新内容、新内涵、新方法。党内法规理论研究深入贯彻以习近平新时代中国特色社会主义思想,反映党中央推进全面从严治党的新经验新举措,形成全面从严治党新的理论创新。把新发展理念贯彻落实到党内法规理论研究中去,把握规律性,体现时代性、创新性。同时,党内法规理论研究要认真总结我们党在管党治党实践中的经验教训,继承和发扬我们党在长期实践中形成的制度规定和优良传统。

完善党内法规学科部署,加快党内法规学科建设,加强党内法规理论研究,加强党内法规培训,建立起强大的党内法规理论研究队伍、专门工作队伍和后备人才队伍。鼓励地方成立党内法规研究机构,成立党内法规研究会,开展学术研讨和交流活动,增加对党内法规学科的财政支持和国家社科基金的项目支持。建立党内法规专家库,从学者中选拔党内法规工作机构工作者,党内法规工作机构人员也应参与到党内法规教学科学机构的教学和培训活动中来。

通过不断完善党内法规制度建设,争取在 2017 年实现基本形成涵盖党的建设和党的工作主要领域、适应管党治党需要的党内法规制度体系框架,使党执政的制度基础更加巩固的初步目标,为到建党 100 周年时全面建成内容科学、程序严密、配套完备、运行有效的党内法规制度体系打下坚实基础。

第七部分　理论篇

一、以党内法规为研究对象的理论成果

截至 2017 年 10 月 12 日,根据中国知网文献检索显示,以“党内法规”为主题的文献共计 15271 篇,以“党内法规”为关键词的文献共计 15168 篇,以“党内法规”为篇名的文献共计 770 篇。这充分体现出随着“四个全面”战略布局的不断深入,学界对党内法规研究的高度重视,也体现出党内法规在全面从严治党中的重要地位和突出作用。学者们的研究成果主要集中在以下几个领域:一是党内法规的理论定位问题;二是党内法规体系建设问题;三是党内法规执行问题;四是党内法规与国家法律协调问题。

(一)以党内法规的理论定位问题为研究对象的相关理论成果

党内法规的理论定位问题,主要着眼于研究党内法规属于什么,它有什么特征,它跟其他事物的区别在哪里,它具有什么样的功能和作用。对党内法规的理论定位直接关涉党内法规的体系建设、党内法规的实施机制、党内法规与国家法律的协调联动等问题研究的开展。尽管 1990 年的《中国共产党党内制定程序暂行条例》和 2012 年的《中国共产党党内法规制定条例》都对党内法规进行了官方界定,但是学术界对于党内法规的概念界定和功能定位这些问题并没有达成共识。

1. 党内法规的概念界定

一种观点认为“党内法规”的提法并不恰当,并不合理。比如曾市南在

《中国青年报》上发表文章，认为党内法规的提法不妥，其理由有以下三点：其一，政党组织不拥有立法权限；其二，党内条例不具备法规特征；其三，“党内法规”的提法不够严谨，不能准确地反映党与法的关系。① 王俊华认为法规和“党内法规”两者在实施方式上存在差异，前者是由国家强制力保证实施的，后者的强制力来源于党组织和党员的自觉认同、组织内的纪律、党组织和党员利益。因此，他主张以“党的纪律”代替“党内法规”的提法，以准确地将党的规章制度与国家法律相区别。② 曹秋龙认为“由于我们国家的历史传统，无论是政府官员还是普通老百姓，在他们的概念中，只有政府制定的才是法律，其他的都没有国家强制力，都算不上法律”③，将党内法规纳入法的范畴，只会搞乱国家法律与党内法规的界限。王贵秀在其论著《中国政治体制改革之路》中认为，中国共产党不是国家机构，而“法”又是一个国家范畴，把国家的“法”直接适用于党内不合适，容易混淆不同组织的界限和不同问题的性质。④

另一种观点认为“党内法规”的提法不仅正确和适当，而且是具有充分理由的。操申斌认为“‘党内法规’的提法是有充分依据的，它不仅源于马克思主义基本原理，而且符合中国共产党党情；不仅具备法的基本特征，而且符合语义要求”⑤。许小莲认为“党内法规”这一概念，从传统的法律概念出发，将“党内法规”纳入法律范畴似乎不合理，但是现代法律中“软法”的兴起，使得将“党内法规”归入法律范围成为可能。⑥ 刘芳和赵月从党建学科角度出发，认为党内法规的“法”是中国共产党这个特定组织产生效力的规则，与国家层面的“法”不属于同一层次和领域，党内法规本质上属于内部纪律。⑦ 屠凯认为党内法规既有法律的一般特征，又有政策的一些特征，是具有法律和政策的双重属性的规范性文件。基于前者，党内法规可以纳入“法”的范畴，是事实上的行为规范，在某些重要领域发挥着骨干作用。基于后者，党内法规反映新

① 参见曾市南：《“党内法规”提法不妥》，《中国青年报》2004 年 1 月 2 日。
② 参见王俊华：《对“党内法规”提法的再思考》，《上海党史与党建》2008 年第 7 期。
③ 曹秋龙：《依法执政背景下的党内法规性质研究》，《学术探索》2015 年第 5 期。
④ 参见王贵秀：《中国政治体制改革之路》，河南人民出版社 2004 年版，第 331—332 页。
⑤ 操申斌：《“党内法规”概念证成与辨析》，《当代世界与社会主义》2008 年第 3 期。
⑥ 参见许小莲：《“党内法规”法律地位之考证》，《求实》2010 年第 7 期。
⑦ 刘芳、赵月：《党内法规法律性质之证成》，《党政干部论坛》2012 年第 11 期。

鲜经验且须具有较高的前瞻性。[①] 姜明安将“党内法规”的基本定位为社会法和软法范畴,并且对“党内法规”的法属性进行了释疑解惑,对曾市南的观点进行了三个方面的回应:首先,尽管政党组织不拥有国家立法权限,但是国家法和社会法都属于法范畴,依法既包括依国家法,也包括依党内法规;其次,党内法规具备法规的一般特征,是人们共同制定、协商和认可的具有外在约束力的行为规则,具备民主性、公开性、普遍性和规范性;最后,赋予“党内法规”以“法”的性质并不会导致党超越宪法和法律之上,相反,承认“党内法规”姓“法”,正是要以法规范各级党组织的行为和活动。[②]

2. 党内法规的功能定位

党内法规的功能定位,是指党内法规在特定领域内所能发挥的有利作用。学界从宏观视角和微观视角对党内法规的功能进行界定,涉及党内法制建设、依规治党、预防和惩治腐败、国家治理和社会管理创新、法治中国建设等视域。

宋功德的《党规之治》这本专著,对党内法规的理论问题进行全方位的分析,全书分为三大板块,分别是党内法规的角色定位与调整功能、党内法规的制度构造以及党的主张与国法规定二者的关系。全书所涉及的命题包括党内法规的概念、内涵与外延,党内法规的属性与特征,党内法规的外在形态、内在理念、实践支持、理论引导、时间维度和空间定位,以及党规与国法的协调。就党内法规的功能定位,作者认为:“党规是按照自己的调整逻辑来发挥规范功能的……不同党规在制定目的上虽然不尽一致,但每部党规的制定都要围绕保证治党执政这个总目的,旨在提高党的执政能力、保持党的先进性和纯洁性。”[③]

李军的博士论文《中国共产党党内法规研究》对党内法规的概念界定和概念辨析、党内法规的实践历程、党内法规关系、党内法规体系、党内法规运行机制与功能目标、党内法规与国家法律关系进行了全面考察。该文认为党内

---

① 参见屠凯:《党内法规的二重属性:法律与政策》,《中共浙江省委党校学报》2015 年第 5 期。

② 参见姜明安:《论中国共产党党内法规的性质与作用》,《北京大学学报》(哲学社会科学版)2012 年第 3 期。

③ 参见宋功德:《党规之治》,法律出版社 2015 年版,第 98 页。

法规功能目标包括:党内法规是规范党内主体行为和党内关系的前提;党内法规是发展和巩固党内民主的保障;党内法规是建立反腐倡廉制度的主要保障。[①] 李军就党内法规这一问题,发表《中国共产党“党内法规”的界定》《党内法规关系论说》《党内法规与国家法律:中国特色法治化道路的探索》《试论党内法规部门》等论文,成为党内法规早期研究的重要理论探索。在其论文《党内法规:反腐倡廉制度体系的基石》中,作者认为党内法规在反腐倡廉制度体系中具有基础性地位和突出性作用,能够很好地适应和凸显反腐倡廉的时代紧迫性和时代性意义。

施新州在其论文《中国共产党党内法规体系的内涵、特征与功能》中认为党内法规具备以下三个基本功能:其一,完善党内法规体系对党组织和党员的活动和行为进行有效管理,从而优化党组织自身的结构和功能;其二,随着法治成为治国理政的基本方式,建立和完善党内法规的体系,有助于提升依法执政、科学执政和民主执政的能力;其三,完善的党内法规体系有助于党自身依法执政和依法治国方略的全面实施,从而有助于全面推进依法治国及其总目标的实现。[②]

万纪耀考察党内法规制度体系在管党治党和治国理政中的作用,认为党内法规制度体系具有以下作用:“其一,党内法规制度体系涉及党内生活、党的建设、党的领导、党的工作等各个方面,可以规范党内生活,加强党的领导,促使党的工作的规范化和制度化。其二,党内法规制度体系服务于中国特色社会主义事业总体布局和总任务,服务于新世纪新阶段的战略目标,全面推进经济建设、政治建设、文化建设、社会建设、生态文明建设。其三,从制度上确保党的理论、路线、纲领、方针、政策的贯彻落实,促进党和国家的全局工作。”[③]

冯浩考察党内法规制度体系在党内治理和公共治理中的功能与作用,运

---

① 参见李军:《中国共产党党内法规研究》,复旦大学 2010 年博士学位论文。

② 参见施新州:《中国共产党党内法规体系的内涵、特征与功能》,《中共中央党校学报》2015 年第 3 期。

③ 万纪耀:《党内法规制度体系在管党治党与治国理政中的作用与途径》,《福州党校学报》2015 年第 1 期。

用马克斯·韦伯的政治统治的合法性权威的三类划分,认为中国共产党自身权威需要由卡理斯玛(Chrisma)权威类型转向制度性法理权威,因此需要建立完善的制度表现形式即党内法规制度体系。党内法规制度体系对中国共产党的党内治理而言,具有规范党内权力的配置和运作、规范党内民主、保障党员权利、规范党内责任追究的作用。党内法规制度体系在公共治理中,具有保障和规范党的科学执政、调整和规范党组织和国家机关的横向和纵向关系、调整与规范党组织与社会组织的关系、调整与规范党组织与各个利益群体的关系的作用。①

姜明安考察党内法规在公共治理和社会管理创新中的重要作用,认为主要有以下几点:"其一,保障和规范各级党委和党组织在宪法和法律范围内领导公共治理和社会管理创新;其二,调整和规范党的中央与地方组织之间以及党的中央各种机关之间、党的地方组织的各类机关之间的各种横向与纵向关系,调整和规范党的组织与各种国家机关、社会团体之间的各种横向与纵向关系,并使这些关系法治化、规范化,逐步纳入到现代民主和法治的轨道;其三,保障和促进各级党的领导干部运用法治思维和法律手段治党治国理政。"②

陆静考察党内法规在腐败治理中的功能定位,通过比较党内法规与国家法律的联系和区别,发现党内法规在我国预防和惩处腐败的实际运作体系中承担着基础性功能。为了能够在源头上预防与惩处腐败,需要进一步强化党内法规的作用,彰显反腐的刚性和实效。因此,需要强化党内法规的法律地位,明确党内法规体系是社会主义法治体系的重要组成部分,进一步清理、完善党内法规制度体系以及提升党内法规的执行力等。③

(二)以党内法规体系建设问题为研究对象的相关理论成果

党内法规体系建设,主要围绕着党内法规体系化构建、党内制度法规建设

---

① 参见冯浩:《中国共产党党内法规的功能与作用》,《河北法学》2017年第5期。

② 姜明安:《论中国共产党党内法规的性质与作用》,《北京大学学报》(哲学社会科学版)2012年第3期。

③ 陆静:《论党内法规在腐败治理中的功能定位》,《中共青岛市委党校青岛行政学院学报》2016年第10期。

与政党现代化、党的建设制度创新等基本问题展开，可以划分为党内法规制度建设的一般研究和专门研究两个层面。前者主要研究党内法规结构与体系构建、发展阶段与基本特点、成就与经验、问题症结与解决路径。后者则侧向于研究某一具体领域的规范以及制度，对其进行细致考察，在发现问题的基础上提出解决之道，典型的有对巡视制度与巡视条例以及党的作风建设的研究等。

1. 党内法规体系建设的一般研究

(1)党内法规的体系化思考

党内法规作为一个庞大的体系，涉及党的领导、党的思想建设、党的组织建设、党的作风建设、党的反腐倡廉建设等方方面面。对党内法规进行科学分类和体系化思考，是学术研究必须面对的前提性和基础性问题。依据不同的分类标准和方法，实务界和学界形成了不同的观点，代表性的主要有“党内法制说”“党章体例说”“法规部门说”“四梁八柱说”“1+4 结构说”。

所谓“党内法制说”，是指一系列党内法规，按照党内法规制定、实施、遵守到监督保障、违规处置的进程，形成稳定的、完整的党内法制结构体系。叶笃初和陈绪群是持该类主张的代表人物，他们认为一个完备的党内法制体系应当包括以下五个部分：“其一，以党章为主体，以一系列党内条例、规定、办法等共同构成的党内法规体系；其二，以健全的党代表大会制度、各种会议制度和程序性规定为基本要素的党内立法体系；其三，以党性和党规党法教育为思想基础的党内守法体系；其四，以党的各级组织包括专设的纪检机构和完善的处罚、申诉制度为组织保证的党内执法和保障体系；其五，以全体党员和人民群众的民主监督及健康的批评与自我批评为可靠依托的监督体系”。①

所谓“党章体例说”，即以党章为核心，按照党章、党员、党的组织制度、党的中央组织、党的地方组织、党的基层组织、党的干部、党的纪律、党的纪律检查机关、党组和其他共 11 个部分来编排和分类党内法规体系的。该分类方法多由实务界采纳，代表性的就是 1996 年、2001 年和 2005 年出版的，由中共中央办公厅法规室、中央纪委法规室、中央组织部办公厅共同编辑的《中国共产党党内法规选编》。

---

① 叶笃初、陈绪群：《试论完备的党内法制》，《江汉论坛》1996 年第 5 期。

所谓“法规部门说”,即比照法理学的方法,将法律部门作为法律体系的基本单位,借鉴国家法律体系的做法,构建一个具有党内“宪法”“刑法”“民法”“行政法”“诉讼法”等不同功能的法规部门组成的党内法规体系。潘泽林是持该类主张的代表人物,认为党内法规体系包括:其一,具有党内“宪法”功能的根本大法——《中国共产党章程》;其二,党内“刑法”功能的法规部门——以《中国共产党党内监督条例》和《中国共产党纪律处分条例》为主体的党内预防和惩处党员和党组织违反党纪行为的相关法规及条文的总称;其三,具有党内“民法”功能的法规部门——以党员权利保障条例为主体的保障党员党内民主权利的相关法规及条文的总称;其四,具有党内“行政法”功能的法规部门——以规范和调整党务工作为功能的党的各项领导制度的总称;其五,构建具有党内“诉讼法”功能的法规部门——党内法规中所有程序保障规范的相关法规及条文的总称。①

所谓“四梁八柱说”,即以依据党内法规的重要性程度区分出不同层级的党内法规,构成一个具有梯度的党内法规体系。武汉大学党内法规研究中心副主任祝捷提出该观点,将党内法规体系分成三级阶梯:一级阶梯为党章,党章构成党内法规体系的“拱顶石”;二级阶梯为中央八项规定、《关于新形势下党内政治生活的若干准则》《中国共产党廉洁自律条例》和《中国共产党党内监督条例》,这四部规范构成党内法规的横梁;三级阶梯为立规规范、党的组织、廉洁自律、厉行节约、纪律处分、选拔任用、教育培训、监督巡视等八个方面构成八根“支柱”。②

所谓“1+4结构说”,即将党内法规体系按照重要性程度以及基本内容的标准分为两个阶梯以及四大板块,该分类一般由中央文件所采纳。所谓“1”指的是党章,在党内法规体系中具有核心地位,所谓“4”指的是党章之下分的四大板块的党内法规,具体包括党的组织法规制度,如《中国共产党地方委员会工作条例》《中国共产党党组工作条例(试行)》《中国共产党党和国家机关

① 参见潘泽林:《中国共产党党内法规及其体系构建问题研究》,《南昌大学学报》(人文社会科学版)2007年第1期。

② 参见祝捷:《党内法规建设为全面从严治党“立柱架梁”》,新华网 http://news.xinhuanet.com/politics/2017-01/18/c_129452040.htm,最后访问日期2017年5月2日。

基层组织工作条例》;党的领导法规制度,如《中国共产党统一战线工作条例(试行)》;党的自身建设法规制度,如《中国共产党内廉洁自律准则》和《关于新形势下党内政治生活的若干准则》;党的监督法规制度,如《中国共产党党内监督条例》《中国共产党巡视工作条例》以及《中国共产党党内问责条例》。

(2)党内法规体系建设的历史考察

对党内法规体系建设进行历史梳理,明晰党内法规体系建设的历史发展阶段以及各个阶段的基本特点,总结基本经验和突出成就,能够为新时期党内法规体系建设提供重要参考和有力指导。有的学者以中国共产党的成立为时间起点,有的学者以改革开放作为时间起点,有的学者侧重于分析某一时期党内法规建设情况。

何益忠是改革开放前历史时期党内法规建设研究的代表人物,其论文《党的创立及国民革命时期党内法规建设述论》以及《土地革命时期中国共产党党内法规建设述论》中分别考察了国民革命时期以及土地革命时期党内法规的建设情况。在前文中,他总结出国民革命时期党内法规建设的一些基本特点,主要有:"其一,在党内法规的渊源上,相当一部分具有法规性质的内容出现在非法规文件中,说明在党内法规的立法过程中,立法者对于法规文件与非法规文件(包括决议案、议决案等)的认识还不清晰,经常混淆两类文件的界限。其二,在党内法规的立法、修改过程中,这里主要是指在党章的修改过程中存在着一些不规范的现象。其三,在党内法规的执行过程中,存在着有法不依、执法不严的现象"。① 在后文中,他认为与党的创立和国民革命时期相比,土地革命时期仍然有很多党内法规源于非法规文件,同样存在有法不依、执法不严的现象。但是土地革命时期中国共产党党内法规建设也具有一些新的特点:"首先,从党内法规调整的对象上看,涉及党的中央组织的法规较少,关于党的地方及基层组织的法规相对较多。其次,就党内法规时效而言,这一时期的党内法规的稳定性、延续性较差,一些刚颁布的党内法规经常很快就被取消或取代。最后,就党内法规的内容上看,一些党内法规、特别是下位法与

① 何益忠:《党的创立及国民革命时期党内法规建设述论》,《湖北社会科学》2010年第6期。

上位法之间存在彼此矛盾、相互冲突的现象。”①

操申斌对改革开放以来党内法规制度建设进行细致的考察,形成《改革开放以来中国共产党党内法规历史考察》《改革开放以来中国共产党党内法规制度建设的几个基本特征》以及《改革开放以来党内法规建设的基本经验》三篇代表性成果。他将改革开放以来党内法规建设分为三个发展阶段:“1978—1987 年为恢复和初步发展阶段,在这个阶段,中国共产党一方面继承和恢复了过去行之有效的党内法规,另一方面结合改革开放新的实践要求出台了一批新法规,使党的建设向着法制化道路健康发展;1987—1997 年为稳步推进阶段,在这个阶段,中国共产党加大了党内法规建设的力度,在党的基层组织、党员队伍、领导干部和党风廉政建设等方面颁布了大量新法规,稳步推进了党内法规建设;1997 年至今为体系化发展阶段,这个阶段的党内法规建设在‘依法治国’基本方略的指导下,获得全面发展,初步实现了党内‘有法可依’。”②他认为改革开放以来中国共产党党内法规建设呈现出以下五个方面的特征:“初步构建了一个以党章为核心的党内法规制度体系;由侧重惩治、侧重治标向惩防并举、注重预防转变;日益尊重和保障党员的民主权利,彰显人本化;由侧重制定向立、改、废并举方向全面推进;立法技术日益提高,由过去‘数量型立法’向‘质量型立法’转变。”③他总结出改革开放以来中国共产党党内法规建设的基本经验:“必须把党内法规制度作为关系党和国家前途命运的重要问题摆在突出地位;党内法规制度建设必须服从和服务于党的政治路线,围绕党的中心任务来展开;必须正确处理好党内法规制度建设与党的思想、组织、作风和反腐倡廉等其他建设的关系;在‘依法治国’的大背景下,党内法规制度建设应遵循平等、公开和系统的指导原则。”④

周叶中专门考察了党的十六大以来党内法规建设的成就和基本经验,认

① 何益忠:《土地革命时期中国共产党党内法规建设述论》,《理论学刊》2016 年第 1 期。

② 操申斌:《改革开放以来中国共产党党内法规建设的历史考察》,《安徽史学》2009 年第 6 期。

③ 操申斌:《改革开放以来中国共产党党内法规制度建设的几个基本特征》,《党的文献》2009 年第 4 期。

④ 操申斌:《改革开放以来中国共产党党内法规制度建设的基本经验》,《求实》2010 年第 11 期。

为党内法规建设在以下四个方面取得了重大突破:“其一,明确提出了党内法规建设体系化的发展方向,逐步改变了党内法规的孤立和分散状态。其二,党内法规从强调义务向强调权利发展,党员权利保障成为党内法规建设的重要内容。其三,党内法规从基于即时性、应对性立规,向注重长效性、引导性立规转变。其四,党内法规从主要是实体性法规,向兼顾实体性和程序性法规转变。”①同时,他认为中国共产党党内法规建设必须把握一些基本经验,即坚持用中国化的马克思主义指导党内法规建设;坚持将党内法规建设作为党的建设伟大工程的重要组成部分;坚持党章在党内法规建设中的核心地位。在此基础上,也提出了新时期加强和完善党内法规建设的方式。

叶笃初在中国共产党成立 90 周年时,重点考察了党内法规建设的基本经验,认为需要注意以下几点:“第一,自觉把党内法规建设置于党的事业全局和自身建设全局,一丝一毫都不离开中心工作,照应全局,服务全局。第二,自觉把党内法规同中国特色社会主义法律体系紧相衔接,形成互补互动关系。第三,自觉把党内法规建设同党情、国情、民情相结合。第四,自觉把党内法规建设作为党的建设伟大工程的一个不可或缺的部分,贯穿于思想、组织、作风建设和反腐倡廉建设之中。第五,自觉在马克思主义的科学基础上,有准备、有规划、有秩序地进行党内法规建设,要善于吸取经验教训,包括历史的和现实的、本国的和外国的,要学习、借用、移植其他科学门类中的有益养分,吸取包括现代技术在内的各种手段,党内法规建设也需要信息传播、数据处理和网络支持等。第六,自觉遵循党内法规建设的科学规律,纠正在一部分人中存在的虚无主义或形式主义态度。”②

蒙慧和王雅菲专门总结和考察党的十八大以来党内法规建设的新情况、新问题以及新要求。她们总结十八大以来党内法规建设的基本经验为:“注重顶层设计,加强对党内法规建设的整体指导;注重基础主干性、程序性党内法规的制定与修订;注重系统联动,解决党内法规间的协调配套问题注重纪严于法,要求全党树立严守党纪的‘红线’意识;注重实践反馈,将有益经验做法

---

① 周叶中:《关于中国共产党党内法规建设的思考》,《法学论坛》2011 年第 4 期。

② 叶笃初:《党内法规建设述略——为纪念中国共产党诞生 90 周年而作》,《汉江论坛》2011 年第 7 期。

上升为党内法规。”①

葛志强也专门总结和考察党的十八大以来党内法规建设取得的一系列新成就和一些新特点。其成就主要有:首次正式明确了党内法规制定的总依据;首次正式出台了党内法规制定的总规范;首次对党内法规进行了集中清理;首次编制了党内法规制定工作的五年规划;新修订了一批具有根本指导意义的党内法规;新制定了一批体现问题导向意识的党内法规。其特点有:党内法规与国家法律衔接与分离的结合;目标导向与问题导向的结合;法规制定与督促落实的结合。②

(3)党内法规体系建设的问题和对策研究

党内法规体系建设的问题和对策研究,着眼于研究党内法规所面临的问题以及解决问题所要建立的党内的各种制度与机制方面。该类研究与实务界紧密结合,自改革开放以来就备受关注,党的十八大后呈现出增长趋势,视角多样、内容丰富。这一趋势充分反映出学界对党内法规建设的高度重视。该类研究所涉及的学科多样,既包括党建学科,也包括马克思主义学科,还包括法学学科。

李忠的《党内法规建设研究》一书中,对党内法规的一般原理、历史沿革、现状与问题以及对策建议进行了论述。作者在该书中梳理出党的十八大以来的成绩包括:统筹机制不断完善,制定工作逐步规范,执行力度不断加大,备案工作有序开展,清理工作顺利完成,工作机制不断健全以及理论研究初具成效。作者认为目前党内法规建设存在以下问题:其一,在思想认识方面,对党内法规不认同,对推进党内法规建设缺乏责任感紧迫感。其二,在制定质量上,存在着结合实际不够紧密、制定程序不够严格、内容形式不够科学。其三,在体系建设时间上,一些实践急需的党内法规没有制定出台以及党内法规滞后于党的建设发展。其四,在备案工作上,存在着报备不够及时规范、反馈不够及时全面、纠正不够及时到位以及审查标准或轻或重。其五,在执行力度

① 蒙慧、王雅菲:《导向·理念·对策:十八大以来党内法规建设研究》,《长白学刊》2017年第2期。

② 参见葛志强:《十八大以来党内法规体系建设研究》,《中共四川省委党校学报》2016年第2期。

上，存在制度规定难落实、执行机制不健全、贯彻执行不平衡、执行能力待提高以及规矩意识未树立等问题。其六，在工作体制上，存在工作机构设置偏低、人员力量比较薄弱、工作机制尚不健全的问题。其七，在宣传教育上，缺乏统筹规划、素材教材、载体手段以及教育培训。其八，在理论研究上，研究成果不多以及研究质量不高。① 基于以上问题，作者提出如下建议：其一，在党内法规意识上，树立党章意识、规矩意识和平等意识。其二，在党内法规制定质量上，明确制定权限、严格制定程序以及提高针对性和可操作性。其三，在党内法规制度体系上，完善统筹协调，推动主干法规出台以及加快建设配套法规制度。其四，在实施机制上要加强党内法规和规范性文件备案制度、实施后评估制度、党内法规和规范性文件清理机制。其五，在党内法规的执行力上，增强党内法规的科学性和可行性、明确党内法规执行的责任机制以及提高执规人员的能力素质。其六，在党内法规工作体制上，适时提升机构规格、增加人员编制以及健全工作机制。其七，在党内法规宣传教育上，做好顶层设计、突出宣传教育重点、建立党内法规公开制度以及创新宣传教育方式。其八，在党内法规理论研究方面，要着力破解党内法规理论研究与实务工作脱节问题。②

王振民和施新州所著的《中国共产党党内法规研究》这本专著，对党内法规的基本理论、历史发展、外国政党的党内法规、党内法规体系建设的重要性、党章的性质与地位、党内法规的制定和清理、党内法规的备案审查、党内法规和实施和立法后评估、党的机构等进行了系统梳理和探讨。作者从依法治国方略实施、执政方式的历史转变、党的自身建设等方面考察党内法规体系化建设的重要性，并且提出党内法规体制建设的路径选择。作者提出加强党内法规制度体系建设的步骤包括：完善党内法规的门类，建立健全机构设置，清理已有党内法规和规范性文件，建立备案审查机制和党内执政行为违规检查和纠错机制。作者认为目前党内法规建设的重点包括：干部选拔任用制度有待改进，各级党委工作制度不规范、上下级党组织关系相关制度设计不尽合理，领导干部亲属及身边工作人员管理制度不到位，领导干部评价体系不健全、责

① 参见李忠：《党内法规建设研究》，中国社会科学出版社 2015 年版，第 96—108 页。

② 参见李忠：《党内法规建设研究》，中国社会科学出版社 2015 年版，第 108—125 页。

任追究制度不具体以及一些重要制度缺失等。[①]

郭伟认为新时期党内法规体系建设虽然进入了新篇章,还仍然存在不少问题,主要有:其一,党内法规内容的科学性有待进一步提高,包括制度理念的创新性不强、法治内容脱离实际、原则性规定较多以及相关配套法规不够完善。其二,顶层设计与总体规划有待进一步提高,即目前党内法规制度体系缺乏程序性规范,导致碎片化现象比较突出,法规制定的整体性和系统性不强。其三,制定规定与党内法规的衔接协调性需要加强。其四,党内法规的制度执行力、落实力有待进一步提高。[②] 基于此,他从党内法规的“四性”入手,提出针对性建议,即遵循制度治党的基本思路,提高党内法规制度的科学性;注重实施细则、加强配套制度建设,提高党内法规制度的系统性;通过建立党内法规制度监督审查机制、法规清理机制等来提高党内法规的执行性;建立健全制度治党运行体系,提高党内法规制度的权威性。

唐海潇从法学视角下对党内法规建设进行审视,认为党内法规建设存在以下几个方面的不足之处:体系结构散乱;内容不完整;程序性规定缺乏;约束力较弱;与国家法律之间的衔接性不强。基于此,他认为实现党内法规法制化是党内法规建设的必由之路,需要通过确保党内法规与国家法律相衔接和探索党内法规法律化来予以实现。[③] 与此相类似,张琳琳也从法律思维入手,探讨党内法规体系建设的法治路径。针对党内法规内容庞杂、体系分散、板块不全的问题,提出要“以宪法思维为总体指导思想,在制度设计中保持协调性,确保体系完备和执行力,以权利义务为内容,兼顾党内法规的一般性和特殊性、制定程序上的科学性,用备案等制度完善法规制定程序,寻找党内法律与国家法律的契合之处,加强党内法规的硬性约束力”[④]。

刘杰和齐卫平则侧重于新时期党内法规建设的科学性这一个点,提出具

① 参见王振民、施新州:《中国共产党党内法规研究》,人民出版社 2016 年版,第 99—105 页。

② 参见郭玮:《新形势下建立与完善党内法规制度体系的路径研究》,《前沿》2016 年第 9 期。

③ 参见唐海潇:《法学视角下党内法规的不足及其构想》,《理论研究》2013 年第 5 期。

④ 张琳琳:《党内法规体系建设的法治路径》,《学术交流》2015 年第 6 期。

体性的建议:"在法规制订过程中,重视科学思维方法的运用;关注顶层设计;增强权威性;开门立法;处理好党法与国法关系;注意实体性、程序性制度相协调。在法规落实阶段,提高制度执行力;加强对法规制度全方位的监督;依法治国,促进民主程度提高。在对法规反思的阶段中,建立备案评估制度、适时清理制度;建构完备党内法规制度体系,顺应国家治理体系和能力现代化的时代背景,不断提高党内法规制度建设的科学化水平。"①

金成波和张源则从依规治党与党内法规制度建设的关系入手进行分析,认为实现依规治党,必须要进一步完善党内法规制度建设,并明确了依规治党的四个基本原则,即立足宗旨——以党章为核心加快党内法规建设;抓住关键——着重一些支柱作用的党内法规体系建设;标本兼治——既要解决现存问题,又要不断进行制度建设;与时俱进——及时进行党内法规清理。在此基础上,他们提出要坚持以党章为根本建构党内法规体系,注重科学立规和民主立规,坚持党内法规与国家法律衔接与协调以及强化党内法规的针对性和执行力。②

蒙慧和王雅菲则从党内法规自身质量、党内法规之间以及党内法规与国家法律之间的关系入手,对党的十八大以后的党内法规建设进行总体分析。她们认为,就党内法规的自身质量而言,一些党内法规或落后于党的建设发展、或规范性不足、或科学性不强;就党内法规之间而言,程序性规范相对较少、各项党内法规相互之间缺乏协调;就党内法规与国家法律关系而言,部分党内法规与国家法律界限不明以及部分党内法规与国家法律之间制裁上错位。基于此,她们提出针对性措施,主要有:提高党内法规自身质量,加快实际急需法规的制定;加强法规之间的配套统一,实现法规体系的有效运作;增强党规与国法的耦合性,提升二者的协同化水平。③

2. 党内法规制度建设的专门研究

学者们除了从宏观视野对党内法规制度建设进行提出总体评价和系统分

---

① 刘杰、齐卫平:《党内法规制度建设科学化建构路径探析》,《中共宁波市市委党校学报》2014 年第 6 期。

② 金成波、张源:《依规治党与党内法规制度建设》,《长白学刊》2016 年第 3 期。

③ 参见蒙慧、王雅菲:《导向 · 理念 · 对策:十八大以来党内法规建设研究》,《长白学刊》2017 年第 2 期。

析,发现不足之处和问题所在,并提出建议和对策外,也有学者就某一领域的党内法规制度建设或者某一具体的党内法规进行细致分析,提出意见和建议,形成了一些具有代表性的成果,彰显了党内法规研究的纵深和精细程度。其中,主要以周叶中的《论“党纪新条例”的法技术与法属性》,周叶中、邓联繁的《党的作风建设的新视野——基于宪法学思维方式的一种研究》,梁相斌、祝捷的《八项规定改变中国》、邓联繁的《给制度治治病——廉政法学视角下的制度廉洁性评估》和《巡视制度原理与巡视条例完善之研究——全面从严治党与全面依法治国的双重视角》等成果具有代表性。

周叶中的《论“党纪新条例”的法技术与法属性》一文中,从法技术和法属性层面对 2015 年新出台的《中国共产党纪律处分条例》这一党内法规进行具体分析。就前者而言,主要包括两个方面的审视:其一,从法的活动运筹技术而言,“党纪新条例”顺应了反腐要求,理顺了其与其他党内法规的关系,破解自身滞后性问题;其二,从法的结构营造技术而言,理顺了其与国家法等其他规范的关系,修正了自身的内容排列结构以及语言表达更加注重法的可操作性和明确性。就后者而言,从法运行和法属性对其进行考察。就法运行层面而言,“党纪新条例”先于国家法律发挥作用以及不得违背国法;就法属性而言,党纪新条例是属于“软法”地位。①

周叶中、邓联繁的《党的作风建设的新视野——基于宪法学思维方式的一种研究》中,以建设性心态运用宪法学思维方式来思考作为执政党的中国共产党的作风建设问题,作为新时期的一种有益的创新性尝试。该书中,运用宪法学的价值分析法、语义分析法、本质分析法和实证分析法对党的作风建设进行了全方位立体化分析;运用宪法学思维立足党的作风之“根”进行具体突破以及紧扣党的作风之“本”开展“管用”建设。前者包括六个方面,即立足党的性质、党的宗旨、党的思想路线、党的群众路线、党的思想路线和群众路线的结合体以及党的政治本色方面进行突破。后者则从思想建党和制度建党两个方面进行论述,包括增强世界观改造的科学性、全面性和针对性以及以民主为

---

①　周叶中:《论“党纪新条例”的法技术与法属性》,《武汉大学学报》(人文科学版)2016 年第 1 期。

灵魂、以监督为重点开展制度建设。①

梁相斌与祝捷所著的《八项规定改变中国》一书中，对中共中央政治局的八项规定进行了全面系统分析，该书认为八项规定是改进作风和党的作风建设的新起点，细致考察了八项规定的出台背景、实践效果和社会效益和国际反响。该书提出八项规定是打造中国共产党治国理政新常态的关键一步，通过制度管党形成党建新常态和党的治理现代化，为探寻破除“历史周期律”提供了参照和范例。② 李斌雄与兰洁的论文《基于中国共产党“八项规定”的纠风机制与腐败治理机制的创新研究》中，考察了以八项规定作为切入口设计纠风机制与腐败治理机制的理论逻辑、国情党情依据。在此基础上基于“四风”变异的新特征，提出要推进纠正机制和腐败治理机制的创新、执政党党员干部党性修养以及净化政治生态标本兼治机制的创新。③

邓联繁的《巡视制度原理与巡视条例完善之研究——全面从严治党与全面依法治国的双重视角》中，以巡视制度的原理为研究起点，以巡视条例的完善为研究重点。前者涉及巡视制度的含义和演变、巡视制度的属性与比较优势、巡视制度的反腐功能。后者则考察了完善巡视制度的意义，从巡视方针、巡视职责、巡视主体、巡视类型、巡视原则方面完善巡视条例的总则，从巡视机构与人员、巡视对象、巡视内容、巡视程序、巡视成果运用和巡视责任共计六个方面完善巡视条例的分则。该书在实践中，对巡视条例的修订有着重要意义，不仅提供理论支持，而且解释诠释；在理论上丰富了巡视理论研究成果以及对反腐败问题进行了跨学科思考。④

邓联繁的《给制度治治病——廉政法学视角下的制度廉洁性评估》一书中，以“制度也有可能有病”为全书的问题意识，探讨什么样的制度是好的制度。作者认为尽管好制度的标准很多，但是可以肯定的是，廉洁是一个不可或

① 参见周叶中、邓联繁：《党的作风建设的新视野——基于宪法学思维方式的一种研究》，人民出版社 2002 年版，第 1—7 页。

② 参见梁相斌、祝捷：《八项规定改变中国》，湖北人民出版社 2015 年版，第 75—78 页。

③ 参见李斌雄、兰洁：《基于中国共产党“八项规定”的纠风机制与腐败治理机制的创新研究》，《河南社会科学》2016 年第 10 期。

④ 参见邓联繁：《巡视制度原理与巡视条例完善之研究——全面从严治党与全面依法治国的双重视角》，法律出版社 2015 年版，第 3—10 页。

缺的标准。基于这样的问题意识,作者以廉政法学为视角对制度廉洁性进行评估。该书中讨论了制度廉洁性评估的含义、价值、必要性、可能性和可行性。作者探讨制度廉洁性评估在制度反腐中的基础性地位,提出了"向制度建设的形式主义亮剑"以及"向制度的官僚主义作风说不"等命题。作者探讨制度廉洁性评估与全面深化改革的契合,认为其在破除不当利益制度化中具有不可替代的作用。作者认为制度廉洁性评估是反腐败体制机制改革的先导,并对巡视制度、纪检监察机关的职能方式作风转变以及人民监督三个反腐体制机制改革的具体问题进行了讨论。作者表达了对廉洁中国的构想,倡导反腐升级要突出问题导向,从"治吏"现代化走向"治理"现代化。①

(三)以党内法规执行问题为研究对象的相关理论成果

党内法规制度建设不仅包括需要关注制定了多少党内法规,更需要引起重视的是多少党内法规成为党员同志认同并且自觉遵守的行为规范。可以说,目前党内法规建设中存在着"重制定、轻执行"的问题,或者说比起"无规可依"现象,更为重要的是"有规不依"现象。因此,对党内法规制定后的实施进行研究是党内法规学术研究的一个主要趋势和理论增长点。依据党内法规实施方式的不同,可以简单分为自律规范的遵守和他律规范的执行,对于后者学界探讨较多,形成了一些具有代表性的研究成果。

潘泽林有关党内法规制度执行问题的主要观点集中反映在其论文《中国共产党党内法规及其体系构建问题研究》《党内法规制度贯彻执行研究》《建立健全贯彻执行党内法规制度的长效机制》中。他认为党内法规制度建设有两大突出性问题,一是"无法可依",二是"有法难依",后者比前者更为突出和重要。② 他认为党内法规建设的不足之处主要有:"党内立法和执法理念与新时期党的建设面临的新形势新任务还存在不相适应之处;党内法规体系构建缺乏一个明确的标准,党内法规体系需要进一步构建与完善;一些党内法规制

① 邓联繁:《给制度治治病——廉政法学视角下的制度廉洁性评估》,中国方正出版社2014年版,第1—6页。

② 参见潘泽林、吴晓敏:《建立健全贯彻执行党内法规制度的长效机制研究》,《湖北社会科学》2007年第5期。

度立法过于宏观,规定的弹性空间过大,缺乏量的规定性,从而影响了法规制度的贯彻和实施;党内法规中的实体性规范多,程序性规范少;党内法规与国家立法协调还须进一步完善。”①针对党内法规的一些问题,他提出要构建党内法规制度的创新和衔接机制;借鉴国家法制普及教育工作的做法,在党的各级纪律检查机关中成立类似于国家各级司法行政机关的机构,进行专门党内法规宣传普及,构建党内法规教育和普及机制;构建榜样和激励机制以及监督和检查机制,实现软硬结合,宽严并举,从而保障党内法规的贯彻落实。②

操申斌就党内法规制度执行不力的原因进行研究,形成《党内法规制度执行力的若干限制因素分析》和《党内法规制度执行不力的立法探源》两篇代表性成果。前者从党内监督、党内权力结构、党员主体地位以及法律文化等方面探讨党内法规执行不力的原因。作者认为,就党内监督机制而言,同级纪委受同级党委领导,缺乏必要的独立性和权威性,难以发挥监督作用。就党内权力结构而言,党的组织结构应当是党代表大会到全委会再到常委会的权力结构体系,但现实生活中出现了党内权力结构的“倒置”问题,形成了常委会到全委会再到代表大会的权力结构,形成了权力的高度集权特性。就党员主体而言,“权力推进性”法治在很大程度上靠权力推动党内法规的落实,缺乏动员党员参与的动力机制,致使党员主体地位在无形中被忽略。就法律文化而言,法律工具主义的观念,只是将党内法规作为维护统治的工具,忽视了法所追求的正义、秩序两大基本价值,使得党内法规逐步沦为政策或运动开展的工具。③ 后者则侧重倒推党内法规执行不力的立法层面的原因,主要包括:“党内法规建设相对缺乏一个总体规划,前瞻性不强;部分党内法规制定得比较粗疏,立法质量不高;党内法规体系不完全配套,程序性法规偏少;党内立法冲突较为明显,协调性不强。”④

马哲军的《操作设计:提升党内民主制度执行力的关键》一文中,作者认

① 潘泽林:《中国共产党党内法规及其体系构建问题研究》,《南昌大学学报》(人文社会科学版)2007 年第 1 期。

② 潘泽林:《党内法规制度贯彻执行研究》,《中共南昌市委党校学报》2009 年第 2 期。

③ 操申斌:《党内法规制度执行力的若干限制因素分析》,《科学社会主义》2011 年第 2 期。

④ 操申斌:《党内法规制度执行不力的立法探源》,《理论探讨》2011 年第 2 期。

为党内民主制度在执行中流于形式,主要原因还是在于“操作设计”的滞后。为此,作者从实践中克服四种不良倾向,强化“操作设计”,提升党内民主制度执行力。具体而言:克服“重实体、轻程序”的倾向,加强党内民主的程序设计;克服“重原则、轻细节”的倾向,加强党内民主的细节设计;克服“重制度、轻机制”的倾向,加强党内民主制度的机制设计;克服“重规范、轻约束”的倾向,加强党内民主制度的约束性设计。①

胡国喜的博士论文《中国共产党制度执行力研究》对党内制度执行进行了全面分析,对党内法规执行研究具有一定的关联性和启示性作用。该文在理论上对党的制度的内涵和功能、制度执行的内涵、过程和特征进行分析,并且预设了党的制度执行力系统,包括执行制度、执行主体、执行客体、执行监控、执行资源、执行环境六大系统要素,形成党的制度执行力的一般理论分析框架。该文在历史上探寻党的制度执行的历史进路,归纳了党的制度执行的历史分期,总结了党的制度执行的历史经验。该文在实践上对党的制度执行的五个典型问题进行总结,即制度虚置、制度剪切、制度敷衍、制度附加和制度置换。针对以上问题,在对策上从前提、过程和保障三个层面提高党的制度执行力:就前提方面而言,必须提高单项制度的质量以构建微观层面的制度体系,加强党内制度的整合以构建中观层面的制度体系,实现内外制度的互动以构建宏观层面的制度体系;就过程方面而言,必须完善制度的传播机制、健全制度的执行机制、强化制度的控制机制;就保障方面而言,必须优化执行资源的有效供给、塑造崇尚法治的社会环境、培育党内制度的执行文化。②

李天昊的博士论文《党内执纪方式的法治化探究》中对党内执纪方式的法治进路进行探究,为法治反腐提供理论支撑。该论文按照概念界定、属性分析和基本内容进行分析,对党内执纪法治化、党内执纪权性质以及党内执纪规范体系进行细致梳理。作者认为与党内执纪相关的党内法规体系是党内执纪的最主要规范体系,该体系存在党内法规性质不明、与国家法偶有冲突和保密过度等问题,并分析了其法治进路。作者对党内执纪与国家刑事司法的管辖

---

① 马哲军:《操作设计;提升党内民主制度执行力的关键》,《湖北行政学院学报》2013 年第 4 期。

② 参见胡国喜:《中国共产党制度执行力研究》,2013 年中共中央党校博士学位论文。

竞合问题进行系统分析,全面分析管辖竞合的范围、条件、原因、处理方式和引发的问题,并提出相应的法治进路。作者还对党内执纪具体的调查和审理方式进行合法性和合理性分析,包括限制人身自由、查封扣押冻结财物、强制被调查人供述和要求知情人协助调查等调查方式,和书面审理、有限独立审理、审理救济方式和保密审理等审理方式。①

梁瑞英认为目前党内法规领域存在重制定、轻执行的问题,甚至有时会产生“破窗效应”。具体表现为:“有的党员干部党内法规意识淡薄,在执行上打折扣;有的党内法规制定明显落后于时代,不符合党的建设实践需要;有的党内法规质量不高、可操作性不强等,导致部分党内法规落实不到位、执行力不强。”②这些问题的解决之道在于提高党内法规的执行力。为此,作者认为通过增强法规制度的科学性、系统性和可行性来提高党内法规制度的有效性是重要基础:如通过增强党员干部的党纪党规意识、维护党纪党规权威以及加强党内法规制度的宣传教育普及是提高执行力的基本前提;通过领导干部带头遵守党纪党规、带头提高依法办事能力以及带头增强责任意识是提高执行力的关键因素;通过健全监督检查机制、惩处追责机制和审查修正机制等党内法规运行机制是提高执行力的重要保障。③

邵从清认为党内法规制度体系还要完善,但当前突出问题在于很多制度没有得到严格执行。在党内法规执行领域,存在制度虚置、制度剪切、制度敷衍和制度附加的问题。所谓制度虚置是指制度实施一段时间就悄无声息或者根本没有实施或执行;所谓制度剪切就是根据需要任意取舍,搞“上有政策,下有对策”;所谓制度敷衍是指制度执行者行动过于表面,华而不实,不采取有效措施来执行制度;所谓制度附加是指为满足自我利益对制度的外延进行扩大,在原有制度的基础上自创了一些附加条例,导致制度制约对象和范围超越了制度原本的框架。基于以上问题,作者认为需要通过提高党内法规制定质量、加强党内法规制度的整合以及实现党内外法规制度的互动来构建科学的党内法规体系;通过实现传播模式由原来的直线传播转变为全向传播来拓

① 参见李天昊:《党内执纪方式的法治化探究》,2016 年中共中央党校博士学位论文。

② 梁瑞英:《提高党内法规制度执行力的几点思考》,《领导科学》2015 年第 32 期。

③ 参见梁瑞英:《提高党内法规制度执行力的几点思考》,《领导科学》2015 年第 32 期。

宽制度传播渠道;通过坚持制度执行原则、完善制度执行结构以及加强制度执行水平来健全党内法规制度执行机制;通过保障硬性资源的供给以及软性资源的开发以强化执行资源的有效整合。①

蒙慧与李伟的《党内法规执行资源问题研究》,就党内法规执行问题,重点考察执行资源在投入量、优化性和配置度对党内法规执行的影响,针对各类党内法规执行资源投入中存在的问题,提出对策建议。该文在理论上将党内法规执行资源分为硬性资源和软性资源,前者包括人力资源、物力资源和财力资源,后者主要是指信息资源和权威资源。在考察执行资源对党内法规执行影响力的基础上,发现党内法规执行资源存在以下问题:在硬性资源上,就投入量上而言为物力资源跟进不及时;就优化性而言表现为财力资源供应合理性不强;就配置度而言,人员构成专业不对口以及法纪意识差,人员管理上对党内法规执行人员的考核仅停留在年度考核和述职报告上,人力资源的再开发工作没有很好落实。在软性资源上,就信息资源存在信息机构缺失以及传递方式不合理,权威资源存在工作不到位以及惩治力度不够的情形。基于以上问题,该文认为在硬性资源方面需要加大硬性资源的供给力度、优化硬性资源的投入质量,并努力提高资源的配置度,形成硬性资源的更新意识。在软性资源方面需要建立一系列相关机制作为保障,主要包括信息资源的信息发布机制、信息工作督查机制、信息收集联动机制以及信息管理问责机制;在权威资源方面,要从党内法规制定、执行主体以及执行方式方面提升权威性。②

(四)以党内法规与国家法律协调问题为研究对象的相关理论成果

党的十八届四中全会强调"形成完善的党内法规体系"与"形成完备的法律规范体系"涵括于中国特色社会主义法治体系建设之中。党内法规与国家法律研究围绕着两者之间的关系界定以及协调路径展开,涉及宪法与党章关系以及党内法规与国家法律协调路径这两个中心问题展开。③ 理解中国特色社会主义法治体系这一顶层设计的"双轨制"格局,就必须从宏观层面讲清楚

① 邵从清:《论提高党内法规制度体系执行力》,《山东社会科学》2016 年第 12 期。

② 参见蒙慧、李伟:《党内法规执行资源问题研究》,《学术探索》2017 年第 1 期。

③ 参见康晓:《党内法规研究现状与文献综述》,《吉林广播大学学报》2016 年第 4 期。

宪法与党章这两个“总章程”之间的关系。

1. 党章与宪法的关系

宪法在国家法律体系中具有核心性地位，党章在党内法规体系中具有核心性地位，探讨两者之间的关系构成研究党内法规与国家法律的一个基本面向。从现有的研究成果来看，对此的探索并没有达成共识，但是形成一些具有代表性的观点。

“不成文宪法说”，即指虽然从形式主义的宪法学来看，党章只是党内法规，但是，从现实主义立场以及党章在中国宪政生活中发挥的地位和作用来看，党章构成中国不成文宪法的有机组成部分。该学说由强世功提出，其观点集中反映在论文《中国宪法中的不成文宪法——理解中国宪法的新视角》《党章与宪法：多元一体法治共和国的建构》中。在前文中，作者认为理解中国宪政固然要理解中国的成文宪法，但更重要的是理解现实规范中如同党章这类不成文宪法。① 在后文中，作者从“法律多元主义”对“国家法中心主义”的批判入手，认为“中国法治建设中存在着移植而来的国家法律体系、本土传统习惯法和党的路线、方针和政策及党内法规等等法律多元主义的规范性要素，进而已经形成了党领导国家的宪政体制，形成了政策与法律互动的法律多元主义格局”②。

“不同规范体系说”，该学说以姚岳绒为代表人物，其观点集中反映在论文《论党章与宪法的关系》《关于中国宪法渊源的再认识》以及《中国宪法语境不宜使用“不成文宪法”——评周永坤教授的相关论述》中，他的这些观点是作为对强世功观点的一种批判和回应。在《中国宪法语境中不宜使用“不成文宪法”——评周永坤教授的相关论述》中，作者表达了与周永坤相同的忧患意识，即“在一个不存在宪政实践的社会中寻找不成文宪法本身就是一件充满风险的事——因为它缺少经验支撑；如果进一步忽略宪法精神去寻找不成文宪法，即‘不成文宪法’的提法及其研究就非常危险，它可能为违宪行为而

① 参见强世功：《中国宪法的不成文宪法——理解中国宪法的新视角》，《开放时代》2009年第12期。

② 强世功：《党章与宪法：多元一体法治共和国的建构》，《文化纵横》2015年第4期。

张目”[①]。作者认为我国不宜使用“不成文宪法”的理由有:其一,我国首要的宪法语境是一部宪法典,这是讨论所有宪法问题的出发点;其二,不成文宪法与成文宪法区别以有无独立、统一的宪法典为主要标准;其三,如果以现实的存在等同于中国实际,对宪法应持有的基本价值视而不见的话,最终只能使宪法沦为工具。[②] 在《论党章与宪法的关系》以及《关于中国宪法渊源的再认识》中,作者认为“中国的宪法渊源,只有《中华人民共和国宪法》及其修正案,其余行为规范很难具有说服力……当前,我国宪法学研究的主题应当是现行宪法的有效实施,我们没有太大必要‘生造’和‘发现’新的宪法渊源”[③]。宪法和党章在文本意义上属于不同的规范体系,党章为全体党员的根本章程而宪法为全国各族人民的根本大法。党章与宪法的契合途径表现为:党的活动必须立于宪法框架内;宪法的制定与修改须体现党章蕴含的政治价值与理念。[④]

“辩证统一说”,该学说由周叶中教授和汤景业博士的论文《论宪法与党章的关系》中提出。[⑤] 该文运用马克思的辩证唯物主义方法论对党章和宪法的关系进行了细致的考察。作者从三个层面对其进行了考察:其一,相互区别——宪法与党章分属不同的规范体系。从本质属性而言,党章姓“党”不姓“国”;从约束对象而言,宪法与党章调整的对象各有侧重而各得其所;从效力形式而言,宪法与党章的效力来源与实现方式也有区别。其二,相互联系——宪法和党章紧密联系而相互支撑。宪法与国家根本法的形式确立了中国共产党的领导地位;党章以党的总章程的形式规定了党必须在宪法和法律范围内活动;宪法的制定实施以党章确立的治国理政方略为基本指针。相得益彰——宪法与党章有机统一而和谐共融。“依宪治国”“依章治党”是“规则之治”现实需求的必然要求;“依宪治国”“依章治党”彰显“分工而治”的价值理念;“依章治党”为“依宪治国”奠定基础。

① 周永坤:《不成文宪法研究的几个问题》,《法学》2011 年第 3 期。

② 姚岳绒:《中国语境中不宜使用“不成文宪法”——评周永坤教授的相关论述》,《法学》2011 年第 6 期。

③ 姚岳绒:《关于中国宪法渊源的再认识》,《法学》2010 年第 9 期。

④ 参见姚岳绒:《论党章与宪法的关系》,《河北法学》2012 年第 2 期。

⑤ 周叶中、汤景业:《论宪法与党章关系》,《中共中央党校学报》2017 年第 3 期。

2. 党内法规与国家法律的衔接与协调路径

十八届四中全会将“完备的法律规范体系”和“完善的党内法规体系”纳入中国特色社会主义法治体系，确立了“建设中国特色社会主义法治体系，建设社会主义法治国家”这个依法治国的总目标，并提出“注重党内法规同国家法律的衔接与协调”的命题。学界围绕这一命题，对两者之间的定位、区别与联系，两者协调和衔接的路径进行了探讨，形成了一些具有代表性的理论成果。

操申斌早期在《党内法规与国家法律协调路径探讨》中针对党内法规与国家法律不协调甚至冲突的问题，运用过程论的分析方法从事前、事中和事后对协调路径进行探索。就党内法规与国家法律冲突的事前控制来看，需要严格遵守党内法规“不得与国家法律相抵触”的原则以及严格区分党内立法与国家立法的权限。就党内法规与国家法律冲突的事中控制来看，要求构建国家立法与党内立规的衔接机制以及加强党内执法和国家执法的联系与沟通。就前者而言，需要建立党内立法机关和国家立法机关的沟通协调工作机制以及适时把成熟的党内法规上升为国家法律。就后者而言，包括改革和完善党的纪检机关和国家司法机关的执法执纪联席会议制度以及纪检机关在办案时慎用“双规”规定。就党内法规与国家法律冲突的事后控制而言，提出要建立和完善党内法规备案审查制度，适时建立党内违章审查机制，以及定期进行党内法规清理工作。①

孙才华和方世荣探讨党内法规与国家法律之间的相互作用。总体说来，党内法规与国家法律属于法治体系。党内法规是国家统治阶级即人民意志的体现，以基本权利和基本义务为基本内容的行为规范，以执行党的纪律的强制力保证实施。因而，党内法规具有鲜明的“法”属性。具体说来，其一，党内法规对国家法律具有促进和保障作用：使宪法、法律确立的党的领导，从领导体制、机制、方式等方面加以具体化、细致化，以有效落实宪法、法律确立的重大原则。另一方面，党内法规可以通过执政党自身严格的行为规则来约束全党带头守法、保证执法、支持司法，从而发挥对国家法律实施的有力保障作用。其二，国家法律对党内法规也有促进和保障作用，表现在：为党内法规的制定

① 参见操申斌：《党内法规与国家法律协调路径探讨》，《探索》2010 年第 2 期。

提出合法性标准,保障党内法规的制定质量;为党内法规提供立法原则、立法程序和立法技术等方面的经验借鉴;国家法律以保障性、配套性、转化性的规定来支持、配合和保障党内法规的有效实施。①

王春业在《论将党内法规纳入国家法律体系》一文中,针对将党内法规与国家法律并列成一种并列的规范体系表达了不同的看法,认为从长远看,要将党内法规体系纳入国家法律体系中去。作者对这一问题进行了现状考察、可行性分析、价值评估以及实现建议。作者认为在可行性方面,从制定主体、党内法规体现的意志以及党内法规的执行力方面看,党内法规已经具备了法律规范的性质;在价值方面,将党内法规纳入国家法律体系更易于将党内法规纳入法治轨道,更有利于提高党内法规质量,更有利于加强对党内法规的监督以及更有利于党内法规的执行。为保证顺利将党内法规纳入国家法律体系,作者认为要冠之以与党内法规相适应的名称,明确党内法规的法律位阶和效力等级,确定党内法规所遵循的立法原则和立法权限的边界以及科学设计党内法规的监督审查体制。②

程同顺和陈永国以新修订的《中国共产党纪律处分条例》为切入点,就这一具体条例梳理与国法协调衔接上的成就和不足,提出对策建议。作者认为"党纪新条例"较好地体现了法治精神、解决了纪法不分的问题。然而,党纪国法衔接之处依旧存在一些问题:其一,对既有违纪现象又构成犯罪的党员应该如何移送司法机关处理,新条例中仍未作出明确的程序和规范要求,存在对接制度缺失。其二,党纪与国法在制定环节上存在缺乏法定的沟通协调机制,党内法规科学性、系统性、程序性不足,以及如何及时有效地将党纪转化为国家法律不明晰的问题。其三,在党纪与国法在处置问题环节上,还存在"缝隙过大"、衔接出现断层、权利界定界限不明的现象,以及在具体违纪违法的处罚方面,党纪和国法也有明显不协同的地方。基于以上问题,作者认为党纪国法协调路径的主要从以下几个方面入手:其一,健全与完善反腐败方面的国家

① 参见孙才华、方世荣:《论党内法规与国家法律的相互作用》,《湖北社会科学》2015年第1期。

② 王春业:《论将党内法规纳入国家法律体系》,《天津师范大学学报》(社会科学版)2016年第3期。

法律建设以及党内法规制度体系。其二,通过建立纪法立法部门专门沟通协调的机构和机制、促进纪法分开、做好现有党纪党规的废改立工作以及适时将党规转化为国家法律,来促进党纪国法立法阶段的衔接协同。其三,通过执法主体、执法程序、执法监督等方面的协调对接,加强党纪国法的执纪执法的协同。①

马立新在《党内法规与国家法规规章备案审查衔接联动机制探讨》中,围绕是否可以由党外机构审查党内法规和规范性文件,以及如果不能由党外机构审查,那么党内机构审查采取哪种方式合适这两个备案审查衔接联动机制的前置问题展开。作者在否定人大审查、司法审查以及设立独立审查机构审查的基础上,认为通过联席会议制度对党内法规和规范性文件进行合法、合宪性审查,在两套备案审查体系之间架起沟通桥梁具有理论正当性和可行性。其理论基础在于中国共产党依据宪法和法律对自己制定的党内法规和规范性文件进行审查并不奇怪,也不会偏离宪法和法律的原意和初衷。其可行性的制度设计包括:第一,在党内法规和规范性文件初步审查阶段,增加向涉及的国家法律制定机关征询意见作为前置条件。第二,对于重大、疑难问题,必须建立联席讨论制度。第三,审查结果需吸纳联席讨论的意见。第四,联席会议制度各成员单位可以就讨论中的不同意见直接报给上级党委直至中央,也可以就已颁布的党内法规和规范性文件提出审查建议。第五,建立定期开会和通报制度。第六,联席会议制度的成员除包括党和国家两套备案系统的相关部门代表外,还要吸收党务、法律及其他综合部门参加,部门派出的成员最好固定,也可以根据需要调整,犹如其他中央联席会议制度的构建模式。②

董业东在《党内法规与国家法律的衔接协调》中,提出两者的协调路径除了要树立依法治国必先依法治党的法治理念以及促进国家立法制定与党内法规制定协调,强调厘清党内法规和国家法律适用的边界以及健全党内法规与国家法律抵触的处理机制。作者认为就党内法规与国家法律抵触的处理机制而言,一是要提高党内法规制定的科学化水平,把党内法规可能与国家法律的

---

① 程同顺、陈永国:《党纪与国法衔接协同实现路径的思考》,《长白学刊》2016 年第 5 期。

② 参见马立新:《党内法规与国家法规规章备案审查衔接联动机制探讨》,《学习与探索》2014 年第 12 期。

冲突性降到最低;二是要对党内法规进行及时的清理和评估;三是要落实党内法规的违宪审查制度。[①]

梁成义认为党内法规与国家法律的有机衔接对提高管党治党水平、推动国家治理体系和治理能力现代化以及完善中国特色社会主义法治体系有着重要作用。作者提出实现党内法规与国家法律有机衔接的对策建议:其一,以宪法和党章为基本遵循,清理那些同党章和宪法不一致的、同党章和宪法重复的文件。其二,切实做好党内法规的立改废释工作。对于国家法律已有规定的事项,党内法规避免重复规定;有些国家法律没有规定或不适合规定的事项,党内法规应当加以规范;《立法法》的立法保留事项,党内法规不宜作出规定。其三,健全党内法规与国家法律的衔接机制。让法律的归法律,让党纪的归党纪;纪检部门与司法部门应当建立案件的移送通报机制。[②]

张立伟认为"在中国的制度化进程中,一直存在着两个不同的路径:一是通过大规模的国家立法建构起完备的中国特色社会主义法律体系;二是通过加强中国共产党的党内制度建设建构起党内法规制度体系"[③]。两者之间的制度构建相互作用,协调一致,构成了中国的制度文明。作者认为党内法规与国家法的协调体现在三个层面:一是基本精神的融通,即包含了以公平和普遍为一般性要求、以程序主义为内核、以保障权利为价值的内容。二是基本制度的对接。党内法规应当与国家法能够相互衔接,使得党的领导和执政能够更加顺畅,更加具有整体性。三是避免和消除冲突。在此理论架构的基础上,作者认为避免和消除国家法与党内法规相互抵触和冲突的基本原则为国家法优先原则,即党内法规不得与国家法相抵触、相冲突。一方面体现为党内法规不得侵越国家立法权限,另一方面体现为党内法规的具体内容不得与国家法相冲突。同时,党内法规与国家法应当双向互动:在国家法对于党内法规的建构意义上而言,党内法规越来越重视形式理性成为其内在品格,在具体制度上对于党内法规有积极促动作用。在党内法规对于国家法的建构意义上而言,一

---

① 参见董业东:《党内法规与国家法律的衔接协调》,《中共山西省委党校学报》2015 年第 1 期。

② 参见梁成义:《党内法规与国家法律有机衔接初探》,《理论观察》2015 年第 10 期。

③ 张立伟:《法治视野下党内法规与国家法的协调》,《中共中央党校学报》2011 年第 3 期。

方面体现为党内法规转化为国家法；另一方面，党内法规对国家法的建构性意义还体现在精神层面上党的执政理念内化为国家法的精神、价值。①

杨帆也从法治视野下对党内法规与国家法律关系进行考察，作者认为党内法规在法治建设中具有突出作用。具体说来，对党而言，规范了党内秩序，有力地保障了马克思主义先进政党建设；对国家而言，改进了执政党的领导，对全面推进法治国家建设起到了积极的促进作用。党内法规与国家法律能够协同运作的理论基础在于：其一，权力来源从本质上都是人民权力的赋予；其二，规范内容都是以权利义务为主要内容；其三，执行范式都具有高度的程式性、规范性、民主性和系统性。作者认为党内法规与国家法律协同运作体系的构建主要从以下几个方面入手：其一，加强党内立法部门与国家立法机关有关立法事项的交流和协调，建立党内法规与国家法律的协调运作机制；其二，通过严格遵守部门提议、专项论证、全面审查和法律制定，规范党内法规与国家法律的转化程序，畅通党内法规到国家法律的转化渠道；其三，在明确党内法规与国家法律的适用范围、立法边界以及遵循不得与国家法律相抵触的原则的基础上，对党内法规与国家法律科学定位；其四，加强监督，构建党内法规的审查、评估和清理机制。②

刘雪斌与蔡建芳以反腐败领域的法律法规为切入点，考察党内法规与国家法律的衔接与协调。作者在考察两者差异与互动的理论基础上，对党内法规与国家法律的衔接与协调的程序和实体方面进行了考察。作者认为尽管两者在效力来源、制定主体、价值目标、适用对象、实施机制、适用后果等方面都存在不同，但是在党依法执政，把党的领导贯彻到依法治国全过程和各方面中，党内法规与国家法律是相互支持、相互配合的。在实体要求方面，作者认为两者衔接与协调需要体现形式法治和实质法治的要求，实现两者在有关公民的基本权利义务制度、人民代表大会制度、基层民主政治制度、社会主义司法制度等基本制度上的衔接和协调以及界定好两者的边界——

---

① 参见张立伟：《法治视野下党内法规与国家法的协调》，《中共中央党校学报》2011 年第 3 期。

② 杨帆：《法治视野下党内法规与国家法律的协同运作》，《福建省社会主义学院学报》2015 年第 5 期。

党内法规不得违反国家法的要求和规定。在程序方面,作者认为两者的衔接和协调,需要以"合法性"审查贯穿党内法规的制定前、制定中以及评估阶段。①

秦前红与苏绍龙对党内法规与国家法律之间的关系也有探讨,其观点集中反映在《论党内法规与国家法律的协调衔接》以及《党内法规与国家法律衔接与协调的基准与路径——兼论备案审查衔接联动机制》中。在前文中,作者认为我们应当跳出"国家法中心主义"的思维定式,立足法治的一般规律和中国的政治实践,从国家治理现代化的角度考察党内法规与国家法律之间的关系。党内法规是管党治党建设党的基本依据和党内治理法治化的制度载体,国家法律是由国家强制力保证实施的具有普遍约束力的行为规则,二者存在显著区别,但都是党的主张和人民意志的统一,都是治国理政的规范依据,需要遵循国家法律高于党内法规、党内法规严于国家法律的原则处理二者关系。② 在后文中,作者以备案审查衔接联动机制为核心保障机制,以体系共存的相容性、价值追求的同向性、具体规范的无矛盾性和行为指引的连贯性为基准,立足法治一般规律和我国政治现实,多方面积极地探索衔接和协调的实现路径,以实现两个规范体系"内在统一"于中国特色社会主义法治体系,形成相辅相成、相互促进、相互保障的良性格局。③

二、以习近平全面从严治党思想为研究对象的理论成果

党内法规研究是全面从严治党研究的一个重要组成部分,离开全面从严治党研究,党内法规研究也无从立足。要对党内法规展开研究,就必须对全面从严治党这一党内法规存在的背景性问题展开研究。如果说以党内法规为研究对象的理论成果偏重于党的制度建设,那么以全面从严治党思想为研究对

① 刘雪斌、蔡建芳:《论党内法规和国家法律的衔接与协调——以反腐败领域的法律为例》,《长白学刊》2015 年第 3 期。

② 参见秦前红、苏绍龙:《论党内法规与国家法律的协调实践》,《人民论坛 · 学术前沿》2016 年第 10 期。

③ 参见秦前红、苏绍龙:《党内法规与国家法律衔接与协调的基准与路径——兼论备案审查衔接联动机制》,《法律科学》2016 年第 5 期。

象的理论成果则偏重助力于思想治党。习近平总书记就全面从严治党提出了一系列重要而精辟的论述,学界围绕着全面从严治党重要思想的形成背景、基本内涵、主要内容、基本特点、对策与路径等方面进行了研究,形成了一些具有代表性的理论成果。

(一)以全面从严治党思想的形成背景为研究对象的理论成果

正确认识全面从严治党思想的形成背景,是研究全面从严治党的前提和基础。学界围绕全面从严治党的形成背景,从不同层面不同角度予以解读,形成了一些具有代表性的理论成果。

从"四个全面"的相互关系进行分析,考察全面从严治党在其中的地位。比如韩振峰认为全面从严治党在"四个全面"战略布局中具有重要保障地位。具体而言,"实现全面建成小康社会奋斗目标,需要全面推进从严治党",因为党是中国特色社会主义事业的坚强领导核心,没有党的坚强领导就根本不可能实现全面建成小康社会目标;全面深化改革需要全面推进从严治党,因为改革开放事业是在党的领导下进行的,只有全面加强党的领导并不断加强党的自身建设,才能确保改革开放事业的正确方向;全面推进依法治国同样需要全面推进从严治党,因为"党的领导和社会主义法治是一致的,社会主义法治必须坚持党的领导,党的领导必须依靠社会主义法治"①。苗瑞丹、徐雅芬则认为"在'四个全面'战略布局中,全面从严治党为全面建成小康社会、全面深化改革、全面推进依法治国锻造坚强的领导核心,提供根本的政治保证"②。在全面建成小康社会的新蓝图中,只有发挥中国共产党的领导核心作用,才能培育中国自信、凝聚中国力量;在全面深化改革的新征程中,只有坚定不移地坚持中国共产党的领导,才能坚持中国道路、振奋中国精神,才能为开拓全面深化改革的新实践提供正确的发展方向;在实施全面推进依法治国新方略的伟大实践中,只有正确处理党的领导与依法治国的关系,才能坚持依法治国的中国特色、建设法治中国,才能为全面推进依法治国新方略的实施提供根本的政

---

① 韩振峰:《"四个全面"统一于实现中国梦全过程》,《党建》2015 年第 2 期。

② 苗瑞丹、徐雅芬:《论全面从严治党的新背景、新内涵及新实践》,《湖北行政学院学报》2015 年第 5 期。

治保证。①

以中国梦为中心进行分析,考察全面从严治党对于中国梦的实现所具有的作用。方涛认为就中国梦的实现而言,全面建成小康社会是坚实基础,全面深化改革构成强大动力,全面依法治国是可靠保障,全面从严治党构成根本保证。作者认为之所以要全面从严治党,一个重要的原因就是从严治党没有落实到位。作风建设虽然有所好转,但仅仅停留在不敢层面上,没有上升到不想的自觉层面。反腐败斗争形势依旧严峻,反腐体制机制建立不够完善以及思想防线没有筑牢。一些地方基层薄弱环节没有改变,联系服务群众机制不畅通、能力不强。②

从国内外环境和党内现状以及历史经验分析全面从严治党的背景。岳雪侠从对国内外环境的清醒认识、经验教训的历史总结以及党内现状的客观分析三个层面考察全面从严治党思想提出的背景。作者认为就国内外的环境而言,金融危机引发的全球经济政治动荡持续挑战着世界各国执政当局的能力、智慧与勇气,继续深化改革也面临着来自既得利益集团的阻挠,以及多年累积的深层次矛盾和困难。从经验教训的历史总结来看,执政党自身建设和管理的好坏,决定着政党的生存和发展。加强党的建设必须汲取世界上一些老牌执政党衰败落伍、丢权垮台的教训以及坚持从严治党的基本经验。从党内现状来看,与党的历史任务和时代考验相比,党的领导水平和执政水平、党组织建设状况和党员干部素质、能力、作风,都还有不小差距。③

(二)以全面从严治党的内涵为研究对象的理论成果

何为全面从严治党?其与从严治党有何区别,有何进步之处?全面从严治党内涵的界定是研究全面从严治党命题的首要问题。学界对此的界定莫衷

① 参见苗瑞丹、徐雅芬:《论全面从严治党的新背景、新内涵及新实践》,《湖北行政学院学报》2015年第5期。

② 参见方涛:《论“四个全面”的重大战略意义——基于中国梦为中心的分析》,《中共石家庄市委党校学报》2015年第4期。

③ 岳雪侠:《全面从严治党思想的新发展——深入学习习近平总书记系列讲话精神》,2015年1月6日,见 http://theory.people.com.cn/n/2015/0106/c40537-26334956.html。

一是,从不同的视角形成了不同的观点和看法。

从全面从严治党的“全面”进行分析的。姜建成和常青伟认为全面从严治党要从整体性的视域进行探讨,坚持目标、主体、任务和过程的整体性。在目标上,需要把中国共产党建设成为学习型政党、服务型政党、创新型政党、廉洁型政党以及法治型政党;在主体上,全面从严治党涉及党组织、各级党委领导班子、各级党员领导干部以及全体共产党员;在任务上,涉及思想建设、政治建设、组织建设、作风建设、纪律建设、制度建设以及反腐倡廉建设。在过程上,全面从严治党永无止境,作风建设永远在路上。① 虞云耀认为“全面从严治党的实质,就是以高标准严要求全面保持和发展党的先进性、纯洁性,全面提高党的领导水平和执政能力,全面增强党的自我净化、自我完善、自我革新、自我提高能力,确保党始终成为中国特色社会主义事业的坚强领导核心”②。新形势下的全面从严治党呈现出内容更加深入、要求更加严格具体、重点更加突出鲜明、决心更加坚定不移的基本特点。黄小军和朱勇认为“全面从严治党”的“全面”二字,“要从在主体上全面落实从严治党责任,从内容上全面涵盖党的建设的基本内容,从依据上严明党的纪律,坚持党内法规和宪法法律相结合,从时间上经常抓、反复抓,持续深入改进作风,从方式方法上坚持从严管理干部并发挥人民监督作用五个方面来进行解读”③。方涛认为全面从严治党的“全面”:其一,在内容上是整体推进,实现全面覆盖、不留死角,进而形成强大合力;其二,全面体现在破解党建各个领域存在的具体问题上,即从思想、组织、作风、制度等方面整体推进,综合治理;其三,强调整体推进党的各项建设,并不是说不顾重点、平均用力,不分先后轻重,而是统筹兼顾,处理好主与次、治标与治本、重点突破与整体推进的关系。④ 肖贵清与杨万山认为“全面从严治党思想包括五个方面的内涵。一是全面从严治党是对党的思想建设、组织建设、作风建设、反腐倡廉建设、制度建设党的建设内容的全覆盖,五位一

---

① 姜建成、常青伟:《全面从严治党:坚持目标、主体、任务、过程的整体性》,《探索》2015 年第 6 期。

② 虞云耀:《把握全面从严治党的特点和规律》,《人民日报》2015 年 5 月 20 日。

③ 黄小军、朱勇:《习近平全面从严治党思想的内在逻辑》,《学术探索》2015 年第 3 期。

④ 参见方涛:《把握全面从严治党的时代特征——学习习近平总书记系列重要讲话体会之九十二》,《前线》2015 年第 7 期。

体形成合力,从而更好地保证全面从严治党各项措施的贯彻落实。二是从全面从严治党思想上升到中央战略布局的高度看,其覆盖主体包括中央、地方、基层,通过凝聚三者的力量,确保全面从严治党从上到下,不留空白。三是从全面从严治党思想提出的时间节点看,全面从严治党继全面建成小康社会、全面深化改革、全面依法治国后提出,表明其面临的环境是复杂的,任务是艰巨的,持续的时间是长期的。四是从全面从严治党实施形式看,全面从严治党既强调从严治党的主体责任,也对党员、干部提出严厉要求;既发挥制度的作用,也强调发挥人民群众的监督作用。五是从全面从严治党的执行力度来看,党要管党、从严治党的决心是空前的,全面从严治党既要求从严开展党的群众路线教育实践活动,又以严厉的态度惩治腐败”①。

从“全面从严治党”的“从严”进行分析的。王炳林认为全面从严治党的“从严”,就是“用更严格的标准管党治党,对党员的要求比对普通民众的要求更严格,对党的纪律比其他团体更严明,对党的规定要比一般法规更严格;对党员领导干部的处理要比普通党员的处理更严厉”②。方涛认为全面从严治党的“从严”,重点就是在“真”“敢”“长”字上下功夫:其一,要真管真严。真管真严,是态度问题,就是要以严肃的、认真的态度,而不是以应付、对付、得过且过、何必当真的态度去解决问题,以实现从严治党在内容与形式、理论与实践上的内在统一。其二,要敢管敢严。直面问题,敢于亮剑,敢于迎难而上,敢于承担责任。其三,要长管长严。要持续地、持久地、经常地管和严,而不是管一阵放一阵、严一阵松一阵。③ 秋石认为,全面从严治党必须严字当头、从严从实,其具体内涵在于:“首先,要坚持党的思想教育从严,坚定广大党员干部的理想信念;其次,要坚持党的作风建设从严,使党的作风建设‘踏石留印’和‘抓铁有痕’;再次,要坚持党的组织建设从严,其中的关键在于要从严治吏;最后,要坚持党的制度建设从严,核心内容就是要严明党的政治纪律

① 肖贵清、杨万山:《全面从严治党的时代意义及基本途径》,《山东社会科学》2015年第7期。

② 王炳林:《切实推进全面从严治党》,《光明日报》2015年4月12日。

③ 参见方涛:《把握全面从严治党的时代特征——学习习近平总书记系列重要讲话体会之九十二》,《前线》2015年第7期。

和规矩”①。

从全面从严治党的治的方式方法和重点领域进行分析的。辛鸣认为，“全面从严治党，从转变作风入手，通过反腐败发力，用制度作为保障，用信仰塑造灵魂，从小到大、从外到内，标本兼治、固本培元”②。石仲泉认为全面从严治党必须思想建党和制度治党紧密结合，治标与治本相结合，治标为治本赢得时间，集中教育活动和思想教育的常抓、细抓和实抓相结合，发挥人民群众监督作用与落实追究领导责任相结合。③ 何虎生认为全面从严治党关键在治，要真管真治，就要有纪律有规矩。纪律对政党来说是规范、约束成员的准绳。严明党的纪律，就是要求各级党员在纪律面前一律平等，党内不允许有不受纪律约束的特殊党员，必须用铁的纪律维护党的团结统一。④

对全面从严治党进行综合定义的。张荣臣认为全面从严治党的内涵包括三个方面："全面从严治党"之"全面"强调的是党的建设总体布局的各个方面，包括思想建设、组织建设、作风建设、反腐倡廉建设；"全面从严治党"之"从严"是强调党的建设制度的严密性和科学性；"全面从严治党"之"治"的目标在于把党锻造成为中国特色社会主义事业的领导核心，不仅要求执政党的自身建设上要构建系统完备、科学规范、运行有效的党的建设的制度体系，而且要深化党的建设的制度改革，优化党的领导体制和执政方式，更好地发挥党总揽全局、协调各方的领导作用。⑤ 刘朝晖认为全面从严治党立足于"全"，即要掌握辩证思维的艺术，要能尊重客观规律，实事求是，统筹兼顾，科学分析，不搞片面性和绝对化，以实现全面从严治党战略部署的系统性和整体性。全面从严治党核心在"治"，做到辨证施治、标本兼治和励精为治。全面从严治党关键在"严"，一方面，要以壮士断腕的勇气和意志落实各项要求，加强学习宣传，把严的意识立起来；加强制度建设，把严的规矩建起来；严格责任追

---

① 参见秋石：《重在全面从严治党锻造坚强领导核心——四论学习贯彻习近平总书记关于"四个全面"的战略布局》，转引自阮博：《全面从严治党若干问题研究述评》，《社会主义研究》2016 年第 1 期。

② 辛鸣：《"全面从严治党"思想的深刻内涵》，《人民论坛》2015 年第 6 期。

③ 石仲泉：《"四个全面"的关键是全面从严治党》，《文汇报》2015 年 7 月 1 日。

④ 何虎生：《全面从严治党把纪律和规矩挺在前面》，《光明日报》2015 年 5 月 25 日。

⑤ 张荣臣：《关于全面从严治党内涵及对策的思考》，《人民论坛》2015 年第 21 期。

究,把严的风气树起来。另一方面,要做到有的放矢、“严”之有物。① 桑学成认为,全面从严治党的“全面”要求内容全覆盖和主体全覆盖,“从严”要求增强和落实治党责任,坚持严管干部以及严肃党内政治生活。② 苗瑞丹、徐雅芬认为全面从严治党这一问题在新背景和新形势下具有了新的内涵,即“党建成效是最大政绩”的新理念,“全面开展与重在从严”的新要求,“思想建党与制度治党相结合”的新路径以及“加强责任落实与做细”的新方法。③

(三)以全面从严治党的历史考察为研究对象的理论成果

从严治党是中国共产党一贯坚持的方针,对从严治党进行历史考察,可以明晰从严治党的历史经验,对比从严治党与全面从严治党的区别与联系,从而加深对全面从严治党必要性的理解,为新时期全面从严治党提供重要的经验借鉴。学界围绕着全面从严治党进行历史梳理和中外对比,形成了一些具有代表性的理论成果。

施秀莉和张士海认为中国共产党在长期从严治党的历史进程中积累了十分宝贵的经验:在思想认识上明确从严治党的战略地位,这是中国共产党从严治党的逻辑前提;践行全心全意为人民服务的根本宗旨,这是中国共产党从严治党的精神实质;发挥广大党员干部的模范带头作用,这是中国共产党从严治党的核心要求;引导人民群众积极参与民主监督,这是中国共产党从严治党的关键环节;坚持思想建党与制度治党相结合,这是中国共产党从严治党的根本路径。④

吴家骥和李曼琳从历史逻辑和现实逻辑出发,认为从严治党是国际共运的宝贵精神财富,全面从严治党与国际共运探索的三大基本问题一脉相承。进而分析我国在改革开放前后30年在治党上的实践偏差和理论误区,作者认

---

① 参见刘朝晖:《全面从严治党的方法论特质》,《社会主义研究》2015年第4期。

② 参见桑学成:《全面从严治党的深刻内涵与实践要求》,《新华日报》2015年5月5日。

③ 参见苗瑞丹、徐雅芬:《论全面从严治党的新背景、新内涵及新实践》,《湖北行政学院学报》2015年第5期。

④ 施秀莉、张士海:《中国共产党从严治党的基本经验及其启示》,《中州学刊》2016年第2期。

为改革开放前30年,革命党的惯性导致党治国理政的兴奋点在政治思想层面,改革开放后的30年,发展经济的强烈冲动使得党治国理政的着力点在经济建设层面。这样所导致的一个现实问题就是中华人民共和国成立60多年,政党的合法性问题时有被忽视——对于什么是政党?政党是怎样产生的?政党的基本功能是什么?这些问题都没有得到正面回答。作者认为新时期全面从严治党必须全面强化政党意识,坚持政治自觉,即要求强化政党为民的政治属性,要求强化对政党价值目标的全面把握,要求强化营造好良好的政治生态以及增强政治敏锐性。①

陈利军考察苏共亡党对从严治党的历史镜鉴。作者认为苏共亡党给我们留下了以下教训:其一,不执行民主集中制,党和国家就要发生变质。其二,不加强干部队伍建设,党的事业就没有可靠的组织保障。其三,腐败问题不及时治理,任其发展,最终可能亡党亡国。其四,忽视意识形态领域的阵地建设,迟早要出大问题。即苏联正是由于忽视意识形态工作,指导思想逐渐演变为多元化,最终在西方和平演变的强势攻击下改旗易帜。基于苏联共产党的经验教训,其能给我们留下以下启示:其一,深入把握新形势下从严治党的规律,严字当头,实字着力,抓严、抓细、抓常、抓长。其二,把从严治党贯穿到党的思想建设、组织建设、作风建设、反腐倡廉建设以及纪律建设的各个方面。②

于江认为"全面从严治党"是跳出"历史周期率"的新路径。作者考察了党的历代领导人对跳出"历史周期律"的探索,认为毛泽东的路径主要有三:一是确立了人民代表大会制度;二是确立了中国共产党领导的多党合作与政治协商制度;三是提出了"正确处理人民内部矛盾"的学说。邓小平则一方面认识到民主不仅仅是一种手段,更重要的是目的;另一方面认识到要走民主制度化、法律化之路。江泽民的探索路径一是健全民主制度,二是提出依法治国与以德治国相结合。胡锦涛的探索主要体现在:一是基层民主得到充分发展;二是选举民主不断发展;三是公民个人权利更加彰显。新时期,习近平总书记提出全面从严治党是跳出"历史周期率"的逻辑必然,其理论逻辑在于坚持马

---

① 吴家骥、李曼琳:《全面从严治党的历史反思与现实考量》,《学术探索》2015年第12期。

② 陈利军:《苏共亡党对从严治党的历史镜鉴》,《湘潮》2014年第11期。

克思、恩格斯以及列宁的从严治党思想,其历史逻辑在于吸取世界上大党老党丧失执政地位的教训的考量,其现实逻辑在于党的队伍不断壮大以及队伍结构的重大变化,并伴随着党所处的历史方位和执政条件的变化表现出新的特点,党的建设出现了许多亟待解决的问题。基于此,作者认为以全面从严治党来跳出"历史周期率"的路径:在思想建设上要坚定理想信念,在组织建设上要严格选人用人,在作风建设上要重塑执政形象,在反腐倡廉上要重拾民众信任,在制度建设上净化政治生态。①

闵雪则对毛泽东和习近平从严治党思想进行了对比,认为两者存在着一定的相似之处,但由于时代的发展,相似之处中也存在一定的不同之处。主要有:其一,严育思想和严创制度相结合。毛泽东在严育思想建党过程中强调的核心问题是实事求是,习近平在严育思想建党中强调坚定理想信念,坚守共产党人的精神追求。毛泽东在制度治党方面以民主集中制为基本原则,要求建立报告制度、健全党委制、建立干部选拔制度、完善党委会、扩大党的民主制度等。习近平重在创建对权力运行能够有效制约和监督的法律和制度,强调制度不在多,而在于精。其二,严肃党的生活和严管干部相结合。毛泽东以"流水不腐,户枢不蠹"的"运动式"为主要形式进行整风;习近平以"听于直言,则过行不累乎身"的"角色式"推进工作,强调政治生活是一种习惯、自觉和责任。毛泽东按照"才德兼备""任人唯贤"的路线对干部进行选拔和培养,习近平创造性地提出"三严三实",作为共产党人最基本的政治品格和做人准则。其三,严明纪律和严抓作风相结合。毛泽东把党的作风作为党的建设的根本问题来抓,他通过总结党内路线的分歧,分析了存在于党内的非马克思主义思想,聚焦主观主义、宗教主义和党八股进行整风运动,而习近平聚焦"四风"问题,开展党的群众路线教育实践活动。其四,严担责任和严遵规律相结合。毛泽东善于探究客观事物及实践活动的规律性,以实事求是精神研究中国战争、革命及建设规律,开创性探索中国共产党的建设规律,习近平在深刻认识党的建设规律基础上,挖掘从严治党规律,要求全党深化对从严治党规律的认识,

① 参见于江:《"全面从严治党"是跳出"历史周期律"的新路径》,《领导科学》2015 年第 27 期。

增强从严治党的系统性、预见性、创造性和时效性。①

(四)以全面从严治党的主要内容为研究对象的理论成果

自党的十八大以来,习近平总书记围绕着全面从严治党提出了一系列新思想、新论断,构成马克思主义政党建设学说的继承、发展和创新,对新形势下从严治党的特点和规律进行了探索。学界围绕着习近平总书记的重要论述进行多视角多方面的解读,形成了一些理论成果。

于晓雷考察了习近平全面从严治党思想的理论渊源。作者认为其理论渊源主要有三:一是马克思列宁主义的党建学说;二是毛泽东的党建学说;三是中国特色社会主义党建理论。作者认为马克思列宁主义的党建学说为全面从严治党提供的思想养料有:建立无产阶级政党是无产阶级解放的先决条件;无产阶级政党必须有科学理论指导;树立无产阶级政党的宗旨,为绝大多数人服务,坚决反对腐败。毛泽东党建学说为全面从严治党提供重要思想来源,主要有:思想建党是党的建设的最主要的问题,要求用马克思主义理论武装广大党员;加强组织建设,保证党的先进性和纯洁性;首次提出作风建设,保持党和人民的血肉联系;坚决惩治腐败,从严治党绝不手软。中国特色社会主义党建理论构成全面从严治党思想的直接源泉:恢复党的思想路线,重新确立了马克思主义的指导地位;制度建设是从严治党的根本;从严治党是治国理政的根本要求;管好干部手中权力,制度反腐不断加强。②

赵付科和季正聚认为习近平全面从严治党思想蕴含了丰富的辩证思维,具有鲜明的辩证统一性,具体体现在:其一,坚持思想建党与制度治党的辩证统一。思想建党为制度治党提供科学引领,制度治党为思想建党提供重要支撑,思想建党和制度治党同步发力。其二,坚持党委主体责任和纪委监督责任的辩证统一。前者构成后者的基本前提,后者构成前者的重要保证。其三,坚持从严管理干部和发挥人民监督作用的辩证统一。全面从严治党,必须坚持从严管理干部,抓住从严治吏这一关键;同时,还必须注重强化外力推动,充分

① 参见闵雪:《毛泽东与习近平从严治党对比研究》,《探索》2015 年第 5 期。
② 于晓雷:《习近平全面从严治党思想的理论渊源》,《观察与思考》2015 年第 11 期。

依靠人民,发挥人民监督这一外在条件的作用。其四,坚持治标与治本的辩证统一。在对腐败现象保持高压态势的同时,把权力关进制度的牢笼,以治标来推动治本。其五,坚持发扬党内民主与严明党的纪律的辩证统一。① 赵付科认为习近平从严治党思想,首次将从严治党上升为全面从严治党,发展了马克思主义政党学说理论,“党建是最大的政绩”这一提法实现了政绩观的新飞跃,内涵丰富的辩证统一性也是对唯物辩证法的运用和发展。②

欧健认为习近平总书记的全面从严治党思想是在继承和发展马克思列宁主义从严治党理论的基础上,对中国特色社会主义党建理论的创新与发展,坚持历史性和现实性的统一,党性和人民性的统一,系统性和辩证性的统一。其主要表现在:其一,在思想建设上,强调理想信念教育,提出理想信念是共产党人精神之“钙”,没有理想信念,就会精神上“缺钙”,就会得“软骨病”。其二,在组织建设上,强调高素质的干部队伍建设,突出从严治吏,严明政治纪律和政治规矩。其三,在作风建设方面,突出群众路线教育,坚决反对“四风”,以“三严三实”要求加强领导干部队伍建设,净化党的政治生态。其四,在反腐倡廉建设方面,高压态势反对腐败,坚持“老虎”“苍蝇”一起打,以零容忍的态度惩治腐败。其五,在制度建设方面,坚持用制度管权管事管人,把权力关进制度的笼子,用制度治党、管权、治吏。③ 刘彦昌则从价值层面考察习近平全面从严治党思想对党建理论的创新,认为主要有三:其一,在思路上,“顺势而为”以科学理性支持党性。在明势的基础上,不被动,用巧力,善于借势发力。其二,在布局上,转变风格,围绕“严治”打组合拳。以正风亲民为起点,以反腐健身为重点,以信仰塑魂为难点,以操守固本为基础,以制度治党为走向。其三,在指向上,以“实”为魂,全力营造务实新风。以人情味展现平实,以兼容性体现求实,态度坚决突出踏实,区别对待隐含扎实。④

---

① 赵付科、季正聚:《习近平全面从严治党思想的辩证统一性》,《中国特色社会主义研究》2015 年第 4 期。

② 赵付科:《习近平从严治党思想论析》,《当代世界与社会主义》2015 年第 6 期。

③ 欧健:《习近平全面从严治党思想对中国特色社会主义党建理论的创新与发展》,《社会主义研究》2015 年第 6 期。

④ 刘彦昌:《习近平从严治党思想及其对党建理论的创新》,《中共宁波市委党校学报》2015 年第 1 期。

董一潼的博士论文《中国共产党"从严治党"及其创新研究》中，对从严治党的理论渊源、实践基础、历史发展、基本特点、创新领域进行了系统考察。就从严治党的创新而言，作者认为党的十八大以来习近平总书记的全面从严治党思想的创新集中表现在三个方面：其一，理论创新。主要有反腐倡廉决心论、防腐新论、"苍蝇老虎一起打"的两打论、权力约束论、党员自律论。其二，实践活动的创新。主要有保持党的先进性的教育活动、群众路线的实践活动以及军中反腐的实际成效。其三，体制创新。实践中央巡视组制度、创制网上举报制度、创制系列规章制度，形成系统的硬性约束，规范党的干部利用权力的价值取舍，做到洁身自好，形成规范权力为核心的有效机制，真正使党的干部在任何时空范围内不敢腐、不能腐、不易腐。①

刘红凛考察习近平全面从严治党思想的显著特征，认为这一思想集中体现在坚持科学治党与从严治党的有机统一，坚持严字当头、真抓实干、细致入微、有的放矢、以身作则、以上带下，坚持深化党的建设制度改革与政治体制改革协同推进，坚持依法治国与依规治党共同推进，"德治"与"法治"相辅相成。② 许耀桐则认为习近平全面从严治党思想是对从严治党思想的进一步深化和发展，呈现出全覆盖、一体化，全过程、长时期，高标准、严要求，强落实、重成效的四大鲜明特征。③ 杨德山则从全面从严治党的理论架构和实践表现概括其基本特征，认为全面从严治党具有关键性与整体性相统一、重点性和全面性相结合、严肃性与规范化相协调、创造性与继承性相联系、开放性与自主性相协应等特征。④

邹宏如考察习近平全面从严治党的方法论特色，其认为习近平全面从严治党思想是在世界形势深刻变化的时代背景下应运而生，体现了方法论的特色，主要有：其一，"从党情新特点出发"和"学用相长"的治学方法，即学习应该带着问题学，做到学中用、用中学，学以致用、用以促学。其二，全面运筹和

---

① 参见董一潼：《中国共产党"从严治党"及其创新研究》，吉林大学 2015 年博士学位论文。

② 参见刘红凛：《十八大以来"党要管党、从严治党"的战略思路与显著特征》，《求实》2015 年第 5 期。

③ 参见许耀桐：《全面从严治党论析》，《毛泽东思想研究》2015 年第 6 期。

④ 参见杨德山：《准确把握全面从严治党的特征》，《中国特色社会主义理论》2015 年第 3 期。

辩证统一的治思方法。习近平认为从严治党要把继承传统和改革创新结合起开、制定目标和狠抓落实结合起来等体现了统筹的整体和系统思维;“三严三实”蕴含了守正与力行相统一,正心、正言与正行相统一,内在自律与外在约束相统一等思维方式。其三,“炼就‘金刚不坏之身’”的治人方法,强调理想信念是共产党人精神上的“钙”。其四,顶层设计与要素相结合的治腐方法。建立健全惩治和预防腐败体系是国家战略和顶层设计,以及与巡视制度、八项规定等要素相结合。①

李敬煊和李思学则考察全面从严治党对于优化中国共产党政党功能所具有的意义以及实现的路径。作者认为世界范围内的政党具有四种基本功能,即利益表达功能、利益综合功能、政治录用功能和政治社会化功能。全面从严治党对于中国共产党政党功能的优化具有重要意义,其具体路径主要有:其一,开展党的群众路线教育实践活动,严肃党内政治生活来优化中国共产党的利益表达功能。其二,坚持思想建党和制度治党紧密结合,以零容忍态度惩治腐败优化中国共产党的利益整合功能。其三,从严教育干部,从严管理干部,从严监督干部优化中国共产党的政治录用功能。其四,发挥人民的监督作用,严抓党风来优化中国共产党的政治社会化功能。②

(五)以全面从严治党的实现路径为研究对象的理论成果

全面从严治党是一项系统工程,涉及领域广。以全面从严治党的路径为研究对象,主要考察全面从严治党如何开展,涉及哪些领域,其突破口、着力点和重点领域为何?学界对此有所探讨,形成一些理论成果。

郭玥认为全面从严治党以作风建设为突破口,之所以以作风建设为着力点,其原因在于“一方面,党的作风直接而深刻地反映了党的主张和对人民群众的态度;另一方面,人民群众也首先通过党的作风来了解和认识党,来决定

① 邹宏如:《习近平全面从严治党的方法论及启示》,《长沙理工大学学报》(社会科学版)2016年第2期。

② 李敬煊、李思学:《全面从严治党与优化中国共产党政党功能的意义和途径探析》,《理论探讨》2016年第1期。

是否支持和拥护党，跟党走”①。在作风建设取得显著成效基础上，全面从严治党的着力点主要有重拳反腐、严明党纪、坚定理想信念和制度治党。

梁妍慧则考察了新时期全面从严治党的重点对象和实现路径。作者认为全面从严治党的重点对象主要有三：其一，从中央做起，以上率下。要求执政党的领导干部，尤其是中央领导干部做好表率，提供样板。其二，加强对一把手权力的监督。中央采取自上而下的巡视做法，明确重点对象为党政负责人，营造了自上而下的反腐高压态势，搭建了自下而上的群众监督平台，为加强对一把手的权力监督增加了新途径。其三，对高度集中的权力进行分解。作者认为全面从严治党的实现路径主要从把思想建党和制度治党结合起来，狠抓落实，把全面从严治党的各项决策落到实处以及建立和完善党内法规制度体系等方面入手。②

祁冰和唐淑楠认为目前中国共产党存在一些问题，主要有：思想上，部分党员干部信念动摇、信仰缺失；组织上，干部选拔、队伍建设存在偏差；作风上，不正之风侵蚀党的肌体影响政党形象；反腐倡廉上，廉政建设和反腐斗争形势依然严峻；制度上，制度体系有待更好地完善和执行。基于以上问题，作者认为全面从严治党需要从思想建设、作风建设、组织建设、反腐倡廉建设以及制度建设五个方面入手：在思想建设上，培育坚定的理想信念和高度的党性修养；在作风建设上，坚持立破并举、常抓不懈，实现作风建设制度化；在组织建设上，要从严治吏，健全民主集中制，树立服务群众的观念；在反腐倡廉建设上，抓紧形成不想腐、不能腐、不敢腐、不易腐、不用腐的有效机制；在制度上，不仅关注制度的建立和完善，而且需要关注制度的执行和监督。③

戴辉礼从治理理论的视角考察了全面从严治党的治理逻辑和治理路径。作者认为全面从严治党内含丰富的治理要义，具体体现在治党主体、治党对象、治党内容、治党方式、治党目标五个方面。在治党主体上，强调自我主导、人民群众参与，体现主导性和合作性；在治党对象上，强调全员性，全体纳入、

---

① 郭玥：《全面从严治党与新形势下党的建设》，《理论与改革》2015 年第 3 期。

② 参见梁妍慧：《新时期全面从严治党的主体、对象与路径》，《学习论坛》2015 年第 2 期。

③ 祁冰、唐淑楠：《新形势下全面从严治党的路径选择》，《马克思主义研究》2015 年第 7 期。

拒绝例外;在治党内容上,强调整体性、全面覆盖、不留空白;在治党方式上,强调综合性,多管齐下、从严治理;在治党目标上,强调先进性和合法性,提升执政能力。就全面从严治党的实践路径而言,作者认为首先需要构建完善领导带头的责任认定机制、责任执行机制、监督机制、倒查追究机制、激励评价机制,形成一个完整的责任机制链条。其次,坚持发扬民主,推动党内民主和扩大党外群众参与,构建动力机制。最后,坚持制度治理,健全各项制度,强化制度执行和监督问责机制。①

吴桂韩将从严治党置于政党治理的理论范畴进行考察,认为应当从政党治理的内在规律、方位现状、经验教训出发去理解从严治党的特点和规律。从政党治理的内在规律来看,全面从严治党的基本出发点是增强政党认同,内在要求是巩固政党权威,外在要求是树立政党形象。从政党治理的方位来看,全面从严治党必须具有鲜明的时代意识和问题意识,积极适应全球化和信息化两大新趋势,适应民主化和现代化社会发展新动向,坚持以保持先进性和纯洁性为总要求,不断提高拒腐防变和抵御风险的能力,提高党的领导水平和执政水平,在解决突出问题中增强全党的凝聚力和战斗力。从政党治理的经验教训来看,全面从严治党在制度路径上应健全保障从严治党实践的党内制度体系,在价值路径上应建设引领从严治党实践的党内先进文化,在教育路径上应建立推动从严治党实践的党内教育机制。②

三、以党内监督为研究对象的理论成果

党内监督研究与党内法规研究和全面从严治党研究具有一定的交叉和重合之处,是其重要的组成部分。由于党内监督作为全面从严治党的重要手段,具有突出作用和重要地位,因而将其单列一节予以论述。在学术界早期,围绕着党内监督的必要性、内涵、特征、原则进行了一定的研究,形成了一定的理论

---

① 戴辉礼:《全面从严治党的治理逻辑与路径选择》,《中共浙江省委党校学报》2015 年第 6 期。

② 参见吴桂韩:《政党治理与全面从严治党的思考》,《中国特色社会主义研究》2015 年第 2 期。

成果。2016 年党的十八届六中全会通过的《中国共产党党内监督条例》以及中国共产党第十八届中央纪律委员会第七次会议提出筹备组建国家监察委员会,使得党内监督问题再度成为 2016 年的高频热点问题。学界围绕党内监督问题展开研究,形成了翔实的理论成果,但由于篇幅的限制,本书无法一一列举,仅选取一些具有代表性的理论成果予以简述。

(一)以十八大以来党内监督新发展为研究对象的理论成果

党的十八大以来,以习近平同志为核心的党中央高度重视党的自身建设,全方位、高标准、出重拳,严惩腐败,纠正四风,谱写了全面从严治党的新篇章。党内监督作为全面从严治党的重要手段,党的十八大以来形成了一些有别于以往的新的理论成果、实践创新以及基本特点。学界围绕这类问题进行探讨,加以梳理,形成了一些理论成果。

刘诗富在对党的十八大以来党内监督的理论观点和实践做法进行梳理的基础上,有针对性地提出对策建议。作者通过对习近平总书记系列重要讲话进行文本解读和分析,总结出习近平总书记关于党内监督的新思想,主要有:"没有监督的权力必然导致腐败"的思想;"要把对一把手的监督、管理作为重中之重"的思想;用好巡视这把利剑的思想;对干部的监督,是对干部的爱护;"建立健全多层次监督体系"的思想;"落实纪委监督责任"的思想。作者对实践做法的梳理主要从监督态度、监督手段、监督范围、违纪惩处和监督主体方面予以总结,基本呈现出"零容忍、组合拳、全覆盖、无禁区、责任制"的基本特点。然而,目前党内监督依旧在监督主体、客体、时机以及方式上存在问题,因而作者建议将党内监督融入党的建设全过程、权力运行的全过程、干部管理的全过程以及与党外监督协调配合。①

曹雪松则从党内监督的路径、策略、能力、指向、制度建设以及要素六个方面总结党的十八大以来党内监督理念和实践的新发展。作者认为在党内监督的路径上以作风建设为突破口,嵌入腐败治理,促进腐败治理与国家治理协同

---

① 参见刘诗富:《十八大以来党内监督的理论成果、实践探索与现实思考》,《甘肃理论学刊》2016 年第 6 期。

进行。在党内监督的策略上,治标成为标本兼治的起点,通过治标来为治本赢得时间,"不敢腐、不能腐、不想腐"机制成为标本兼治的目标,强调落实党委与纪委责任。在党内监督能力上重视监督效率的提高和增长,发挥巡视派驻监督功能以及强化党内监督机关(纪委)的自我监督。在党内监督指向上,突出政治纪律和政治规矩,探索监督执纪的"四种形态"。在党内监督制度建设上,以把权力关进制度牢笼作为目标取向,以重塑制度约束效力为价值取向,以注重制度的系统性和可操作性作为标准取向。在党内监督要素上,以坚持民主集中制作为强化党内监督的重点,以批评和自我批评为强化党内监督的武器,以抓住"关键少数"为强化党内监督的重点。①

渝中区委党校课题组就党的十八大以来党内监督在实践层面的创新和发展进行过探讨。作者认为主要在以下六个方面进行了实践创新:其一,大力推进依规治党。进行党内法规清理工作,颁布党内"立法法"以及出台有关作风建设的党内法规。其二,不断强化"两个责任",即党委的主体责任和纪委的监督责任。其三,推进两个"全覆盖",即一是"全面落实中央纪委向中央一级党和国家机关派驻纪检机构,实行统一名称、统一管理";二是"改进中央和省区市巡视制度,做到对地方、部门、企事业单位全覆盖"。其四,创新查案办案工作。2014 年中纪委下发《关于切实加强和规范反映领导干部问题线索管理工作的通知》,规定将纪检监察案件线索划分为拟立案类、初步核实类、暂存类、留存类、了结类等五类。其五,狠抓作风建设,严肃处理腐败问题,提出"三严三实"的要求和标准。其六,加强用人选人监督。中央修订出台《党政领导干部选拔任用工作条例》,中组部印发了《关于加强干部选拔任用工作监督的意见》,加强了选人用人监督制度化建设。②

赵璐对党的十八大以来党内监督的科学化予以探索,从党内监督体制的完善,建立专项监督机制以及营造风清气正新常态。在党内监督体制上,通过落实党委主体责任,理顺党内监督结构来增强纪委的权威性和独立性以及破

---

① 参见曹雪松:《党的十八大以来党内监督理念与实践的新发展》,《社会主义研究》2016 年第 4 期。

② 参见渝中区委党校课题组:《十八大以来党内监督的创新实践研究》,《劳动保障世界》2016 年第 27 期。

除权力集中的党内权力结构。在专项制度的完善上,通过查问题、去行政、讲独立予以完善巡视制度。在监督重点上,突出领导干部这个关键少数。在营造风清气正的新常态上,持续推进党内监督制度体系建设,借助新技术手段推进党内监督管理科学化水平和监督效力,充分认识权力监督对改革发展稳定的保障效应,营造从严治党新常态。①

高璐茜对党的十八大以来党内监督的实践经验进行了总结,认为主要有以下几个方面:其一,强化巡视工作监督。2015 年 8 月,中共中央出台《中国共产党巡视工作条例》,推进巡视工作的制度化和规范化。其二,深化纪检派驻监督。《中国共产党党内监督条例》明确要求纪委派驻纪检组加强对被监督单位领导班子及其领导干部的监督,发现问题应认真负责调查处置,对需要问责的提出建议。其三,加强国际追逃追赃监督。将一批外逃多年的犯罪分子缉拿归案。其四,完善党内法规条例。中央先后对党内法规进行清理,颁布和出台一批重要的党内法规。其五,探索新的监督方式。成立国家监察委员会以及完善领导干部个人事项报告制度。②

钟龙彪则对党的十八大以来党内巡视制度这一重要的党内监督手段进行考察,寻找其改进之处总结经验和启示。作者认为其改进之处有以下几个方面:其一,找准巡视工作在党风廉政建设和反腐败工作格局的职责定位,聚焦中心任务。其二,通过实现巡视全覆盖、加快巡视节奏、适当增加巡视力量、拓展监督内容和探索开展专项巡视,推进巡视体制机制创新。其三,通过“三不固定”“下沉一级”、拓宽发现问题的视野、强化监督责任,创新巡视工作的方式方法,提高发现问题的能力。其四,善用巡视成果,发现问题形成震慑。经过媒体对违纪违法案件的广泛报道,在党内外、国内外产生强烈反响,各级领导干部受到警示、教育,潜在违纪违法人员受到很大震慑,广大干部群众深受鼓舞。其五,通过改进巡视反馈方式、公开巡视反馈意见、加强监督检查、公开整改承诺,督促整改,发挥巡视的治本作用。其六,通过改革中央巡视工作领导小组对省市巡视工作由“指导”改为“领导”以及层层转达压力,统筹推动中

---

① 参见赵璐:《党的十八大以来党内监督科学化的探索及启示》,《宁夏党校学报》2015 年第 4 期。

② 参见高璐茜:《党的十八大以来加强党内监督经验》,《中国领导科学》2017 年第 1 期。

央、省和中央单位的巡视工作，形成全国“一盘棋”。①

孟庆云和田丽对十八届六中全会党内监督的重大发展从党内监督的理论、制度和法规三个层面进行考察。作者认为，党内监督的重大发展在理论层面实现了党内监督是实现党中央集中统一领导目标的重要路径，将思想建党和制度治党相结合。在制度层面，以人的自利性和权力扩张的属性以及党在先进性方面存在的问题和不足作为党内监督制度设计的逻辑起点，实现党内监督与党外监督相结合作为党内监督制度设计的基本结构。在法规层面，着力监督的稳定性，重在治本以及着力监督的操作性，重在落实。②

（二）以加强党内监督的路径和对策为研究对象的理论成果

以加强党内监督的途径和对策的研究，主要围绕着新时期党内监督存在的一些问题，提出必要的、可行的、合理的解决方案。尽管十八大以来党内监督获得长远发展，但是党内监督依旧存在一些问题。学界围绕这些问题进行多角度和多层面的分析，形成了一些理论成果。因为本书的篇幅限制，无法一一予以论述，仅选取一些代表性的理论成果予以阐述。

纪中强从意识、制度、主体、制约四个角度分析目前党内监督存在的难点。作者认为在党内监督意识上，一些党员干部自觉性不强，缺乏大局观念，排斥党内监督，不愿主动自觉接受监督。在党内监督制度上，一些监督内容有待完善，有些规定比较原则，有些监督方式不明确，监督程序不够规范。在党内监督主体上，党内还没有形成上下联动、互相制约的监督体系，监督体系流于形式；党员主体的基础性地位没有体现，对各级党组织和党员干部民主监督渠道不畅通；纪检机关独立性不强，权威性不够。在党内监督制约方面，党内选举制的缺失，使得对权力受托者缺乏监督；党务公开制度不完善；党的各级领导干部权力过分集中。基于以上问题，作者有针对性地提出建议，主要有以下几个方面：其一，在政治文化方面，需要培育民主平等、依规治党和保障党员权利

① 参见钟龙彪：《十八大以来党内巡视监督的改进及其启示》，《中共天津市委党校学报》2014年第6期。

② 参见孟庆云、田丽：《十八届六中全会对党内监督的重大发展》，《中共石家庄市委党校学报》2017年第2期。

的政治文化;其二,从制定领导干部权力清单、减少原则性规定、完善监督程序以及完善党内监督的执行和保障机制方面,完善党内监督制度。其三,通过激发党内监督主体的内在动力、权力的有效行使以及提升监督主体的监督能力,激发党内监督主体的动能。其四,通过设定党内执行机构的权力界限、实行党务公开和权力清单制度、吸纳西方分权制衡的合理成分以及推动权力运行法治化,加强权力运行和监督。①

徐雅芬和樊东光从理论和实践的角度,分析目前党内监督制度建设存在的问题,以期提高党的制度建设的科学化水平。作者认为目前党内监督存在的问题主要集中在以下几个方面:其一,监督意识薄弱。存在党组织和党员对党内监督认识不到位,部分党员干部只对上负责或者对监督制度选择性执行,民主集中制原则无法得到坚持、名存实亡的现象。其二,制度内容空泛。制度的针对性、程序性、严密性以及必要性缺乏。其三,制度执行不到位。制度执行上存在选择执行、柔性执行、宽松执行以及执行脱节现象。其四,由于监督渠道不够畅通以及监督方式欠科学,使得制度监督比较乏力。基于以上问题,作者认为主要从教育提升监督意识、优化制度设计、强化制度执行力以及提高制度监督力四个方面予以入手和解决。②

文丰安对党内监督的科学性进行审视,分析其存在的困境和完善的路径,其观点集中体现在《党内监督科学化之理性审视》和《党内监督科学化的困境及途径研究》中。在前文中,作者阐释了政党自我监督的作用:规范和约束权力,有效遏制腐败;积极促进和发展党内民主;完善党内监督制度,加强科学管理。③ 在后文中,作者认为党内监督主要有以下几个方面的问题:其一,就监督的结构而言,由下而上监督很难,体系结构需要进一步完善,体系运转不协调。其二,就监督的体系而言,党内监督制度有待完善以及监督体制不顺畅。其三,就监督的主体而言,监督意识淡薄,监督能力不足。其四,就监督的运转而言,不够完善以及功能不太完整。基于以上问题,作者认为:首先,实现党员

---

① 参见纪中强:《党内监督的必要性、难点与路径分析》,《岭南学刊》2017 年第 1 期。

② 参见徐雅芬、樊东光:《当前党内监督问题及对策分析》,《人民论坛》2015 年第 11 期。

③ 参见文丰安:《党内监督科学化之理性审视》,《西南民族大学学报》(人文社会科学版)2015 年第 1 期。

的平等地位以强化党内监督,以民主化决策推进党内监督科学化;其次,通过完善党内民主选举制度深化党内监督,以责任落实推进党内监督科学化;最后,注重党员大会和代表大会制度,加强党内监督科学化。①

吕丹等以《中国共产党党内监督条例》的出台为契机,分析党内监督领域存在的问题并提出意见和建议。作者认为目前党内监督领域的问题主要有:其一,在思想层面上,存在"不想监督""不敢监督"以及"不愿接受监督"的问题。其二,在制度层面上,有的对《中国共产党党内监督条例》一知半解,有的对主体责任认知不明,有的对被监督义务视而不见。其三,在措施层面上,存在民主集中制没有很好地坚持,民主生活质量不高以及领导决策公开化程度不够的问题。基于以上问题,作者认为要强化引导,在提高党内监督自觉性上下功夫;抓住症结,在提高党内监督针对性上下功夫;完善举措,在提高党内监督实效性上下功夫。②

廖奠坤对全面从严治党形势下党委巡视工作提出完善路径,其认为做好新形势下党委巡视需加强以下方面:其一,需要进一步提高认识,充分发挥巡视工作发现问题、形成震慑的强大威力。其二,进一步创新巡视工作方式方法,努力增强巡视工作成效。这些方法主要有:精心组织个别谈话,科学实施民主测评,切实加大暗访力度,认真接待群众来信来访,适时参加相关会议,充分运用现代信息技术。其三,进一步推进巡视成果的及时转化和广泛应用,努力形成新的震慑。这些转化和应用的方法主要有:抓好巡视情况整改的四个关键点,强化巡视成果运用的四个环节,加强对巡视工作的理论总结。其四,进一步加强巡视队伍建设,选好配强巡视干部。要求巡视干部在意识上要有发现问题的思想基础,要有敢发现问题的责任担当以及能够发现问题的能力素质。其五,进一步加强对巡视工作的组织领导,把这把利剑用实用好。要加强领导,形成全国巡视一盘棋;完善巡视制度,努力构建科学化、系统化、具体化的巡视制度体系;努力做好巡视服务保障,不断加强巡视工作基础建设。③

---

① 参见文丰安:《党内监督科学化的困境及途径探究》,《理论探讨》2015 年第 1 期。

② 参见吕丹、张明、赵淑芳:《新形势下强化党内监督的途径》,《党政干部学刊》2016 年第 12 期。

③ 参见廖奠坤:《从严治党要求下创新党委巡视工作的路径》,《领导科学》2015 年第 13 期。

（三）以国家监察体制改革为研究对象的理论成果

党内监督和党外监督相结合是提升党的执政能力和领导能力的必要保证。为推进全面从严治党，坚持思想建党与制度治党紧密结合，党的十八届六中全会通过了《关于新形势下党内政治生活的若干准则》和《中国共产党党内监督条例》。随后2016年11月7日，中共中央办公厅印发《关于在北京市、山西省、浙江省开展国家监察体制改革试点方案》。方案强调，国家监察体制改革是事关全局的重大政治改革，是国家监察制度的顶层设计。学界对国家监察机制改革的重大意义、方案模式、组织架构等进行了探讨，形成了一些具有代表性的理论成果。

马怀德考察国家监察体制改革的意义，他认为强化党内监督的同时，对国家机器的监督也提上议事日程。国家监察体制改革的一个根本出发点就是"要健全国家监察组织架构，形成全面覆盖国家机关及其公务员的国家监察体系"。具体说来，其一，国家监察体制改革是依法治国的需要。建立国家监察委员会，可以整合反腐败资源力量，形成集中统一、权威高效的反腐败体制，有利于形成严密的法治监督体系，实现全面推进依法治国的目标。其二，国家监察体制改革是推进国家治理现代化的需要。建立国家监察委员会，有利于提升国家治理能力，推进国家治理体系和治理能力现代化。其三，建立国家监察委员会是吸收了古今中外有益经验基础上与时俱进的表现。①

李永忠就设立监察委员会方案，提出了"三强三弱"的方案，主要是指：其一，强干弱枝。减少分散的人员和机构设置，强化省监察委员会的力量。其二，强法弱纪。监察委员会主管查处官员违法犯罪，减少并弱化执纪的事，违纪问题由纪委管。其三，强前弱后。通过增强一线办案人员的数量以及重视信息情报的搜集汇总，让监督工作前置，办案紧随。就监察体制改革如何"实现对行使公权力的公职人员监察的全覆盖"这一问题，作者认为上策是监察工作的全覆盖，中策是监察机构的全覆盖，下策是监察人员的全覆盖。②

---

① 参见马怀德：《深刻认识国家监察体制改革的意义》，《北京日报》2017年1月23日。

② 参见李永忠：《监察体制改革的"三强三弱"》，2016年11月18日，见http://www.ccln.gov.cn/sixiang/sixiangx/shizhengjiangtan/219870.shtml，最后访问时间2017年5月20日。

吴建雄和李春阳对国家监察机构改革的必要性、基本观点和原则、基本构想和特色优势进行了考察。作者认为目前我国反腐败机构体制存在职能分散、纪检与监察党政不分、检察机关职务犯罪侦捕诉合一等弊端。在针对学界是否需要对目前分散的反腐机构进行整合的学界观点进行评述的基础上,作者认为应当成立国家监察委员会。对于健全国家监察架构的基本构想这个问题,作者认为其机构设置在法律地位上与国务院、最高人民法院和最高人民检察院并列,在政治上接受党的领导;在领导机构设置上可考虑主任一名,专职副主任若干名,兼职副主任若干名;在权力配置上,国家监察委员会行使国家监督权、审计权、调查权和非刑事处罚权、侦查权、预审权以及建议权;就法律完善而言,需要综合修改《宪法》以及出台《国家监察法》和《反贪污贿赂法》。成立国家监察委员会能够优化党和国家的权力关系,体现社会主义制度的优势,增强反腐败斗争的整体效能以及推进国家治理体系和治理能力现代化。①

秦前红就国家监察体制改革进行专题研究,形成系列成果,主要有《监察体制改革需修宪保障》《监察全面覆盖的可能与限度——兼论监察体制改革的宪法边界》《困境、改革与出路:从“三驾马车”到国家监察——我国监察体系的宪制思考》《全国人大常委会授权与全国人大授权之关系探讨——以国家监察委员会为研究对象》。作者从宪法领域对国家监察体制的合宪性问题进行考察。在《监察体制改革需修宪保障》一文中,作者认为基于国家监察委涉及国家宪制这一根本问题和监督监察权的重新配置,改革必须于法有据,改革成果需要法律予以固化,因而需要适时修改宪法确保国家监察体制改革的顺利进行。② 在《监察全面覆盖的可能与限度——兼论监察体制改革的宪法边界》一文中,作者就监察全面覆盖之改革目标的宪法限度进行探讨,表达了监察机关需要尊重人大权力机关的宪法地位以及尊重司法权独立行使的宪法原则。就前者而言,国家监察委员会遵循民主集中制的原则,从属于人民代表大会的地位,监察权的行使需遵守议会自律原则。但是,并非权力机关完全独

① 吴建雄、李春阳:《健全国家监察组织架构研究》,《湘潭大学学报》(哲学社会科学版)2017年第1期。

② 参见秦前红:《监察体制改革需修宪保障》,《财经》2016年第33期。

立于监察机关的监察范围之外。就后者而言,作者从审判权独立行使的宪法边界、审判机关是否受监察机关的监督以及监察机关如何"监察"审判机关三个方面进行分析。① 在《困境、改革与出路:从"三驾马车"到国家监察——我国监察体系的宪制思考》中,作者认为我国现行的监督体系主要问题是同体监督乏力、异体监督缺失、党纪国法断层、监察资源分散、对象难以周延。针对以上困境,基于我国国情,较为可行的路径就是成立国家监督委员会,实现整合资源,统一监察;独立监察,异体监察;坚持党的领导,与纪委合署办公,全面覆盖国家机关及公务员,解决法纪衔接问题;检察机关保有一定侦查权。进而作者从宪制正当性、制度合理性、科学技术性以及党法统一性考察国家监察委员会的设置问题,具有重要的参考价值。②

---

① 参见秦前红、刘怡达:《监察全面覆盖的可能与限度——兼论监察体制改革的宪法边界》,《甘肃政法学院学报》2017 年第 2 期。

② 参见秦前红:《困境、改革与出路:从"三驾马车"到国家监察——我国监察体系的宪制思考》,《中国法律评论》2017 年第 1 期。

参考文献

一、著作

1.《马克思恩格斯全集》第29卷,人民出版社1972年版。

2.《列宁全集》第8卷,人民出版社1959年版。

3.《列宁全集》第36卷,人民出版社1985年版。

4.《毛泽东选集》第一卷,人民出版社1991年版。

5.《毛泽东选集》第四卷,人民出版社1991年版。

6.《邓小平文选》第二卷,人民出版社1994年版。

7.《邓小平文选》第三卷,人民出版社1993年版。

8.《习近平谈治国理政》,外文出版社2014年版。

9.《习近平总书记重要讲话文章选编》,中央文献出版社、党建读物出版社2016年版。

10.《习近平总书记系列重要讲话读本(2016年版)》,学习出版社、人民出版社2016年版。

11.《习近平关于严明党的纪律和规矩的论述摘编》,中央文献出版社、中国方正出版社2016年版。

12.《中共中央文件选集》(1934—1935),中共中央党校出版社1991年版。

13.中共中央文献研究室编:《十八大以来重要文献选编》(上),中央文献出版社2014年版。

14.中共中央文献研究室编:《十八大以来重要文献选编》(中),中央文献出版社2014年版。

15. 本书编委会编:《中国共产党历次党章汇编(1921—2012)》,中国方正出版社 2012 年版。

16.《党章知识辞典》编委会编:《党章知识辞典》,中共中央党校出版社 1996 年版。

17. 宋世杰主编:《法理学》,中南工业大学出版社 1997 年版。

18. 王仁琴、凌传茂:《党章学研究》,党建读物出版社 2000 年版。

19. 周叶中、邓联繁:《党的作风建设的新视野——基于宪法学思维方式的一种研究》,人民出版社 2002 年版。

20. 王贵秀:《中国政治体制改革之路》,河南人民出版社 2004 年版。

21. 周叶中:《宪政中国研究》(上),武汉大学出版社 2006 年版。

22. 黄允升:《毛泽东开辟中国革命道路的理论创新》,中央文献出版社 2006 年版。

23. 罗豪才、宋功德:《软法亦法:公共治理呼唤软法之治》,法律出版社 2009 年版。

24. 罗豪才主编:《软法的理论与实践》,北京大学出版社 2010 年版。

25. 叶传星:《当代中国法治理念——建构和谐社会为背景的考察》,中国政法大学出版社 2012 年版。

26. 刘作翔、冉井富主编:《立法后评估的理论与实践》,社会科学文献出版社 2013 年版。

27. 袁曙宏主编:《立法后评估工作指南》,中国法制出版社 2013 年版。

28. 郑宁:《行政立法评估制度研究》,中国政法大学出版社 2013 年版。

29. 钱弘道等:《法治评估的实验——余杭案例》,法律出版社 2013 年版。

30. 何家弘主编:《法学家茶座 41 辑》,山东人民出版社 2014 年版。

31. 邓联繁:《给制度治治病——廉政法学视角下的制度廉洁性评估》,中国方正出版社 2014 年版。

32. 包刚升:《民主崩溃的政治学》,商务印书馆 2014 年版。

33. 周叶中:《代议制度比较研究》(修订版),商务印书馆 2014 年版。

34. 罗国杰主编:《伦理学》,人民出版社 2014 年版。

35. 高兆明:《政治正义:中国问题意识》,人民出版社 2014 年版。

36. 梁相斌、祝捷:《八项规定改变中国》,湖北人民出版社 2015 年版。

37. 邓联繁:《巡视制度原理与巡视条例完善之研究——全面从严治党与全面依法治国的双重视角》,法律出版社 2015 年版。

38. 齐卫平主编:《兴党之责》,上海人民出版社 2015 年版。

39. 宋功德:《党规之治》,法律出版社 2015 年版。

40. 李忠:《党内法规建设研究》,中国社会科学出版社 2015 年版。

41. 王振民等:《中国共产党党内法规研究》,人民出版社 2016 年版。

42. 中国行为法学会、中南大学编:《中国法治实施报告(2016)》,法律出版社 2017 年版。

43. [古希腊]亚里士多德:《政治学》,吴寿彭译,商务印书馆 1965 年版。

44. [美]E.博登海默:《法理学:法律哲学与法律方法》,邓正来译,中国政法大学出版社 1998 年版。

45. [美]塞缪尔·P.亨廷顿:《变化社会中的政治秩序》,王冠华等译,上海人民出版社 2008 年版。

46. [英]约翰·奥斯丁:《法理学的范围》,刘星译,北京大学出版社 2013 年版。

二、论文

1. 习近平:《全面贯彻落实党的十八大精神要突出抓好六个方面工作》,《求是》2013 年第 1 期。

2. 习近平:《坚持思想建党和制度治党,严明政治纪律和政治规矩、加强纪律建设》,《党建》2015 年第 2 期。

3. 叶笃初、陈绪群:《试论完备的党内法制》,《江汉论坛》1996 年第 5 期。

4. 潘泽林:《中国共产党党内法规及其体系构建问题研究》,《南昌大学学报(人文社会科学版)》2007 年第 1 期。

5. 潘泽林、吴晓敏:《建立健全贯彻执行党内法规制度的长效机制研究》,《湖北社会科学》2007 年第 5 期。

6. 操申斌:《"党内法规"概念证成与辨析》,《当代世界与社会主义》2008 年第 3 期。

7. 郭金玉、张忠彬、孙庆云:《层次分析法的研究与应用》,《中国安全科学学报》2008 年第 5 期。

8. 王俊华:《对“党内法规”提法的再思考》,《上海党史与党建》2008 年第 7 期。

9. 易承志:《治理理论的层次分析》,《行政论坛》2009 年第 6 期。

10. 操申斌:《改革开放以来中国共产党党内法规建设的历史考察》,《安徽史学》2009 年第 6 期。

11. 强世功:《中国宪法的不成文宪法——理解中国宪法的新视角》,《开放时代》2009 年第 12 期。

12. 汪存友、余嘉元:《标准参照测验中标准设定的聚类分析法》,《南京师大学报(社会科学版)》2010 年第 1 期。

13. 操申斌:《党内法规与国家法律协调路径探讨》,《探索》2010 年第 2 期。

14. 汪全胜:《论立法后评估主体的构建》,《政法论丛》2010 年第 3 期。

15. 王诗宗:《治理理论与公共行政学范式进步》,《中国社会科学》2010 年第 4 期。

16. 何益忠:《党的创立及国民革命时期党内法规建设述论》,《湖北社会科学》2010 年第 6 期。

17. 许小莲:《“党内法规”法律地位之考证》,《求实》2010 年第 7 期。

18. 姚岳绒:《关于中国宪法渊源的再认识》,《法学》2010 年第 9 期。

19. 操申斌:《党内法规制度执行力的若干限制因素分析》,《科学社会主义》2011 年第 2 期。

20. 操申斌:《党内法规制度执行不力的立法探源》,《理论探讨》2011 年第 2 期。

21. 周永坤:《不成文宪法研究的几个问题》,《法学》2011 年第 3 期。

22. 张立伟:《法治视野下党内法规与国家法的协调》,《中共中央党校学报》2011 年第 3 期。

23. 周叶中:《关于中国共产党党内法规建设的思考》,《法学论坛》2011 年第 4 期。

24. 姚岳绒:《中国语境中不宜使用“不成文宪法”——评周永坤教授的相关论述》,《法学》2011 年第 6 期。

25. 姚岳绒:《论党章与宪法的关系》,《河北法学》2012 年第 2 期。

26. 姜明安:《论中国共产党党内法规的性质与作用》,《北京大学学报》(哲学社会科学版)2012 年第 3 期。

27. 刘芳、赵月:《党内法规法律性质之证成》,《党政干部论坛》2012 年第 11 期。

28. 马哲军:《操作设计;提升党内民主制度执行力的关键》,《湖北行政学院学报》2013 年第 4 期。

29. 唐海潇:《法学视角下党内法规的不足及其构想》,《理论研究》2013 年第 5 期。

30. 周叶中、李炳辉:《“依法执政”考辩》,《法学杂志》2013 年第 7 期。

31. 梁妍慧:《推进党的建设制度化、规范化、程序化的战略工程——〈中央党内法规制定工作五年规划纲要〉的特点及重大意义》,《中共贵州省委党校学报》2014 年第 3 期。

32. 钟龙彪:《十八大以来党内巡视监督的改进及其启示》,《中共天津市委党校学报》2014 年第 6 期。

33. 刘杰、齐卫平:《党内法规制度建设科学化建构路径探析》,《中共宁波市市委党校学报》2014 年第 6 期。

34. 韩强:《论提高党内法规建设的科学化水平》,《求实》2014 年第 7 期。

35. 韩庆祥、王海滨:《“伟大斗争”的基本内涵及新形式、新特点》,《马克思主义研究》2014 年第 11 期。

36. 陈利军:《苏共亡党对从严治党的历史镜鉴》,《湘潮》2014 年第 11 期。

37. 马立新:《党内法规与国家法规规章备案审查衔接联动机制探讨》,《学习与探索》2014 年第 12 期。

38. 谢春涛:《中国共产党执政地位从哪里来?》,《求是》2014 年第 15 期。

39. 孙春兰:《用硬作风去啃硬骨头》,《求是》2014 年第 17 期。

40. 杨云成、张希贤:《构建党内法规体系的三项任务》,《理论探索》2015 年第 1 期。

41. 孙才华、方世荣:《论党内法规与国家法律的相互作用》,《湖北社会科学》2015 年第 1 期。

42. 万纪耀:《党内法规制度体系在管党治党与治国理政中的作用与途径》,《福州党校学报》2015 年第 1 期。

43. 刘彦昌:《习近平从严治党思想及其对党建理论的创新》,《中共宁波市委党校学报》2015 年第 1 期。

44. 文丰安:《党内监督科学化的困境及途径探究》,《理论探讨》2015 年第 1 期。

45. 董业东:《党内法规与国家法律的衔接协调》,《中共山西省委党校学报》2015 年第 1 期。

46. 梁妍慧:《新时期全面从严治党的主体、对象与路径》,《学习论坛》2015 年第 2 期。

47. 吴桂韩:《政党治理与全面从严治党的思考》,《中国特色社会主义研究》2015 年第 2 期。

48. 韩振峰:《"四个全面"统一于实现中国梦全过程》,《党建》2015 年第 2 期。

49. 付子堂:《法治体系内的党内法规探析》,《中共中央党校学报》2015 年第 3 期。

50. 施新州:《中国共产党党内法规体系的内涵、特征与功能》,《中共中央党校学报》2015 年第 3 期。

51. 石平:《严守党的政治纪律和政治规矩》,《求是》2015 年第 3 期。

52. 刘雪斌、蔡建芳:《论党内法规和国家法律的衔接与协调——以反腐败领域的法律为例》,《长白学刊》2015 年第 3 期。

53. 郭玥:《全面从严治党与新形势下党的建设》,《理论与改革》2015 年第 3 期。

54. 黄小军、朱勇:《习近平全面从严治党思想的内在逻辑》,《学术探索》2015 年第 3 期。

55. 杨德山:《准确把握全面从严治党的特征》,《中国特色社会主义理论》2015 年第 3 期。

56. 强世功:《党章与宪法:多元一体法治共和国的建构》,《文化纵横》2015 年第 4 期。

57. 赵付科、季正聚:《习近平全面从严治党思想的辩证统一性》,《中国特色社会主义研究》2015 年第 4 期。

58. 赵璐:《党的十八大以来党内监督科学化的探索及启示》,《宁夏党校学报》2015 年第 4 期。

59. 方涛:《论“四个全面”的重大战略意义——基于中国梦为中心的分析》,《中共石家庄市委党校学报》2015 年第 4 期。

60. 刘朝晖:《全面从严治党的方法论特质》,《社会主义研究》2015 年第 4 期。

61. 张明军:《领导与执政:依法治国需要厘清的两个概念》,《政治学研究》2015 年第 5 期。

62. 苗瑞丹、徐雅芬:《论全面从严治党的新背景、新内涵及新实践》,《湖北行政学院学报》2015 年第 5 期。

63. 屠凯:《党内法规的二重属性:法律与政策》,《中共浙江省委党校学报》2015 年第 5 期。

64. 曹秋龙:《依法执政背景下的党内法规性质研究》,《学术探索》2015 年第 5 期。

65. 闵雪:《毛泽东与习近平从严治党对比研究》,《探索》2015 年第 5 期。

66. 刘红凛:《十八大以来“党要管党、从严治党”的战略思路与显著特征》,《求实》2015 年第 5 期。

67. 张琳琳:《党内法规体系建设的法治路径》,《学术交流》2015 年第 6 期。

68. 赵付科:《习近平从严治党思想论析》,《当代世界与社会主义》2015 年第 6 期。

69. 许耀桐:《全面从严治党论析》,《毛泽东思想研究》2015 年第 6 期。

70. 欧健:《习近平全面从严治党思想对中国特色社会主义党建理论的创新与发展》,《社会主义研究》2015 年第 6 期。

71. 姜建成、常青伟:《全面从严治党:坚持目标、主体、任务、过程的整体性》,《探索》2015 年第 6 期。

72. 戴辉礼:《全面从严治党的治理逻辑与路径选择》,《中共浙江省委党校学报》2015 年第 6 期。

73. 辛鸣:《“全面从严治党”思想的深刻内涵》,《人民论坛》2015 年第 6 期。

74. 方涛:《把握全面从严治党的时代特征——学习习近平总书记系列重要讲话体会之九十二》,《前线》2015 年第 7 期。

75. 祁冰、唐淑楠:《新形势下全面从严治党的路径选择》,《马克思主义研究》2015 年第 7 期。

76. 肖贵清、杨万山:《全面从严治党的时代意义及基本途径》,《山东社会科学》2015 年第 7 期。

77. 梁成义:《党内法规与国家法律有机衔接初探》,《理论观察》2015 年第 10 期。

78. 王韶兴:《第一国际的共产主义活动与社会主义政党政治逻辑》,《中国社会科学》2015 年第 11 期。

79. 徐雅芬、樊东光:《当前党内监督问题及对策分析》,《人民论坛》2015 年第 11 期。

80. 于晓雷:《习近平全面从严治党思想的理论渊源》,《观察与思考》2015 年第 11 期。

81. 秋石:《重在全面从严治党锻造坚强领导核心——四论学习贯彻习近平总书记关于“四个全面”的战略布局》,《求是》2015 年第 12 期。

82. 吴家骥、李曼琳:《全面从严治党的历史反思与现实考量》,《学术探索》2015 年第 12 期。

83. 廖莫坤:《从严治党要求下创新党委巡视工作的路径》,《领导科学》2015 年第 13 期。

84. 张荣臣:《关于全面从严治党内涵及对策的思考》,《人民论坛》2015 年第 21 期。

85. 于江:《“全面从严治党”是跳出“历史周期律”的新路径》,《领导科学》2015 年第 27 期。

86. 梁瑞英:《提高党内法规制度执行力的几点思考》,《领导科学》2015年第32期。

87. 中央办公厅法规局:《深入学习贯彻十八届五中全会精神,努力开创党内法规工作新局面——党内法规制度建设研讨培训会情况综述》,《秘书工作》2016年1月。

88. 周叶中:《论"党纪新条例"的法技术和法属性》,《武汉大学学报(人文科学版)》2016年第1期。

89. 李敬煊、李思学:《全面从严治党与优化中国共产党政党功能的意义和途径探析》,《理论探讨》2016年第1期。

90. 何益忠:《土地革命时期中国共产党党内法规建设述论》,《理论学刊》2016年第1期。

91. 施秀莉、张士海:《中国共产党从严治党的基本经验及其启示》,《中州学刊》2016年第2期。

92. 葛志强:《十八大以来党内法规体系建设研究》,《中共四川省委党校学报》2016年第2期。

93. 金成波、张源:《依规治党与党内法规制度建设》,《长白学刊》2016年第3期。

94. 王春业:《论将党内法规纳入国家法律体系》,《天津师范大学学报》(社会科学版)2016年第3期。

95. 宋功德:《浅析党规影响力》,《秘书工作》2016年第4期。

96. 曹雪松:《党的十八大以来党内监督理念与实践的新发展》,《社会主义研究》2016年第4期。

97. 程同顺、陈永国:《党纪与国法衔接协同实现路径的思考》,《长白学刊》2016年第5期。

98. 秦前红、苏绍龙:《党内法规与国家法律衔接与协调的基准与路径——兼论备案审查衔接联动机制》,《法律科学》2016年第5期。

99. 郑继汤:《依规治党背景下党内问责精准化研究——以〈中国共产党问责条例〉为视角》,《理论与改革》2016年第6期。

100. 刘诗富:《十八大以来党内监督的理论成果、实践探索与现实思考》,

《甘肃理论学刊》2016 年第 6 期。

101. 郭玮:《新形势下建立与完善党内法规制度体系的路径研究》,《前沿》2016 年第 9 期。

102. 李斌雄、兰洁:《基于中国共产党“八项规定”的纠风机制与腐败治理机制的创新研究》,《河南社会科学》2016 年第 10 期。

103. 秦前红、苏绍龙:《论党内法规与国家法律的协调实践》,《人民论坛 · 学术前沿》2016 年第 10 期。

104. 芦垚:《全面从严治党重大安排》,《瞭望东方周刊》2016 年 11 月 3 日。

105. 邵从清:《论提高党内法规制度体系执行力》,《山东社会科学》2016 年第 12 期。

106. 吕丹、张明、赵淑芳:《新形势下强化党内监督的途径》,《党政干部学刊》2016 年第 12 期。

107. 白广磊:《扎紧管党治党的制度笼子——党的十八大以来加强党内法规制度建设述评》,《中国纪检监察》2016 年第 19 期。

108. 田心,黄月:《党规党纪的刚性力量缘何而来——从十八大以来党内法规制度建设特点看“利器”之“利”》,《中国纪检监察》2016 年第 22 期。

109. 刘华清:《十八大以来党内法规制度建设的新进展》,《中国浦东干部学院学报》2017 年第 1 期。

110. 王立峰、吕永祥:《党内问责机制:推进全面从严治党的有效路径》,《探索》2017 年第 1 期。

111. 郭海龙:《〈中国共产党党内问责条例〉:构建纠错机制的良好开端》,《湖北行政学院学报》2017 年第 1 期。

112. 蒙慧、李伟:《党内法规执行资源问题研究》,《学术探索》2017 年第 1 期。

113. 高璐茜:《党的十八大以来加强党内监督经验》,《中国领导科学》2017 年第 1 期。

114. 秦前红:《困境、改革与出路:从“三驾马车”到国家监察——我国监察体系的宪制思考》,《中国法律评论》2017 年第 1 期。

115. 纪中强:《党内监督的必要性、难点与路径分析》,《岭南学刊》2017年第1期。

116. 吴建雄、李春阳:《健全国家监察组织架构研究》,《湘潭大学学报》(哲学社会科学版)2017年第1期。

117. 侯嘉斌:《改革开放以来党内法规建设思路与经验》,《人民法治》2017年第2期。

118. 秦前红、刘怡达:《监察全面覆盖的可能与限度——兼论监察体制改革的宪法边界》,《甘肃政法学院学报》2017年第2期。

119. 蒙慧、王雅菲:《导向·理念·对策:十八大以来党内法规建设研究》,《长白学刊》2017年第2期。

120. 孟庆云、田丽:《十八届六中全会对党内监督的重大发展》,《中共石家庄市委党校学报》2017年第2期。

121. 汪全胜、黄兰松:《党内法规的可操作性评估研究》,《中共浙江省委党校学报》2017年第3期。

122. 李雪勤:《扎实构建不敢腐不能腐不想腐的有效机制》,《求是》2017年第5期。

123. 冯浩:《中国共产党党内法规的功能与作用》,《河北法学》2017年第5期。

124. 李斌雄:《用先进文化的自觉自信引领党内政治文化建设》,《人民论坛》2017年第8期。

125. 申建林:《党规党纪的修订及其实施效果分析》,《武汉大学学报(人文科学学版)》第69卷第1期。

126.《从"天网"行动案例看国际追逃追赃新实践——这些难啃的"硬骨头"是怎样啃下来的》,《中国纪检监察杂志》2017年第7期。

127. 胡国喜:《中国共产党制度执行力研究》,2013年中共中央党校博士学位论文。

128. 陈锦荣:《中国共产党党内法规制度效能研究》,2013年中共中央党校博士学位论文。

129. 董一潼:《中国共产党"从严治党"及其创新研究》,2015年吉林大学博士学位论文。

130. 李天昊:《党内执纪方式的法治化探究》,2016 年中共中央党校博士学位论文。

三、文件与讲话

1.《中共中央关于加强党的执政能力建设的决定》,2004 年 9 月 19 日。

2. 胡锦涛:《坚定不移沿着中国特色社会主义道路前进为全面建成小康社会而奋斗》,2012 年 11 月 8 日。

3. 习近平:《紧紧围绕坚持和发展中国特色社会主义学习宣传贯彻党的十八大精神》,2012 年 11 月 17 日。

4. 习近平:《在中央政治局会议上关于改进工作作风、密切联系群众的讲话》,2012 年 12 月 4 日。

5. 习近平:《在中央军委扩大会议上的讲话》,2012 年 12 月 26 日。

6. 习近平:《在第十八届中央纪律检查委员会第二次全体会议上的讲话》,2013 年 1 月 22 日。

7. 习近平:《在十八届中央政治局第五次集体学习时的讲话》,2013 年 4 月 19 日。

8. 习近平:《在参加河北省委常委班子专题民主生活会时的讲话》,2013 年 9 月 23—25 日。

9.《中共中央关于全面深化改革若干重大问题的决定》,2013 年 11 月 12 日。

10. 习近平:《在第十八届中央纪律检查委员会第三次全体会议上的讲话》,2014 年 1 月 14 日。

11. 习近平:《严明党的组织纪律,增强组织纪律性》,2014 年 1 月 14 日。

12. 习近平:《在党的群众路线教育实践活动第一批总结暨第二批部署会议上的讲话》,2014 年 1 月 20 日。

13. 习近平:《作风建设要立破并举、扶正祛邪》,2014 年 5 月 9 日。

14. 习近平:《在参加河南省兰考县委常委班子专题民主生活会时的讲话》,2014 年 5 月 9 日。

15. 习近平:《在十八届中央政治局第十六次集体学习时的讲话》,2014 年 6 月 30 日。

16. 习近平:《在听取兰考县和河南省党的群众路线教育实践活动情况汇报时的讲话》,2014 年 8 月 27 日。

17. 习近平:《在党的群众路线教育实践活动总结大会上的讲话》,2014 年 10 月 8 日。

18. 习近平:《从严治党必须从严管理干部》,2014 年 12 月 14 日。

19. 习近平:《在第十八届中央纪律检查委员会第五次全体会议上的讲话》,2015 年 1 月 13 日。

20. 习近平:《在省部级主要领导干部学习贯彻党的十八届四中全会精神全面推进依法治国专题研讨班上的讲话》,2015 年 2 月 2 日。

21. 习近平:《在听取二〇一五年首轮专项巡视汇报时的讲话》,2015 年 6 月 4 日。

22. 习近平:《在中央政治局会议审议巡视工作条例修订稿时的讲话》,2015 年 6 月 26 日。

23. 习近平:《在十八届中央政治局第二十四集体学习时的讲话》,2015 年 6 月 26 日。

24. 习近平:《在十八届中央政治局常委会第一百一十九次会议关于审议中国共产党廉政准则、党纪处分条例修订稿时的讲话》,2015 年 10 月 8 日。

25. 习近平:《在中共十八届五中全会第二次全体会议上的讲话》,2015 年 10 月 29 日。

26. 习近平:《在全国党校工作会议上的讲话》,2015 年 12 月 11 日。

27. 习近平:《在第十八届中央纪律检查委员会第六次全体会议上的讲话》,2016 年 1 月 12 日。

28. 习近平:《在庆祝中国共产党成立 95 周年大会上的讲话》,2016 年 7 月 1 日。

29.《中国共产党第十八届中央委员会第六次全体会议公报》,2016 年 10 月 27 日。

30. 习近平:《在党的十八届六中全会第二次全体会议上的讲话》,2016 年

10月27日。

31. 习近平:《关于〈关于新形势下党内政治生活的若干准则〉和〈中国共产党党内监督条例〉的说明》,2016年11月2日。

32. 王岐山:《推动全面从严治党向纵深发展以优异成绩迎接党的十九大召开——在中国共产党第十八届中央纪律检查委员会第七次全体会议上的工作报告》,2017年1月6日。

四、报纸

1. 习近平:《认真学习党章,严格遵守党章》,《人民日报》2012年11月20日。

2. 习近平:《胸怀大局把握大势着眼大事努力把宣传思想工作做得更好》,《人民日报》2013年8月21日。

3. 习近平:《关于〈中共中央关于全面深化改革若干重大问题的决定〉的说明》,《人民日报》2013年11月16日。

4. 习近平:《在党的群众路线教育实践活动总结大会上的讲话》,《人民日报》2014年10月9日。

5.《习近平在中共中央政治局第二十四次集体学习时强调加强反腐倡廉法规制度建设让法规制度的力量充分释放》,《人民日报》2015年6月28日。

6.《习近平就加强党内法规制度建设作出重要指示强调:坚持依法治国与制度治党、依规治党统筹推进、一体建设,刘云山出席全国党内法规工作会议并讲话》,《人民日报》2016年12月26日。

7. 王岐山:《坚持高标准守住底线推进全面从严治党制度创新》,《人民日报》2015年10月23日。

8. 王岐山:《推动全面从严治党向纵深发展　以优异成绩迎接党的十九大召开》,《人民日报》2017年01月20日。

9. 曾市南:《"党内法规"提法不妥》,《中国青年报》2004年1月2日。

10. 李纯德:《如何发挥媒体在廉洁文化建设中的作用》,《中国纪检监察报》2012年4月9日。

11. 桑林峰:《于法周延,于事简便》,《光明日报》2013年7月17日。

12. 张跃进:《构建制度“笼子”的四要素》,《光明日报》2013 年 7 月 23 日。

13. 盛若蔚:《中共中央对党内法规制度进行集中清理决定废止和宣布失效一批党内法规和规范性文件》,《人民日报》2013 年 8 月 29 日。

14.《审议通过〈深化党的建设制度改革实施方案〉》,《法制日报》2014 年 8 月 30 日。

15. 盛若蔚:《中央党内法规制度完成全面“体检”》,《人民日报》2014 年 11 月 18 日。

16. 王炳林:《切实推进全面从严治党》,《光明日报》2015 年 4 月 12 日。

17. 桑学成:《全面从严治党的深刻内涵与实践要求》,《新华日报》2015 年 5 月 5 日。

18. 何虎生:《全面从严治党把纪律和规矩挺在前面》,《光明日报》2015 年 5 月 25 日。

19. 石仲泉:《“四个全面”的关键是全面从严治党》,《文汇报》2015 年 7 月 1 日。

20. 陈治治:《纪律是党的生命线——“唤醒党章意识,严明党的纪律”系列述评之二》,《中国纪检监察报》2015 年 7 月 3 日。

21. 姜洁:《树起立德向善的正面规范——新修订的〈中国共产党廉洁自律准则〉解读》,《人民日报》2015 年 10 月 27 日。

22. 宋伟:《纪律处分条例修订凸显五大亮点》,《检察日报》2015 年 10 月 27 日。

23. 瞿芃:《让两项法规动动拇指就能学》,《中国纪检监察报》2015 年 12 月 14 日。

24. 邓联繁:《〈准则〉是道德宣示和庄严承诺》,《中国纪检监察报》2015 年 12 月 22 日。

25.《巡视是国之利器、党之利器》,《人民日报》2016 年 1 月 19 日。

26. 李晓磊:《“制度反腐”新语境》,《民主与法制时报》2016 年 3 月 20 日。

27. 陈治治:《不收手,“意外”总会早一步》,《中国纪检监察报》2016 年 4

月 1 日。

28. 张荣臣:《奏响党的建设新的伟大工程的华彩乐章——十八大以来习近平总书记关于党的建设的新思想、新观点、新论断、新要求述要》,《光明日报》2016 年 4 月 6 日。

29.《为全面从严治党提供制度保障——以习近平同志为总书记的党中央推进依规治党纪实》,《人民日报》2016 年 4 月 19 日。

30. 张玉胜:《三公经费“六连降”说明什么》,《经济日报》2016 年 4 月 26 日。

31. 桑林峰:《共产党员绝不能信仰宗教》,《中国纪检监察报》2016 年 4 月 30 日。

32.《党内法规制度建设专题研讨班在京举办(学党章党规、学系列讲话,做合格党员)》,《人民日报》2016 年 5 月 20 日。

33. 邓联繁:《全面从严治党的利器》,《光明日报》2016 年 8 月 14 日。

34. 王梦遥:《苏荣十余亲属均涉案聂春玉大肆卖官鬻爵》,《新京报》2016 年 10 月 21 日。

35. 瞿芃:《力度不减节奏不变——党的十八大以来全面从严治党系列述评之二》,《中国纪检监察报》2016 年 10 月 23 日。

36. 宦佳:《响鼓还要重锤敲——世界热议中共展示从严治党决心》,《人民日报海外版》2016 年 10 月 26 日。

37. 陶文昭:《谱写全面从严治党的新篇章》,《北京日报》2016 年 10 月 31 日。

38. 姜洪:《六中全会:反腐败制度建设持续发力》,《检察日报》2016 年 11 月 1 日。

39. 周叶中:《管党治党的重要里程碑》,《光明日报》2016 年 11 月 2 日。

40. 闫鸣:《以制度明确责任,把监督螺栓拧紧》,《中国纪检监察报》2016 年 11 月 15 日。

41. 邓联繁:《党内法规制度建设的新标杆》,《光明日报》2016 年 11 月 20 日。

42.《中共中央政治局召开会议审议规范党和国家领导人有关待遇等文

件和〈中国共产党工作机关条例(试行)〉〈关于县以上党和国家机关党员领导干部民主生活会的若干规定〉》,《人民日报》2016 年 12 月 1 日。

43. 陈磊:《二〇一六年中国反腐败呈现三大亮点》,《法制日报》2016 年 12 月 17 日。

44. 包心鉴:《不断净化优化党内政治生态》,《人民日报》2016 年 12 月 19 日。

45. 罗宇凡:《就加强党内法规制度建设习近平作出重要指示刘云山出席全国党内法规工作会议并讲话》,《人民日报海外版》2016 年 12 月 26 日。

46. 罗旭:《全面从严治党新坐标:制度治党在路上》,《光明日报》2016 年 12 月 30 日。

47. 马怀德:《深刻认识国家监察体制改革的意义》,《北京日报》2017 年 1 月 23 日。

48.《中国反腐成就受世界瞩目(专家视野)》,《人民日报海外版》2017 年 1 月 16 日。

49. 孟祥夫:《严肃党内政治生活正提速》,《人民日报》2017 年 1 月 17 日。

50. 江国华:《党内法规的程序法则》,《光明日报》2017 年 2 月 6 日。

51. 梁田庚:《从严治党要从党内政治生活严起》,《人民日报》2017 年 02 月 20 日。

52. 张东明:《没有监督的权力必然导致腐败——学习习近平总书记关于党内监督的重要论述》,《学习时报》2017 年 2 月 27 日。

53. 卢泽华:《六中全会精神宣介团应邀赴 40 多国访问与世界分享治国理政经验》,《人民日报海外版》2017 年 3 月 23 日。

54. 杨云成:《提高党内法规制度的执行力》,《学习时报》2017 年 3 月 27 日。

55. 周叶中:《以党内法规研究助力党内法规制度建设》,《人民日报》2017 年 5 月 2 日。

56.《风清气正谱新篇(〈全面从严治党面对面〉⑨)——如何保持清正廉洁的政治本色》,《人民日报》2017 年 5 月 2 日。

后　记

党的十八大以来的五年，是党和国家发展进程中极不平凡的五年，以习近平同志为核心的党中央高度重视党内法规制度建设，创造性地形成了思想建党和制度治党紧密结合、同向发力的战略思想，提出依法治国和制度治党、依规治党统筹协调、一体建设，党内法规制度建设呈现出新的气象，已经成为全面从严治党的重要制度载体。

武汉大学党内法规研究中心作为全国首家由省委办公厅和知名高校共建的党内法规实体性科研机构，从成立时起，即围绕建设党内法规研究高端智库、党内法规理论研究与创新基地、党内法规教育培训与人才培养基地开展各项工作，在“一库两基地”的建设过程中获得了可喜的成绩，为推进党内法规制度建设和全面从严治党发挥了积极的作用。

本书是全国第一本有关党内法规制度建设的年度报告，是武汉大学党内法规研究中心在理论研究和创新基础建设过程中的一项标志性学术成果。本书主要以2016年党内法规制度建设的基本概况为写作对象，全景式地回顾了2016年党内法规制度建设的基本状况，这既是对2016年党内法规制度建设的一种总结，同时也是对未来党内法规制度建设的一种展望。本书是集体合作的成果，由武汉大学党内法规研究中心主任王亚平同志和周叶中教授担任总策划并确定写作思路和写作要求，武汉大学党内法规研究中心祝捷教授和伍华军副教授担任本书主编并确定写作大纲，根据分工和实际完成的情况，各部分的作者分别是：

前　言：伍华军

总报告：祝捷、伍华军、莫广明

背景篇:邵帅

规范篇:莫广明

效果篇:张权

案例篇:伍华军、张权

保障篇:邵帅、祝捷

评估篇:林骏、张权

理论篇:林骏

全书由主编统稿,研究中心副主任艾海滨,对全书进行了细致的编审。

我们的研究和本书的出版得到了诸多朋友的关心和支持。特别感谢人民出版社欣然将本书列入出版计划,感谢人民出版社马列编辑一部崔继新主任的大力支持,感谢责任编辑的辛勤工作。感谢李斌雄、刘茂林、丁俊萍、秦前红和其他编委会成员对我们的长期厚爱和关心。感谢长期以来与我们共同开展党内法规研究的段磊、庞远福、汤景业、王萌、任澎、邓书琴、王鲁等同志。感谢武汉大学党内法规研究中心工作人员的辛勤付出。

用年度报告的方式来记录和描述党内法规制度建设,是我们的一项尝试。由于资料和水平所限,我们在写作过程中定然存在着诸多不足,因此,我们真诚地期待各位读者的批评和指正。我们坚信:没有大家的批评,我们就很难正确认识自己,也就不可能真正战胜自己,更不可能不断地获得进步。

祝　捷　伍华军

2017 年 10 月于武汉大学珞珈山半山庐

策划编辑:崔继新
责任编辑:曹　歌
封面设计:王春峥
版式设计:岳秋婧
责任校对:吕　飞

图书在版编目(CIP)数据

中国共产党党内法规制度建设年度报告(2016)/武汉大学党内法规研究中心编著. —北京:人民出版社,2017.10
ISBN 978-7-01-018487-6

Ⅰ.①中…　Ⅱ.①武…　Ⅲ.①中国共产党-党的纪律-研究报告-2016　Ⅳ.①D262.13

中国版本图书馆 CIP 数据核字(2017)第 261476 号

中国共产党党内法规制度建设年度报告(2016)
ZHONGGUO GONGCHANDANG DANGNEI FAGUI ZHIDU JIANSHE NIANDU BAOGAO(2016)

武汉大学党内法规研究中心　编著
本书主编　祝　捷　伍华军　副主编　莫广明

人民出版社 出版发行
(100706　北京市东城区隆福寺街 99 号)

北京汇林印务有限公司印刷　新华书店经销

2017 年 10 月第 1 版　2017 年 10 月北京第 1 次印刷
开本:710 毫米×1000 毫米 1/16　印张:21.75
字数:326 千字

ISBN 978-7-01-018487-6　定价:66.00 元

邮购地址 100706　北京市东城区隆福寺街 99 号
人民东方图书销售中心　电话 (010)65250042　65289539